INTRODUCTION TO
LEGAL PRACTICE

律师实务入门

天元研究院 编著

法律出版社 | LAW PRESS
北京

图书在版编目（CIP）数据

律师实务入门 / 天元研究院编著. -- 北京：法律出版社，2025. -- ISBN 978 - 7 - 5244 - 0088 - 2

Ⅰ. D926.5

中国国家版本馆 CIP 数据核字第 20258AE342 号

律师实务入门 LÜSHI SHIWU RUMEN	天元研究院　编著	策划编辑　周　洁 责任编辑　周　洁 装帧设计　鲍龙卉

出版发行　法律出版社　　　　　　　开本　710 毫米×1000 毫米　1/16
编辑统筹　司法实务出版分社　　　　印张　28.25　字数　400 千
责任校对　王语童　　　　　　　　　版本　2025 年 8 月第 1 版
责任印制　胡晓雅　　　　　　　　　印次　2025 年 8 月第 1 次印刷
经　　销　新华书店　　　　　　　　印刷　北京盛通印刷股份有限公司

地址：北京市丰台区莲花池西里 7 号（100073）
网址：www.lawpress.com.cn　　　　　　销售电话：010 - 83938349
投稿邮箱：info@lawpress.com.cn　　　　客服电话：010 - 83938350
举报盗版邮箱：jbwq@lawpress.com.cn　　咨询电话：010 - 63939796
版权所有·侵权必究

书号：ISBN 978 - 7 - 5244 - 0088 - 2　　　　　定价：148.00 元
凡购买本社图书，如有印装错误，我社负责退换。电话：010 - 83938349

作者介绍

天元研究院由天元律师事务所首席合伙人王立华律师倡议，于2023年年初成立，至今已建立19个专业委员会，涉及律师执业的诸多专业、行业领域和特定境外地区。

天元研究院是律所内部设立的致力于公益性法学研究、律师执业服务研究和法治宣传教育的部门，目标在于进一步提高天元律师事务所在律师实务与学术理论相结合方面的研究水平，培育专家型律师队伍，积极探索律师服务的发展方向和研究领域，普及社会主义法治观念、法治政策和法律知识，构建"理论研究+实务创新+社会公益"三位一体的新模式，为法治中国建设贡献专业智慧。

序　言
PREFACE

作为一家秉持学院派风格的律师事务所，天元始终相信，法律实务不是简单的书本法条，也不是不动脑的经验重复，而是理论与实践不断碰撞、融合、提炼的自主进化过程；优秀的律师不仅需要丰富的实务经验，更应具备清晰严谨的律师思维、深厚的法学理论素养、优秀的方法论，以及对社会状况及商业交易的本质理解，才能够在纷繁复杂的社会现象中抽丝剥茧，精准发现和解决客户的法律疑问。

多年来，我们深耕民商事诉讼、刑事辩护、商事仲裁和国际仲裁、私募基金与投融资、收购兼并与资产重组、境内外资本市场、金融产品与资产管理、知识产权、网络安全与数据合规、反垄断、税务法律服务、家事与私人财富管理等领域，积累了丰富的实战经验，也从未停止在实践基础上的理论探索与总结。天元研究院历经2年多，以初级律师为对象，将我们在部分领域多年积累的执业经验与思考凝结成书，对企业由小到大发展过程中经常遇到的诸多法律事务进行解析，希望为刚入门的年轻从业者解读律师思维、揭示商业背景和法律实务，介绍实用的方法论，有助于他们更好地适应执业生涯。

本书的另一理念溯源是天元一贯推崇的"法律学徒制"（Legal Apprenticeships）的律师文化传统。法律是一门技艺，而技艺的精进往往离不开前辈的言传身教。年轻律师的成长，既需要个人的勤奋与悟性，也离不开行业的开放与传承。因此，本书并非冰冷的操作手册，而是凝聚了多位资深合伙人和律师的执业智慧，既有对基础性业务的手把手传承（如合同的起草与审查、庭前准备工作、商事仲裁和国际仲裁的实务、知识产权诉讼），对具体业务的细致拆解或脉络性总结（如私募基金和私募投资的机制和合同条款、境内外上市合规要点、反垄断申报策略、游戏行业的法律实务等），也有对新业务领域深入浅出的介绍（如数据合规、元宇宙与Web3.0），以及对律师执业思维的思考总结。希望通过这些经验的分享，帮助年轻律师少走弯路，更快地成长为兼具专业深度与行业视野的法律人。

　　法律职业是一个头顶星空的职业，因为它必须始终致力于以理性和公正的态度推动和筑建人类社会的进步和美好。霍姆斯曾有名言"法律的生命不在于逻辑，而在于经验"。而我们主张，法律的生命来自逻辑与经验的互证。本书是天元研究院对法律实务进行系统梳理的首次尝试，亦是对天元律师遵循的"实践蕴含的法律理性"（legal logic inside experience）这一理念的践行。在写作本书时，我们既追求实务细节的精准，也注重法律理论的印证；既提供具体问题的解决方案，也鼓励读者思考法律问题背后的逻辑与价值。

　　愿每一位翻开本书的年轻律师，不仅能掌握各领域的实务技能，更能从中领悟律师职业的方法论与精神内核，在未来的执业道路上，既脚踏实地，亦心怀远见。

天元研究院

2025年5月　于北京

目 录
CONTENTS

·上 篇·

如何像诉讼律师一样思考 ………………………………… 余明旭 / 3

民商事诉讼案件的庭前准备工作 ………………………… 陈　卓 / 22

商事仲裁的特质与关键环节 ……………………………… 周　研 / 50

国际仲裁实务要点与指引
——仲裁条款的起草及仲裁条款准据法的确定 ………… 高文杰 / 81

合同的起草、审查、修改工作 …………………………… 刘　瑛 / 105

·下 篇·

私募股权投资基金的法律实务 …………………………… 吴冠雄 / 151

IPO 实务
——兼谈证券律师的工作 …………………………… 刘　艳　李　化 / 187

中国企业境外上市法律实务 ………………… 李　晗　赵　巍　郭文嘉 / 226

医疗服务企业香港上市法律问题简析 ………… 李竟弘　张　倩　魏　然 / 258

数据合规法律实务 ………………………………………… 刘　瑛　李晓华 / 284

元宇宙与Web3（第三代互联网）法律实务入门指南 ………… 王　伟 / 315

反垄断法律实务 …………………………………………… 黄　伟　尹　蓓 / 340

资产管理业务的法律结构与法律问题 ………………… 黄再再　黄晓佳 / 388

游戏行业法律实务 ………………………………………… 李昀锴　孙　彦 / 420

上　篇

如何像诉讼律师一样思考

余明旭

【业务研判】

在法律工作极其细化的今天，由于不同的律师业务对事实和法律运用的着眼点不同，从事不同业务的律师的思考方法以及相应工作方法也都不尽相同。

诉讼律师与非诉律师在思维方式上存在较大的差异。

【内容梗概】

诉讼律师与非诉律师思维方式不同。

诉讼律师必须是一位"好演员"。

怎么做才能像诉讼律师一样思考。

一、诉讼律师与非诉律师思维方式不同

日本法学家谷口安平认为民事实体法源自民事诉讼法。笔者认为，民事实体法虽并非来自民事诉讼法，但确实源于民事诉讼和案例。

而律师职业和律师制度，起源于古罗马时期，《十二铜表法》正式规定了法庭上辩护人进行辩护的内容。随着古罗马法律的进一步繁杂，普通人越来越无法自行参加诉讼进行辩论，此时专门帮助普通人"打官司"的职业律师正式出现了。

而在同时代的中国，也产生了律师的祖师爷——邓析，他聚众讲学、招收门徒，传授法律知识与诉讼方法，还以类似讼师身份帮助民众打官司。

由上可见，职业律师和律师制度的出现和确立，均与诉讼存在很大的联系。换句话说，诉讼律师正是职业律师的缘起，诉讼代理也依然是当代律师的基本业务类型。法律的发展使其本身成为一套独立的语言和思维系统，因此运用法律的职业——律师，也当然地产生了不同于普通人的思维方式和语言体系。

随着近代至今法律体系的巨大发展，各个国家的成文法及案例发展到任何单独的个体都无法全部了解的程度，因此职业律师也开始了分化，并逐渐形成了诉讼律师与非诉律师的区分。笔者曾经在网上看到一篇同行的帖子，对非诉律师与诉讼律师的刻画可谓入骨。

非诉律师的形象是这样的：

你一天不查收电子邮件就会忧心忡忡，生怕错过什么似的；十分钟前刚查完信箱，此刻又要查邮件，发现没有什么重要信息，隐隐地有点失落。

你听说环球影业要在北京开公园的新闻后，第一反应是"这是不是负面清单的行业"。

你每天都要读到或写很多类似"subject to""指示词 to""other than"这样傻兮兮的无趣的词。

你经常去参加一些买卖人的谈判，你往往是谈判的房间里最不关心数字

的人，但屋子里面通常没有人因此而觉得你傻。

你不再是你们所里最"junior"的那个以后，你再也没有用过你的律师证。

你认为证监会、商务部、市场监督局、税务局是这个国家最重要的部门。

你知道一些财务会计税务的术语，但是你一直觉得自己算术很差。

你有过24小时不合眼的经历。

你看到A4纸上的无论什么内容的文字，只要排版不整齐，就有一种想打开Word用格式刷刷啊刷的抓狂想法。

诉讼律师的形象是这样的：

你参加体育运动、游戏的时候，胜负结果对你而言比过程更重要，你喜欢赢的感觉。

你不喜欢看电视里的辩论赛，偶尔看看当作消遣。

你觉得有《行政诉讼法》撑腰，证监会、市场监督局、税务局、商务局要是不守法的话，你就起诉它们。

你经常写"此致"这个词，但是不清楚它究竟是"to"还是"best regards for now"的意思。

你的书包里常备律师证和介绍信。

你认为（或者无奈地去相信/憧憬）法院是这个国家最权威的机构，法官的观点最重要。

你在生活中即使在一些完全没有意义的事情上也会本能地为自己的观点辩护/掩饰/修正。

你经常写信并签名盖章发出去威胁别人，而且你这样做竟然还是合法的！

你在高级餐厅喝奶油蛤蜊汤的时候被里面鱼刺卡住了喉咙，你怒，但是只拿起水杯拼命喝水。你不去找餐厅经理，是因为你觉得没有证据证明鱼刺来自蛤蜊汤，而要证明鱼刺现在就在你喉咙里也很难很麻烦。

上面的内容确实将诉讼律师和非诉律师的思维方式和工作内容区分得淋漓尽致。而造成这种不同形象的原因，恰恰在于诉讼业务与非诉业务具有本质上的不同。长期从事某一种业务类型的律师，自然而然地形成了不同的思维方式。

非诉律师的业务一般不会由法院裁判，其工作成果很可能与特定的政府行政机关相关。例如，证券律师的法律意见书需要提交给证监会及其分支机构审核并公告，因此法律意见书的格式、内容需要参考甚至遵照证监会发布的各种指导意见、格式文本进行撰写，对指导意见、格式文本中没有明确的法律问题，则通常抱着沟通乃至请示的思维，请求发文机构对此给予进一步的解释及明确的规定，但对这种解释及规定是否一定与上位法或者其他法律规定一致，则一般不再提出挑战。

但诉讼律师的思维中，任何法律问题最终都应当通过法院的判决解决，不管是哪个政府机构作出的行政行为、发布的规范性文件，都应当接受法院的审查和裁判，故而通常是从批评、"挑刺"的角度看待政府机关规范性文件，并不时希望当事人能够对此提出挑战，并最终通过行政诉讼，通过法院的判决来审查政府机关规范性文件的合法性，以及相应的行政行为的合法性、合理性。

那么非诉律师与诉讼律师的思维方式到底有何不同呢？笔者认为，两者之间至少存在如下的差别：

1. "构建未来"与"发现过去"的不同

非诉业务中，律师通常是协助当事人完成一定的工作后，帮助当事人实现既定的目标。例如，协助当事人完成商业谈判，目的在于最终与相对方协商一致签署合约，从而对双方之间的后续合作形成可资遵循的方案和约定，并且避免可能出现的法律风险，或者在出现风险时能够有既定的应对风险的方法、预案以供各方共同遵守；证券业务中，则以协助当事人完成IPO、增发股份并购相应目标资产等为目标。非诉律师提供法律服务时，当事人期望的合作、发行股份等目的显然不可能是已完成状态；当事人聘请律师提供的法律服务，则是与相对方协商谈判，向监管机关及投资人提出当事人具备发行股份的主体资格和能力的法律意见。其他类型的非诉业务中，虽然具体的法律服务内容不尽相同，但当事人聘请律师的目的，则均与此类似，即为了一个未来将要实现的目的而提供法律方面的专门服务。

而诉讼业务中，律师的着眼点则在于协助法官及当事人"发现过去"，并在此基础上对已经发生的纠纷提出法律上的定性，进而最终促使法官对纠纷做出确定的处理结果，重新分配诉讼双方当事人的权利义务关系，从而化解纠纷。由于诉讼的目的在于解决当事人之间已经发生的特定纠纷，律师的具体服务内容，便是协助纠纷的裁判者——法官——发现该纠纷的基本事实，并基于当时有效的法律规定，以"事实为基础、以法律为准绳"，帮助法官对纠纷的法律性质进行确定，并在此基础上确定当事人在纠纷中应当各自承担的责任，使违法者受到制裁，使受损者获得救济，从而确定地解决纠纷，平衡当事人之间的法律关系和利益关系。因此，诉讼律师的着眼点，在于用所有的证据材料，向法官说明到底发生了什么样的事情，造成了当事人的何种损失，以及该等损失是由哪些因素所导致。

2. "合作型"与"对抗型"的区别

在现代商业活动中，尤其是在稍微复杂一些的商业交易中，均有各个方面的专业中介机构作为交易的辅助人员参与，而律师作为法律方面的专业人士，一般也会受聘提供法律方面的专业意见。除律师外，当事人还会聘请财务顾问、注册会计师、资产评估师等其他专业中介，对专门的财务问题、审计问题以及资产价值问题等发表意见。各个中介机构在整个的商业交易中，均是基于协助当事人完成商业目标而提供服务，各个专业的中介机构之间并不存在根本利益的不同，都是为了当事人的根本利益提供服务，从而各方均是抱着合作的目的进行工作。因此律师参与非诉业务，当然也是以"合作型"的方式进行思维。这一点即便在商业谈判中也很明显，意即谈判的双方当事人，首要目的仍在于通过对利益的主动妥协，使双方当事人达成一致，从而促使交易目的的实现。此时即便是双方当事人在合同谈判中激烈对抗，也是在"合作"目的下的对抗，是"先小人而后君子"的思维方式。

而在诉讼活动中，双方当事人之间存在根本利益的对立，且绝大多数的纠纷中双方当事人无法自行通过谈判和妥协达成和解，消弭纠纷。同时，诉讼活动的终点，是居中裁判的法官通过双方当事人和律师的言辞辩论，了解"过去"后，对双方当事人的请求和答辩进行法律上的判断，进而对双方的权利义务进行裁判和分配，并最终解决双方之间的纠纷。因此，为某一方当事人提供法律服务的诉讼律师，由于其立场的关系，必然与对方当事人和对方聘请的律师形成利益上的对立，进而从对立的角度提出观点、事实和法律规定，并与对方当事人的观点形成直接和必然的对抗。这种对抗的结果，会必然地体现为当事人之间的"胜负"，而且这种"胜负"在生效判决宣布的同时就会必然地揭晓，从而使当事人对自身聘请的律师作出"称职"与"不称职"的评判。因此，相较于过程而言，诉讼律师更关注结果，更追求"胜利"的结果。相反，非诉项目的成败绝大多数与律师提供的法律服务之间，不存在直接的因果联系，很可能律师已经提供了超乎一般水平的卓越服务，但由于双方当事人对交易价格无法达成一致而导致谈判破裂。正所谓"律师是谈判桌上对于数字最不关心的人"。因此，非诉律师对当事人的商业目的是否最终实现，往往并不会特别关注，而更加关注的是自身在整个交易过程中提供了何种服务。

另外，上述不同的思维方式，也造成了非诉律师和诉讼律师收费方式的不同，例如，非诉律师更喜欢按照工作时间收费，而诉讼律师更希望律师费的数额与诉讼结果相关。

3. "全面型"与"重点型"的区别

由于非诉业务是协助当事人"构建未来"，一方面需要非诉律师借助法律意见书，向潜在的合作方、投资人证明当事人具备"构建未来"的主体资格和能力，意即需要证明当事人一直安分守法、具备良好的能力；另一方面，还需要非诉律师对当事人未来应对各种法律风险的能力进行背书，例如对日后可能发生的风险均已经建立了完备的制度，安排了合适的人员，能够保障自身的财产和业务一直符合法律规定，并且能够持续盈利。因此，非诉律师在发表意见时，或者在协助当事人起草合同时，需要"全面型"的思维方式，意即对当事人的主体资格、业务合法性、治理结构、劳动用工等方方面面的事项，既要审核历史上是否合法"清白"，又要考虑在日后的存续和业务发展中会发生何种法律风险，以及如何规避法律风险或者事先安排控制风险的手段和制度。因此，非诉律师通常会事无巨细地考量当事人的交易，并就可能发生的风险向当事人提出同样事无巨细的法律意见，进而让当事人感觉律师一直在否定自身的业务，而对自身的业务和能力没有提出任何的建设性意见。

诉讼律师则不然。对于每一个诉讼案件而言，主办法官均会按照审判流程的要求，归纳总结案件的"争议焦点"，并要求双方律师围绕争议焦点进行举证和发表辩论意见。因此，诉讼律师的思维方式必然是一种"重点型"的思维方式，意即对案件的争议焦点进行重点思考，并期望"毕其功于一役"，在某一重点方面说服法官接受己方意见，从而争取对己方有利的诉讼结果。这一特点，在诉讼律师作为被告方代理人参加诉讼时尤为明显，也就是说当原告方律师利用证据材料向法官全面"发现过去"时，被告方律师一般会重点突破，向法官指出原告主张的"过去"中的某个重要节点不存在、不真实，并借此否定原告的主张，从而获得对己方有利的诉讼结果。因此，对于一位有经验的诉讼律师而言，在参与的每一个案件的初始阶段，就应该根据法官可能总结的焦点问题开展法律和案例研究，并根据研究的结果收集、整理和编排证据材料，向当事人提出各种诉讼思路的可能性和可行性，进而协助当事人确定诉讼策略和开展诉讼活动。

当然，笔者归纳的上述思维方式上的不同，并不是说非诉律师不会对抗，也并不是说诉讼律师只关注重点而不及其余。事实上，优秀的非诉律师与优秀的诉讼律师，均能够从全局出发，在当事人的对抗中寻找双方根本利益上的共同点，进而通过自身的服务，促使双方当事人在根本利益上实现"双赢"。

二、诉讼律师在不同的阶段，必须扮演不同的"角色"

不同的诉讼阶段，律师的工作内容不尽相同，这也就决定了在不同的诉讼阶段，律师需要扮演不同的"角色"，以便能够充分地发掘事实并通过各种沟通方式影响、说服法官，从而得到对己方有利的诉讼结果。因此，整个诉讼案件的进程，对于律师而言就像是一场大型的 cosplay，并且律师在这个进程中还在不停地变换"角色"。

第一，在整个诉讼过程中，律师都是当事人的顾问。律师的这个角色很好理解，当事人聘请律师的原因，就在于律师是法律方面的专业人士，而诉讼则是法官依法裁判纠纷的专业事项。当代法律的专业性，使未经过专业训练的普通人对特定法律制度的理解，与经过专业学习和训练的律师之间，存在巨大的认知差距，因此当事人必然会倾向于选择专业人士对专业事项提供意见，以供其在作出任何决定时提供分析判断意见。但相反的一面是，律师只可能作为当事人的顾问参与诉讼，也就是说，律师只可能对专业事项发表专业意见，以供当事人在对自身的利益作出任何处置时进行参考，而不能越俎代庖地代替当事人作出决定。毕竟，任何对利益的处分，都不一定会取得与预判完全相同的结果，而律师作为顾问提供的任何专业意见，也不可能做到完全有利无害。因此，律师必须在整个诉讼过程中严守法律顾问的"角色"，一方面对诉讼中不时产生的问题向当事人汇报法律意见，充分说明诉讼的各种可能发展方向；另一方面向当事人提供下一步可能的步骤及随之可能产生的利弊分析，以便当事人对此作出决断。

第二，律师经常会成为当事人的"心理医生"。诉讼作为最终解决当事人利益冲突的途径，也直接导致当事人对诉讼的过程和结果产生巨大的心理压力，同时原来与对方当事人之间的矛盾也会进一步激化，之前已经对立的情绪也将进一步激化。此时，当事人的诉讼行为很可能会受到自身各种情绪的影响，从而使其丧失对诉讼进程和结果的客观、理性的判断，并将诉讼活动作为其情绪宣泄的出口。当事人的情绪也必然会对律师产生影响，定力不足的律师甚至可能会基于对自己当事人的信任和同情，在"感同身受"的基础上作出不客观、非理性的判断，从而误导法官和当事人。因此，律师经常会不可避免地成为当事人的"倾听者"和"心理医生"，通过对诉讼结果的客观、理性的分析，排解当事人对诉讼结果不确定的恐惧；通过对双方当事人之间法律关系的定性和定量分析，化解当事人对对方的羞愧、愤慨等情绪。因此，诉讼律师应当在充分理解当事人的各种情绪的基础上，通过对案件事实和可能结果的客观、理性分析，化解当事人的情绪，并促使当事人在排除情绪干扰的情况下作出决定，而不是在当事人情绪的左右下，或者是利用当事人的情绪作出任何决定。换句话说，律师应当具备与当事人"共情"的能力，但不能以"共情"的状态对待诉讼案件，毕竟作为居中裁判的法官，并不会因为当事人的情绪而作出对其更为有利的判决。但相反，如果当事人不适当的情绪表现或者表达使法官产生不好的印象，那么诉讼结果将对情绪化的当事人更为不利。

第三，律师是诉讼案件的编剧和导演。如前所述，诉讼是一个"发现过去"、查明法律事实的过程，而参与这一过程的主体，主要包括双方当事人、律师和居中裁判的法官，而这个过程也与戏剧极为类似，唯一不同的就是诉讼案件中查明事实需要依据固定的规则和合法且关联的证据材料，而无法像真正的戏剧一样天马行空。因此，诉讼律师必然需要具备利用当事人手中的证据来"讲故事"的能力，充分安排这些必要的证据材料，在恰如其分的时间出现在法官的眼前，以便配合自己和当事人的表述，使法官对己方的主张产生内心确信。正如优秀的编剧和导演善于利用手里的素材创作出让人感同身受的戏剧一般，优秀的诉讼律师也具有同样的能力，能够利用有限的证据材料尽可能地贴近法律关系还原法律事实，并能够将双方当事人之间根本的利益冲突，以适当的方式呈现给法官。同时，优秀的诉讼律师与优秀的导演具备同样的素质，即能够以适当的方式，加速或减缓诉讼案件的程序进展，可以把故事讲得张弛有度，从而增强故事的可信度，并使故事的受众产生更多共鸣。

第四，诉讼律师是法庭上的骑士。对于我国诉讼中的当事人而言，一个诉讼案件，就是他与对方当事人之间的一场战争。因此，当事人会聘请律师作为顾问和参谋，协助他制定战略战术以争取胜利的结果。当一个诉讼案件进行到开庭审理的阶段，之前作为参谋、编剧和导演的诉讼律师，必须亲自上阵实现自己之前设计的诉讼策略，此时的诉讼律师便成了法律上的骑士，既要按照己方当事人的决定，利用自身的法律专业知识冲锋陷阵，又要遵守骑士的基本原则，有理有力地为己方当事人争取合法利益的最大化。

第五，诉讼律师是当事人与法官之间沟通的信使。虽然每个诉讼案件通常只会有一次到两次的开庭审理，但当事人与法官之间的沟通却贯穿诉讼程序的始终。而对于优秀的诉讼律师而言，即便没有身处法庭之上，心中也一方面在考量和演练如何向法官说明案情和法律关系，另一方面在思考如何将法庭上法官问出的问题转化为简单易懂的语言解释给当事人，并协助当事人向法官回复一个清晰、明确且有利的答案。诉讼律师是沟通的信使，通过法庭内外的各种沟通方式，使当事人能够理解自身在诉讼中所处的地位，理解自身诉求能够被法官接受和支持的可能性，同时也将当事人的各种决定、证据传递给法官，并说服法官相信和接受。毕竟诉讼程序也是当事人与法官沟通的途径，诉讼的结果在很大程度上也取决于当事人与法官沟通是否顺畅和及时。

由于律师在诉讼案件的进程中"角色"一直处于变化当中，律师的基点和角度也在不停地发生变化，一直游走在"商人""法官""律师"之间。

诉讼律师需要理解当事人的"商业逻辑"，因此在案件发生之初，诉讼律师必须从"商人"的角度思考当事人的根本利益诉求，并以此来确定己方诉讼策略的基调。

笔者从业之初就被本所的创始合伙人教导，作为诉讼案件的代理人，必须首先理解当事人的"商业逻辑"。毕竟诉讼案件是双方当事人之间根本利益的冲突所导致的，作为诉讼律师就要搞清楚当事人到底是哪些利益诉求没有被满足，是"该赚的钱没有赚到"，还是"不该花的钱被花掉了"？合伙人的这一教诲对笔者无疑起到了醍醐灌顶的感觉，理解了双方当事人之间的商业逻辑，就能够理解当事人的根本利益诉求，从而判断当事人提出的主张与其内心的真实想法之间是否存在差异或者矛盾，进而判断当事人向诉讼律师讲述的案件基本事实是否真实可信。事实上，当事人出于自身趋利避害的本性，即便是对自己聘用的诉讼律师，也不会将案件的全部事实和盘托出，通常会先在自己的思维中将案件事实进行必要的"优化"，再将"优化"后的案件事实选择对自身最为有利的内容告知律师。显然，这种经过当事人自己"优化"选择的基本事实，已经严重背离了案件证据能够证明的基本事实，甚至可能与案件基本事实大相径庭、南辕北辙。对此，即便律师通过各种方式对当事人加以提醒、引导，要求当事人提供最为真实的基础事实，当事人出于人之本性，亦可能不作出改变。

因此，优秀的诉讼律师就必须先将当事人"优化"后的案件事实，根据基本证据材料予以还原，然后再根据还原后的真实事实确定法律关系和制定诉讼策略。显然，诉讼律师在接触争议案件之初，必须站在当事人的角度，理解当事人"趋利避害"的心理和追逐利益的根本目的，再从这一角度理解当事人的商业逻辑和安排，分析合同约定等证据材料反映出来的事实，判断当事人之间的真实争议，确定到底哪一方当事人存在违法或者违约的行为，从而对案件的基本事实和法律关系作出基本判断。显然，这一点并非国内大学法学院能够教授的内容，而只能由诉讼律师在实务工作中，尽可能多地接触各类当事人和案件，并借此加以学习和锻炼。同时，诉讼律师还需要借助沟通技巧，将自身分析判断出来的案件基本事实，包括对当事人不利的真实情况，与当事人进行核实，以便后续制定诉讼策略时，不会因为案件基本事实错误而导致诉讼策略成为无本之木，进而导致诉讼结果不利。

除了考虑当事人的角度外，律师必须了解和熟悉法官对类似案件或者法律规定的态度和看法，从而能够从法官的角度判断案件可能的结果。

笔者在首次接触案件当事人时，最常被问到这样的问题："余律师，您判断我们这个案子，胜诉的概率有多大？法官能够判决对方赔偿我们多少钱？"或者："余律师，我们这个案子会输吗？法院会判决我们赔多少钱啊？"碰到这种问题，通常我只好无奈地耸耸肩："我还不知道我们这个案子的基本事实，所以现在还没办法回答这个问题。您能把案件的基本情况先跟我谈一下吗？"

当然，在与当事人就案件的基本事实进行了充分的分析和核实、讨论之后，诉讼律师就需要从审理该案件的法官角度出发，帮助当事人分析案件中的法律关系，并向当事人提出可以主张的各种权利基础，分析各种主张所依据的证据和法律规定，然后告知当事人采取各种方式可能获得的诉讼结果。

由于我国律师和法官学习的是同一套法律制度，通过的是同一个国家考试，事实上两者的底层思维模式是相同的，即针对同样的基础事实适用同样的法律规定，按照三段论的逻辑方式得出的结论也是基本相同的。当然，仅仅从案件类型的角度看，我国的法官审理的同类型案件数量，远远超过律师执业过程中所能代理的同类型案件数量。因此法官对同类型案件的法律规定、构成要件事实要点的熟悉程度，要远远高于律师的熟悉程度。但随着近年来最高人民法院有关生效裁判文书公开以及"同案同判"要求的贯彻执行，诉讼律师通过对公开的裁判文书的检索学习，已经对同类案件的裁判尺度有了较为深刻的理解。

基于此，诉讼律师通过先进的法律检索手段，完全可以了解法官对类似案件的审判思路和通常的裁决结果，因此需要重点研究的是自身代理的案件与法院公开的生效的类似案件中，是否存在不同的法律事实，从而能够影响到法官对案件定性的不同理解，或者对定量的不同考量标准。无论如何，诉讼律师通过当事人视角对案件事实进行了充分了解和分析判断之后，就必须从受理案件的法官的角度，为当事人提供事实分析、法律依据和可能结果等各个方面的充分分析意见，以便当事人在比较各种请求权基础和权利主张的利弊后，可以得出案件主张的目的和方向，为下一步的工作奠定基础。

需要特别说明的是，诉讼律师在代理原告时，与代理被告时的思路也是不尽相同的。作为原告的代理人时，诉讼律师通常需要先采取发散性的思维方式，将可能的请求权基础一一加以罗列分析，并根据自身所掌握的证据材料，以及根据当事人介绍可能存在于被告及第三方处的其他证据材料，构建"过去"发生的法律事实，并基于存在证据优势的逻辑和事实情况提起诉讼。而对于代理被告的诉讼律师而言，一方面可以通过法院送达的原告起诉状及证据材料了解原告的主张，另一方面可以直接从自身代理的被告当事人处获得被告掌握的证据，并充分了解被告对原告主张的肯定或否定的说明，因此可以做到"重点突破"，否定原告的主张和请求。从诉讼程序上来说，给予原告准备和提起诉讼的时间至少为三年的诉讼时效期间，但留给被告的答辩和举证期间仅为15天和30天，从这一点来说不利于代理被告的诉讼律师。因此，如何在最短时间内协助被告抓住重点，突破原告律师设置的重重障碍，或者协助被告设定数层抗辩防线，最能够体现诉讼律师的思维是否敏锐和准确。

在从商人的角度了解当事人的商业逻辑和根本利益诉求、从法官的角度分析和研究了类似案件的裁判规则和尺度之后，诉讼律师方能够回归到自身的本职工作，从当事人的代理律师角度协助当事人制定诉讼策略，调查、收集、整理证据材料，构建或者突破案件基本事实，将诉讼目的所体现的争议焦点呈现给法官，以期获得法官支持或者迫使对方当事人通过和解进行利益交换，从而实现当事人的诉讼目的。

同样需要特别说明的是，诉讼律师从当事人视角和法官视角对案件进行的思维，均应是没有特定立场的思考和判断。例如，当事人告知诉讼律师其签署合同的目的和利益诉求，但诉讼律师应独立从合同约定的内容，以及合同签署过程的证据、合同履约过程中的证据，判断当事人告知的事实是否真实，同时还需要判断该合同目的是否违反法律、行政法规的禁止性规定，履约过程中当事人主张的目的和损失是否真实发生等，并不能盲目相信当事人告知的全部情形，更不能简单地对当事人提出的法律方面的判断表示肯定或否定。也就是说，在最初接触当事人并请其对发生的纠纷进行介绍时，诉讼律师应持有怀疑的态度，直至根据自身的经验和当事人提供的客观证据，能够判断当事人告知的事实确实真实发生时，方可放下疑问并从诉讼律师的视角向当事人提供分析判断意见，并在当事人指定的目的和方向上，为其设计诉讼策略并推进实施。

综上，即便是同一类型的诉讼案件，当事人所经历的事实不同，当事人的根本利益诉求不同，甚至审判法官不同，也会使诉讼律师处理的每一个案件，都是一个全新的案件。即便是处理过大量同类案件的诉讼律师，也同样是每日面对不同的案件事实，面临不同的 cosplay 游戏。而对于非诉律师而言，相对典型的思维方式则是按照此前简单重复了数次的方式来解决问题和提供思路，能够开创性地解决某一特定法律问题的机会少之又少。但对于诉讼律师而言，每一个案件都会是一个开创性地解决问题的机会。

三、如何像诉讼律师一样思考

《民事诉讼法》第 7 条规定："人民法院审理民事案件，必须以事实为根据，以法律为准绳。"而任何一位上了年纪的诉讼律师，都会告诉当事人打官司的基础在于事实，80% 以上的诉讼案件，根本没有很艰深的法律问题。我国台湾地区著名的张冀明大律师就在其《诉讼律师的 25 大心法》一书中介绍了"诉讼的中心主轴——立基事实，而非法律""民事诉讼——举证所在、败诉所在""了解案件事实——见山是山，见山不是山，见山还是山""重回事件原貌——人、事、时、地、物"等心法，这些心法直接阐述了事实及相关联的证据在民事诉讼中的重要地位。

既然"发现过去"是民事诉讼的基础，那么诉讼律师的思维当然首先应当围绕"发现过去"来展开，即首先运用各种方法调查、收集、整理证据材料，"重现事件原貌"，从而协助法官"发现过去"。笔者在此借用传统中医的"望、闻、问、切"四大诊疗方法，来说明律师应当如何"重现事件原貌"。

所谓"望"，也就是看。无论是诉讼律师还是非诉律师，都有大量的案牍工作，其中除了各种起诉状、答辩状、代理意见、法律意见书等文书写作工作外，剩下的一大部分就是看当事人提供的各种书证。《民事诉讼法》第 66 条规定的八种证据类型中，书证、视听资料、电子数据、鉴定意见、勘验笔录等证据类型，均是以纸质或者电子形式保存和体现的，并需要当事人和律师通过"望"的方式来观看、理解，甚至某些当事人的陈述、证人证言等也是以笔录或者文字整理的形式呈现。

无论是诉讼律师还是非诉律师，大量的工作时间均是在反复阅读各项书证等文字资料，并以时间线、空间线、人物线等方式来理解和重现"事件原貌"。

另外，看的对象除了书证以外，还包括对当事人的"察言观色"。出于人之常情，当事人必然会对不利于自身的事实加以回避和故意遗忘，并在面对他人的质疑时，对此加以遮掩。因此，有经验的诉讼律师除了观看书证外，还要在与当事人的交流过程中"察言观色"，并借此确认当事人对案件事实是否存在隐瞒或者歪曲，从而对案件事实作出正确判断。

所谓闻，主要指听。一个诉讼案件的证据材料再完备，也很难证明案件全部事实，尤其是当事人之间的纠纷到底如何产生、如何发展、如何激化，以及己方当事人和对方当事人的根本利益诉求、诉讼目的等，基本上不会通过书证加以呈现。此时，由诉讼律师"脑补"这些书证背后的故事显然不现实，且可能与真实情况大相径庭。因此，由案件纠纷的亲历者和利益相关主体亲口告知诉讼律师，才能够大体上将"人、事、时、地、物"还原出来。当然对于诉讼律师而言，正如看证据需要戴着有色眼镜去看一样，听当事人"讲故事"同样要带着疑问去听，以便从当事人讲述的故事中找出与"经验法则"和"伦理法则"不相符合的地方。虽然律师对委托自己的当事人都负有保密义务，对当事人说出的对其不利的事实都应当保守秘密。即便如此，即便当事人是律师数十年的好友，出于"趋利避害"的人性，当事人仍然会故意遗忘或者回避对自己不利的事实，且不愿将这些事实告知他人。由于诉讼就是双方当事人对抗的过程，己方当事人不愿说出的"秘密"，很可能就是对方当事人着重攻击的事实，为了避免在法庭上措手不及，避免留给法官故意回避不利事实的印象，诉讼律师必须就此率先向己方的当事人"查明事实"。而这，也就是下面要说到的"问"。

所谓问，就是问问题，是诉讼律师对当事人说明的案件事实中与客观证据不符、不符合"经验法则"和"伦理法则"的内容，向当事人发问，并引导当事人对此加以解答的过程。无论是看还是听，诉讼律师基本上都是处于被动接受的地位，都是在对当事人告知的事件要素，以当事人提供的各项证据加以印证的过程。其中必然存在证据材料与事件要素之间无法契合的部分，甚至一定存在证据材料无法支持当事人讲述的事件过程，甚至直接否定当事人讲述的内容的情况。如果诉讼律师发现当事人讲述的内容与其他客观的证据材料不一致，就需要对此进行提问确认，要求当事人对此重新进行说明和解释，直至诉讼律师认为根据自身的社会阅历和"经验法则"能够判断真实的情况为何。即便如此，诉讼律师仍需要通过"您看这个问题我的理解是否正确？"等类似的提问技巧，要求当事人对律师理解和复述的事实加以确认，以便在法庭上能够有效回答法官提出的同样问题，同时免除当事人因诉讼结果不理想而追究诉讼律师责任的后患。显然，"问"的过程与法官审案"听讼"的过程类似，毕竟诉讼律师关注的事实，极大的可能就是后续开庭时法官关注并重点提问的事实，如果诉讼律师没有在"问"的过程中将事实与证据之间的逻辑关系和内在联系搞清楚，那么显然就不会在庭审时能够"顺利"和"顺畅"地回答法官提出的同样问题。

而所谓"切"，在传统中医中主要指切脉或者触腹等诊疗方法。而笔者在此借用，则主要指重返案发现场，通过自身对案发现场的观察，以了解案件真相，并通过特定的证据保全手段将案件现场加以保存、还原，以便呈现给法官案发的真实情况。例如，在工程类案件中，法院通常会针对工程造价问题聘请专业机构出具鉴定意见，并根据鉴定意见的内容确定涉案工程的造价。而对于造价鉴定工作而言，现场勘验是鉴定工作的必要步骤，因此诉讼律师在申请造价鉴定之前，就应首先回到装修现场，对装修现场存在的各项问题，例如施工内容与施工图纸不符的部分等，加以重点调查。在根据自身经验发现问题时，就可以通过拍照、摄像等方式，对这些问题加以记录和保存。另外，重返案发现场时诉讼律师也可以借助其他专业人员的知识和经验确定案发的真实原因，以便确定各方当事人各自的责任。这一点在民事诉讼中虽然并不多见，但对于刑事案件而言，绝大多数的证据材料都是从案发现场获得，此时重返案发现场，将相应的证据按照时间线和空间线一一在现场进行还原，才能最大限度还原案件事实，并借此确定己方当事人是否应当承担责任。

对上述的过程，张冀明律师将其总结为"见山是山，见山不是山，见山还是山"的过程，意即最先了解到案件事实的大体轮廓，然后了解案件事实的各个细节，再将所有细节综合拼接起来，完成一幅完整的拼图，于是"见山还是山"，且山中各个事务、条理、纹线均清晰可见。

医生通过望闻问切对病人的表里症状加以确定，然后根据自身医学知识对病人的病情性质、严重程度加以诊断，再制订医疗方案，通过药物或者物理方法进行治疗，期望病人痊愈或至少病情得到控制。此即医生对病人病情的专业诊疗过程。

与医生诊疗过程类似，诉讼律师通过"望闻问切"的手段，也可以对当事人所涉及的案件事实予以确定，然后根据自身的专业法律知识，对案件性质、可能后果加以判断，并在此基础上制定诉讼策略，争取对当事人最为有利的诉讼结果。因此在了解案件事实后，便是律师如何运用证据向法官呈现案件事实、争取最有利的诉讼结果的工作阶段了。

国内法学院校对学生的训练，通常是一种案例式教学的方式，也就是通过给定特定事实的案例，再通过对案例的分析，阐明与之相关的法律制度及背后的法学理论基础和逻辑关系。因此，诉讼律师通过各种方式查明案件事实后，才开始发挥各自法学功底，确定案件所涉及的法律规定，并据此判断可能的诉讼结果。但与学院不同的是，学院里可以提出各种解决方案和相应的结果且不需要承担不利后果，诉讼律师则必须提出最能够得到证据支持的方案，并在与对方当事人的对抗中，争取到法官最终的支持。因此，诉讼律师必须牢记当事人聘请自己的目的，是通过自己的工作争取最大利益，这种最大利益既可以是法官最终的胜诉判决，也可以是与对方的和解协议。在这个最高目的的指导下，诉讼律师必须运用自身专业的法律知识，合理安排自己查明的有关"人、事、时、地、物"的证据材料。

诉讼律师在制定诉讼策略时，首先需要根据法律规定确定可以适用的请求权基础，以及与该请求权基础有关的构成要件。例如，在乘坐公交车摔伤的案件中，如果诉讼律师选择侵权作为请求权基础而提出主张，那么首先需要根据案件事实确定受害人与加害人，从而确定原告和被告的主体资格；其次，诉讼律师需要利用证据证明加害人实施了侵害行为，而受害人遭受到了损失；再次，需要证明加害行为与受害结果之间的因果关系，比如医生的诊断证明；最后，还要证明具体的损失数额。而对此，诉讼律师还需要明确告知当事人，如果按照侵权提起诉讼的话，对己方不利之处在于需要证明加害人行为的违法性，以及违法性与自身遭受的损害之间的因果关系；但同时，受害人在目前的法律体系下，基于侵权主张权利时，可以提出精神损害赔偿的请求。如果诉讼律师基于交通合同提起违约之诉的话，那么同样需要首先确定案件的合同双方当事人和双方之间的合同关系，进而证明违约行为和损害结果的存在。当然，基于合同违约无因性的通说，受害人并未被要求提交证据证明违约行为是否存在故意或者过失；但基于违约行为，能够获得的赔偿中并不包括精神损害在内的赔偿内容。

诉讼律师在协助当事人制定诉讼策略时，须从证据能够证明的事实出发，选取最可能被支持的法律关系进行立论，比如关注"人、事、时、地、物"等要件，以便获得法律所能允许的利益最大化。

第一，需要确定提起诉讼的主体，以及被诉的主体。在复杂的纠纷案件中，通常包括多种法律关系，且各个法律关系的主体亦不尽相同。此时，诉讼律师必须从案件基本事实出发，通过诉讼主体的选择确定法律关系——诉讼标的，然后借此选择对己方最为有利的管辖法院。如前所述，即便对同类案件，每个法院及每个审理同类案件的法官，都可能持有不同的观点，进而导致同类案件的判决结果不尽相同。如果不同的法院能够管辖同一案件，一般选择诉讼程序和最终判决结果对己方最为有利的法院。

第二，需要明确当事人的诉讼目的和根本利益诉求。诉讼是当事人之间根本利益存在不可调和的冲突时，才需要国家公权力介入，以便最终通过裁判的方式在双方当事人之间重新分配利益的活动。而对于并不熟悉和愿意"打官司"的国人来说，启动诉讼大多数情况下都是"不得不"的行为。因此律师必须首先了解当事人的诉讼目的，协助其分析到底是否需要采取诉讼的方式解决纠纷，以及通过诉讼的方式到底能够获得多大程度的救济，以及可能要支出的诉讼成本，从而确定是否启动诉讼程序。同样地，对于被诉当事人而言，其是否能够通过更低的成本消弭诉讼或者解决纠纷，亦同样是诉讼律师在制定诉讼策略时需要首先分析和向当事人说明的问题。

第三，当事人在诉讼之初可能并没有明确的利益诉求，此时诉讼律师必须协助当事人明确其根本利益是否遭受到了侵害，以及损害事实是否已经结束，损害结果是否已经确定或者具备计算的条件等。当然，此时还需要排除当事人受到情绪干扰时提出的不切实际的想法，区分可能被支持的诉讼请求和不可能被支持的诉讼请求，避免当事人因情绪而提出请求，在情绪平复后将此前的错误归咎于律师。

第四，由于诉讼是一个漫长的过程，且在诉讼过程中律师随时可以从己方当事人和法官、对方当事人处获得有关诉讼的信息，这些信息不但会影响诉讼程序进程，而且可能对当事人的诉讼目的和利益诉求产生实质性的影响。因此，一个好的诉讼律师，应当可以在诉讼启动之前就预见到诉讼程序的各种走向，并在发生此种情形时，能够借势或者造势取得有利结果，或者提前撤退以保全部分胜利果实。同时，由于漫长的诉讼过程中当事人的诉讼目的和根本利益亦存在随时间而改变的可能，事实上此种可能性还非常大，因此诉讼策略亦需要一定的灵活度，尽量避免发生"开弓没有回头箭"的情况。当然，鉴于诉讼本来就是当事人发动的程序，因此当事人也可能随时终止程序，但对于诉讼律师而言，因给当事人提供了错误的法律判断并最终不得不自行终止诉讼程序，将使当事人对律师的能力产生极大的不信任感。而对于任何一位诉讼律师而言，丧失了当事人的信任感，也就意味着自身职业发展道路上遭受到了严重挫折。

民商事诉讼案件的庭前准备工作

陈 卓

【业务研判】

诉讼业务是律师的传统业务，而民商事诉讼案件的处理又是诉讼业务中最具有普遍性和多样性的一部分。与非诉业务不同，民商事诉讼律师的工作并不直接促进社会财富总量的增加，但直接关系到社会存量财富的依法合理分配，特别是在经济转型的大背景下，民商事诉讼业务的重要性日益凸显。律师处理民商事诉讼案件的相关工作，分为庭前准备、庭审表现和庭后补充三个部分，其中庭前准备工作是庭审以及庭后工作的基础，而庭审和庭后工作也是庭前准备工作的延伸，因此庭前准备工作应当占诉讼律师工作量的绝大部分。

【业务框架】

国内的民商事诉讼业务涉及一审、二审、执行及审判监督四个部分；又可以分为基层法院、中级人民法院、高级人民法院和最高人民法院四个级别；还可以分为民事和商事两种类型，以及知识产权、金融、海事、铁路、互联网等单列案件。除了法院审理的诉讼案件以外，仲裁机构审理的仲裁案件亦可视为广义的民商事诉讼业务范畴。

【内容梗概】

律师的庭前准备工作可以包括以下七个方面：

1. 访谈当事人；
2. 审阅案件材料；
3. 诉讼尽职调查；
4. 诉讼方案的制订；
5. 证据链条的建立；
6. 法律文书的写作；
7. 庭审发言的准备。

一、访谈当事人

在刚接手一个诉讼案件时，律师如果闭门造车，只是闷头看书面材料并想当然地去决定案件代理工作该如何做，这是非常容易出现认知偏差的错误做法。书面材料所体现出的事实是不完整的、干瘪的，甚至可能是错误的、相反的，当事人实际经历的事实往往远比书面材料所承载的信息要复杂。因此律师首先要对当事人进行访谈，与当事人进行全面的交流和沟通，听取当事人的事实陈述、了解当事人的需求、把握当事人的心态并评估当事人对律师工作的支持力度。

（一）听取当事人的事实陈述

律师听取当事人的事实陈述，要有倾听的态度。尽管当事人并不一定能够有条理地将案件事实用精练的语言陈述清楚，当事人抓不住重点或者带有主观情绪的夹叙夹议都是常见的情况，律师应当避免从一开始就反客为主，用纠问的方式去了解自己想了解的内容。律师的提问应当是补充性质的，对当事人陈述进行查缺补漏或者引导当事人详细陈述关键事实，如果律师用发问的方式阻断了当事人连贯的全面陈述，则有可能会错过重要的事实细节或者低估案件事实的复杂程度。律师耐心倾听当事人的陈述，不仅有利于准确了解案件事实，而且倾听本身也是让当事人适当宣泄情绪，并感受到尊重，进而从心理上建立律师与当事人之间信任关系的有效方法。

律师在听取当事人陈述事实的过程中，要注意对案件事实进行解构。诉讼案件的结果根本上还是取决于法院判决对事实的认定，律师对案件的代理工作本质上就是以可信的、符合法律规范要件的逻辑向法官转述案件事实。通俗地讲，律师要用更容易被法官理解和接受的方式去向法官讲故事，而对故事情节则要根据开端、发展、高潮和结局四个部分从法律视角进行解构。以合同纠纷案件为例，故事的开端部分往往是案件事实的背景和起因，此部分可能会与双方当事人的签约主观动机以及合同关系的性质和效力相关；故事的发展部分指的是正常的进程，此部分主要关系到双方当事人已经履行的部分，即属于当事人行使请求权或者抗辩权的事实依据；故事的高潮指的是争议的发生，是交易的非常态部分，此部分则关系到案件最核心的争议焦点以及双方当事人各自的基本主张；故事的结局指的是一方当事人的行为给另一方当事人所带来的后果，此部分则关系到对方或者本方当事人承担责任的形式和责任的大小。律师运用解构的方法准确理解当事人陈述的事实，可以为之后草拟起诉状或者答辩状之类的体现整体诉讼思路的文书打好一个基本的腹稿。

律师在听取当事人陈述事实的过程中，要界定案件所涉及的法律关系并联想到案件事实所涉及的法律问题。律师要知道当事人所讲的案件事实在法律层面意味着什么。尽管律师可能难以立即总结出案件事实所涉及的全部法律问题，但至少也要作出一个基本准确的反应和判断。对此，律师首先应当做到基本熟悉最高人民法院《民事案件案由规定》中的一级案由和二级案由，并根据案件事实进一步确定三级案由和四级案由，从而界定案件所涉及的法律关系。之后，律师则需要从主体、客体和权利义务三个角度去联想案件所涉及的法律问题。以买卖合同纠纷案件为例：就主体角度而言，如果转让方是国有企业，律师就要考虑国有资产转让有关的规定，如资产评估和挂牌程序是否存在以及对买卖合同效力是否产生影响；从客体角度而言，如果转让的标的物在司法强制执行程序中被查封，律师就要考虑通过执行异议和执行异议之诉去处理；从权利义务角度而言，如果买卖合同约定了到期回购，律师就要考虑是否会构成"名为买卖，实为借贷"。

（二）了解当事人的需求

律师处理诉讼案件的工作，是理解和满足当事人需求的过程。为当事人解决问题，满足当事人的需求，是律师进行思考和行动的主要目的。满足当事人需求的前提是要理解当事人的需求，但精准地、定位性地理解当事人的需求也并不是一件简单的事情，基于各种主客观因素，当事人所表达的想法与其内心所期盼的未必能严丝合缝对应。有的当事人表达得很含蓄，内心需求见不得光，却表现得正义凛然，有的当事人因为认知局限而不了解自身权利主张，还有的当事人出于压低律师费用的考虑而将自身需求简单化，等等，律师在与当事人沟通时需要注意辨别。

当事人的需求尽管千差万别，但总有其共性的一面。律师可以考虑在把握共性的基础上从特殊性角度进行个别修正，以对当事人的需求进行精准定位。第一，民商事诉讼案件中当事人需求的普遍共性是经济利益，律师应当从实现当事人经济利益最大化的角度进行初步把握。第二，在普遍共性的基础上，律师还要把握当事人需求的局部共性，律师需要在实务经验积累的基础上根据当事人的身份及案件类型进行归类。例如，国有企业在发生纠纷后要考虑维护国有资产不流失，知识产权侵权案件原告当事人除了维护自身合法权益外还可能希望借此打击竞争对手等。第三，律师还需要针对具体案件来分析当事人需求的特殊性，主要是指客户是否希望通过诉讼来实现诉讼结果以外的目的，此种案外目的如果存在，往往比诉讼结果本身还要重要。例如，从事不良资产业务的公司，在收购不良债权后向债务人提起追索诉讼，其背后的商业目的可能是对债务人进行进一步的重组，或者以此作为收购其他债权人债权的谈判筹码。

律师在了解当事人的需求之后，应当对当事人的需求进行主动管理。第一，当事人的需求可能不是单一的，但受各种主客观因素的影响未必能够全面满足，律师应当根据当事人意愿以及对其利益的影响程度对当事人多个需求进行分级、分清主次，并且必要时抓大放小。第二，当事人的需求有时可能不切实际，律师应避免盲目应承，而应当为其分析利害，使其需求得以修正并具有实现的可能。第三，律师应当对当事人忽视的权益进行提示，发现当事人的潜在需求，以争取当事人利益的最大化。

（三）把握当事人的心态

当事人是涉案事实的亲历者，是诉讼成本的承担方，是争议利益的攸关人。当事人在诉讼案件中作出决策时，经常会受到各种主观心态或情绪的左右，而律师的案件代理工作受限于当事人的决策，因此当事人的心态对律师处理案件的工作也会产生影响。这种影响是律师不能无视的，否则就意味着诉讼律师在案件处理过程中无法与当事人全面实现有效沟通，进而可能会导致相关工作难以正常或者顺利推进，甚至诉讼律师存在被当事人认定为违反受托人勤勉尽职义务的风险。

理想的当事人心态是指当事人对诉讼案件的风险有较为清醒的认识，且会在信赖律师的同时对律师的工作提供全方位的支持，并且只要律师展现出勤勉尽职的工作态度和出色的专业能力，当事人会对律师在工作中不能做的或做不到的事情予以理解。之所以称为理想的客户心态，是因为这只是理想化的最优状态，然而在现实中，当事人的心态或多或少都会有些不理想的因素。

不理想的当事人心态有多种情形。对不理想的当事人心态，律师通过与当事人沟通和交流后会有一个大致的判断，并且应当积极采取措施进行应对。第一，律师面对当事人的不理想心态应当采取理性的态度，不能被其主观情绪影响自身的判断以及工作的开展。第二，律师应当勇于担当，不能因为怕被当事人误解或者责难就对案件代理工作采取过分保守的消极态度，不能让自身工作沦为简单地走程序。第三，律师应当对当事人进行因势利导的说服，要让当事人意识到律师的工作与其利益一致，要注意与当事人之间及时沟通，让当事人有知情权和参与感，一方面履行建议和风险提示的职责，另一方面保持与当事人的良性互动。

具体而言，当事人的不理想心态以及律师的应对措施如表1所示。

表1 当事人的不理想心态及律师的应对措施

不理想心态	应对措施
对案件结果绝对志在必得或者灰心丧气	律师在向当事人作出利弊两方面分析的基础上，对志在必得的当事人应当着重强调案件中存在的不利因素，对灰心丧气的当事人应当着重强调案件中存在的有利因素；但是律师应当注意"着重强调"，并不是夸大，并且在作出利弊两方面分析的同时也应当给出相应的解决方案
将案件胜诉的希望全部寄托于律师身上	律师应当向当事人说清楚律师确定能够做到的事项、确定不能做或做不到的事项，以及可能做到的事项；并对影响案件结果的各种因素均予以说明，同时对如何应对败诉结果提出相应的预案

续表

不理想心态	应对措施
案件决策过于情绪化	律师应当为当事人提供一个不会对案件结果产生负面影响的宣泄情绪的途径，如一次耐心地倾听，协助草拟一份稍带情绪的文件，甚至开庭时代表当事人作出有代入感的发言等。在当事人的情绪适度宣泄的情况之下，律师更容易对当事人进行规劝
找律师就是为了让律师去找关系	律师做不到或者不想做此类事情，就不要随便对当事人进行承诺，更不能闪烁其词。要让当事人认识到，律师对事实证据和法律依据的专业准备才是获得良好诉讼结果的保障。正常情况下很少有人敢明目张胆地从事违反司法程序的事情，在缺乏事实和法律依据的情况下无论何种方式都很难说服法官
律师收费了就应当听使唤	律师应当注意在委托协议中明确自身工作的内容和范围，对在协议范围之外所提出的不当要求，可以不在委托协议范围之内或者不符合律师工作性质为由进行拒绝；在诉讼案件伊始就提出全面的诉讼方案，在当事人对既定方案的执行产生干扰时，及时作出书面风险提示，并以口头交流的方式沟通
案件应当由律师包办	律师对需要当事人配合的事项要以书面方式提出，并解释清楚需要配合的原因
律师是一个推卸责任的好对象	律师要注意保持谨慎的工作作风，以更严格的内控手段来避免发生疏漏，同时要注意谨守律师的本分，即充分建议、提示风险和尊重客户的决策权

（四）评估当事人的支持

律师在处理案件过程中离不开当事人的配合和支持，正所谓"兵马未动，粮草先行"，当事人调配自身各方面资源对律师支持的程度，直接影响律师处理案件的策略和手段。而对当事人支持的资源利用得充分和适当，律师的案件处理工作就会少受客观条件的制约，且效果会更显著。

律师遇到的每一个当事人都是不同的，当事人的身份、经历和实力，甚至需求和心态都决定了其对律师各方面资源支持的程度。即使当事人能够提供的支持有限，律师也应当尽力通过自身的工作去想办法最大限度地实现工作效果。具体而言，当事人对律师案件处理工作的支持主要有以下三个方面：

第一，诉讼成本支持。打官司是需要花钱的，不仅包括诉讼费和律师费等成本，还包括其他诸多成本开销。负责任的律师要考虑为当事人节约成本，但此种节约应当是技术性的，而不能因小失大。当事人愿不愿意为诉讼花钱，有时会对案件产生至关重要的影响。例如，证据公证、翻译、审计、鉴定、专家论证、财产保全以及调查取证等需要额外支出成本的诉讼事项，做与不做对案件结果的影响差别会非常大。诉讼案件中的机会是稍纵即逝的，程序不等人，事先没有把事情做实，指望问题发生后亡羊补牢，未必能有机会。

第二，诉讼人力支持。律师不可能对案件的全部工作都大包大揽。如果将诉讼比喻成作战，那么律师应当属于作战部队性质，而当事人则属于后勤部队性质。律师对案件并非亲身经历、其工作受到身份的制约，并且精力有限，因此在律师对案件进行准备的过程中，会有大量的工作需要当事人提供人力进行配合和支持。当事人如果没有充分和适当地调配人力来协助律师，那么案件情况的沟通和决策、证据的收集和整理乃至出差行程安排和后勤支援等诸多方面，都有可能对律师的工作产生消极影响。

第三，当事人的社会资源支持。诉讼从来都不是纯粹的法律问题，案件的结果往往也受到诸多宏观背景因素和社会价值的影响。因此借助当事人的社会资源也是律师在处理案件时需要考虑的。能否准确地发现并恰当地利用当事人的社会资源，十分考验律师的眼界、阅历和经验。例如，民族、宗教、国际关系、国有资产保护乃至经济发展和社会稳定、舆论动向等，都可能成为律师可以凭借的社会资源，但前提是律师能够对当事人的社会属性作出准确判断并对当事人有充分了解。当然，对当事人社会资源的利用不应与基本的法律判断发生冲突，也不应违规干扰司法程序，否则不仅是对法制的破坏，而且也可能产生适得其反的效果。

二、审阅案件材料

审阅案件材料是律师了解并分析研判案件的必备功课。访谈当事人只能让律师对案件各方面的情况有一个初步的整体认知，审阅案件材料才是律师主动深入探究案件的开始。案件的各种书面材料能够客观反映案件的各种事实信息，并且能够指向案件会涉及的各种法律问题，尽管关键性的事实信息和法律问题可能无法从表面的文字中直接发现，但律师通过细致认真的态度和科学的方法去剥茧抽丝，一定能从中寻找到有价值的内容，进而形成处理案件争议的思路。

（一）全面看、反复看

正所谓"书读百遍，其意自现"，虽然律师的经验和专业知识对提高审阅案件材料的效率有积极的作用，但是律师应当清醒地承认个人认知能力的局限性，认知本身需要过程，审阅案件材料还是要花"结硬寨，打呆仗"的笨功夫，文件材料不仅要逐页翻看，而且要在整个案件处理过程中反复翻看。投入的时间和发现的信息是成正比的，并且投入的时间足够多，也能部分弥补律师经验不足的短板，多花时间对案件的处理一定有好处。

（二）运用比较的方法

比较法是审阅案件材料最常用的一种方法，它能够使律师辩证且客观看待当事人的陈述。比较法主要包含两个方面，一是不同主体视角的比较，二是规则和行为的比较。

不同主体视角的比较，是指律师在审阅案件材料时，要分别从本方当事人、对方当事人和法官或仲裁员的视角，甚至从律师自己的视角去对案件事实进行分析和评判。第一，从本方当事人的视角去看待案件事实，一方面是根据案件材料去确认当事人陈述的准确性，看案件材料反映出的信息与当事人陈述的匹配程度，判断当事人陈述的事实对不对，并加以纠正，以及当事人陈述是否有证据加以支持；另一方面是根据案件材料去确认当事人陈述是否存在事实方面的遗漏缺失，看案件材料反映出的信息能否对当事人陈述加以补充完善，并且对当事人陈述不清或者有疑点的问题进行解释。第二，从对方当事人的视角去看待事实，是根据案件材料批判性对比分析双方当事人各自主张的正当性和合理性，判断双方的主张是否具有充分的依据以及是否存在对权利的滥用，并且对对方当事人可能对本方主张提出的反驳意见进行预判。第三，从法官或仲裁员的裁判视角看待事实，是指在审阅案件材料时需要综合考虑契约自由、诚实信用、公序良俗和平等保护的民商事案件审判的四项基本原则进行价值判断，对合法利益和非法利益、公共利益和个人利益、人身利益和财产利益以及生存利益和商业利益进行衡量取舍，并且进一步分析案件事实的复杂程度和请求权基础是否会与法官或仲裁员既有的惯常思维相悖。第四，从代理律师的视角看待事实，是指通过审阅案件材料去评估案件整体的工作量、自身能力对案件的把控程度以及评判自身是否会因案件代理工作而面临执业风险。

规则和行为的比较，是指通过既有的法律条款确定的规则，在明确规则成立的各种要件基础上，将规则构成要件逐一与行为事实比对，以确定该法律规则是否适用，以及判断行为事实的法律后果。以"刺破公司面纱"为例，《公司法》第23条第1款规定："公司股东滥用公司法人独立地位和股东有限责任，逃避债务，严重损害公司债权人利益的，应当对公司债务承担连带责任。"如果依较严格的标准去认定相关行为事实是否构成"刺破公司面纱"：第一，行为主体应该是公司股东，如果是公司背后的实际控制人或者关联公司，则可能不构成；第二，要有滥用公司法人独立地位和股东有限责任的行为，此处的重点在于"滥用"，并不能说行为事实存在基于法人独立地位和股东有限责任去规避自身经营风险的情况就构成滥用，此处的滥用主要是指违反章程和公司法规定的程序实施不当控制的行为；第三，主观上要有逃避债务的恶意，例如，在行为事实上公司虽然债务缠身，但为了保障自身正常经营所需现金流而部分出售资产，通常并不能直接认为有逃债动机，但如果以不合理低价向关联方转让资产，则被认定的概率较大；第四，主张"刺破公司面纱"的应当是公司的债权人，公司其他股东，或者对公司提出物权主张的主体，则无权提出；第五，对公司债务承担连带责任，应当是指对提出主张的债权人所负有的特定债务，如果行为事实上是其他债权人主张自身债权，则并不当然能够套用被支持的债权人所主张的有关事实。由此可见，在审阅案件材料时，如果预判案件可能会适用某一法律规则，则应当着重关注法律规则构成要件有关的关键事实，进而在全面了解案件事实的同时，作出大致的法律判断。

(三) 运用考据的方法

对案件材料的审阅是一个去伪存真的过程，否定对方的主张，最根本的方式就是否定对方所依据的书面案件材料的内容，这就离不开运用考据的方法分析辨识。考据法主要包括三个层面，即书证、理证和物证。

书证，是指综合审阅各种案件材料，并对不同材料中的信息进行援引总结，以集中证明或者否定某一观点或主张的方法。此种方法在材料越庞杂的案件中越能发挥作用，其有效使用与对案件材料的熟悉程度密切相关。对案件材料越熟悉，越能发现细节，并且加以汇总串联。单独的细节所蕴含的信息往往是片面的、局部的，若将若干细节联系到一起，则可能会展现出有说服力甚至意想不到的事实全貌。使用书证的方法，首先需要全面通读案件材料，大致了解案件整体信息，之后针对具体问题进行精读，并对与该问题相关的内容进行汇总筛选，找出前后呼应强化论证的内容，并对前后矛盾的内容进行辨别选择，再根据保留下来的重点信息去证明或者反驳某一观点或主张。

理证，是指通过生活常理或科学常识去分析判断案件材料真伪的方法。此种方法对诸如证人证言之类缺乏旁证的主观事实陈述的鉴别十分有效。例如，甲仅基于借条去向乙主张归还数千万元的债务，却并无银行转账凭证，甲声称其系一段时间内多次向乙提供现金，每次数百万元，二人作为老板直接交接，并无手下员工协助佐证。对此，律师可以查到，崭新的 100 元人民币钞票重量约是 1.15 克，100 万元是 11.5 千克，500 万元就是 57.5 千克，如果是旧钞重量会更大。两个老板多次依靠自己拎着百余斤的钞票去交接，显然是非常荒谬且不合常理的。另外，大额现金如果不是银行提现，仅靠个人生意积累也是非常不现实的，如果是银行提现，一定会有对应的银行单据，而个人生意积累资金却不通过银行周转，则意味着有偷逃税款以及洗钱的可能。基于这些基本的常识，就应当可以判断出甲的陈述虚假。

物证，是指根据书证以外的载体所反映出的客观事实或者对书证本身从物证角度去辨别，以印证或者推翻某一观点或主张的方法。以书证去否定书证，有时就像用人证去否定人证一样，无异于缘木求鱼。用物证去否定书证，可能会有类似于降维打击的效果。从书证内容本身去解释和否定，不如索性从形式真假的角度直接推翻。例如，一个笔迹鉴定报告说某一书证上的签字真实，结合签字落款的时间和地点，如果能够证明在该时间当事人不在现场，即有可能推翻该笔迹鉴定报告的结论。

（四）诉讼可视化

诉讼可视化是指将案件信息以图或者表的形式进行梳理以及展示的方法。诉讼可视化的用途主要包含两个方面：一是用于律师内部审阅案件材料时对案件有关信息进行整理和提炼，进而辅助律师开展庭前准备的后续工作；二是用于律师对外向当事人或者法官、仲裁员进行事实以及法律观点的阐述和说明，使本方的主张更为鲜明和令人印象深刻。诉讼可视化主要包括图和表两种形式，图和表的具体样式可以不拘一格，既要做到外在形式上的美观、规范，又要做到内容上的精练、直观。简言之，就是好用即可。常见的图或者表有以下几类（见表2）：

表2 常见的图表功能及注意事项

图表名称	功能及注意事项
时间线图	时间线图主要用于案件事实发生时间点较多的情况，按时间顺序对重要事实进行排序，以展现事实发生的全貌，特别是对双方履行行为有交叉的合同纠纷案件，通过时间线图的梳理，可以清晰看出某方当事人是构成违约还是有权行使抗辩权
法律关系图	法律关系图主要用于案件涉及多主体和各主体相互之间存在多重法律关系的情况。例如，在国际贸易、供应链融资、金融资管和投资并购等类型的诉讼案件中，通过对各方当事人权利义务或交易往来的平面化全景展示，可以明确单一诉讼案件中可以合并诉讼的法律关系范围，并且可以判断对多层嵌套法律关系是否可以穿透追责

续表

图表名称	功能及注意事项
逻辑思维导图	逻辑思维导图主要用于明确案件争议焦点后，思考可以提出哪些问题并如何解决问题的情况。针对每一个争议焦点，分别从事实问题、法律问题和程序问题的角度进行延伸，将相关问题进一步细化，并且将有关的证据、规定以及案例等作为问题解决方案予以列明
数据统计表	数据统计表主要用于案件需要对证据中大量数据进行统计，以及对本金、利息、违约金等进行计算的情况。例如，需要对多笔订单中的交易数量和交易金额进行统计，或者需要对多笔借款和还款进行统计，以及根据同期贷款利率或者 LPR 的调整需要分段计算利息等金额。数据统计表的制作要求对 Excel 等软件具有一定的操作技能
文件内容摘录表	文件内容摘录表主要用于对较庞杂的案件信息进行重点筛选的情况。面对条款繁杂而又多次变更的合同，或者刑民交叉案件中涉及的多个当事人在不同时间陈述相关事实的笔录，或者因上位法和下位法、一般法和特别法、新法和旧法适用问题较突出的法律法规，或者不同层级的法院在不同时间对相关法律问题的裁判案例等，通过整理事实、法律和案例等方面的文件内容摘录表，可以有效理清思路并作出判断

三、诉讼尽职调查

律师掌握案件信息的途径，除了接受当事人口头陈述以及提供书面材料以外，还要发挥自己的主观能动性，通过诉讼尽职调查的方式主动地获得更多的信息。所谓诉讼尽职调查，是以律师非诉业务中尽职调查的方法收集整理与诉讼案件有关信息的过程，其目的在于打破当事人主动提供信息的局限性，以使律师掌握的案件信息更全面、更丰富，从而为后续制订诉讼方案打好基础。诉讼尽职调查主要包括案内信息调查、案件外围信息调查和案例检索三个部分。

（一）案内信息调查

案内信息调查，是律师对与案件直接相关的事实问题进行主动调查的过程。案内信息调查最主要的方式是拟定补充材料和事实问题清单，请当事人根据清单的内容补充提供证据材料或解释澄清律师关注的问题。律师拟定一份对案件有用的清单给当事人，首先要知道某一类案件中通常会有什么材料，以及哪些事实问题可能是影响法律判断的关键，这对律师的专业知识和经验有一定的要求。例如，处理一个建设工程施工合同纠纷，律师就应当知道除施工合同外，应当有设计文件、预算书、工程招投标文件、施工过程中的变更洽商单、竣工验收文件、结算文件等，如果当事人没有提供齐全，律师应当要求其全面提供，对当事人不能提供的，可能就是对案件争议有关键影响的内容。案内信息调查还有一种方式是现场勘查，正所谓"纸上得来终觉浅，绝知此事要躬行"，有些案件事实情况，律师光靠审阅文件或者听当事人的陈述是弄不清楚的，只有实地去现场考察一下才会有足够的理解和认知，并且通过拍照或录像的方式对现场的情况进行证据留存，律师借此向法官陈述观点，也更容易得到法官的认可。

（二）案件外围信息调查

案件外围信息调查，是律师对与案件事实可能不直接相关，但对案件处理和诉讼方案拟定可能会有影响的信息进行主动调查的过程，这主要是对诉讼案件中相关主体的背景信息调查。本方当事人和对方当事人，如果是一家公司，那么律师就要了解该公司的资质情况、内部组织结构、资产负债情况、涉诉情况、目前经营方面的重大项目或者重大事件、在本行业所处的地位以及行业形势等。对对方代理律师，要了解他的学历和职业经历、社会任职、所在律所的情况、律师个人擅长的业务类型、频繁出庭的法院以及律师曾经发表的文章或专著。对法官，要了解他的学历、任职情况、审判风格、案件裁判倾向以及发表的文章或专著。

（三）案例检索

法院对案件的审判越来越强调同案同判思维，通过检索类案、参考指导案例等方式统一裁判尺度，防止滥用自由裁量权。因此，律师在进行案件准备时，也要重视对与本案法律关系或者案情相似的判例检索。律师可关注

《最高人民法院关于统一法律适用加强类案检索的指导意见（试行）》中的有关规定，律师与法官进行判例检索的角度是有区别的。律师对根据案件类型和关键词检索出的案例，要根据对本案法院和法官由强到弱的影响程度进行综合筛选排序：（1）从地域管辖的角度，按照本案主审法官、审判庭及管辖法院、同地区其他法院、跨区域其他法院的顺序。（2）从级别管辖的角度，按照最高人民法院、各高级人民法院、中级人民法院、基层人民法院的顺序，但鉴于最高人民法院已经将各高级人民法院一审民商事案件级别管辖标准提高到50亿元，未来最高人民法院二审案件会大幅减少，且由于最高人民法院在通过司法解释和指导案例统一全国裁判尺度的工作上相对慎重和滞后，各高级人民法院在结合本地实际情况统一省内裁判尺度方面会更先知先觉，案件所在省份高级法院案例的重要性将会进一步增加。（3）从时间角度，按照由近及远的顺序排列，特别关注与本案相关的大背景事件发生之后的司法裁判的态度，如新的法律法规出台、重大政治社会事件（如中美贸易摩擦、新冠疫情）、舆论关注的司法案件最终裁判等，都可被视为大背景事件。（4）从裁判文书种类的角度，按照公报案例和指导案例、再审和二审裁判文书、一审裁判文书、驳回再审申请的裁定的顺序，由于再审立案审查类案件大多为较粗糙的书面审，且以尽量维持原生效裁判文书为主流，很多原生效裁判文书中不影响案件定性的问题都被"并无不当"掩盖，因此诉讼律师对此类驳回再审申请的裁定在使用前要更加慎重地评估是否适当。

四、诉讼方案的制订

在全面掌握案件信息之后，律师即应当着手准备整体的诉讼方案。每一个案件的诉讼方案都应当根据案件的实际情况因地制宜、量身定制，可能会有共通的经验可以遵循，但绝无固定的套路可以适用。一个好的诉讼方案，一定是凝聚了律师的专业知识、经验积累、勤奋思考和细心观察等多方面因素的。在此，仅就制订诉讼方案中的一些共性问题进行探讨。

（一）根据当事人诉讼地位的不同制订诉讼方案

制订诉讼方案，首先要考虑诉讼程序中当事人的诉讼地位不同所带来的影响。诉讼的双方当事人及其代理律师,就像下棋的双方一样进行博弈。以一审案件为例,原告和被告的不同地位,就决定了双方诉讼方案上存在天然的差别。原告处于先进攻后防守的状态,原告作为诉讼程序的发起方,其对诉讼本身的准备工作具有主动性,在起诉之前并不受法院推进诉讼程序的牵制,即使在诉讼程序过程中,原告也有变更和撤回相关请求的权利,但是诉讼一旦提起或者某项主张一旦提出,就要面临被告方反驳的问题,因此需要提前做好应对防范的预案,即作为原告要构建系统的主张逻辑,并要争取方方面面都尽量无懈可击。被告处于先防守后进攻的状态,被告作为诉讼程序的应对方,其对诉讼本身的准备工作具有被动性,在起诉之前可能无法完全预知原告的诉讼思路,在诉讼过程中也要受到答辩期和举证期以及开庭时间的限制,但是被告对原告的反驳是一个拆台的过程,有时可能并不需要面面俱到,抓住关键问题或者原告的破绽进行反击,就可能会让原告的主张被法院支持的难度增加。当事人无论是诉讼案件中的哪一方,抢占先手,在诉讼程序中占据主动地位,都是要尽量争取的,有时进攻才是最好的防守,特别是在双方互有过错或者瑕疵的情况下,先起诉的一方可能会更有利一些,从数据来看本诉比反诉被支持的概率要相对大一些。除去案件本身的事实和法律因素,法官主观上也可能会认为,利益真正受损害的一方才会去告状。另外,从诉讼策略的角度看,双方当事人未必会在整个诉讼程序中都打实体问题的明牌,合理合法安排和利用诉讼程序也是必需的功课。有时诉讼策略就和即时战略游戏的打法类似,要有了解对方意图或者依据的试探,要有对对方诉讼工作的牵制和袭扰,甚至迷惑性的假动作,最终在开庭时正面决战,要基于充分的准备全面阐述自己的主张和相关事实法律依据,并争取压倒性的庭审效果。

(二)根据案件审判阶段的不同制订诉讼方案

制定诉讼方案,要考虑案件所处的不同审判阶段。在案件一审阶段,如前所述,实际上是双方当事人之间的博弈,因此制订诉讼方案要立足于如何打败对方,此时尚无展露法官倾向意见的裁判文书,法官的身份也更加中立,此时争取法官支持主要是尽量让法官接受本方的主张，不认可对方的主张，由于法院最终会基于何种理由进行裁判是未知的，所以无论是主张权利还是反驳意见，都要尽量全面并且有针对性。二审阶段、发回重审后的一审阶段以及再审阶段，则与一审阶段存在本质差别，即这些诉讼阶段之前都已经有在先的裁判文书作出认定，双方当事人都要围绕裁判文书中的认定展开论述，此前败诉的一方要找出裁判文书中的错讹，特别是关键事实和法律问题认定不清和认定错误的内容，并且要争取使当前诉讼阶段的法官意识到裁判文书中问题的严重性，进而争取对原裁判文书的撤销或改判，而此前胜诉的一方，则要对裁判文书的内容进行维护，对裁判文书中不足的内容进行补足性解释和说明，以争取使当前诉讼阶段的法官认可原裁判文书的内容无须更改。

（三）诉讼方案的维度

制订诉讼方案，要有从微观到宏观、从狭义到广义的视角。一个合格的律师可以处理好案件直接争议的事实问题、法律问题和程序问题，但一个优秀的律师则要有"诉讼是解决当事人问题的手段，而不是律师案件代理工作目的"的理念。具体而言，诉讼方案可以分为案内方案、案外方案和诉讼以外的方案三个维度。所谓案内方案就是指对案件本身的事实、法律和程序问题以适当的方式予以解决，事实问题如何证明、法律问题如何阐述、程序问题如何利用，都是案内方案的应有之义，案内方案要围绕着如何说服法官或仲裁员的核心目的而制订。所谓案外方案，是指在目前处理的案件之外，通过提起其他司法程序对目前案件处理的效果进行辅助强化或者对冲抵消，其他司法程序既可以是民事诉讼程序，也可以进一步拓展思路延伸到刑事程序或者行政程序。所谓诉讼以外的方案，是指超出法律视角以外的解决方案，如前所述，诉讼不是解决问题的目的，而是解决问题的手段，并且仅仅是手段之一，只要能够解决问题，任何合理合法的方式和途径都可以采用，律师的思维不能被法律专业知识限制，自然科学、社会科学等诸多学科的知识都有可能会对案件的处理有所帮助，并且案件事实以外的与案件有关的各方面因素都可以是律师制定解决方案的参考。诉讼本身的结果尽管与律师在案内方案上的主观努力有一定关联，但是客观上主要还是受案件本身的事实和法律两方面情况的约束，有些案件的结果是注定要败诉的，或者至少存在较大的不确定性，而有些案件尽管可以取得胜诉结果，但是并不能从根本上解决当事人的问题，因此通过案外方案以及诉讼以外的方案两个层面去争取淡化诉讼结果对当事人利益的影响，或者超出诉讼本身的能力范畴去实现当事人的合法权益就尤为重要，正所谓"善战者无赫赫之功"。

（四）策略的应用

制订诉讼方案，就像排兵布阵一样，离不开策略的应用。律师有空时读读军事类或者历史类的著作，对提高自身处理案件的战略和战术眼光非常有用。律师在诉讼案件中所使用的策略，包括限制法官自由裁量权和向对方用计两个层面。

限制法官的自由裁量权，主要有事实、法律和价值衡量三个角度。从事实角度而言，限制法官的自由裁量权主要是限制法官在事实问题上的主观判断。例如，《最高人民法院关于审理侵犯专利权纠纷案件应用法律若干问题的解释》第10条规定，"人民法院应当以外观设计专利产品的一般消费者的知识水平和认知能力，判断外观设计是否相同或者近似"。一般消费者的知识水平和认知能力是一个抽象的、难以衡量的标准，法官实际上仍然可能将自己的主观判断代入为一般消费者的判断，其对外观专利是否相同或者近似的自由裁量余地较大，在此种情况下，律师可以考虑向法官提交专业第三方机构以科学的方法对一般消费者群体进行抽样调查而形成的客观结论来限制法官自由裁量的不确定性。从法律角度而言，限制法官的自由裁量权主要是基于同案同判原则，以在先相同或者类似的判例去约束法官在法律问题上的认定，具体内容详见前述判例检索部分的论述。从价值衡量的角度看，限制法官自由裁量权主要是引导法官审判思路遵循利益保护的价值标准。最高人民法院《关于在审判执行工作中切实规范自由裁量权行使保障法律统一适用的指导意见》第7条规定："行使自由裁量权，要综合考量案件所涉各种利益关系，对相互冲突的权利或利益进行权衡与取舍，正确处理好公共利益与个人利益、人身利益与财产利益、生存利益与商业利益的关系，保护合法利益，抑制非法利益，努力实现利益最大化、损害最小化。"该规定实质上说明了引导法官进行利益权衡并作出价值判断的方法，即公共利益、人身利益和生存利益是要优先保障的，在此基础之上再考虑个人利益、财产利益和商业利益的保护；可接受的价值判断一定是保护合法利益，摒弃非法利益；要争取实现整体利益最大化或者整体损害最小化，而不是片面考虑和支持某一方当事人的个体利益。

向对方用计，指的是用合理合法的手段对对方当事人或者律师进行算计，以增加本方优势、减少劣势。相关计谋策略的应用可以涵盖案件处理的全过程，并没有固定的方法和套路，在此仅以举例方式说明。例如，相关证据仅有复印件，没有签字盖章的原件，担心对方以此为由简单否定，则可以考虑在证据清单中暂时隐藏真实的证明目的，仅列明一个让对方认为无关痛痒的表面证明目的，等对方发表质证意见确认真实性后再具体阐述证明目的。再如，事先收集整理对方代理人在相关判例或文章中的观点，在其庭审阐述意见后向法院提交，以说明对方代理人在本案庭审中阐述的意见与其此前对类似问题发表的意见不一致，或者此前就发表过此类观点但未被法院判决认可，以打乱对方庭审发挥的节奏。需要特别说明的是，向对方用计，手段必须合理合法，且目的在于辅助本方事实和法律层面的主张或者维护本方当事人的合法权益，是为了解决问题，而不是解决人。正所谓"以正合，以奇胜"，对于律师处理案件的工作而言，计谋策略永远都不应该是首要内容，并且绝大部分案件都不需要十分精妙的诉讼策略，律师"结硬寨，打呆仗"，扎扎实实地将案件所涉及的全部事实和法律问题的细节逐一解决，才是最大限度争取胜诉结果的王道。

五、证据链条的建立

在民商事诉讼案件的准备工作中，建立完整而有力的证据链条，并以证据清单的形式予以承载和体现，是律师以拟定的诉讼方案为指导，将前期掌握的案件事实信息进行专业整理以向法官呈现本方当事人整体事实主张的过程。证据链条的建立，需要律师在证据的遴选、证据的补足和证据逻辑的架构三个方面开展相关工作。

（一）证据的遴选

律师在掌握案件信息阶段会收集有关案件事实的大量资料，而建立证据链条的第一步，就是要从中遴选出可以提交并且有提交价值、能让法官重点关注且会考虑作为定案证据的资料。第一，遴选证据要保证证明事项的全面覆盖，即证明事项的关键节点不能有遗漏的硬伤，如果有遗漏或者欠缺，无论是实质上的还是形式上的，都要想办法进行弥补。律师建立证据链条，要有裱糊匠一样的工匠精神。第二，证据遴选的标准，要按照关联性、真实性、合法性的顺序排列，即关联性是第一位的，要优先保证证明事项的全面覆盖，第二位才是真实性，在保证关联性的前提下尽量让证据的形式不被质疑。例如，有些证据仅有复印件而没有原件，律师不宜采用质证的标准先从真实性层面予以排除，只要证据对证明案件事实有重要作用，在本方当事人向律师确认真实的情况下就要考虑提交，之后再进一步考虑如何完善证据的形式或通过其他证据综合佐证，甚至向法院提出调查取证以强化有关真实性的证明。合法性在证据遴选的标准中排在第三位，《最高人民法院关于适用〈中华人民共和国民事诉讼法〉的解释》第106条规定："对以严重侵害他人合法权益、违反法律禁止性规定或者严重违背公序良俗的方法形成或者获取的证据，不得作为认定案件事实的根据。"由此可见，合法性对证据的否定有"严重"的标准，即法院对证据的采信是实质大于形式的，只要不是严重违法的手段如刑讯逼供等方式获取的证据。例如，未经对方同意录音通常不会被法院直接以违反合法性而否定。第三，对支持本方关键性证明事项的证据，要予以强化，即对该证明事项要争取通过多份证据的组合全方位、多角度地反复重申，并说明细节，以突出其重要性并加深法官的印象，确保信息有效传递给法官，而不宜点到为止，让法官自己去找重点。第四，对某些可能构成双刃剑的证据，要考虑取舍，如果不利方面明显大于有利方面，或者有利方面可以通过其他替代性证据证明，则该证据可以考虑放弃，反之，不能放弃，要充分考虑对该证据的不利方面如何解释，或通过其他证据予以弥补。

（二）证据的补足

当事人向律师陈述的事实经常会与其给予律师的证据之间出现遗漏、偏差和不匹配的情况。对当事人证据方面的欠缺，律师要考虑进行证据补足的工作。第一，律师应当去挖掘证据，即尽可能地深挖当事人提供的证据中蕴含的有效信息，特别是当事人自己没有注意到的案件细节，这也就是前文所提出的审阅案件材料要"全面看、反复看"，隐藏在不同证据中片面的细节，联系起来就可能呈现出一个完整而有力的事实。第二，律师应当去发现证据，即在当事人提供的证据之外，律师去收集整理证据以补充和强化证明事项，这需要使用前文所提到的"诉讼尽职调查"的方法。第三，律师在挖掘证据和发现证据都不足以解决证据问题的情况下，则要进一步发挥自身主观能动性，去创造证据。所谓的创造证据是制造证据去锁定无充分证据证明的事实，或者通过制造证据去"制造事实"。例如，以录音方式将对方的口头陈述予以固定；再如，在当事人诉讼请求可能存在超过诉讼时效问题的情况下，设计场景使对方确认债务或者承诺还款并形成相关证据。需要特别说明的是，创造证据并不是伪造虚假证据，伪造虚假证据是绝对被禁止的，而且也是对案件本身代理工作绝对有害的。

（三）证据逻辑的架构

建立证据链条，不是证据的简单堆砌，而是要架构清晰的证据逻辑。第一，从证据个体而言，其所反映出的事实是客观的，但对该证据证明事项的解读则具有一定的主观性，同一事实从不同角度会有不同的理解，律师要站在本方当事人的立场上去对证据进行诠释。例如，对公司对外转让资产的行为，债权人可能会主张股东滥用控制权损害债权人利益，股东方的律师则可以考虑主张转让资产是为了盘活资产重组债务，以增强公司持续经营的能力。通过对证据的证明事项进行有说服力的解读，可以争取趋利避害，在降低对方证据证明力的同时，增强对本方主张的支撑。当然，此种解读和诠释并不是诡辩，而是要充分将案件事实与法律规范相结合，以法律上的正当性作为逻辑支撑。第二，从证据群体而言，律师要有通过多份证据综合证明某项事实的意识。一方面对核心关键证明事项要全方位、多角度地通过多份证据不断重复与强化。另一方面则要注意多份证据中的不同细节信息组合到一起，可能会呈现出片面的单份证据所无法呈现的深层次事实。这和广东人煲汤的思路是类似的，即单独的食材可能会有单独的味道，但多种看似不相干的食材如果放到一起炖煮，可能会碰撞激发出不同于任何一种单独食材的全新味道。通过证据的组合和细节的碰撞，经常会收到透过现象看本质的效果，也有利于法官使用穿透性审判思维去对案件进行审理。

六、法律文书的写作

法律文书的写作是律师处理诉讼案件的必备功课，既是律师在庭审前后代表当事人向法官表达意见的主要方式，也是组织庭审发言的基础。法律文书的写作不同于写法学论文，其以为案件代理工作服务为写作方向，以说服法官为目标。鉴于其应用性的定位，法律文书写作应当注意以下几个方面的要求。

（一）根据文书的功能确定表达风格

律师应当根据法律文书的功能确定不同的表达风格。

起诉状的目的在于程序方面要顺利完成立案，促成法院对案件的受理，以启动诉讼程序，实体方面则在于确定请求权基础，并使法官对案件整体的事实法律依据以及当事人的主张有概括性的认识。因此，起草起诉状并不要求长篇大论地陈述案件事实细节，或者分析案件有关法律问题。而是要写清楚双方当事人的基本情况和联系信息，以方便法院送达；写清楚案由，以便法院将案件分配到不同的庭室；写清楚诉讼请求，以便法院计算诉讼费，确定级别管辖；概括基本的案件事实和理由，以便法院了解原告方的请求权基础。如果起诉状内容过于庞杂，反而会人为增加立案工作的复杂性，并且增加法官直观了解原告诉讼请求的难度。

答辩状的目的在于扭转法官根据起诉状、上诉状或者再审申请书等文件对案件形成的先入为主的初步印象，因此其内容要与起诉状、上诉状或者再审申请书等形成镜面对照关系，并对其中的观点逐一反驳，或概括性地说明本方的主要意见。除非特别重大、疑难、复杂的诉讼案件，否则仍然不需要论述得过于冗长，以使法官容易理解为合格标准。

上诉状和再审申请书的目的一方面在于程序上启动二审或者再审程序，另一方面在于实体上获得上级法院对下级法院裁判文书的撤销或者改判，因此上诉状和再审申请书内容的攻击方向并不在于对方当事人的观点，而在于已有裁判文书中"经审理查明"的事实认定部分以及"本院认为"的说理及法律适用部分。因此，要明确应当依法改判或者撤销原判发回重审的情形，是事实认定不清，还是事实认定错误或者法律适用错误，抑或程序严重违法，之后再详细论述符合此种情形下原裁判文书中具体存在哪些错误。

质证意见的目的在于说服法官不将对方提交的证据作为定案证据，或者虽然作为定案证据但未支持对方的证明目的，因此质证意见不要求在案件实体法律依据层面进行说明，而应主要集中对证据的真实性、合法性、关联性和证明目的等方面作出认可或者不认可的意见，特别是在针对对方证明目的的论述上，不超出对方该份证据本身内容的范围去做发散性论述，但要注意通过对每一份证据的质证反驳来以点带面，形成整体性的反驳效果，并强化本方的立论观点。

代理意见的目的在于将法庭上法官重点关注的，或者律师自身没有说清楚的，或者庭审时新出现的问题，在开庭之后以书面意见的方式进行论述，即代理意见实际上是庭审发言的庭后延伸，因此代理意见并不是起诉状、答辩状、上诉状和再审申请书等文件中内容的重复论述，而是起到补充完善庭审发言的作用。代理意见通常是围绕法庭总结的争议焦点，在每个争议焦点问题之下综合性地对事实、证据、法律和程序方面进行论述。如果涉及较复杂的案件事实，可以考虑将案件事实按照法院判决"经本院审理查明"部分的体例予以列明；如果涉及大量判例的援引，也可以考虑后附案例清单，以便法官理解。

程序性申请文件，如管辖权异议申请书、调查取证申请书、鉴定申请书等，其目的在于启动程序性事项，因此应重点阐述符合法定程序所规定的情形，对案件实体层面的事实和法律问题的阐述仅在启动程序性事项必要时用。

（二）文书语言

律师撰写法律文书，不断磨炼自身的写作能力非常重要。法律文书是写给法官看的，而不是写给当事人看的，因此要用法律人看得懂且愿意看的专业语言。

第一，法律文书要注重语言的锤炼，要做到精准，即表达无歧义，法律概念的使用无错误；要做到简练，即观点无重复，避免长段与长句；要做到深刻，即要让法官理解无晦涩，看他没想到或者想看到的，并力求透过现象看本质。

第二，法律文书中诸多观点的表达要围绕着如何被法官接受而按照适当的逻辑展开，因此对案件中最重要的观点一定要放在最前面、最首要的位置去阐述，争取先声夺人，一下子抓住法官的眼球，并吸引法官继续向下阅读，而要避免娓娓道来，进行过多铺垫。法官同时处理的案件很多，并不一定有精力和耐心去探究律师撰写的法律文书中所铺垫的内容以获得恍然大悟的感觉，这就是"一鼓作气，再而衰，三而竭"的道理。但需要注意的是，律师也不能对自身提出的观点能够说服法官并起到影响案件走势的关键作用过于自信，不能用押宝的心态去做一锤子买卖，要未虑胜先虑败，就像打阵地战一样要注意层层设防，即要考虑在某一个观点可能不被认可的情况下后续还可以从哪些角度用其他观点去打动和说服法官。

第三，法律文书要注意法官的阅读体验。法律文书要方便法官使用，以相关内容能被法官整体剪切粘贴到裁判文书为目标，不仅行文要符合判决"经审理查明"的事实部分以及"本院认为"的法律部分的表达方式和风格，而且相关字体、字号、行间距、段间距和当事人简称也要符合《民事诉讼文书样式》等关于诉讼文书格式规范的要求。法律文书要注意重点突出，标题简练但要概括说明相关部分的主要观点，不能让法官对律师庞杂的论述去自己总结中心思想，同时律师应慎用多种字体和加粗、倾斜、下画线等标注，虽然律师可能认为自己的每一处表述都很关键和重要，希望法官关注，但此种面面俱到的做法，只会让文件整体变得非常杂乱，并使真正有价值的信息被湮没。律师草拟法律文书的语气整体上要比较平和，可以有适当的情绪表露，但既不能过于偏激，对法院和对方进行毫无依据的指责，也不能对对方一些不专业的表现进行讽刺，更不能对法官进行"普法教育"，法官是专业人士，甚至在某一领域的案件处理经验要远比律师丰富，因此律师在法律文书中要避免过多从法学理论研究的角度去阐述解释法律概念、阐释学术观点，而应结合法律规范要件去讲述案件事实，从事实角度说明相关法律规定是否应当适用。

七、庭审发言的准备

庭审发言的准备是诉讼案件庭前准备工作的最后一个环节，既是对前期各项工作的整合、总结和提炼，也是为了具有好的开庭表现而蓄势待发的过程。正所谓"行百里者半九十"，准备庭审发言的重要性是不言而喻的，前期准备得再充分，若不能通过庭审表现将强有力的事实和法律依据呈现给法官，那么整个案件的代理也难以收到良好的效果。

（一）庭审发言的编排

庭审发言的编排，是从书面语言到口语的过程。律师的庭审发言很忌讳低头逐字逐句地朗读写好的书面文件，不仅显得不自信，而且难以形成与法官之间的互动和交流，律师在朗读书面文件时，很容易被书面文件中的语言表述束缚。书面语言的逻辑尽管缜密，用语也更讲究，但读出来就会显得平铺直叙，抓不住重点，缺乏针对性，难以让法官当场消化。因此，律师在庭前准备一份能够脱稿的发言提纲就非常重要。在准备发言提纲时，最好先不翻阅任何文件资料，要凭律师自己的记忆对案件争议焦点的相关事实问题和法律问题予以列明，就每一个争议焦点下的具体主张和理由按照口语习惯概括表述，同时列明支撑相关主张的重点证据名称及其内容，再考虑庭审时法官或者对方可能会提出的质疑和问题，并拟定回应的口径。即发言提纲仅起到提示和备忘的作用，其目的在于让律师的眼睛在庭审时摆脱书面文字，而能够正视法官的目光，观察对方的反应，及时根据庭审的情况变化和发展有针对性地使用相关内容。

庭审发言的编排，还要注意以下几点：第一，律师必须做到对案件的事实、法律等方面的细节信手拈来，律师不必把所有的细节都背下来，但至少要熟悉提到什么问题就能对应想到案件材料的什么位置有什么内容的程度，如果能够做到将不同材料中说明同一问题的不同细节联系起来说明更好；第二，律师要讲可信的事实，即要讲事实的背景、起因和当事人的动机，要进行有事实依据或者至少合理性的解释，而避免被动掩饰，除了要讲法律层面的对错，还要讲情理层面的善恶，法官对案件作出客观的、理性的判断有待庭后的研判，但律师的庭审发言要争取法官主观上的、感性的支持；第三，庭审发言要适应庭审有限时间的高强度节奏，完美的庭审表现是可遇不可求的，但律师至少要做到不遗漏主要观点、不纠缠无关紧要的细节、不犯低级错误，能做到这三点的庭审发言至少符合合格的标准；第四，庭审发言要紧扣法律规范要件，即庭审发言要围绕着案件核心争议的法律适用问题及其构成要件去阐述有关事实，以说明相关法律规范是否应当在案件中适用，而不能天马行空般随意发散。

（二）庭审诘难的防范和攻击性问题的筹划

在庭审发言过程中，律师不可避免地会面临回答法官或者对方提出的问题，以及向对方或证人提出问题的情形。妥当地回答和提问对法官支持本方主张有积极的促进作用，糟糕的回答和提问则对案件走势会产生非常负面的效果。因此律师要做好庭审诘难的防范和攻击性问题的筹划两方面的工作。

庭审诘难的防范分为应对法官提问和对方提问两个部分。对法官的提问，律师要注意理解法官审理案件的逻辑思维和驾驭庭审的方式，以配合法官的庭审工作。上海市高级人民法院原副院长邹碧华曾经提出"要件审判九步法",即其将审判过程分为固定权利请求、识别权利请求基础、识别抗辩权基础、基础规范构成要件分析、审查当事人诉讼主张是否完备、整理争议焦点、要件事实的证明、要件事实的认定以及要件归入并作出裁判等步骤。"要件审判九步法"对律师理解法官提问的目的大有帮助。对对方的提问，律师则要注意避免顺应对方的提问节奏，使对方不能基于其提出的问题以及我方的答复形成其想呈现给法官的结论，并应当考虑反客为主，利用回答的机会顺势提出或强调自身的主张。

律师向对方或证人提出问题，其目的并不同于法官提问。法官提问是基于庭审调查的需要，而律师提问则是为了强化自身主张，放大对方主张中的相关纰漏和矛盾，从而降低对方主张的可信度，因此律师向对方提问在庭审时是一种攻击性的手段。筹划攻击性问题，第一，要确保问题的提出不会导致庭审出现失控的局面，即律师不应去问自己不知道答案的问题，否则获得的答案与律师预期相去甚远，可能轻则打乱律师庭审工作的节奏，重则将对本方不利的内容直观展现在法官眼前而增加败诉风险；第二，律师提问时要注意提问的方式，即问"是"或"不是"，而不应问"为什么"，从而限制回答者的作答范围，通过一连串是或者不是的回答，从而整体呈现出自己提问的逻辑和结论，避免给予回答者进行发散性解释以打乱本方的提问节奏甚至作出反驳的机会。

（三）模拟法庭

模拟法庭是检验庭审发言及其他各项准备工作的一个好方式，通过模拟法庭，可以有效发现前期准备中的疏漏。模拟法庭的仪式感很重要，有利于律师代入真实庭审状态中，但亦可不拘于形式，只要满足对抗性要求即可。简单的模拟法庭，可以通过苏格拉底提问法来进行，即通过连续地提问和回答，来不断发现新问题并寻求解决方法，以查缺补漏，完善和强化自身主张，但使用苏格拉底提问法要避免陷入怀疑论的悲观情绪中，尽管在律师自身看来，随着案件准备工作的深入会发现越来越多的问题，甚至有些问题可能没有好的解决途径和办法，但律师也要清醒地认识到，法官和对方很多时候基于各种原因也未必会同样深入考虑，或者并不认为本方律师所担心的事项是个问题。

相对正式的模拟法庭，既可以采用角色扮演的方式，也可以请事务所或/和团队其他律师甚至外部专家来扮演对方代理律师和法官或仲裁员的角色，按照正规的庭审流程进行。扮演对方代理律师的最好未实际参与前期的案件处理工作，避免先入为主的观念，从而限制站在对方立场考虑的思维；而扮演法官或者仲裁员的则在立场上不宜过于中立，也要站在偏向对方的立场去主持庭审并进行提问。在此种情况之下，可以最大限度对本方律师形成压力，提高模拟法庭的检验效果。律师组织模拟法庭，邀请当事人旁听也是非常必要的，这一方面可以对律师准备案件的工作形成鞭策，另一方面也可以直观地让当事人感受到案件中所存在的客观问题，从而能更务实地作出决策。

以上只是从民商事诉讼案件代理工作实务角度总结的基本流程、方法和心得，内容相对浅显。案件代理工作所面对的实际情况，远比前述内容复杂得多，无论是微观层面上的案件进程、法院的审判思维和对方的行为，还是宏观层面上的经济大环境和社会形势，都处在不断变化调整的动态过程中，律师如果墨守成规，以静态的眼光去看待案件争议，无异于刻舟求剑。因此律师需要在工作实践中，熟练、灵活地将经典的工作方法运用到新领域、新问题的解决上。

商事仲裁的特质与关键环节

周 研

【业务研判】

仲裁是重要的纠纷替代解决方式（alternative dispute resolution，ADR），由于程序灵活、结果保密、具有域外执行效力，深受商事主体的青睐，在国际贸易、海商海事、投资并购、金融与银行、建设工程等领域的争议中被广泛选用。自1995年我国《仲裁法》施行以来，中国仲裁事业发展迅猛，仲裁机构、从业人员、受理案件、争议标的额都持续强势增长，仲裁法律服务市场也随之兴盛。对律师而言，仲裁案件往往呈现争议金额大、专业性强、基础交易复杂、收费金额高等特点，是较优质的争议解决业务。同时，仲裁程序虽然和诉讼大致相似，但其关键环节又存在明显区别，了解、掌握这些异同，无论是对拓宽业务范围，还是深耕专业领域，都有非常重要的意义。

【业务框架】

仲裁可分为广义与狭义，一般而言，狭义的仲裁业务仅指处理以仲裁方式解决平等主体之间的民商事案件，劳动仲裁①、体育仲裁②、国际投资仲裁③以及国际法的仲裁，虽然其程序、形式与民商事仲裁颇相似，但都不在本文讨论范围内。

律师从事仲裁业务的核心是仲裁案件的代理，但与仲裁案件有关的一系列事项，包括仲裁协议的起草、仲裁案件的财产保全、仲裁协议效力的认定、仲裁裁决的域外承认、仲裁裁决的撤销和不予执行，等等，也应列入仲裁业务范围之内。从时间顺序看，可以大致列出如图1所示的路径。

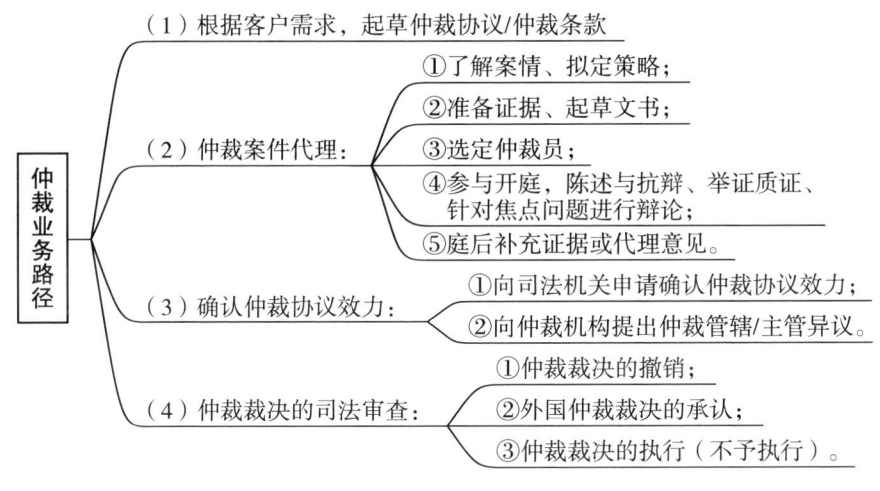

仲裁业务路径
- （1）根据客户需求，起草仲裁协议/仲裁条款
- （2）仲裁案件代理：
  - ①了解案情、拟定策略；
  - ②准备证据、起草文书；
  - ③选定仲裁员；
  - ④参与开庭，陈述与抗辩、举证质证、针对焦点问题进行辩论；
  - ⑤庭后补充证据或代理意见。
- （3）确认仲裁协议效力：
  - ①向司法机关申请确认仲裁协议效力；
  - ②向仲裁机构提出仲裁管辖/主管异议。
- （4）仲裁裁决的司法审查：
  - ①仲裁裁决的撤销；
  - ②外国仲裁裁决的承认；
  - ③仲裁裁决的执行（不予执行）。

图1　仲裁业务路径

---

①　即《劳动争议调解仲裁法》规定的劳动仲裁程序，由于其处理的是劳动者与雇佣单位之间的劳动关系，双方明显不处于平等地位，故其价值取向、基本原则、适用法律与一般的民商事仲裁有较大区别，属于劳动法领域研究的对象。

②　1995年《体育法》第33条规定了体育仲裁机构负责调解、仲裁竞技体育活动中发生的纠纷。2022年6月24日颁布的《体育法》，以一整章的篇幅详述了体育仲裁制度、仲裁的范围、仲裁机构的设立、仲裁裁决的法律效力和司法监督等事项。本文写作时，还缺乏案例供研究。对体育仲裁感兴趣的读者，可参考国际体育仲裁领域较有影响力的案例，例如国际体育仲裁法庭（Court of Arbitration for Sport/Tribunal Arbitral du Sport，CAS/TAS）处理的国际反兴奋剂组织（WorldAnti－doping Agency，WADA）与中国游泳运动员孙某之间的案件（包括仲裁案件、后续在瑞士法院的司法审查案件以及重新仲裁案件）。

③　即根据《关于解决国家和他国国民之间投资争端公约》（Convention on the Settlement of Investment Disputes Between States and Nationals of Other States，也称"华盛顿公约"，中国是该公约的缔约国），由仲裁机构处理投资人与东道国之间争端。国际投资争端解决中心（International Center for Settlement of Investment Disputes，ICSID）是依据《关于解决国家和他国国民之间投资争端公约》建立的世界上第一个专门解决国际投资争议的仲裁机构。

【内容梗概】

　　本文将结合仲裁的商事特质，围绕"如何开启仲裁"以及"如何挑战仲裁"这两个问题，讨论仲裁业务的关键节点，包括仲裁协议的效力、仲裁协议的扩张、仲裁裁决的司法审查规则及其所反映的价值取向等，从而展现仲裁与诉讼的区别，为有志于此的年轻律师们提供一个初步的理解框架。仲裁业务的非特质性环节（诸如代理案件的注意事项、如何收集和整理证据、如何进行庭前准备等）并非不重要，但考虑到与诉讼业务高度类似，本文不再单独介绍。

有学者认为，现代仲裁制度始于中世纪的地中海。从地缘政治视角来看，这个区域在历史上绝大多数时期都处于割裂状态，其沿岸被不同的政权统治，这些政权又分属多个文明，其语言、民族、宗教、历史、文化、生活习惯、政治制度、法律规则全然不同；但从经济视角来看……地中海世界……又是密切联系的，自古以来建立起来的频繁、密切的商品交换将地中海沿岸串联起来形成一个巨大的贸易圈，无论城邦抑或帝国、闪米特抑或日耳曼、基督徒抑或穆斯林，皆不例外。

这种政治割裂、经济关联的矛盾状态，导致活跃于此的商人们，迫切需要一种相对统一的商业规则为贸易服务，由此逐步形成专门调整商事关系的商人习惯法，而仲裁制度则是商人习惯法中用于处理纠纷的重要方式。随着航海技术的发展，贸易覆盖面更加广阔、往来更加频繁，仲裁也在大西洋沿岸各主要国家中得到进一步的推广和适用，并逐渐得到这些国家的确认。[①]

可见，仲裁制度产生于商业的需求、服务于商事主体，因此也必然以商人的追求作为制度的根本逻辑，具有非常明显的商事属性。现代仲裁制度的众多特点是这种商事属性的体现。例如，仲裁不公开进行，虽然这一做法导致仲裁缺乏舆论监督，并影响其公正性，但对交易中的商业秘密、争议各方的商业信誉，都起到更强的保护作用；再如，仲裁裁决一裁终局，没有二审的救济，其结果的可预期性明显不如诉讼稳定，然而一裁终局意味着缩短了案件处理时间，节省了商人们为处理纠纷所花费的时间和机会成本；此外，由当事人选择行业专家作出裁判、当事人自行约定仲裁程序，也体现了尊重交易习惯、奉行契约自由等商业价值取向。[②]

同时，这种商事属性，也意味着司法对仲裁活动的监督，是以尊重当事

---

① 参见宋连斌主编：《仲裁法》，武汉大学出版社2010年版。
② 相对而言，民事案件往往更强调审理过程公开透明，强调结果的实体公平，特别关注保护相对弱势一方的权利，对合同条款的公平性也有严格的审查。因此，专门为商人设立的仲裁制度，其实并不适于传统的民事案件。我国仲裁行业发展过程中，仲裁制度和仲裁裁决往往在涉及非商事主体（如购买"保本理财""以房养老"等金融产品的非合格投资者）时，更容易被司法机关和公众舆论质疑所谓"实体公正性"。

人意思自治为基本原则、以尽量不干涉仲裁的进程和裁决实体内容为导向、以程序正义为底线。从事仲裁业务的律师，理解了仲裁的商事属性，就更容易把握仲裁领域的规则及其背后的价值取向。

一、满足何种条件能开启仲裁

仲裁可谓契约自由的极致体现——通过约定，当事人甚至可以在发生纠纷时排除司法管辖、限缩国家权力。正是因为这种效果过于强烈，对如何才能开启仲裁程序，必须进行审慎的判断，从而在保障契约自由的同时，避免碰触公平原则的底线。这个价值观反映在规则层面，就是对双方开启仲裁的约定——仲裁协议——的效力予以严格甚至严苛的限制。

律师每接触一个新的仲裁案件时，首先应关注仲裁协议/协议中仲裁条款（为免赘述，下文中对此二者一律以"仲裁协议"指代），判断其是否能如当事人预期地开启仲裁程序。而对负责起草协议的商务律师而言，充分理解与仲裁协议有关的规则，拟定准确、符合预期的仲裁协议，也是必不可少的基本素养。

（一）仲裁协议的三要素及常见问题

根据我国《仲裁法》的规定，仲裁协议应当具备如下三个要素：请求仲裁的意思表示、仲裁事项、选定的仲裁委员会①。这三个要素构成仲裁协议有效的必要条件。

1. 请求仲裁的意思表示

"请求仲裁的意思表示"指当事人明确以仲裁方式解决争议。通常而言，一旦协议条款中出现了"仲裁"字样，就意味着当事人选择了仲裁，从而自动排除了司法管辖；但是，在很多情况下，当事人"请求仲裁的意思表示"并不足够清晰，进而影响仲裁协议的效力。归纳而言，相对常见的问题有如

---

① 《仲裁法》第16条规定："仲裁协议包括合同中订立的仲裁条款和以其他书面方式在纠纷发生前或者纠纷发生后达成的请求仲裁的协议。仲裁协议应当具有下列内容：（一）请求仲裁的意思表示；（二）仲裁事项；（三）选定的仲裁委员会。"

下两种：

第一种，否定仲裁的一裁终局性。例如，约定："……双方如发生争议，应提交中国国际经济贸易仲裁委员会仲裁解决，如任何一方对结果不服，应自收到仲裁裁决之日起 30 日内，向北京市第二中级人民法院（注：有些时候此处也可能是向'中国国际经济贸易仲裁委员会'或'中国仲裁协会'）提起上诉……"

仲裁的一裁终局性，既是《仲裁法》的规定[①]，也是仲裁制度的基本原则，否定一裁终局性的仲裁条款，与法律规定明显冲突，在实践中也无法得以贯彻，因此，我国司法机关普遍认定此类约定无效。但"仲裁可二审"的约定无效，是否导致仲裁协议整体无效？目前司法实践中对这一问题存在严重分歧。一种观点认为，违反法律的约定内容，仅仅是"可对仲裁裁决提起上诉"这一部分，该部分虽然无效，但当事人在仲裁协议中的其他约定尤其是选择仲裁的意思表示，并不违反法律，因此其余约定应维持有效。[②] 另一种观点认为，约定"可上诉的仲裁"是当事人选择"仲裁"的一项必不可少

[①]《仲裁法》第 9 条第 1 款规定："仲裁实行一裁终局的制度。裁决作出后，当事人就同一纠纷再申请仲裁或者向人民法院起诉的，仲裁委员会或者人民法院不予受理。"

[②] 相应案例可参考：

(1) 北京市第四中级人民法院（2019）京 04 民特 382 号裁定书认为：虽然双方协议在第 9 条明确约定以仲裁方式解决争议，又于同一条款约定仲裁无法解决时可向人民法院起诉，但从表述内容、顺序看，双方并未否认、变更以仲裁方式优先解决争议的意思表示，不能理解为属于"《最高人民法院关于适用〈中华人民共和国仲裁法〉若干问题的解释》第七条"的仲裁协议无效的情形，也未违反"一裁终局"的仲裁法基本原则。

(2) 杭州市中级人民法院（2019）浙 01 民特 326 号裁定书认为：从本案整个仲裁协议条款的内容来看，当事人约定争议提交仲裁的意思表示明确，不存在或裁或诉的双向选择，其中所谓可向法院起诉是在仲裁"未有结果时"之后，即使这部分约定违反一裁终局而无效，也不影响前述关于提交仲裁的约定的效力。

(3) 上海市第一中级人民法院（2020）沪 01 民辖终 780 号裁定书认为：本案所涉《并购财务顾问服务协议》约定，"首先通过新加坡国际仲裁中心进行仲裁解决"，对于仲裁方式和诉讼方式之间明确了仲裁优先，对仲裁机构的选择具体、明确、唯一，并不具有"或裁或诉"的选择的特点，故本院对该仲裁条款的约定予以认定。对于双方当事人进一步约定，"若双方对新加坡国际仲裁中心的仲裁结果无法达成一致，任何一方均有权将争议提交于甲方住所所在地有管辖权的商业法庭以诉讼方式解决"，不符合我国《仲裁法》关于"仲裁实行一裁终局"的规定，应认定该约定为无效。"本案应提交新加坡国际仲裁中心进行仲裁解决。"

的前提条件，如果仲裁裁决不能上诉，就意味着当事人对"仲裁"的预期与实际结果存在巨大的差异，在这种情况下，当事人是否还有选择仲裁的意愿无法判定。与其进入一个"无法上诉的仲裁"，促成实现当事人未必期待的结果，不如认定整个仲裁协议无效，从而使当事人回到以诉讼程序解决纠纷的原点上。① 这两种观点均有理论依据和实务判例支撑，目前尚无统一的裁判标准。

当然，"仲裁不可上诉"的结论，其实也不是绝对的。有观点认为，仲裁基于当事人的意思自治，既然当事人有权通过契约来排除司法管辖选择仲裁、有权通过契约确定仲裁程序，那么当事人显然也有权通过契约确定仲裁裁决对其双方的效力。作为这种观点在实践中的呼应，《英国 2016 年仲裁法》规定，针对在英格兰、威尔士、北爱尔兰作出的仲裁裁决，当事人可就仲裁裁决的法律适用提起上诉。② 我国深圳国际仲裁院在 2019 年创新性地设置了"复裁制度"③，也属于"可上诉的仲裁制度"。这种变化趋势，也可理

---

① 相应案例可参考：

（1）最高人民法院（2013）民二终字第 81 号裁定书认为：双方虽然约定了任何一方可向协议签订地所在仲裁委员会提出仲裁，但同时又约定任意一方对仲裁结果提出异议的，可向合同签订地法院提出起诉。这样的约定不符合"仲裁实行一裁终局"的规定，违反了仲裁排除法院管辖的基本原则，该约定无效。

（2）最高人民法院（2019）最高法民终 279 号裁定书认为：双方虽然约定将纠纷提交仲裁机构仲裁，但同时约定如仲裁调解不成，可由合同签订地人民法院诉讼解决，并未将仲裁作为纠纷的最终解决方式，故该仲裁条款无效。

（3）北京市第三中级人民法院（2015）三中民（商）特字第 12982 号裁定书认为：双方关于争议先提交仲裁委员会进行仲裁，若一方不服该裁决，则再到法院提起诉讼的约定，违反了仲裁一裁终局原则，故该仲裁条款应认定为无效。

② 《英国 1996 年仲裁法》第 67、68、69 条规定，针对在英格兰、威尔士及北爱尔兰作出的仲裁裁决，当事人可以基于仲裁庭缺乏实体管辖权（substantive jurisdiction）、仲裁庭具有严重不规范行为（serious irregularity）以及裁决所涉法律问题向法院提起上诉。其前两项属于法院对程序事项的审查范畴，与通常理解的仲裁司法审查非常相似，而第 69 条规定的"法律问题可上诉"规则确立了针对仲裁裁决的实体问题可提起上诉的可行性——即便本条属于非强制性规范——其在世界各个国家的仲裁法律体系中也极少见。

③ 2019 年 2 月 21 日，深圳国际仲裁院（又名"华南国际经济贸易仲裁委员会"和"深圳仲裁委员会"）施行的仲裁规则，确立了"选择性复裁程序"制度，如当事人存在约定，可以针对仲裁裁决申请深圳国际仲裁院进行"复裁"，在一定程度上也被视为一种仲裁上诉制度。

解为仲裁制度在传统（一裁终局）和特质（契约自由）之间寻找动态平衡的努力。

第二种，仅将仲裁作为选择性的争议解决方式。即约定：如发生争议，当事人既可以选择申请仲裁，也可以选择向法院提起诉讼。按照《最高人民法院关于适用〈中华人民共和国仲裁法〉若干问题的解释》（以下简称《仲裁法司法解释》）的规定，这类被称为"或裁或诉"的仲裁协议一律无效。[①]但司法实践表明，此规则在应用中依然会出现分歧，例如最高人民法院在(2019)最高法知民辖终477号民事裁定书中对同时包含"仲裁"和"诉讼"的协议作出如下论述：

"关于涉案协议是否存在或裁或诉相互矛盾的约定。……认定仲裁条款是否无效须结合协议约定的争议内容、性质及当事人赋予不同条款的优先效力。仲裁意思表示真实既是仲裁条款有效的前提，也是认定仲裁条款有效的重要依据。当事人在协议中就不同的纠纷内容约定不同的争议解决方式的，不宜笼统地认定仲裁条款无效，而应结合具体的争议内容、性质及当事人赋予不同条款的优先效力进行认定。本案系世盈合众公司要求系联软件公司返还合同款项产生的纠纷，属于涉案协议第10条第e、f款约定的争议内容，且不涉及第7条法律适用争议，因此第7条的约定不影响本案纠纷提请仲裁。更重要的是，涉案协议第10条第f款明确约定'纵使本协议中有任何与此相反的规定，在协议双方因数据保护、隐私、拒不付款、保密信息或知识产权归属等问题发生争议时，双方均可在北京市仲裁委有管辖权的仲裁庭提起仲裁和寻求合理的补救办法'。可见，当事人在涉案协议中已明确赋予第10条第f款特定情形下的优先效力，即使协议其他条款有不同规定，对于特定内容和性质的争议例如数据保护隐私、拒不付款等争议仍可以提交仲裁。本案

[①] 《仲裁法司法解释》第7条规定："当事人约定争议可以向仲裁机构申请仲裁也可以向人民法院起诉的，仲裁协议无效。但一方向仲裁机构申请仲裁，另一方未在仲裁法第二十条第二款规定期间内提出异议的除外。"

系就合同付款问题发生的争议，属于第 10 条第 f 款约定通过仲裁解决的争议范围。因此，结合涉案协议的合同订立过程、条款约定、争议内容等，可以认定双方就涉案纠纷存在仲裁的真实意思表示，涉案仲裁条款并未违反仲裁法解释第七条规定之情形，涉案纠纷应当通过仲裁解决。原审法院关于涉案协议同时约定了仲裁和起诉两种纠纷解决机制，导致仲裁条款无效的认定存在错误，本院予以纠正。"

由此案例可见，司法对"或裁或诉"仲裁协议的判断标准并不机械，并非所有同时出现"仲裁"和"诉讼"字眼的仲裁协议，就必然被认定无效；如能够根据约定内容和案件特点，清晰地指向仲裁的解决方式，不会产生理解上的歧义，不会导致案件的主管权的混乱，则其效力可被认可。所以，律师起草或审查仲裁协议时，需要结合条款内容，作出实质性的判断。

从"或裁或诉"的仲裁条款进一步引申开来的是非对称仲裁条款（asymmetrical arbitration clause），又称单边仲裁条款（unilateral arbitration clause）。该条款通常约定一方当事人可以选择诉讼或仲裁，而另一方当事人仅能向特定法院提起诉讼，这种安排常见于格式条款中，糅合了两种争议解决方式，使受益人（通常也是格式条款的提供人）具有很强的灵活性。严格按照上文标准判断，这类条款似乎也不会导致理解的歧义，但由于单边条款在赋予双方权利上存在不平衡，因此判断这类条款的有效性，不仅要考虑"或裁或诉"的规则，还需要考虑赋权机制的单边性是否有违公平原则。[①]

2. 仲裁事项

仲裁事项指仲裁协议中确定的通过仲裁方式解决的争议范围。当事人概括约定仲裁事项为合同争议的，基于合同成立、效力、变更、转让、履行、

[①] 有观点认为，根据《最高人民法院关于适用〈中华人民共和国民事诉讼法〉的解释》第 31 条（"经营者使用格式条款与消费者订立管辖协议，未采取合理方式提请消费者注意，消费者主张管辖协议无效的，人民法院应予支持"），既然经营者未提醒消费者注意时，格式管辖条款都无效，那么举重以明轻，经营者单方任意选择管辖的约定，对消费者的权利更加漠视，因此更不能赋予其效力。

违约责任、解释、解除等产生的纠纷都可以认定为仲裁事项。①

根据《仲裁法》的规定，仲裁事项一般被要求为平等主体之间的合同纠纷或其他财产性权利争议。由此可见，除合同纠纷外，涉及财产权利的侵权纠纷，也属于可仲裁的范围。而涉及人身关系的纠纷，如离婚、继承纠纷，或者当事人之间并非平等主体的纠纷，如劳动纠纷，体育协会与运动员之间关于参赛权利、处罚等方面纠纷，不属于商事仲裁的审理范围。

实践中争议比较大的问题是，行政合同争议［例如 PPP（public – private partnership）合同争议、国有土地使用权出让合同争议］是否具有可仲裁性。通常的观点认为：行政合同中涉及行政机关行使行政权力的行为，不能仲裁解决；在此之外的合同内容（如行政机关对投资主体的投资返还、双方约定的违约行为和违约金支付），依然可仲裁解决。鉴于这一争论主要涉及民法与行政法的边界和交叉，限于本文讨论的主题，不再展开。

仲裁事项是确定仲裁庭审理范围的依据，约定的仲裁事项不足以覆盖争议时，仲裁庭的审理权限将被限制。例如，仅约定因合同产生的纠纷应交由仲裁委员会审理，而未约定合同的撤销、解除的审理权限，可能被司法机构认为仲裁庭无权裁决合同解除或无效；②又如，存在担保的债权债务关系中，

---

① 《仲裁法司法解释》第2条。
② 可参考潍坊正洋商贸有限公司与烟台黔鑫酒业有限公司代理合同纠纷执行复议裁定书［（2013）鲁执复议字第76号］，山东省高级人民法院认为，最高人民法院《仲裁法司法解释》第2条规定："当事人概括约定仲裁事项为合同争议的，基于合同成立、效力、变更、转让、履行、违约责任、解释、解除等产生的纠纷都可以认定为仲裁事项。"而本案中，仲裁协议明确约定，"若因履行本协议书过程中发生纠纷，协商解决不成，为快速、经济解决纠纷，双方一致同意由烟台市仲裁委员会裁决"。根据上述条款的规定，该仲裁协议条款应当理解为双方当事人对仲裁事项范围的约定是基于合同履行产生的纠纷，不包括基于合同订立、效力等产生的纠纷……

本院认为，本案中，双方当事人签订的代理协议中约定："甲乙双方履行协议若有未尽事项，双方协商解决。若因履行本协议书过程中发生纠纷，协商解决不成，为快速、经济解决纠纷，双方一致同意由烟台市仲裁委员会裁决。"该约定应当理解为双方同意提交烟台仲裁委员会裁决的事由是履行协议过程中发生纠纷，并不包括因合同解除、撤销及效力方面发生的争议。而本案中，申请人正洋商贸的仲裁请求是解除（后变更为撤销）周某政与被申请人黔鑫酒业签订的代理协议，在此基础上请求裁决被申请人返还已履行部分的货款，申请人返还相应的代理产品。该请求的内容不属于履行合同过程中发生的争议，因此不属于仲裁协议的范围。

主合同约定了仲裁条款，而作为从合同的担保合同未约定仲裁条款，导致仲裁事项不能扩展至担保内容；再如，合同约定了租赁范围，但在履行合同的过程中双方扩大了原有租赁范围，就被扩大部分的租赁标的产生的争议，司法机关也可能认为仲裁机构无管辖权。①

从目前的司法实践来看，法院通常不会过于僵化地看待仲裁庭的审理范围，而是本着方便原则，尽量认可仲裁庭有权就当事人的争议进行完整审理。然而，作出此类判断的前提是仲裁协议内容约定尽量合理，某些表达特殊的仲裁条款，必然会为未来审理造成难以想象的障碍。

3. 选定的仲裁委员会

中国仲裁法的特点导致"选定的仲裁委员会"这一要素成为仲裁协议效力争议的主要来源，这些争议大致归纳起来，包括以下三种情况。

第一种未约定仲裁机构（仲裁委员会）。国际商事仲裁中，根据仲裁程序管理者不同，仲裁存在两种形式，一是由常设的仲裁机构管理的仲裁，被称为机构仲裁（institutional arbitration），二是非由仲裁机构管理（或仲裁机构仅作为服务提供方，提供诸如配置仲裁秘书、出租开庭场所、协助送达等辅助性服务，并不对仲裁程序的管理起主导作用）、由仲裁员自行管理的仲裁，被称为临时仲裁（ad hoc arbitration）。《承认及执行外国仲裁裁决公约》（1958年6月10日订于纽约，亦称《纽约公约》）第1条第2款规定："'仲裁裁决'一词不仅指专案选派之仲裁员所作裁决，亦指当事人提请仲裁之常设仲裁机关所作裁决。"即分指临时仲裁和机构仲裁。

国际仲裁中的绝大部分案件为临时仲裁，因此仲裁协议中往往只要约定了"仲裁"，当事人即可启动仲裁，而仲裁的程序、规则、仲裁庭的组成等事项，都可由当事人后续约定，或由仲裁员/仲裁庭确定。根据我国《仲裁

---

① 可参考湖南省岳阳市中级人民法院（2021）湘06民特3号民事裁定书，就申请人湖南金叶众望科技股份有限公司与被申请人岳阳市岳阳楼区华维纸品厂撤销仲裁裁决纠纷，以超越仲裁事项为由，裁定撤销岳阳仲裁委员会岳仲决字［2021］23号裁决第一项中的部分内容。

法》第 16 条的规定，仲裁协议以选定仲裁委员会为生效条件，这意味着在通常情况下，我国法律并未给境内的临时仲裁留出空间。①

因此，仲裁协议中仅约定"仲裁"而未约定"仲裁委员会"，在中国仲裁法下属于无效约定。特别需要关注的是，这一结论只在适用中国仲裁法时成立，如适用其他国家仲裁法时，结论可能恰恰相反，律师在起草具有涉外因素的仲裁协议时，应特别关注该仲裁协议的准据法（有关这一内容，下文将详述）。

第二种是约定的争议解决机构并非"仲裁委员会"。这类问题出现在对境外仲裁机构的描述。境外著名的仲裁机构如国际商会仲裁院（ICC）、斯德哥尔摩商会仲裁院（SCC）、香港国际仲裁中心（HKIAC）、新加坡国际仲裁中心（SIAC）等，都不以"仲裁委员会"为名称。这可谓立法局限造成的混乱，我国《仲裁法司法解释》即全部以"仲裁机构"替代了"仲裁委员会"。2021 年《中华人民共和国仲裁法（修订）（征求意见稿）》中，也将"仲裁委员会"统一改为"仲裁机构"，体现了解决这一瑕疵的立法努力。

另外需要特别注意的是，仲裁虽然不实行地域管辖和级别管辖，理论上可以约定任何仲裁机构，但如案件本身不具有涉外因素，则我国法院认为，

---

① 之所以说"通常情况下"，是因为目前随着时代发展，这一原则存在松动的趋势：

（1）2016 年 12 月 30 日颁布的《最高人民法院关于为自由贸易试验区建设提供司法保障的意见》第 9 条第 3 款规定："在自贸试验区内注册的企业相互之间约定在内地特定地点、按照特定仲裁规则、由特定人员对有关争议进行仲裁的，可以认定该仲裁协议有效……"即在自贸区内的企业相互之间的争议，可由"特定人员"进行仲裁。这一规定意味着《仲裁法》中规定的"选定的仲裁委员会"在特殊情况下是可不被遵循的。

（2）2017 年 3 月 18 日，珠海横琴新区管理委员会、珠海仲裁委员会共同发布《横琴自由贸易试验区临时仲裁规则》，这可以被视为中国内地第一部临时仲裁规则，适用于珠海横琴自由贸易试验区内注册的企业之间的仲裁案件。

（3）2022 年 3 月 18 日，中国海商法协会、中国海事仲裁委员会共同发布《中国海商法协会临时仲裁规则》以及《中国海事仲裁委员会临时仲裁服务规则》，为海事业务的临时仲裁提供了法律依据。

（4）此外，2021 年《中华人民共和国仲裁法（修订）（征求意见稿）》第 91 条第 1 款规定："具有涉外因素的商事纠纷的当事人可以约定仲裁机构仲裁，也可以直接约定由专设仲裁庭仲裁。"该"专设仲裁庭仲裁"即为"临时仲裁"。这一修改强调了仲裁的意思表示作为仲裁协议效力判定核心要素，免除了需要明确约定仲裁机构的要求，符合国际仲裁实践。

当事人不能选择境外仲裁机构。最高人民法院民事审判庭第四庭在《涉外商事海事审判实务问题解答（一）》第83条提出，根据《民事诉讼法》和《仲裁法》的规定，涉外经济贸易、运输、海事中发生的纠纷，当事人可以通过订立合同中的仲裁条款或者事后达成的书面仲裁协议，提交我国仲裁机构或者其他仲裁机构仲裁。但法律并未允许境内当事人将其不具有涉外因素的争议提请境外仲裁。因此，如果境内当事人将其不具有涉外因素的合同或者财产权益纠纷约定提请境外仲裁机构仲裁或者在境外进行临时仲裁，人民法院应认定有关仲裁协议无效。

上述观点得到了司法判例的一致确认，在较有影响力的朝来新生案件中，北京市第二中级人民法院（2013）二中民特字第10670号民事裁定书认为，法律并未允许国内当事人将其不具有涉外因素的争议提请外国仲裁。本案双方当事人均为中国法人，双方签订的合同书，是双方为在中华人民共和国境内经营高尔夫球场设立的合同，转让的系中国法人的股权。双方之间的民事法律关系的设立、变更、终止的法律事实发生在我国境内、诉讼标的亦在我国境内，不具有涉外因素，故不属于我国法律规定的涉外案件。因此，合同书中关于如发生纠纷可以向大韩商事仲裁院提出仲裁的约定违反了《民事诉讼法》《仲裁法》的相关规定，该仲裁条款无效。因大韩商事仲裁院于2013年5月29日作出的仲裁裁决所适用的准据法为中华人民共和国法律，故大韩商事仲裁院受理本案所依据的仲裁条款无效。"根据《纽约公约》第五条第一款（甲）项、第五条第二款（乙）项之规定，拒绝承认该裁决。"[1]

第三种是约定的仲裁委员会名称不准确。对这种情况，《仲裁法司法解释》规定了如下认定标准：

---

[1] 此外，上海市高级人民法院在（2018）沪民申921号裁定书也认为：案件双方当事人均属于中国法人，当事人之间民事法律关系的设立、变更、终止的法律事实以及诉讼标的物均在我国境内，不属于《民事诉讼法》规定的涉外民事案件。非涉外民事案件的当事人约定发生争议由境外仲裁机构裁决的，因超越了我国法律所许可的范围，应当认定该约定无效。

（1）名称虽不准确，但不会产生歧义（如将"中国国际经济贸易仲裁委员会"称为"中国贸易仲裁委员会"，或将"深圳仲裁委员会"称为"深圳仲裁院"）的，仲裁协议有效；

（2）虽未约定具体的仲裁机构，但通过约定的仲裁规则，可确定某个仲裁机构（如《北京仲裁委员会仲裁规则》第 2 条规定"当事人约定适用本规则但未约定仲裁机构的，视为当事人同意将争议提交本会仲裁"），仲裁协议有效；

（3）约定两个或以上仲裁机构，仲裁协议无效。

实践中最常见的例子是，当事人约定"发生争议提交某某市仲裁委员会仲裁"，由于我国仲裁机构的普遍名称都为"某某（地名）仲裁委员会"，不包含"市"字，出现此类争议时，司法机关通常将条款理解为双方约定"位于某某市的仲裁委员会"，从而推定仲裁协议有效。但一旦该地存在两家或以上的仲裁机构，① 简单沿用上述认定规则，即会产生双方约定两个或以上仲裁机构的情形，并致使仲裁协议无效。

这种简单理解在司法实践中也出现了反例，最高人民法院在前文所述的（2019）最高法知民辖终 477 号民事裁定书中认为，判断是否因仲裁机构约定不明使仲裁条款无效时，应当以当事人的真实意思表示为基础，客观分析当事人约定仲裁条款时的本意，并据此判断仲裁条款的效力。当事人关于"北京市仲裁委员会"的约定，应当理解为"北京仲裁委员会"。这一观点有效地摆脱了"某某市仲裁委员会"等于"位于某某市的仲裁机构"的思维定式，为某些城市中并存的多家仲裁机构提供了更合理的解释空间。

（二）仲裁协议的延伸

除前文所关注的三要素外，仲裁协议能够约束哪些当事人，也是广义的

---

① 根据《仲裁委员会登记暂行办法》，我国的仲裁机构设置，通常是设立在各地级市或以上的行政单位。因此最初一地有两个或者两个以上仲裁机构的情况极少见，但随着我国仲裁机构特别是中国国际经济贸易仲裁委员会广泛设置分支机构的情形出现，各地出现两家或者以上的仲裁委员会在未来可能将成为常态。

仲裁协议效力问题。通常而言，基于合同相对性原则以及仲裁法的严苛限制，仲裁协议仅限于其签署人，仲裁庭无权对签署人以外当事人的权利义务作出裁判，这也是仲裁制度的特点。但从便捷角度考虑，在特定情况下，虽然某些当事人并非仲裁协议的签署人，其依然有机会接受仲裁协议的管辖。前述"特定情况"往往是基于其他民商事法律中对原有权利义务关系的转让、变更、承继、穿透等实体规则衍生出来的。

《仲裁法司法解释》规定了在某些特殊情况下仲裁协议可延伸至其他主体，包括：

（1）仲裁协议随合同的权利义务概括转让而转让给受让人；

（2）仲裁协议主体随当事人主体合并/分立而变更；

（3）仲裁协议随权利继承而由继承人承继；

（4）根据约定转至其他合同中的仲裁条款。

除上述司法解释外，其他类似规则在实践中也有较大可能获得支持，例如：

（1）《民法典》第925条规定的隐名代理行为，当相对人知悉隐名委托人时，合同直接约束相对人和委托人，此时合同中由受托人与相对人签署的仲裁协议是否适用于相对人和委托人；

（2）基于《公司法》《合伙企业法》规定的股东派生诉讼/合伙人派生诉讼，[①]当股东/合伙人代表公司/合伙企业向侵害人主张权利时，公司/合伙

[①]《公司法》第189条规定："董事、高级管理人员有前条规定的情形的，有限责任公司的股东、股份有限公司连续一百八十日以上单独或者合计持有公司百分之一以上股份的股东，可以书面请求监事会向人民法院提起诉讼；监事有前条规定的情形的，前述股东可以书面请求董事会向人民法院提起诉讼。监事会或者董事会收到前款规定的股东书面请求后拒绝提起诉讼，或者自收到请求之日起三十日内未提起诉讼，或者情况紧急、不立即提起诉讼将会使公司利益受到难以弥补的损害的，前款规定的股东有权为公司利益以自己的名义直接向人民法院提起诉讼。他人侵犯公司合法权益，给公司造成损失的，本条第一款规定的股东可以依照前两款的规定向人民法院提起诉讼……"

《合伙企业法》第68条规定："有限合伙人不执行合伙事务，不得对外代表有限合伙企业。有限合伙人的下列行为，不视为执行合伙事务……（六）在有限合伙企业中的利益受到侵害时，向有责任的合伙人主张权利或者提起诉讼；（七）执行事务合伙人怠于行使权利时，督促其行使权利或者为了本企业的利益以自己的名义提起诉讼……"

与侵害人之间的仲裁协议能否适用于股东/合伙人；

（3）基于《公司法》规定的一人公司股东对公司承担连带责任①的情况，公司与债权人之间的仲裁协议是否能适用于公司股东；

（4）担保关系中，主合同约定了仲裁，担保合同作为从合同，能否参考涉及担保的诉讼管辖条款，② 一并适用于担保人；

（5）公司被违法注销、债权人追究股东责任时，债权人与公司之间的仲裁条款能否适用于注销公司的责任人（公司原股东）。

部分仲裁机构和司法机关认可将上述全部或部分规则套用在仲裁中，但由于缺乏直接的法律依据，实践中同时也出现了大量相反的判例，因此上述问题都没有标准答案。但显而易见，仲裁协议主体延伸的判断标准，必然会是律师在处理仲裁案件时的思维亮点，也是展现解决问题能力的高光时刻。

（三）仲裁协议准据法与仲裁地

前文在讨论过程中留下一个问题，在判断仲裁协议效力时，依据的准据法是什么？这在国际仲裁中至关重要。

目前的通行做法是以仲裁地（seat of arbitration/place of arbitration）作为判断标准，所谓"仲裁地"不是仲裁案件的开庭地点，而是指仲裁在法律上的国籍地。通过仲裁地确定仲裁裁决的国籍，由此不仅确定了仲裁协议的准据法，还决定了哪国法院对仲裁裁决享有司法审查权。例如，新加坡最高法院上诉庭在 BNA V BNB AND ANOTHER［2019］SGCA 84 案中，推翻了新加坡高等法院的认定。新加坡高等法院认为："争议提交至新加坡国际仲裁中心（SIAC）在上海仲裁"应理解为仲裁地为新加坡，新加坡法律为仲裁协议的准据法。上诉庭认为，当仲裁条款中确定了唯一的地理位置时，应当假定

---

① 《公司法》第 23 条第 3 款规定："只有一个股东的公司，股东不能证明公司财产独立于股东自己的财产的，应当对公司债务承担连带责任。"

② 《最高人民法院关于适用〈中华人民共和国民法典〉有关担保制度的解释》第 21 条第 2 款规定："债权人一并起诉债务人和担保人的，应当根据主合同确定管辖法院。"

该地点为当事人约定的仲裁地,因此"在上海仲裁"的字面意思就是指将上海约定为仲裁地。①

我国现行《仲裁法》还没有仲裁地的概念,《仲裁法司法解释》提及,如果当事人未约定仲裁协议准据法而约定了仲裁地,则以仲裁地法律作为审查仲裁协议是否有效的准据法。② 2021年《中华人民共和国仲裁法(修订)(征求意见稿)》第27条对"仲裁地"这一概念作出了完整、系统性的规定:"当事人可以在仲裁协议中约定仲裁地。当事人对仲裁地没有约定或者约定不明确的,以管理案件的仲裁机构所在地为仲裁地。仲裁裁决视为在仲裁地作出。仲裁地的确定,不影响当事人或者仲裁庭根据案件情况约定或者选择在与仲裁地不同的合适地点进行合议、开庭等仲裁活动。"如该条最终得以通过,"仲裁地"的概念将以法律形式被确认,由此既可使中国仲裁制度与国际惯例接轨,又能为澄清实务中的各种理解混乱提供有力的理论工具。

(四)仲裁协议效力的异议程序

针对仲裁协议效力的异议,当事人有两种救济方式:一种方式是向仲裁机构提出异议,由其作出决定,此行为被称为仲裁机构的自裁管辖权;另一种方式是向仲裁机构所在地或者仲裁协议签订地/被申请人住所地(如仲裁机构约定不明确)的中级人民法院申请确认仲裁协议的效力,③ 当处理涉外案件时,亦可向申请人住所地申请。

在这一异议程序中,需要律师了解的几个关键点在于:首先,在此种异议中,司法管辖享有优先权,即当事人同时向仲裁机构和法院提出仲裁协议

---

① 此后上海市第一中级人民法院作出(2020)沪01民特83号民事裁定书,认定仲裁条款有效,且仲裁地在上海。

② 《仲裁法司法解释》第16条规定:"对涉外仲裁协议的效力审查,适用当事人约定的法律;当事人没有约定适用的法律但约定了仲裁地的,适用仲裁地法律;没有约定适用的法律也没有约定仲裁地或者仲裁地约定不明的,适用法院地法律。"

③ 《仲裁法》第20条。

效力的异议，法院作出裁定的效力优于仲裁机构的决定；其次，仲裁机构的自裁管辖权是终局的，当不存在司法优先管辖时，仲裁机构的管辖权一旦作出，即为生效，司法管辖权就此消灭；最后，部分仲裁协议效力问题会同时涉及案件审理，非经当事人辩论及举证，难以作出裁判，此时仲裁机构可授权仲裁庭就管辖问题作出决定，但此种授权通常需要该仲裁机构的仲裁规则有相应的支撑条款。

二、如何"挑战"仲裁裁决

仲裁一裁终局，但并非绝对不能"挑战"，司法机关对仲裁裁决的撤销、不予执行，以及对外国仲裁裁决的承认，统称仲裁的司法审查，构成了"挑战"仲裁裁决的完整体系。

如前所述，仲裁的商事属性要求司法审查必须是有限度的：一方面，商业自有其逻辑和规则，法律需要尽量予以尊重；另一方面，商业追求效率，如司法审查过于偏重实体，将在实质上形成仲裁的"二审"，从而磨灭仲裁制度一裁终局的特点，并否定其存在的必要性。因此，结合长久以来的实践经验，国际通行的仲裁司法审查标准，仅从程序正义角度设置非常有限的监督。

对律师而言，仲裁的程序正义不仅仅由仲裁机构、仲裁庭来负责管理，也依赖当事人的合作和博弈。经验丰富的律师，不仅能够识别出仲裁过程中的程序瑕疵，还能根据自身的需要，凸显、遮蔽、强化、破解这些瑕疵，从而为己方争取主动。

（一）"挑战"仲裁裁决的救济途径和规则

仲裁司法审查，包括仲裁裁决的撤销、不予执行以及对外国仲裁裁决的承认和执行，其法律依据分别是《仲裁法》《民事诉讼法》《纽约公约》。从立法先后顺序而言，最早订立的是《纽约公约》，其第5条规定了拒绝承认和执行外国仲裁裁决的情形,① 这是国际公认的仲裁司法审查基本规则,概括来说大致有三种类型:一是启动仲裁的必要条件不足,包括无仲裁协议、仲裁协议无效等;二是仲裁程序存在严重瑕疵,包括当事人未获得适当通知而丧失答辩/选择仲裁员的机会、仲裁庭组成违反法律或协议约定、裁决事项不属于仲裁协议范围等;三是公共政策保留,包括裁决违反所在国公共政策或者裁决事项根据所在国法律不具有可仲裁性。

我国1995年实施的《仲裁法》第58条所列撤销仲裁裁决的事由,② 大部分与《纽约公约》第5条内容相同;同时,《仲裁法》也增设了两类事由,一类涉及案件关键证据,另一类涉及仲裁员的渎职行为,这不仅反映了我国诉讼法领域一贯追求实质正义的特点,也暗含了对处于发展初期的仲裁制度

---

① 《纽约公约》第5条规定:"一、裁决唯有于受裁决援用之一造向声请承认及执行地之主管机关提具证据证明有下列情形之一时,始得依该造之请求,拒予承认及执行:

(甲) 第二条所称协定之当事人依对其适用之法律有某种无行为能力情形者,或该项协定依当事人作为协定准据之法律系属无效,或未指明以何法律为准时,依裁决地所在国法律系属无效者;

(乙) 受裁决援用之一造未接获关于指派仲裁员或仲裁程序之适当通知,或因他故,致未能申辩者;

(丙) 裁决所处理之争议非为交付仲裁之标的或不在其条款之列,或裁决载有关于交付仲裁范围以外事项之决定者,但交付仲裁事项之决定可与未交付仲裁之事项划分时,裁决中关于交付仲裁事项之决定部得予承认及执行;

(丁) 仲裁机关之组成或仲裁程序与各造间之协议不符,或无协议而与仲裁地所在国法律不符者;

(戊) 裁决对各造尚无拘束力,或业经裁决地所在国或裁决所依据法律之国家之主管机关撤销或停止执行者。

二、倘声请承认及执行地所在国之主管机关认定有下列情形之一,亦得拒不承认及执行仲裁裁决:

(甲) 依该国法律,争议事项系不能以仲裁解决者;

(乙) 承认或执行裁决有违该国公共政策者。"

② 《仲裁法》第58条规定:"当事人提出证据证明裁决有下列情形之一的,可以向仲裁委员会所在地的中级人民法院申请撤销裁决:

(一) 没有仲裁协议的;

(二) 裁决的事项不属于仲裁协议的范围或者仲裁委员会无权仲裁的;

(三) 仲裁庭的组成或者仲裁的程序违反法定程序的;

(四) 裁决所根据的证据是伪造的;

(五) 对方当事人隐瞒了足以影响公正裁决的证据的;

(六) 仲裁员在仲裁该案时有索贿受贿,徇私舞弊,枉法裁决行为的。

人民法院经组成合议庭审查核实裁决有前款规定情形之一的,应当裁定撤销。

人民法院认定该裁决违背社会公共利益的,应当裁定撤销。"

的谨慎态度。

《仲裁法》颁布时，《民事诉讼法》有关仲裁裁决的不予执行规则业已存在，当时该条款针对的是工商仲裁等行政裁决的审核标准，因此还存有"认定事实证据不足""适用法律错误"等实体性审查事由，《仲裁法》颁布后将之直接适用于民商事仲裁，不仅与仲裁制度的基本规则和国际通行做法相悖，也导致仲裁司法审查的标准不能统一，实践中出现大量以实体理由否定仲裁裁决的情况。《仲裁法司法解释》之所以将仲裁执行权限由基层法院提升至中级人民法院，亦与这一原因有关。此争议直至2012年《民事诉讼法》大幅度修改时才得以修正，仲裁裁决的撤销和不予执行的判断标准方才一致。[1]

这一状态仅维持了5年，2018年2月22日发布的《最高人民法院关于人民法院办理仲裁裁决执行案件若干问题的规定》（以下简称《仲裁执行司法解释》）更新了不予执行的标准，增加了若干事由，使之再度与撤销仲裁裁决的判断标准分离。

从《纽约公约》到《仲裁法》，再到《民事诉讼法》和《仲裁执行司法解释》，司法审查的判定规则越来越复杂，而判断标准也越来越趋向于细致和具体，本文将沿着这一阶梯形的构造，讨论常见的几种情形在实践中的理解和应用，以供各位读者参考。

---

[1] 2012年《民事诉讼法》第237条规定："对依法设立的仲裁机构的裁决，一方当事人不履行的，对方当事人可以向有管辖权的人民法院申请执行。受申请的人民法院应当执行。

被申请人提出证据证明仲裁裁决有下列情形之一的，经人民法院组成合议庭审查核实，裁定不予执行：

（一）当事人在合同中没有订有仲裁条款或者事后没有达成书面仲裁协议的；
（二）裁决的事项不属于仲裁协议的范围或者仲裁机构无权仲裁的；
（三）仲裁庭的组成或者仲裁的程序违反法定程序的；
（四）裁决所根据的证据是伪造的；
（五）对方当事人向仲裁机构隐瞒了足以影响公正裁决的证据的；
（六）仲裁员在仲裁该案时有贪污受贿，徇私舞弊，枉法裁决行为的。

人民法院认定执行该裁决违背社会公共利益的，裁定不予执行。

裁定书应当送达双方当事人和仲裁机构。

仲裁裁决被人民法院裁定不予执行的，当事人可以根据双方达成的书面仲裁协议重新申请仲裁，也可以向人民法院起诉。"

（二）《纽约公约》关于拒绝承认仲裁裁决的事由

与诉讼制度相比，仲裁的一大优势在于拥有域外的强制执行效力，这在价值层面上是仲裁商事属性的体现，而制度层面则依赖《纽约公约》。包括我国在内的全世界主要国家，大多为该公约的成员，故中国的仲裁裁决具有域外强制执行的效力，同理，境外的仲裁裁决，在中国亦可被承认和执行。

特别需要关注的是，我国内地（大陆）与港澳台地区之间对仲裁裁决的承认和执行，不直接适用《纽约公约》。目前，内地和我国香港、澳门地区之间参照《纽约公约》的规定，作出了相互间执行仲裁裁决的安排。[①] 而大陆与我国台湾地区，则本着善意原则，各自规定了对来自对方的仲裁裁决认可和执行的标准。[②]

《纽约公约》第5条关于拒绝承认和执行域外仲裁裁决的事由分为三类：第一类涉及仲裁协议的效力，前文已经讨论，在此不再重复；第二类为严重违反仲裁程序；第三类为公共政策保留原则。

和我国《仲裁法》规定"仲裁的程序违反法定程序"不同，《纽约公约》对仲裁程序瑕疵的关注，仅有当事人未获得通知导致丧失申辩/选择仲裁员的机会、仲裁庭的组成不符合约定或法定规则[③]这两项涉及当事人基本

[①] 根据《最高人民法院关于内地与香港特别行政区相互执行仲裁裁决的安排》，"香港特区法院同意执行内地仲裁机构（名单由国务院法制办公室经国务院港澳事务办公室提供）依据《中华人民共和国仲裁法》所作出的裁决，内地人民法院同意执行在香港特区按香港特区《仲裁条例》所作出的裁决"。

《最高人民法院关于内地与澳门特别行政区相互认可和执行仲裁裁决的安排》，内地法院认可和执行澳门特别行政区仲裁机构及仲裁员按照澳门特别行政区仲裁法规在澳门作出的民商事仲裁裁决，"澳门特别行政区法院认可和执行内地仲裁机构依据《中华人民共和国仲裁法》在内地作出的民商事仲裁裁决"。

[②] 《最高人民法院关于认可和执行台湾地区仲裁裁决的规定》第2条规定："本规定所称台湾地区仲裁裁决是指，有关常设仲裁机构及临时仲裁庭在台湾地区按照台湾地区仲裁规定就有关民商事争议作出的仲裁裁决，包括仲裁判断、仲裁和解和仲裁调解。"

[③] 《纽约公约》第5条规定："……（乙）受裁决援用之一造未接获关于指派仲裁员或仲裁程序之适当通知，或因他故，致未能申辩者……（丁）仲裁机关之组成或仲裁程序与各造间之协议不符，或无协议而与仲裁地所在国法律不符者……"

仲裁权利的内容,① 这意味着通过不予承认的方式"挑战"仲裁裁决,涉及"仲裁程序瑕疵"的理由,其概念外延大大缩减,这也符合司法对仲裁仅作出最低限度审查的基本原则。②

1. 当事人未获得通知导致丧失申辩权

仲裁案件的当事人(尤其是被申请人)是否能够合理收到仲裁通知,从而发表申辩意见、提出仲裁请求、选择仲裁庭,是判断仲裁程序正当性的最重要标准。实践中,这一问题通常集中于一方当事人缺席、仲裁机构的具体送达方式上。

为确保效率,仲裁并不排斥拟制送达,部分仲裁机构的规则规定,向当事人地址实施了投递动作即视为送达完成。③ 但这一方式的前提必须是该"当事人地址"具有正当性。这种正当性既可以源于约定(例如,在合同中载明的送达地址或当事人住所),也可以源于公示登记信息(如公司的注册地址、登记的营业地址等)。如果向其他地址寄送,就需要证明送达地址的合理性(包括此地址信息的来源、是否有证据体现地址与当事人的关系等)。实践中,也确实存在申请人故意填写被申请人的错误地址,并委派假冒的被申请人收取仲裁通知应诉的极端情况,因此对仲裁通知送达行为的谨慎态度,

---

① 《仲裁法司法解释》第20条规定:"仲裁法第五十八条规定的'违反法定程序',是指违反仲裁法规定的仲裁程序和当事人选择的仲裁规则可能影响案件正确裁决的情形。"可视为对《仲裁法》中这一规则疏漏的合理弥补。

② 最高人民法院民四庭副庭长高晓力在《中国法院承认和执行外国仲裁裁决的积极实践》中提及:"实践中,曾经有地方法院适用《纽约公约》第4条的规定,准备裁定拒绝承认和执行外国仲裁裁决,被最高人民法院纠正。《纽约公约》第4条是关于申请承认和执行外国仲裁裁决应当提交材料的规定。如果当事人向法院申请承认和执行外国仲裁裁决时,没有按照该条的要求提交相应的材料,法院应当要求其提交或补充提交,如当事人确实无法提交相关材料,例如有案件当事人无法提交仲裁裁决书正本或者经过证明的副本,法院应当不予受理,或者裁定驳回申请,而不是裁定拒绝承认和执行仲裁裁决。"

③ 例如,《中国国际经济贸易仲裁委员会仲裁规则》第8条规定:"送达及期限……(三)向一方当事人或其仲裁代理人发送的仲裁文件,如经当面递交收件人或发送至收件人的营业地、注册地、住所地、惯常居住地或通讯地址,或经对方当事人合理查询不能找到上述任一地点,仲裁委员会仲裁院以挂号信或特快专递或能提供投递记录的包括公证送达、委托送达和留置送达在内的其他任何手段投递给收件人最后一个为人所知的营业地、注册地、住所地、惯常居住地或通讯地址,即视为有效送达……"

确实有其合理基础。①

2. 仲裁庭组成方式违反法定或者约定

所谓仲裁庭组成方式违反法定或者约定，通常指向当事人因此丧失了选定仲裁员的权利。由于"当事人自行选择裁判者"是仲裁制度的核心特质，否定这一点会动摇仲裁庭作出裁判的授权基础，构成严重的程序瑕疵。

实践中，出于成本（选择多名仲裁员比选定独任仲裁员产生更多的仲裁员报酬）、周期（在通常情况下，由独任仲裁员组成仲裁庭的程序更简单且案件的审理期限更短）、实施难度（当事人处于争议状态，不愿共同选定首席仲裁员、仲裁机构指定仲裁员人选容易被当事人质疑）等因素考虑，仲裁程序的管理者可能更青睐相对简便、经济、快捷的简易程序，这一点有时会与当事人在仲裁协议中的约定相悖，并造成仲裁庭的组成方式违反约定之情形。

上海市第一中级人民法院拒绝承认和执行（SIAC）2015年005号仲裁裁决的案件，可以被称为此类案件的标志性判例。该案中，当事人之间的仲裁协议约定仲裁庭应由三名仲裁员组成，且同时约定适用SIAC仲裁规则；而根据其仲裁规则，该案争议标的额低于500万新加坡元，适用其快速程序，由独任仲裁员审理——这就导致与仲裁协议约定的"仲裁庭由三名仲裁员组

---

① 可以参见广西壮族自治区北海市中级人民法院（以下简称北海中院）（2016）桂05协外认1号民事裁定书。该案系申请人黎某某与被申请人新中利公司签订国际货物买卖合同，并约定争议将委托越南国际仲裁中心（以下简称VIAC）按照越南工商会判处规定解决。VIAC在处理双方纠纷时，新中利公司缺席庭审，VIAC于2013年9月13日作出05/13HCM号裁决。黎某某向北海中院申请承认与执行该仲裁裁决，新中利公司称，其没有收到仲裁庭的应诉通知和选择仲裁员的通知，VIAC没有按照仲裁规则向其送达仲裁的文书，仲裁程序不当。

北海中院认为，根据VIAC的仲裁规则第3条的规定，以邮寄方式送达为仲裁规则所许可，但寄送结果仍应以实际达到或足以推定达到使接受邮寄一方获得"适当通知"为标准。双方签订的买卖合同中已明确载明新中利公司地址为中国广西北海市北京路57号，该地址亦为其登记注册地址，而VIAC邮寄送达仲裁通知书的地址为广西北海北京路50号，明显与合同约定的地址以及被申请人的实际住所不符，未达到使新中利公司获得"适当通知"的标准。上述邮寄的材料均为告知当事人在仲裁程序中应当享有的重要程序权利并直接影响其申辩权的行使，邮寄地址错误导致未能送达，新中利公司未能及时应诉并行使选择仲裁员等仲裁权利，仲裁庭在送达方面未尽谨慎义务并已实际造成剥夺当事人申辩权的结果，故涉案仲裁裁决存在重大程序瑕疵，符合《纽约公约》第5条第1款（乙）项规定的法院拒绝承认和执行情形，因此裁定拒绝承认和执行05/13HCM号仲裁裁决。

成"形成矛盾。SIAC 安排独任仲裁员审理本案,裁决作出后,申请人向上海市第一中级人民法院申请承认和执行时,被申请人就前述程序瑕疵提出异议。

上海市第一中级人民法院认为:首先,本案双方约定援引的《标准协议》第16.1条明确规定:争议和索赔根据当时有效的 SIAC 仲裁规则提交仲裁,仲裁庭应由三名仲裁员组成。其次,涉案争议适用 SIAC2013 年第五版《仲裁规则》第5.1条规定:"在仲裁庭完成组庭之前,存在下列情形之一时,一方当事人可以向主簿提出书面申请,请求依照本条所称'快速程序'进行仲裁:1、由仲裁请求、反请求以及任何抵销辩护所构成的争议金额合计不超过五百万新加坡元……"涉案仲裁案件标的额低于五百万新加坡元,故 SIAC 根据申请人的书面申请适用"快速程序"符合仲裁规则的规定。最后,《仲裁规则》第5.2条规定:"当事人已依据本规则第5.1条向主簿申请快速程序时,主席考虑各方当事人观点后决定仲裁应当适用本条快速程序的,仲裁程序应当按照如下规定进行……b、案件应当由独任仲裁员审理,但主席另有决定的除外……"从上述规定看,仲裁规则并未排除"快速程序"中适用其他的仲裁庭组成方式,亦没有规定在当事人已约定适用其他的仲裁庭组成方式时,SIAC 主席仍然有权强制适用独任仲裁的规定。当事人意思自治是仲裁制度运作的基石,而仲裁庭的组成方式属于仲裁基本程序规则,因此《仲裁规则》第5.2条b项所规定的"主席另有决定的除外"不应解释为 SIAC 主席对仲裁庭的组成方式享有任意决定权;相反,在其行使决定权时应当充分尊重当事人关于仲裁庭组成方式的合意,保障当事人的意思自治。因此,适用"快速程序"不影响当事人获得三名仲裁员组庭的基本程序权利,SIAC 在被申请人明确反对独任仲裁的情况下,仍然采取独任仲裁员的组成方式,违反了涉案仲裁条款的约定,属于《纽约公约》第5条第1款(丁)项所规定的"仲裁机关之组成或仲裁程序与各造间之协议不符"的情形,故涉案仲裁裁决不应当被承认与执行。

由本案可见,当事人同时约定适用快速仲裁程序且约定了仲裁庭的组成方式,仲裁机构未能基于善意寻求二者之间的最大公约数,不当排除当事人的约定,变更了当事人对仲裁程序的真实期待。且 SIAC 这种做法实际上扩张了仲裁机构的权力，并导致仲裁庭缺乏授权依据。上海市第一中级人民法院①在本案中指出，当事人意思自治是仲裁制度运作的基石，充分体现了对当事人意思自治的尊重。本案亦成为中国仲裁司法审查领域的经典案例。

3. 公共政策保留原则

大多数国际条约都会涉及签约国的公共政策保留原则，《纽约公约》也不例外，但由于"公共政策"内涵与外延的不确定性常常赋予法院极大的自由裁量权，导致"违反公共政策"有沦为"万能条款"的倾向。例如，2022年1月12日，法国最高法院（Cour de cassation）民事审判一庭作出判决，认为判令支付过高经济赔偿的外国判决违反了法国的公共政策，可以此为由拒绝执行。②

北京市第四中级人民法院在2022年年底发布的涉外商事审判十大典型案例之"韩国某公司与北京某科技公司申请承认和执行外国仲裁裁决案"中，被申请人主张裁决"违反公共政策"，北京市第四中级人民法院认为，违反公共政策应当理解为违反法律基本原则、侵犯国家主权、危害社会公共安全、违反善良风俗等足以危及根本社会公共利益的情形。对当事人以裁决违背我国社会公共政策为由不予承认和执行的，法院应采取谨慎审查的态度，适用严格标准进行认定，由此并最终驳回了被申请人基于公共政策主张不予承认

---

① 按照《最高人民法院关于人民法院处理与涉外仲裁及外国仲裁事项有关问题的通知》的要求，涉及外国仲裁裁决的拒绝承认和执行，必须经本辖区高级人民法院、最高人民法院两级审查，待最高人民法院答复后，方可裁定拒绝承认和执行。因此，本案应已获得最高人民法院的支持。

② 详见 Cour de cassation, civile, Chambre civile 1, 12 janvier 2022, 20 – 16.189，一家俄罗斯银行向两位居住在俄罗斯的俄罗斯配偶发放在俄罗斯购买不动产的按揭贷款。银行向俄罗斯法院起诉要求借款人偿还贷款。俄罗斯圣彼得堡法院最终判决借款人偿还贷款本息，包括合同规定的各种利息以及在违约情况下支付30%至50%的罚息。银行得知借款人在法国里维埃拉拥有一处住宅后在法国申请执行俄罗斯圣彼得堡法院上述判决，借款人夫妻均申请不予执行该判决，理由是该利率违反了法国的公共政策。

巴黎上诉法院最初判决可以执行俄罗斯法院的判决，理由是法国禁止高利贷（利率超过一定水平）的规定不是国际强制性规定。借款人提起上诉，法国最高法院于2018年10月17日作出判决，认为上诉成立，要求巴黎上诉法院应具体评估分析外国法院适用的利率是否可能违反法国的公共政策。本案被发回至巴黎上诉法院的另一个审判庭，合议庭经审理，最终判决不予执行俄罗斯法院的判决。该法院援引法国最高法院的判例，认为虽然惩罚性赔偿本身并不违反法国的公共政策，但如果过分不相称，则可能违反公共政策。

仲裁裁决的抗辩。①

当然,目前的司法实践中,对这一事由的理解标准也存在较大差别,即便是同一法院,审理同类案件时,适用标准也并非一成不变。例如,北京市第四中级人民法院审理(2021)京04民特383号案件时认为:由于涉案合同的签订及履行明显系行贿受贿的结果,当事人借此合同骗取巨额国有资产,《股权转让合同》是双方以恶意串通方式损害国家利益的行为,也符合以合法形式掩盖非法目的;仲裁裁决认定《股权转让合同》合法有效,裁决结果对社会最根本的公平正义的法律原则构成了危害,属于违反社会公共利益的情形,仲裁裁决应予撤销。从这个案例来看,个案中关于合同效力认定,也可能涉及社会公共利益。②

---

① 该案中,法院认为:仲裁解决的是商事主体间因合同所产生的争议,处理结果仅影响合同当事人,不涉及我国公共政策;仲裁中对专家意见的采集,属于仲裁庭行使仲裁权的范畴,并非人民法院审查裁决是否违反公共政策的事项;电力系统虽为关乎公共安全及服务的重要部门,但不能将与购买电力设备有关的所有事项均认定为公共政策,因此最终认定裁决不违反我国公共政策,并作出仲裁裁决应予承认和执行的裁定。

② 该案中,法院认为,涉案仲裁是基于中国黄金与中国黄金辽宁公司与李某、刘某丰之间于2011年12月31日签订的有关转让建昌县红旗矿业有限责任公司80%股权的合同而发起……李某协调红旗公司工作人员通过加入金粉、替换岩芯等欺骗手段虚构黄金储量,并通过行贿手段获得辽宁省第十一地质大队编制的虚假《补充勘查地质报告》。该报告载明金泰金矿探明金属量6248千克,红旗金矿探明金属量722.45千克。

基于该虚假的《补充勘查地质报告》等文件,申请人与被申请人签署了涉案《股权转让合同》,此后经过地质勘查发现,红旗、金泰两矿实际的金属量只有278.29千克,不具有开采价值。因李某及红旗公司存在黄金储量造假、行贿等犯罪行为,辽宁省铁岭市中级人民法院作出(2015)铁刑二初字第00005号刑事判决书,判决红旗公司犯单位行贿罪,处罚金1500万元;判决李某犯单位行贿罪,判处有期徒刑二年十个月。

2018年8月申请人中国黄金向中国国际经济贸易促进委员会提起仲裁,请求确认《股权转让合同》解除,被申请人返还合同价款8000万元,并赔偿申请人收购股权后投入的生产、探矿资金损失。2020年11月3日,贸仲作出1406号裁决,认定《股权转让合同》合法有效,被申请人虚构黄金储量的严重性不构成根本违约,申请人不具有合同解除权。

北京市第四中级人民法院认为,双方明知标的物虚增了25倍,还按照虚增的价格进行市场交易,有违正常市场交易规则。签订并履行本案《股权转让合同》明显系行贿受贿的结果,当事人借此合同骗取巨额国有资产,《股权转让合同》是双方以恶意串通方式损害国家利益的行为,也符合以合法形式掩盖非法目的。仲裁裁决认定《股权转让合同》合法有效,裁决结果对社会最根本的公平正义的法律原则构成了危害,属于违反社会公共利益的情形,因此仲裁裁决应予撤销。

（三）撤销仲裁裁决的事由及其常见适用情形

对外国仲裁裁决的承认，其法律后果仅限于法院国范围内，也就是说，即便 A 国法院不承认在 B 国作出的仲裁裁决，该裁决依然有效，只是不能在 A 国获得执行而已。然而，如仲裁裁决被撤销或不予执行，则意味着裁决不再有任何法律效力，当事人只能重新签署仲裁协议再次仲裁或者直接通过诉讼方式解决原有纠纷。① 因此，撤销或不予执行仲裁裁决，系从根本上否定此前的仲裁程序和结果，值得加以关注。

我国有关仲裁裁决撤销的规则，除与《纽约公约》类似的程序事项之外，还存在部分实体标准，包括伪造证据、当事人隐瞒证据，以及仲裁员徇私舞弊、枉法裁决等，如前所述，这些实体理由从立法层面体现了对仲裁制度的谨慎，但实体层面的审查标准，涉嫌成为仲裁的"二审"，其存在的必要性亦值得探讨。

1. 裁决所依据的证据是伪造的

该理由在实践中如何适用一直存在争议。《仲裁执行司法解释》第 15 条规定，应满足下述三个条件："（一）该证据已被仲裁裁决采信；（二）该证据属于认定案件基本事实的主要证据；（三）该证据经查明确属通过捏造、变造、提供虚假证明等非法方式形成或者获取，违反证据的客观性、关联性、合法性要求。"上述规定在仲裁撤销的司法审查时也会被参照适用。②

该事由在司法实践中最常见于伪造签章签署仲裁协议，③ 但这种情况其

---

① 《仲裁法》第 9 条第 2 款规定："裁决被人民法院依法裁定撤销或者不予执行的，当事人就该纠纷可以根据双方重新达成的仲裁协议申请仲裁，也可以向人民法院起诉。"

② 北京市第四中级人民法院在（2018）京 04 民特 72 号民事裁定书中认为："虽然本案系撤销仲裁裁决审查程序而并非不予执行仲裁裁决审查程序，但《中华人民共和国民事诉讼法》第二百三十七条第二款关于不予执行国内仲裁裁决的规定与《中华人民共和国仲裁法》第五十八条关于撤销国内仲裁裁决的规定基本一致，故最高人民法院前述司法解释（注：《仲裁执行司法解释》）亦可以在撤销国内仲裁裁决案件中参照适用。"

③ 广东省深圳市中级人民法院（2018）粤 03 民特 1 号案件中，法院认为，关于仲裁院认定事实的证据是否系伪造，经鉴定《保理业务连带责任保证合同》并非倪某程本人所签，倪某程与顺诚乐丰公司之间不存在仲裁协议，仲裁院对倪某程的相关裁决所依据的《保理业务连带责任保证合同》系伪造，故仲裁裁决中与倪某程有关的裁决部分应予撤销。

实属于双方当事人之间不存在仲裁协议或仲裁协议无效的情形，完全可以在仲裁程序的开启阶段，通过向仲裁机构提出管辖异议或向司法机关要求确认仲裁协议效力的方式，得以解决；即便在仲裁裁决作出后，当事人依然可以以"没有仲裁协议"作为撤销的理由。从这一点来说，单独列出一项"伪造证据"作为撤销理由，不仅颇显重复，且并无必要。

除仲裁协议之外的其他重要证据（如工程案件中的结算单、买卖合同中的签收单）如系伪造，此时仲裁庭和法庭的判断力其实基本一致——都需要通过证据真伪的技术鉴定得出结论。司法机关以这一理由审理仲裁裁决撤销案件，除增加一次审理环节外，并不促使公正性产生任何实质意义上的提升。

2. 当事人隐瞒了足以影响公正裁决的证据

参考《仲裁执行司法解释》第 16 条的规定，"足以影响公证裁决的证据"应满足如下三要素：（1）证据属于认定案件基本事实的主要证据；（2）证据仅为对方当事人掌握，但未向仲裁庭提交；（3）仲裁过程中知悉该证据，且要求对方当事人出示或请求仲裁庭责令其提交，但对方无正当理由未出示或提交。①

需要关注的是，"一方当事人持有证据而拒绝提交"的情况，其实完全符合《最高人民法院关于民事诉讼证据的若干规定》第 95 条的规定，按照该规定，一方当事人拒绝提交证据，法庭可直接认定对方主张的不利于证据控制人的事实。也就是说，即便发生此类情况，仲裁庭也有更简便、经济、合理的审判工具，并不会导致结果明显丧失公平性。法律将这一条列入撤销仲裁裁决的理由，不仅缺乏实际意义，也不利于仲裁程序的诚信开展。

---

① 可参见山东省德州市中级人民法院（以下简称德州中院）(2015) 德中商初字第 105 号民事裁定书，德州仲裁委员出具的德仲裁字（2013）第 61 号裁决书，德州中院认为，被申请人在仲裁程序提交的证据中没有施工图纸。施工图纸是建筑工程施工的依据和重要技术文件，在仲裁过程中，双方争议的主要焦点是建筑承包工程中的屋面夹心板工程是否属于工程施工范围，在申请人的招标文件中注明施工单位必须按图纸施工，被申请人作为施工单位应当具有完整的施工图纸，该施工图纸是认定双方建设施工合同纠纷案件事实的主要证据，而被申请人在仲裁程序中未将施工图纸作为证据提交，属于"对方当事人隐瞒了足以影响公正裁决的证据"的情形，故撤销德州仲裁委员会德仲裁字（2013）第 61 号仲裁裁决。

3. 仲裁员在仲裁案件时有索贿受贿、徇私舞弊、枉法裁决行为的

实践中，通常是刑事判决确定仲裁员存在违法犯罪行为，从而否定仲裁裁决。此类案件可通过公开渠道查询的较少，① 由于缺乏必要研究样本，本文不再展开。

4. 违背社会公共利益

"违背社会公共利益"与前文提及的"违反所在国公共政策"类似，深圳市中级人民法院在（2018）粤03民特719号民事裁定书中，对"公共利益"的理解，亦可为我们提供参考。

深圳仲裁委员会作出的（2018）深仲裁字第64号仲裁裁决中，仲裁庭认为，高某宇未依照涉案合同的约定交付比特币，构成违约。仲裁庭参考当事人提供的okcoin.com网站公布的合同约定履行时点有关BTC（比特币）和BCH（比特币现金）收盘价的公开信息，估算应赔偿的财产损失为401,780美元，并由此裁决：高某宇向云丝路企业支付股权转让款人民币25万元，高某宇向李某支付401,780美元（按裁决作出之日的汇率结算为人民币），高某宇向李某支付违约金人民币10万元。

针对该裁决，深圳市中级人民法院认为，五部委《关于防范比特币风险的通知》（银发〔2013〕289号）明确规定，比特币不具有与货币等同的法律地位，不能且不应作为货币在市场上流通使用。2017年，七部委联合发布《关于防范代币发行融资风险的公告》，重申了上述规定。同时，从防范金融风险的角度进一步提出任何所谓的代币融资交易平台不得从事法定货币与代币、"虚拟货币"相互之间的兑换业务，不得买卖或作为中央对手方买卖代币或"虚拟货币"，不得为代币或"虚拟货币"提供定价、信息中介等服务。

---

① 根据微信公众号"廉洁沈阳"发布的消息，2019年，经沈阳市纪委监委调查，发现律师刘某在代理仲裁期间，与其所在律师事务所顾问张某某共同研究案件，并称允诺胜诉后给张某某好处，沈阳仲裁委员会指定张某某为该案首席仲裁员，仲裁过程中，张某某忽略鉴定程序、捏造调解事实、违反合议程序，在案件事实不清、证据不足的情况下，按照刘某提出的申请意见作出了有利于其委托人的裁决结果。最终，法院判决张某某构成枉法仲裁罪，该案裁决亦被撤销。这也是少数最终因"枉法仲裁"而撤销裁决结果的案件。

上述文件实质上禁止了比特币的兑付、交易及流通，炒作比特币等行为涉嫌从事非法金融活动，扰乱金融秩序，影响金融稳定。涉案仲裁裁决高某宇赔偿李某与比特币等值的美元，再将美元折算成人民币，实质上是变相支持了比特币与法定货币之间的兑付、交易，与上述文件精神不符，违反了社会公共利益，该仲裁裁决应予撤销。

由此可见，随着近几年金融领域强监管局面的形成，法院对公共利益的理解呈现出较强的管理性倾向，在金融案件中往往过于广泛地开启公共利益审查。本案裁定援引的通知和公告，均属部门规章，本身不能否定合同效力，这些部门规章能否理解为社会公共利益，在很大程度上要取决于不同时期的金融监管强度，以及这种监管强度在司法层面的反映。这一点，也符合2019年《全国法院民商事审判工作会议纪要》第30条将金融安全上升为"公序良俗"从而予以加强控制的思路。

（四）对仲裁裁决的不予执行

同为司法审查，不予执行与撤销的规则在绝大多数方面都完全一致，为此本文不再赘述。值得关注的是，根据《仲裁执行司法解释》的规定，不予执行理由中增加了第三人申请不予执行仲裁裁决的事由，系针对"虚假仲裁"作出的特殊规定。

由于仲裁仅涉及当事人之间的纠纷，仲裁案件对外是完全封闭的，这也是其商事属性的重要体现。然而在涉及物权时，仲裁裁决很可能影响第三方的权利。鉴于裁决具有强制执行力，此时认为自身权益受损的第三方，确实需要一个可以挑战仲裁裁决的救济渠道。《仲裁执行司法解释》的规定，可谓这方面的一个重要尝试。

北汽福田汽车股份有限公司北京欧曼重型汽车厂（以下简称北汽福田欧曼厂）与黑龙江天博行汽车销售服务有限公司（以下简称天博公司）、哈尔滨市建筑工程有限公司第三分公司（以下简称哈建工三分公司）之间的不予执行仲裁裁决案，是首例案外第三人申请不予执行仲裁裁决的案件。北汽福田欧曼厂在经过北京市高级人民法院（2009）高民终字第2873号胜诉判决后，申请北京市第二中级人民法院将被执行人天博公司名下的土地和房屋进行拍卖。在此期间，天博公司与案外人哈建工三分公司签订《和解协议》，并申请佳木斯仲裁委员会据此作出《和解裁决》，哈建工三分公司依据《和解裁决》向齐齐哈尔市中级人民法院（以下简称齐齐哈尔中院）申请执行，要求北京市第二中级人民法院将前述土地和房屋的拍卖款先行支付仲裁案件中的工程款项。北汽福田欧曼厂鉴于其利益有遭受损害的可能性，向齐齐哈尔中院提起不予执行仲裁裁决的诉讼。

迄今为止，齐齐哈尔中院尚未作出裁定。本案的裁判结果，未来必然可为此类案件的程序条件和实体条件的认定标准提供借鉴。

限于篇幅，本文既不可能纵览仲裁业务中的每个环节，也无法对其中任何问题作出特别深入的分析探讨，只能为读者提供一个初步概念框架作为参考。

最后需要说明的是，仲裁的商事属性，使之在国际舞台上更能发挥优势。仲裁在中国依然处于起步阶段，与国际通行的做法与理念依然存在较大差异，未来随着国际交往的日益加深以及中国在国际舞台地位的日趋提升，中国仲裁制度的国际化改革，是可预见到的必然趋势。有志于此的从业者，不仅需要熟悉现行法律和规则，更需要随时关注立法和司法的动态，持续更新自身知识，才能在此巨大的变革中保有一席之地。

国际仲裁实务要点与指引

——仲裁条款的起草及仲裁条款准据法的确定[*]

高文杰

前言

仲裁裁决在全球范围内获得广泛承认和强制执行，可以说是国际仲裁相对于跨境诉讼最大的优势之一。尽管世界各个国家和地区在为法院诉讼判决的全球可承认和执行而不懈地努力，包括欧盟和乌克兰已分别加入、批准《承认与执行外国民商事判决公约》（2019年《海牙公约》），美国、俄罗斯等国也已签署该公约，但由于缔约方数量寥寥，司法判决能如同仲裁裁决一样"全球流通"还有较长的路程。

仲裁是我国多元纠纷解决机制和社会治理体系的重要组成部分，也是市场化法治化国际化营商环境的要素之一。党的十八届四中全会提出："完善仲裁制度，提高仲裁公信力。"党中央决策和部署涉外法治建设，其中包括进一步建设我国商事仲裁的国际品牌和面向全球的更高水平的国际商事仲裁事业。2021年《中华人民共和国仲裁法（修订）（征求意见稿）》对现行《仲裁法》进行了重大修改，增加了许多与国际规则接轨的内容，包括免除仲裁协议有效必须明确约定仲裁机构的要求、确立仲裁地标准、增设涉外案

---

[*] 我的前同事王丽、张黄澜参与了本文草拟，贡献良多。

件临时仲裁制度等，展现出我国对仲裁更加友好的态度。

近年来，我国的仲裁机构（特别是顶尖的仲裁机构）也为我国商事仲裁事业的国际化进程作出了重要贡献。一方面，我国的仲裁机构开始受理越来越多的涉外仲裁案件：2022年，中国国际经济贸易仲裁委员会（以下简称贸仲）受理的涉外案件达到642件、当事人涉及69个国家和地区；深圳国际仲裁院受理涉外案件达到384件，当事人涉及38个国家和地区。另一方面，我国的仲裁机构也开启了境外布局，如贸仲、深圳国际仲裁院等已在我国香港地区、北美等地设立分支机构，进一步扩大中国仲裁机构的国际影响力。

不仅中国的法律政策、仲裁机构逐渐与国际接轨，中国律师在国际仲裁业务中也正在发挥着越来越重要的作用。早些年，国际仲裁业务主要被境外律所，尤其是英美顶尖律所垄断。即使是中国客户所涉的国际仲裁案件，也几乎都是由英美律师主导提供法律服务，中国律师没有太多参与机会，或只能参与一些基础简单的工作，作为配角来为英美律师提供支持。但随着专业能力的提高、实战经验的积累，中国律师在国际仲裁的领域里已经逐渐受到认可，并占据一席之地。以本人为例，本人带领的团队已在多起国际仲裁案件中担任牵头律师，代表客户管理案件的全部程序，并代表客户协调管理境外律师的工作，不仅为客户大幅度节省了高昂的境外律师费用，也能相对顺利地推进案件并取得可预期的结果。

作为长期从事国际争议解决的深圳本地律师，本人于2021年12月16日被香港国际仲裁中心（Hong Kong International Arbitration Centre，HKIAC）仲裁员委任委员会（HKIAC Appointments Committee）批准成为HKIAC的仲裁员名单成员（member of HKIAC's List of Arbitrators）。目前，约有101名内地专业人士成为HKIAC仲裁员名册或仲裁员名单成员，其中大部分为业内知名律师。中国律师一步步获得HKIAC这样极具影响力的国际仲裁机构的认可，说明已有中国律师具备参与国际仲裁的实力，有资格与境外律师在国际仲裁的舞台上同台竞技，绽放异彩。

在办案中，本人也亲身体会到中国内地公司对国际仲裁案件的参与能力和管理能力正在逐渐提高。目前以我国香港地区和新加坡为仲裁地的涉外仲裁案件中，有超过 1/3 的当事方来自中国内地，中国内地公司在不断的历练中，已经开始熟悉并懂得运用国际仲裁的游戏规则以维护自身权益。中国企业"走出去"离不开中国律师的帮助，而中国律师的成长也离不开中国企业的支持。若中国企业和中国律师继续发展相辅相成、相互成就、相互信任的关系，通力合作，获得成功的可能性会进一步增大。

对"走出去"的中国企业，无论是防范风险还是解决争端，仲裁条款都发挥着至关重要的基础性作用。因此，草拟仲裁条款以及确定仲裁条款的准据法，成为千里之行的第一步。

一、起草国际仲裁条款的诀窍

仲裁源自当事人的"合意"，即有效的仲裁条款。仲裁条款不仅表达了当事人希望通过仲裁解决争议的意愿，还表达了他们希望采用何种程序进行仲裁等。起草仲裁条款要准确反映当事人的意思，并使该等条款能为各方所接受，符合和满足有关法律的要求和标准，使之合法有效，不是一件简单的事情。为实现上述目的，需要专业律师的指导和协助，一般而言，至少需要从以下方面考虑：①

（一）仲裁条款的基本要素

根据我国《仲裁法》第 16 条，有效的仲裁协议至少需要具备三要素：请求仲裁的意思表示、仲裁事项、选定的仲裁委员会。因此，目前在国内的仲裁必须有选定的一个仲裁机构，其承担受理案件和管理仲裁程序、核阅仲裁裁决、发出裁决书等职责。最高人民法院就机构仲裁的例外作出规定，只允许在自贸区内的企业之间可以采用"临时仲裁"的方式进行仲裁。②

---

① See IBA Guidelines for Drafting International Arbitration Clauses (2010).
② 《最高人民法院关于为自贸试验区建设提供司法保障的意见》（法发〔2016〕34 号）第 9.3 条规定：在自贸试验区内注册的企业相互之间约定在内地特定地点、按照特定仲裁规则、由特定人员对有关争议进行仲裁，可以认定该仲裁协议有效。

从仲裁的发展历史、西方主要国家的法律以及联合国国际贸易法委员会发布的《国际商事仲裁示范法》第2（a）条①的规定看，临时仲裁是一种与机构仲裁并列的仲裁方式。虽然临时仲裁没有通用的定义，但一般可以理解为"没有仲裁机构管理，由当事人自行约定程序"②后临时组成仲裁庭进行审理并作出裁决的仲裁。

对从事商事活动的各种主体，尤其是从事国际商事活动但缺乏国际仲裁经验的当事人，在机构仲裁和临时仲裁之间，基于我们的文化和习惯，我们通常建议选择机构仲裁。在机构仲裁中，仲裁机构收取一定的费用，提供协助仲裁程序、委任仲裁员、处理仲裁员回避或异议、送达、组织庭审、往来通信转递等服务。伦敦国际仲裁院和香港国际仲裁中心奉行"当事人中心下的轻度管理"（light touch）原则，完全由仲裁庭对仲裁事项进行裁决，而包括ICC在内的部分境外仲裁机构以及境内所有的仲裁机构对仲裁裁决实行核阅制，核阅后方可发出最终的裁决书。因此，我们在选择国际仲裁机构时，不仅应考虑其信誉和专业管理能力，若可能，则选实行核阅制的仲裁机构，最好是选择境内的有管理国际仲裁经验的仲裁机构，比如深圳国际仲裁院、贸仲等。

当事人一旦选择了仲裁机构，则建议以该机构推荐的仲裁示范条款作为草拟仲裁条款的基础。若无特殊情形，几乎可以全部采用其示范条款，填补示范条款中的空缺部分即可，无须对其进行删减。采用仲裁示范条款可以确保当事人在合同中已明确选择了仲裁作为特定的争议解决方式，并保证仲裁机构和仲裁规则的名称是准确无误的，以免到争议发生时才发现双方对仲裁的约定存在不同的理解，或对方利用该等疑义拖延仲裁程序。

仲裁事项，是指当事人合意提交仲裁的争议事项，包括仲裁争议的种类

---

① 《国际商事仲裁示范法》第2（a）条规定，"仲裁"是指无论是否由常设仲裁机构进行的任何仲裁。

② Gerald Aksen, *Ad Hoc Versus Institutional Arbitration*, ICC INT'L CT. ARB. BULL., June 1991, at 8（"[T]here is no formal administration by any established arbitral agency; instead the parties have opted to create their own procedures for a given arbitration"）.

和范围等。在没有特殊情况时，不建议限制仲裁争议的范围，而应当界定一个较广泛的范围，避免产生对特定争议是否可以仲裁或超出仲裁范围的争论。标准的示范条款中通常会规定仲裁事项不仅涵盖"由本合同引起的"所有争议，而且包括"与合同有关的"所有争议［cover not only all disputes 'arising out of' the contract, but also all disputes 'in connection with' (or 'relating to') the contract］。

仲裁地（lexarbitri）指仲裁在法律意义上的归属地。举例而言，如果当事人约定仲裁地为中国，这意味着：（1）仲裁条款的效力很可能受中国法的约束（中国法下，仲裁条款准据法的判断因素不限于"仲裁地"，还可能是仲裁机构所在地法律①），即该仲裁条款是否有效，通常需要考虑仲裁条款中约定的仲裁地，并根据仲裁地法律来进行判断；（2）根据仲裁条款启动的仲裁程序，除了需要受仲裁条款约定的仲裁规则的约束之外，通常还受到仲裁地的程序法，包括证据规则等的规范和约束；（3）仲裁地决定了当地法院对仲裁程序的司法监督权；（4）仲裁地还决定了仲裁裁决书的"国籍"，即执行地法院是否应当根据《纽约公约》或其他法律/条约开展承认与执行程序。仲裁地的法院可能会应当事人的请求提供协助，例如任命或更换仲裁员，下令采取临时保全措施，协助取证等，也可能会干预仲裁的进行，例如对仲裁程序下达中止令等。

因此，仲裁地在仲裁条款的草拟过程中是一个需要考虑的重要事项，并且需要在仲裁条款中予以明确。取决于商业需要和现实情况，我们可以灵活选择仲裁地，但至少需要保证该仲裁地所在国或地区是《纽约公约》的缔约方。

业界大多数人会同意仲裁员是决定仲裁裁决质量的核心因素之一。仲裁员的数量会影响仲裁程序的总体成本、持续时间，有时还会影响仲裁程序的质量。我们建议当事人经过权衡后事先在仲裁条款中明确约定仲裁员的人数

---

① 参见自 2011 年 4 月 1 日起施行的《涉外民事关系法律适用法》第 18 条。

（该数字为奇数，通常为一名或三名）。当事人也应明确仲裁员的选择和更换方式，对临时仲裁，还应当约定仲裁员的指定机构。机构仲裁规则通常会规定选择和更换仲裁员的机制，若没有，也需要明确约定，尤其是对指定仲裁员这一程序，要设定时间限制。争议发生后，当事人在选任仲裁员这一环节需要相当慎重。仲裁员的选任既是一个专业问题，也是一个实务问题，我们建议当事人和/或指定机构所指定的仲裁员应当对合同适用的准据法具备相当的教育背景和足够的经验。由三名仲裁员组成合议仲裁庭时，当出现一名仲裁员辞职、拒绝继续仲裁或以其他方式在仲裁程序的后期关键时刻（例如，草拟和合议仲裁裁决期间）不参与仲裁程序的情况时，对仲裁员进行更换可能不太现实，因为更换将会导致仲裁程序严重延迟。大多数仲裁规则允许其他两名仲裁员在这种情况下作为"缺员仲裁庭"继续进行仲裁程序并作出裁决。若当事人未选择仲裁规则，或选择的仲裁规则未对该问题作出规定，则需要当事人在仲裁条款中明确规定"缺员仲裁庭"有权继续审理并作出裁决。

当事人应指定仲裁语言。合同起草者往往倾向于约定多种仲裁语言。当事人应慎重考虑是否这样做。多语言仲裁虽然可行，但可能会因所选择的语言产生一些困难。一方面，可能难以寻找到能够以两种语言进行仲裁的仲裁员；另一方面，必要的翻译和口译可能会增加成本。一种解决方案是指定一种仲裁语言，但同时规定提交的证据文件可以以该文件本身的语言递交，而无须翻译成所选定的仲裁语言。

为此，我们建议在草拟国际商业合同中的国际仲裁条款时，可以参考的条款为："凡因本合同所引起的或与之相关的任何争议、纠纷、分歧或索赔，包括合同的存在、效力、解释、履行、违反或终止，或因本合同引起的或与之相关的任何非合同性争议，均应提交由××国际仲裁中心管理的机构仲裁，并按照提交仲裁通知时有效的《××国际仲裁中心机构仲裁规则》最终解决。本仲裁条款适用的法律为……（××法），仲裁地应为……（×××），仲裁员人数为……名（一名或三名）。仲裁程序应按照（选择语言）来进行。"

（二）仲裁条款的特殊考虑

在国际仲裁中，仲裁费用包括仲裁员的费用和开支，以及机构费用和律师费等，可能费用不菲。各仲裁庭在此事项上的处理方法也有较大差异（从根本不分配到由败诉方承担胜诉方的全部费用），仲裁员在这方面拥有充分的自由裁量权。因此，事前约定对仲裁费用的分配是一个可选项。可只约定仲裁员可以按仲裁员认为合适的方式裁定费用承担比例，或者约定仲裁员不对仲裁费和各项费用作出裁决，或者约定由"败诉方"承担全部费用，或者约定仲裁员根据各方胜诉的比例裁定。当事人在起草此类条款时应尽量避免使用绝对化的语言（比如"必须"），因为可能难以确定"胜诉方"，并且该条款可能会不必要地限制仲裁员分配仲裁费用和律师费。当事人也应该考虑是否允许对管理层、内部律师、专家和证人所花费的时间进行付费，因为这个问题在国际仲裁中通常是不确定的。

与法院程序相比，仲裁的一个优势是当事人可以选择仲裁员，因此可以选择具有与其争议相关的专业技能或知识的个人。然而，在仲裁条款中明确规定仲裁员应具备的资格并不是一个值得推荐的做法。只有当争议发生时，当事人才能够更好地了解是否需要专业知识，以及如果需要的话，需要的是哪些专业知识。在仲裁条款中指定资格要求可能会大大减少可用仲裁员的数量。此外，如果一方有意延迟程序的话，可能会在仲裁员的资质上做文章来拖时间。如果当事人的确希望在仲裁条款中明确该等条件，则应避免过于具体的要求，因为当发生争议时，如果在可供选择的仲裁员人选中没有符合此等资质要求的候选人，仲裁协议可能无法执行。当事人有时会规定独任仲裁员，或者在由三位仲裁员组成仲裁庭的情况下，首席仲裁员不得与任何当事人具有共同国籍。在机构仲裁中，仲裁机构的规则中通常包含类似规定。在临时仲裁中，可能需要当事方在其仲裁条款中明确说明。

当事人或许出于节省费用和时间的考虑，希望在仲裁条款中规定在仲裁开始后的一定期限内仲裁庭作出裁决，即快速程序。设定仲裁时限的同时留有余地，允许仲裁庭有权延长时限，以避免仲裁程序无法执行的风险。

（三）特殊仲裁条款

多层次争议解决条款：跨国合同的争议解决条款常常约定协商、调解或其他替代性纠纷解决方式作为仲裁的前置程序。对此类条款，应当注意明确约定协商/调解的具体时限以及时限起算的事件和起点（如书面请求书送达之日），该等时限一旦届满，任何一方即有权提起仲裁，不宜以对方的同意或许可作为提起仲裁的前提条件。

多方仲裁条款：国际合同往往涉及两个以上的当事人。多方仲裁条款要解决多方当事人指定仲裁员的问题，最重要的原则是保证各方在指定程序中获得平等的待遇。在多方当事人的情况下，规定"每一方当事人"指定一名仲裁员在实践中可能很难操作。为了实现平等待遇，在实务中，如果当事人愿意选择独任仲裁员，简单的解决方案是：明确规定独任仲裁员由当事人共同指定，或者在无法达成协议的情况下，由仲裁机构或指定机构指定。若是由3名仲裁员组成的合议仲裁庭，可以规定3名仲裁员由当事人共同指定，或者在没有达成一致意见的情况下，由仲裁管理机构或指定机构指定全部的仲裁员。对此，需要特别慎重，因为有可能成为一方日后申请撤裁的理由。[①]

涉及多方的仲裁案件，还会遇到仲裁第三人介入和仲裁第三人加入的情况。所谓仲裁第三人的介入（intervention），是指合同一方当事人并非仲裁的一方，但希望介入该仲裁案；而仲裁第三人的加入（joinder），是指作为被申请人的一方当事人希望将另一方合同当事人加入仲裁程序。作为一般规则，多方仲裁条款应该约定，任何依据该条款启动的程序应该通知每一方合同当事人，无论该当事人是否被列为被申请人。同时，该等条款应明确约定各方当事人收到通知后决定是否介入或加入仲裁程序的时限，在该时限届满之前不应指定仲裁员。

系列合同仲裁条款：在一个国际交易中经常见到涉及多个相关合同，如果当事人希望这些合同项下的争议取得一贯性的裁决并避免并行程序，理想

[①] 参见最高人民法院（2019）最高法民特4号民事裁定书。

的解决方案是草拟一份单独的争议解决协议，规定仲裁条款，并规定该仲裁条款适用于所有合同下的所有争议、与合同有关的所有争议事项，以及规定该仲裁条款作为所有合同的组成部分，由所有合同缔约方共同签署。如果无法达成一份单独的争议解决协议，各相关合同中的仲裁条款也应保持兼容性和一致性，不应冲突或排斥。当事人应注意在各相关合同的仲裁条款中约定相同的仲裁规则、仲裁地和仲裁员人数，避免约定不同的争议解决机制，以避免将潜在争议复杂化的风险。而且，当事人应当明确约定，根据其中一份合同指定的仲裁庭有权考量并决定与其他关联合同有关的争议。

（四）送达

这是一个程序性事项，是可以撤销或不予承认和执行仲裁裁决的理由之一，稍不小心，就有可能出问题。为避免送达程序的瑕疵，建议当事人在合同中或仲裁条款下明确签订送达地址和联系方式，保证一方在发生争议后，及时收到仲裁机构的通知，及时参加仲裁程序并保护程序权利不受损。

二、仲裁条款准据法的确定

仲裁条款准据法与合同准据法不是相同的法律概念，合同准据法是适用于解决合同项下纠纷的实体法，而仲裁条款准据法则是据以判断仲裁条款效力的法律。对于国际仲裁而言，仲裁条款准据法的确定是一先决事项，适用不同的准据法会直接影响仲裁条款的效力，从而决定仲裁庭是否享有管辖权以及管辖的范围，并直接影响仲裁裁决的承认和执行，对当事人权利能否得以实现具有决定性的作用。因此，面对交易各方约定的形形色色的仲裁条款，准确确定仲裁条款准据法并据此准确适用准据法无疑是一个非常重要的、专业难度很大的问题。

普通法系作为对国际仲裁有着深远影响的法律体系，以判例的形式对仲裁条款准据法的确定规则进行了长期的推演论证，并于近年来逐步形成了较统一的规则；而中国法下仲裁条款准据法的确定规则主要以最高人民法院出台的司法解释、会议纪要等形式予以确立。下文将介绍、比较中国法和普通法（以英格兰法、新加坡法为代表）下仲裁条款准据法的确定规则的异同并分析其原因。

(一) 中国法的规定

我国立法对涉外仲裁条款准据法的基本规则[①]是：第一，适用当事人明确约定的仲裁条款的准据法；第二，当事人约定主合同适用的法律，不能直接作为确认合同中仲裁条款效力的准据法；第三，当事人没有明确约定仲裁条款的准据法，但约定了仲裁地和/或仲裁机构的，适用仲裁地法律或仲裁机构所在地法律；第四，没有明确约定仲裁条款的准据法，也没有约定仲裁地或仲裁机构，或者仲裁地和仲裁机构约定不明的，适用法院地法律；第五，适用仲裁机构所在地的法律与适用仲裁地的法律将对仲裁条款的效力作出不同认定的，人民法院应当适用确认仲裁条款有效的法律；第六，不同的准据法直接影响的是仲裁条款的效力，对仲裁条款的效力审查，我国立法采用的是"仲裁条款独立性原则"，即仲裁条款独立存在，主合同的变更、解除、终止或者无效，不影响仲裁条款的效力。

(二) 英格兰法中仲裁条款准据法的确定规则

关于如何确定仲裁条款准据法，英格兰法的判例经历了一系列的发展、反复与变化。这一问题之所以棘手，主要是因为在国际仲裁实务中，订立仲裁条款的缔约双方通常不会专门对仲裁条款的准据法作出明确约定，而此类案件中主合同所适用的准据法和双方选择的仲裁地的法律又往往不一致，导致裁判者需要对其决定适用的仲裁条款准据法作出合理解释。

直至 2020 年 10 月，英国最高法院（the Supreme Court of the United Kingdom）通过对 Enka Insaat Ve Sanayi A. S. v. OOO Insurance Company Chubb ［2020］

[①] 最高人民法院《第二次全国涉外商事海事审判工作会议纪要》（法发〔2005〕26 号）第 58 条、《最高人民法院关于适用〈中华人民共和国仲裁法〉若干问题的解释》（法释〔2006〕7 号）第 16 条、《涉外民事关系法律适用法》第 18 条、《最高人民法院关于适用〈涉外民事关系法律适用法〉若干问题的解释（一）》（法释〔2012〕24 号）第 14 条、《最高人民法院关于审理仲裁司法审查案件若干问题的规定》（法释〔2017〕22 号）第 13 条、《仲裁法》第 19 条。

UKSC 38（Enka v. OOO）案作出判决，明确了英格兰法对此问题的现行规则。

1. 英格兰法判例沿革

在缺乏缔约双方明示选择的仲裁条款准据法的情况下，英格兰判例法早期存在两种不同的观点。

第一种观点认为，主合同明示约定的准据法对解释合同当事人是否对仲裁条款的准据法作出默示选择具有重要意义。[①] 如无更好的相反理由，主合同明示约定的准据法应解释为当事人默示选择的仲裁条款的准据法，因为仲裁条款是主合同的一部分。[②]

第二种观点认为，应以仲裁地法作为仲裁条款准据法。而且，即使同样采取此观点，不同法官的理由也不尽相同。例如，在 XL Insurance Ltd v. Owens Corning ［2001］1 All ER（Comm）530（XL Insurance）中，案涉主合同是一份保险合同，其中明确约定主合同适用的准据法是纽约法，但仲裁地约定为伦敦。英国高等法院王座分庭（High Court Queen's Bench Division）的法官图尔森·J.（Toulson J.）认为，当事人既然选择伦敦作为仲裁地，并同意仲裁程序按照《英国 1996 年仲裁法》的规定进行，说明双方默示选择（by implication choose）了英格兰法作为仲裁条款准据法。[③] 换言之，图尔森·J.（Toulson J.）以当事人的默示选择作为确定仲裁条款准据法的规则，并认

[①] See Channel Tunnel Group Ltd v. Balfour Beatty Construction Ltd ［1993］AC 334，§357（"there is the proper law which regulates the substantive rights and duties of the parties to the contract from which the dispute has arisen. Exceptionally, this may differ from the national law governing the interpretation of the agreement to submit the dispute to arbitration."）; see also Sonatrach Petroleum Corpn（BVI）v. Ferrell International Ltd ［2002］1 All ER（Comm）627，§32（"Where the substantive contract contains an express choice of law, but the agreement to arbitrate contains no separate express choice of law, the latter agreement will normally be governed by the body of law expressly chosen to govern the substantive contract."）也有一些权威论著持此观点。See Dicey, Morris & Collins on The Conflicts of Laws, 15th ed（2012）at §16-7.

[②] ［2020］UKSC 38，§§44-5.

[③] ［2001］1 All ER（Comm）530，543 "I conclude that by stipulating for arbitration in London under the provisions of the 1996 Act（other than ss 45 and 69）the parties chose English law to govern the matters which fall within those provisions, including the formal validity of the arbitration clause and the jurisdiction of the arbitral tribunal; and by implication chose English law as the proper law of the arbitration clause..."

为双方选择了仲裁地就代表其默示选择了仲裁地法作为仲裁条款准据法。而在 C v. D［2007］EWCA Civ 1282（C v. D）中，同样是一份保险合同明确约定其主合同适用的准据法是纽约法，仲裁地约定为伦敦。英国上诉法院的法官郎莫尔·L. J.（Longmore L. J.）认为，双方当事人有意选择了与主合同准据法所在地（纽约）不一致的地点（伦敦）作为仲裁地，说明与仲裁条款具有更真实密切联系的地点（closer and more real connection）是仲裁地，而不是主合同准据法所在地。也就是说，郎莫尔·L. J. 并不认为双方选择了仲裁地就代表其默示选择了仲裁地法作为仲裁条款准据法，而是根据最密切联系原则作为确定仲裁条款准据法的规则。①

2012 年，英国上诉法院对 Sulamérica Cia Nacional de Seguros SA v. Enesa Engenharia SA［2012］EWCA Civ 638（Sulamérica）案作出判决，主笔法官莫尔－比克 L. J. 对此前不同的学术和裁判观点进行总结和分析后，提出了确定仲裁条款准据法的三阶审查法：② 第一，适用当事人明示选择（express choice）的法律作为仲裁条款准据法；第二，若当事人没有明示选择的法律，适用当事人默示选择（implied choice）的法律作为仲裁条款准据法；第三，若当事人也没有默示选择的法律，适用具有最密切和最真实联系（closest and most real connection）的法律。

2. Enka v. OOO 案简述

Enka v. OOO 案是英国最高法院关于仲裁条款准据法确定规则的最新判例，它在 Sulamérica 案的基础上进一步明确和发展了三阶审查法及其内涵。

（1）背景事实

2011 年 5 月，CJSC Energoproekt（以下简称 Energoproekt）作为总承包商与业主 PJSC Unipro（以下简称 Unipro）订立合同，规定 Energoproekt 为

---

① ［2007］EWCA Civ 1282，§23 "The inquiry is, as I have said, to discover the law with which the agreement to arbitrate has the closest and most real connection."

② ［2020］UKSC 38，§25 "[T]he proper law is to be determined by undertaking a three－stage enquiry into (i) express choice, (ii) implied choice and (iii) closest and most real connection."

Unipro 设计和建造位于俄罗斯境内的某发电厂。后 Enka Insaat Ve Sanayi A. S.（以下简称 Enka）作为分承包商与 Energoproekt 就此工程订立了《施工合同》。

2014 年 5 月 21 日，上述三方签署《三方转让合同》，Energoproekt 将其在《施工合同》项下的权利和义务转让给 Unipro。该《三方转让合同》第 7.5 条约定，Unipro 和 Enka 之间若发生纠纷，将按照《施工合同》第 50.1 条的规定，在伦敦适用《国际商会（ICC）仲裁规则》仲裁解决。但《施工合同》并没有对该仲裁条款适用的准据法作出约定。

2016 年 2 月 1 日，案涉发电厂因火灾严重受损。OOO Insurance Company Chubb（以下简称 Chubb）作为 Unipro 的保险人，在向 Unipro 进行保险赔付后，于 2019 年 5 月 25 日代位向莫斯科商业法院（Moscow Arbitrazh Court）起诉 Enka 和另外十位被告，要求其承担连带赔偿责任。

2019 年 9 月 16 日，Enka 在英国伦敦起诉，基于违反《施工合同》第 50 条的仲裁条款之理由，请求英国法院作出禁诉令（an anti‐suit injunction）以限制 Chubb 继续在俄罗斯的诉讼程序。本案经过英国高等法院王座法庭商事法庭（Commercial Court）一审、英国上诉法院二审后，最终由英国最高法院作出判决，维持了上诉法院准许作出禁诉令的决定。

（2）英国最高法院判决

本案争议焦点是：在合同没有对仲裁条款准据法作出明确约定的情况下，若主合同适用的准据法和仲裁地法不一致，应当以哪一法律体系作为仲裁条款的准据法。[1]

关于主合同准据法的确定，英国最高法院认为应该根据《罗马条例Ⅰ》（Rome I Regulation）进行判断，因为《罗马条例Ⅰ》是欧盟民商事合同的一般冲突法。

《罗马条例Ⅰ》对准据法的认定规则是：首先，适用合同当事人合意选

---

[1] [2020] UKSC 38, §2 "The central issue on this appeal concerns which system of national law governs the validity and scope of the arbitration agreement when the law applicable to the contract containing it differs from the law of the seat of the arbitration."

择的法律。当事人的选择必须是明示的或可通过合同条款或情况清晰证实的（The choice shall be made expressly or clearly demonstrated by the terms of the contract or the circumstances of the case）（《罗马条例Ⅰ》第3条）。其次，若合同当事人未选择准据法，则根据最密切联系地原则确定准据法（the contract to be governed by the law of the country with which it is most closely connected）（《罗马条例Ⅰ》第4条）。①

由于《施工合同》未明确选择主合同准据法，英国最高法院适用《罗马规则Ⅰ》第4条关于最密切联系原则的规定。鉴于俄罗斯与《施工合同》的密切联系程度，俄罗斯法被认定为《施工合同》主合同的准据法。

关于本案仲裁条款的准据法，即《施工合同》中仲裁条款的效力、范围或解释应适用哪一国法律，英国最高法院认为，应适用普通法的冲突法规则进行确定。之所以未适用《罗马条例Ⅰ》，是因为《罗马条例Ⅰ》第1条第2款第（e）项明确将"仲裁条款"排除出其适用范围。②

英国普通法关于合同准据法的冲突法规则是：首先适用合同当事人明示或默示选择的法律；若合同当事人未做该等选择，适用最密切联系地的法律（"缺省规则"）。③

本案合同当事人没有对仲裁条款准据法作出明示约定。如上文所述，在此类情形下，根据英格兰法的早期判例，有可能得出适用主合同准据法或仲裁地法两种不同的结论。本案中，英国上诉法院采用的观点和说理与上文第二种观点下的XL Insurance案较为接近。其认为，即使合同当事人对主合同的准据法作出了明示约定，仍应推定仲裁地法为双方默示约定的仲裁条款准据法。④ 其主要理由有两点：第一，根据仲裁条款的独立性原则（separability principle），仲裁条款的效力、存在和有效性是独立于主合同的，因此当事人

---

① ［2020］UKSC 38，§26.
② ［2020］UKSC 38，§28.
③ ［2020］UKSC 38，§27.
④ ［2020］UKSC 38，§49.

选择的主合同准据法并不能解释为当事人选择的仲裁条款准据法；第二，合同当事人明示选择了仲裁地，等于选择了由当地的仲裁程序适用法（curial law）管理整个仲裁程序。而仲裁的实体法（substantive arbitration law）与仲裁程序适用法（curial law）又是相互重叠、难以完全剥离的，由此推导，一个自然的结论是应将仲裁地的实体法解释为合同当事人对仲裁条款准据法的默示选择。

但是，英国最高法院支持上述第一种观点，即当合同未明确约定仲裁条款准据法时，一般规则是将主合同明示选择的准据法推定适用于作为仲裁条款的准据法，即主合同明示选择的准据法被视为默示选择的仲裁条款的准据法。[1] 以下考量因素使英国最高法院认为第一种观点更合理：第一，这种方法提供了一定程度的确定性。各方可以确信主合同的适用法律通常是就其整个合同权利和义务以及所有争议而言的有效选择。第二，这种方法实现了一致性。各方当事人的权利和义务由同一法律体系管辖。第三，这种方法避免了复杂性和不确定性。一旦当事人之间的关系受制于两种法律体系，就会出现两者的界限在哪里以及如何划定的问题。第四，这种方法避免了人为因素。仲裁协议与包含它的合同是分离的，这一原则是仲裁法的重要组成部分，但它是一种法律原则，仲裁律师可能比商人更了解这一原则。对商人来说，合同就是合同；不是带有附属或抵押或内部仲裁协议的合同。因此，他们会合理地期望法律选择适用于整个合同。第五，这种方法确保了连贯性。它与其他独立性的条款（如法律选择或法院选择条款）的处理方法一致，这些条款也通常被推定受其构成的主合同的准据法管辖。[2]

若主合同准据法不是依据合同当事人明示选择确定的，而是根据《罗马规则Ⅰ》第4条（最密切联系原则）确定的，则不得推定为默示选择的仲裁条款准据法。在本案中，当事人就未明示选择俄罗斯法为主合同准据法，英

---

[1] 其他普通法和大陆法法域（包括新加坡、印度、巴基斯坦、德国、奥地利等）也采用了这种方法。

[2] ［2020］UKSC 38, §53.

国最高法院是根据《罗马规则Ⅰ》第4条确定俄罗斯为《施工合同》最密切联系地,从而确定俄罗斯法为主合同准据法的。尽管俄罗斯法被认定为主合同准据法,仍不得被视为当事人默示选择的仲裁条款准据法。由于本案中仲裁条款没有明示或默示选择的准据法,应以缺省规则即最密切联系地法原则确定仲裁条款准据法。

英国最高法院同时对第二种观点给予了评论:一方面,关于仲裁条款独立性原则的适用问题:最高法院引述了Sulamérica案中莫尔-比克(Moore-Bick)法官的说理:"独立性原则背后的逻辑仅仅是推定双方当事人有意图使约定的争议解决程序在主合同无效的情况下仍然有效且可执行,其目的并不是将仲裁条款和主合同绝对割裂。"① 另一方面,关于仲裁条款准据法与仲裁程序适用法的关系问题:《英国1996年仲裁法》第4条第(5)项规定,"有关本编非强制性规定之事项,如选择适用英格兰、威尔士或北爱尔兰法之外的法律,则应等同于当事人对该事项作出约定之协议"。英国最高法院基于此条款认为,《英国1996年仲裁法》对非强制性事项允许当事人选择英格兰法以外的法律作为仲裁条款准据法,同时以《英国1996年仲裁法》作为仲裁程序适用法。因此,在英格兰法中,仲裁的实体法与仲裁程序适用法并非完全密不可分。合同当事人选择英格兰作为仲裁地、选择《英国1996年仲裁法》作为仲裁程序适用法,并不能当然推定当事人默示选择英格兰法作为仲裁条款的准据法。

英国最高法院也特别指出适用上述第一种观点时,存在的例外情形,若以主合同明示约定的准据法作为仲裁条款准据法使仲裁条款存在严重的无效风险,那么此类案件可能解释为当事人意图选择仲裁地法作为仲裁条款的准据法,特别是在此基础上如能证明合同双方当事人有意选择了一处

---

① [2012] EWCA Civ 638, §26 "The concept of separability itself, however, simply reflects the parties' presumed intention that their agreed procedure for resolving disputes should remain effective in circumstances that would render the substantive contract ineffective. Its purpose is to give legal effect to that intention, not to insulate the arbitration agreement from the substantive contract for all purposes."

中立的仲裁地。

事实上，Sulamérica 案中，英国上诉法院正是以存在例外情形为由没有将案涉保险合同当事双方明示选择的主合同准据法（巴西法）认定为双方默示选择的仲裁条款准据法，转而适用了仲裁地法（英格兰法）。根据巴西法，仲裁条款只有在获得被保险人同意的前提下才可执行，而英国上诉法院认为双方既已在合同中约定任何一方均有权提起仲裁，而且另行选择了伦敦作为仲裁地，说明巴西法不是双方默示选择的准据法。①

若当事人未明示或默示选择仲裁条款的准据法，则适用最密切联系地法作为仲裁条款的准据法。最密切联系地法原则，是指若法院经过合同解释后认为合同当事人未通过明示选择准据法，亦无法识别出合同当事人默示的选择，那么合同的准据法应为与合同具有"最密切和真实联系"的法律体系。该原则作为一种实证法规则（positive rule of law）而非合同解释过程，不再关注当事人的意图。

英国最高法院认为，对于仲裁条款而言，一般以仲裁地作为最密切联系地，主要考虑因素是：首先，仲裁地是仲裁条款的履行地，而履行地是普通法判断最密切联系地的重要联结因素。其次，此规则与国际法以及英国国内立法一致。1958 年《纽约公约》第 5 条第 1 款规定了仲裁协议无效作为拒绝承认与执行仲裁裁决的事由。在该项中，当合同当事人未选择仲裁协议适用的法律时，判断仲裁协议是否无效的准据法应适用"仲裁地所在国法律"（the law of the country where the award was made）。《英国 1996 年仲裁法》第 103 条第（2）款第（b）项将《纽约公约》第 5 条第 1 款第（a）项转化为英国国内立法。从实现商业目的的角度来看，合同当事人在对准据法未作约定的情况下选择明确的仲裁地，说明其合理的期待是适用仲裁地法作为仲裁

---

① ［2012］EWCA Civ 638，§30 "Although the judge made no finding on this point, the insured say that it renders the agreement enforceable only with their consent… there is nothing to indicate that the parties intended to enter into a one-sided arrangement of that kind… The possible existence of a rule of Brazilian law which would undermine that position tends to suggest that the parties did not intend the arbitration agreement to be governed by that system of law."

条款的准据法。特别是对于跨国交易来说，合同当事人往往选择中立的、对仲裁持支持态度的第三国作为仲裁地。最后，以仲裁地法为准据法的缺省规则能够增加确定性，减少争议，便于合同当事人预测仲裁条款的准据法。

（三）新加坡法中仲裁条款准据法的确定规则

目前，新加坡法院最新判例所采用的观点基本与 Sulamérica 案及 Enka v. OOO 案确立的三阶审查法及其细化规则一致。特别是对其中的第二阶段，即判断当事双方是否默示选择仲裁条款准据法这一问题，新加坡判例法同样支持应以适用主合同明示选择的准据法为一般原则。

例如，在 BCY v. BCZ ［2016］SGHC 249 案中，案涉股权转让协议草稿载明的主合同准据法为纽约法，而仲裁地约定为新加坡，这些约定在多轮修改稿中得到各方"可以签署"（ready/available to sign）的确认。后由于一方当事人不愿意签署股权转让协议产生纠纷，其他当事人依据股权转让协议草稿中的仲裁条款提起仲裁。新加坡高等法院（The High Court of Singapore）认同莫尔－比克在 Sulamérica 案中的观点，认为当仲裁条款是作为主合同的一部分时，合同当事人默示选择的仲裁条款准据法更有可能是各方明示选择的主合同准据法，并因此适用了纽约法。①

新加坡高等法院于 2019 年作出判决的另一宗案件 BNA v. BNB ［2019］SGHC 142 则反映了新加坡法对例外情况的处理规则。

在该案中，一家中国公司作为卖方与一家韩国公司作为买方签署了买卖合同，之后，买卖双方与另一家第三方中国公司签署了三方补充协议，约定买方韩国公司将其全部权利义务转让给该第三方中国公司。由此，该买卖合同关系下的双方均为中国公司，双方约定的主合同准据法为中国法，但约定发生争议后应提交新加坡国际仲裁中心按照其规则在上海进行仲裁。面对双

---

① ［2016］SGHC 249，§49 "I agree with Moore－Bick LJ's approach in Sulamérica that the implied choice of law for the arbitration agreement is likely to be the same as the expressly chosen law of the substantive contract. This presumption is supported by the weight of authority and is, in any event, preferable as a matter of principle"

方关于仲裁条款准据法的争议,新加坡高等法院首先经分析后认为,根据双方约定,新加坡是本案的仲裁地(seat),而上海仅是审理地(venue)。也就是说,本案的仲裁地法是新加坡法。由于双方没有明示约定仲裁条款准据法,根据三阶审查法,法院进入第二阶段的判断。在第二阶段,虽然一般规则是优先以双方明示约定的主合同准据法(本案中为中国法)作为双方默示选择的仲裁条款准据法,但是本案的特殊之处在于,根据中国法,两家中国公司约定提交境外仲裁机构仲裁的条款,有可能因为不满足涉外因素、不得由境外仲裁机构管理而无效。新加坡高等法院由此认为,根据对双方合意的解释以及 ut res magis 原则("尽量挽救合同条款的效力而不是相反"),在主合同准据法可能使仲裁条款无效的情况下,应该认为仲裁地法即新加坡法是双方默示选择的仲裁条款准据法。① 另外,虽然根据对三阶审查法中第二阶段的分析即已得出适用仲裁地法的结论,但新加坡高等法院仍继续分析了第三阶段,认为即使根据最密切联系地法原则,也可以得出新加坡是仲裁条款的最密切联系地,应当适用仲裁地法的结论。由此可见,在例外情形下,法院适用仲裁地法作为仲裁条款准据法,既可以依据第二阶段的默示选择规则,也可以依据第三阶段的最密切联系地法原则。事实上,这两种规则也分别对应了英格兰判例法中 XL Insurance 案和 C v. D 案法院选择适用仲裁地法的说理依据。

(四)简评中国法和普通法对仲裁条款准据法确定的立法异同

中国法中仲裁条款准据法的确定规则为:首先,以合同当事人明示选择的仲裁条款适用法律为其准据法,这与普通法的规则一致,是尊重当事人意思自治原则的体现;其次,若当事人没有明确选择仲裁条款的准据法,则以当事人选定的仲裁机构所在地法律或者仲裁地法律作为其准据法;最后,若

---

① [2019] SGHC 142, §117 "The contextual approach to construing contracts and the ut res magis principle both permit me legitimately to adopt the law of the seat as the proper law of an arbitration agreement if hewing to the starting point of PRC law would defeat the parties' manifest intention to resolve their disputes through arbitration."

仍不能确定，则以法院地法作为仲裁条款的准据法。

普通法（以英格兰法和新加坡法为例）中仲裁条款准据法的确定规则为三阶审查法：首先，以合同当事人明示选择的仲裁条款适用法律为其准据法。其次，若当事人没有明确选择仲裁条款的准据法，则一般优先以当事人明示选择的主合同准据法为其默示选择的仲裁条款的准据法。若适用主合同明示选择的准据法可能使仲裁条款存在严重的无效风险，则将仲裁地法推定为当事人默示约定的仲裁条款准据法。最后，若以上述方法仍无法确定仲裁条款的准据法，则适用缺省规则即最密切联系法原则。通常以仲裁地作为仲裁条款的最密切联系地，以仲裁地法作为仲裁条款的准据法。

当合同当事人并未明示约定仲裁条款准据法时，中国法和普通法选择了不同的立法取向。一方面，中国法仅认可合同当事人明示约定的仲裁条款准据法，不承认当事人的默示约定。在缺乏明示约定的情况下，相关法律和司法解释直接规定适用仲裁机构所在地法律或者仲裁地法律。最高人民法院《第二次全国涉外商事海事审判工作会议纪要》（法发〔2005〕26号）第58条和《关于审理仲裁司法审查案件若干问题的规定》（法释〔2017〕22号）第13条更是明确，约定的主合同准据法不得认定为仲裁条款的准据法。另一方面，普通法综合全案各种因素继续探究合同当事人是否默示约定了仲裁条款准据法。反映当事人默示意图的两个主要因素分别是当事人明示约定的主合同准据法和当事人选择的仲裁地。当二者指向的法律体系不一致时，英国法院和新加坡法院均认为，在多数情况下应优先以当事人明示约定的主合同准据法为准，将其推定为当事人默示的仲裁条款准据法。只有在主合同准据法可能使仲裁条款无效等少数情况下，才可根据案件具体情况将仲裁地法推定为当事人默示的仲裁条款准据法。

究其根本，中国法和普通法的分歧主要在于对仲裁条款独立性原则的理解上。

中国法对独立性原则的理解近似于 Enka v. OOO 案中英国上诉法院的观点，认为该原则既适用于对仲裁条款效力的判断，也适用于对仲裁条款准据法的判断。① 因此，主合同准据法与仲裁条款准据法相互分离，不得根据主合同准据法确定仲裁条款准据法。而英国最高法院在 Enka v. OOO 案中确立的观点是，独立性原则仅适用于判断仲裁条款效力的特定场合，不得扩大至对仲裁条款准据法的判断。因此，主合同准据法是推定当事人对仲裁条款准据法的默示约定的重要因素。

事实上，国际上确立仲裁条款独立性原则的关键案例（如法国最高法院 Gosset v. Carapelli 案②、美国最高法院 Prima Paint Corp. v. Flood & Conklin Mfg. Co. 案③）均表明，各国认可仲裁条款独立性原则的出发点仅限于保证仲裁条款在主合同无效的情况下依然有效，并非认可仲裁条款绝对独立于主合同，也并非认可仲裁条款效力的独立必然导致仲裁条款准据法的独立。

三、亲历国际仲裁

我们曾在美国公司 Water Solutions 与宏柏家电（深圳）有限公司（以下简称宏柏深圳）及宏柏实业股份有限公司（以下简称宏柏台湾）的系列仲裁与诉讼案件中担任 Water Solutions 的牵头律师和案件管理人。

Water Solutions 与宏柏深圳及宏柏台湾于 2007 年 9 月签署《制造和供应协议》，规定宏柏深圳及宏柏台湾生产制造特定产品并交付 Water Solutions，Water Solutions 支付货款等。合同期间规定为 3 年，若无异议，则自动顺延 3 年，之后各方协商确定是否续签。大约在 2013 年开始谈判合同的续签事宜，直至 2014 年年中，各方未达成书面的续签合同，其间参照之前的合同条款继续履行合同。合同规定仲裁条款，适用美国仲裁协会规则，在美国洛杉矶仲裁，仲裁条款准据法约定适用美国加利福尼亚州和联邦法律。之后，因续签事宜没能达成一致，双方就货款以及产品质量问题产生争议。

---

① 参见最高人民法院（2006）民四终字第 28 号。
② Raymond Gosset v. Carapelli, Cassole civ., May 7, 1963, Ets. JCP, Ed. G., Pt. II, No. 13, 405 (1963).
③ Prima Paint Corp. v. Flood & Conklin Mfg. Co., 388 U. S. 395 (1967).

本案首先面临关于中国法院是否有权管辖争议的仲裁条款效力之争。宏柏深圳首先基于双方的长期合同在深圳中院提出违约之诉，要求我方赔偿未付货款。我方相应地在深圳中院提起涉外仲裁条款效力确认之诉并请求中止审理违约之诉。由于案涉《制造和供应协议》明确约定了仲裁条款准据法为美国加利福尼亚州和联邦法律，因此，本案不涉及上文论述的关于未明示约定情形下仲裁条款准据法的确定规则问题。

深圳中院委托最高人民法院外国法查明中心蓝海现代法律服务发展中心（以下简称蓝海现代）对美国相关法律进行查明，蓝海现代委托中国法律专家查明并出具专家报告。在此之前，我方也委托美国法律专家进行查明并出具报告，两者结论一致，即根据美国相关法律，案涉仲裁条款有效。该等报告经庭审质证，均无异议。深圳中院因此裁定仲裁条款有效。随后，基于有效仲裁条款，一审、二审法院均驳回宏柏深圳的违约之诉请求。二审法院广东高院经审查我方递交的详细答辩状后，直接作出裁定。之后，我方申请强制执行民事裁定书，并获全部执行。

我方在提起确认仲裁条款效力之诉时，同时在美国仲裁协会对宏柏深圳及宏柏台湾提起仲裁，要求对方赔偿损失等。对方缺席，经仲裁庭审理，最后作出裁决，我方获得胜诉裁决。

为使仲裁裁决在美国得以强制执行，我方向美国加利福尼亚州法院申请对仲裁裁决进行确认，法院审理后确认裁决有效并具有如同法院判决一般的强制执行力。宏柏深圳为避免被送达有关法律文书而由宏柏台湾在美国法院提起撤裁之诉，一审驳回请求；其上诉至加利福尼亚州上诉法院，2018年6月上诉法院开庭审理，8月获得胜诉的二审判决，驳回撤裁申请。

同时，我方分别在深圳中院和我国台湾地区法院针对宏柏深圳和宏柏台湾申请承认（确认）和执行美国仲裁裁决。我国台湾地区新竹法院和高等法院一审、二审均裁定确认和执行仲裁裁决。被申请人在深圳中院提出中止承认和执行外国仲裁裁决审理程序的申请，深圳中院依我方申请通知被申请人提供担保，对方未提供担保，因此拒绝中止审理程序，并作出予以承认和执行裁决的裁定。

本案历时约 4 年，仲裁与司法监督的所有程序全部一一走过，完美胜诉，最后成功和解。涉及美国仲裁，美国加利福尼亚州一审、二审法院，我国台湾地区一审、二审法院及深圳中院和广东高院的仲裁和诉讼程序。开创三个第一：首例经最高人民法院外国法查明中心查明并适用外国法确认涉外仲裁条款效力之诉；首例被申请人提出中止承认和执行外国仲裁裁决审理程序的申请，深圳中院依我方申请通知被申请人提供担保，对方未提供担保，因此拒绝被申请人的中止审理申请；首例在裁决地撤裁之诉终审裁定前中国法院对外国仲裁裁决予以承认和执行。该案荣获 2016 年度商法国际仲裁领域年度杰出大奖，入选广东省高级人民法院首次统一发布的 20 例粤港澳大湾区跨境纠纷典型案例。

结语

随着中国深度参与国际贸易的进程，越来越多的中国企业开始"走出去"，随之而来的是他们对涉外法律服务尤其是涉外争议解决法律服务的需求日益增多。基于天然的信任感，具有处理涉外业务能力的中国律师是很多中国企业的首选。同时，随着中国律师能力的提升，中国律师不仅能在风险防范和争议解决中扮演沟通协调的作用，也能担任牵头律师，管理案件，协调境外律师工作等。

中国的涉外律师，要想做好国际争端解决业务，在国际法律竞技舞台上表现出色，很不容易，中国涉外律师要更加勤勉、沉静、虚心，不断提升自己的办案水平。

第一，我们要勤于钻研、学习，不断更新自己的知识库，吃透中国法和外法域的各种规则，最终让自己具备独立的思考和判断能力。应该避免人云亦云，特别是避免对境外律师的意见不加思考地全盘接受。中国涉外律师的核心竞争力，正在于我们能够以专业能力为客户管理境外律师的工作质量、提出或判断有价值的策略建议、为客户节省与境外律师沟通的时间和精力成本。

第二，我们要经得起时间的考验，耐得住寂寞。国际仲裁是一门需要时间和经验积累起来的学问，办理一宗国际仲裁案件很难做到短平快，从提交仲裁请求到取得仲裁裁决再到仲裁裁决的承认与执行，少则两三年，多则动辄七八年甚至数十年。在这样持久的拉锯战中，中国涉外律师要学会在孤独中坚守，终得柳暗花明。

第三，我们要虚怀若谷，向国内外优秀的同人学习。"三人行，必有我师焉"，国际仲裁作为一种舶来品，来自英国、美国、新加坡等的律师同行具有领先中国律师数十年甚至数百年的先发优势，我们可以在与其合作办案的过程中多观察、多领会、多交朋友；在中国的国际仲裁界，也有许多前辈筚路蓝缕，探索出中国律师的办案经验，并在功成名就后仍然勤耕不辍，他们分享的专业和实务文章值得我们关注和学习。

合同的起草、审查、修改工作

刘 瑛

【业务研判】

对于从事民商事业务的律师来说,起草、审查和修改合同,是一项最基础、但也很考验律师业务水平的工作。合同是法律文件,但核心是商业问题。合同具有商业和法律的双重属性。合同的起草、审查与修改工作,是将当事人的商业意图落实为法律文件的过程。合同是写给律师以外的人看的。因此,律师做合同工作,不仅要"像律师一样",而且要有商业思维,要了解客户需求。合同不仅要让履行合同的人看明白,而且要让法官、仲裁员能够按照合同当事人当时的本意理解合同。

【业务框架】

从商业意图到法律文件的过程,无论是起草合同,还是审查或修改合同,基本都需要首先了解客户的商业意图,包括对交易以及客户诉求的了解,也就是捕捉和理解合同的"商业芯"。其次进行法律判断,即以一定的法律逻辑解读交易逻辑,在交易关系与法律关系之间建立联系,对交易的合法性作出判断,援引恰当的法律规则。最后才是合同文本的制作、修改。

事实和法律是法律思维的两大核心,也是合同工作的支点。

无论是起草合同,还是审查或者修改合同,首先都要搞清楚事实,这样才能准确地作出法律判断，进而在工作中落实和回应。合同中的事实，主要是指合同对应的交易。律师要做到具有商业思维，了解合同对应的交易、了解客户的需求。

作为法律文件，合同从体例到名称再到条款，其设置和表述是有一定逻辑和规范的。对此，律师应当知其然和所以然。

在了解事实和进行法律判断的基础上，律师以法律人的思维和专业技能将商业意图表达出来、呈现为法律文件。

【内容梗概】

虽然合同的起草、审查与修改工作侧重不同，但是思维方式和工作步骤大致相同。本章将从如何理解合同入手，讨论怎样了解客户的商业意图；在解析合同体例和条款后，分析如何在合同的起草、审查、修改工作中落实客户的商业意图，借此说明如何完成合同"商业芯"与"法律壳"的有机结合。

一、对合同的理解

1. 合同是法律文件，也是商业文件

合同，是当事人之间达成的约定。这种约定具有法律约束力——当事人违反合同需要承担违约责任，合同对方可以寻求法律手段强制执行。合同是法律文件。

作为法律文件的合同记载着商业交易内容——合同讲述（约定）哪些人（合同主体）、在什么时间（合同期限）、在什么地点（订立地点）商量（协商一致）、以什么样的方式做某件事（交易）；这些人可以或者应该做什么、怎样做、不得做什么（权利和义务），以及如果做了不该做的事情，或者没有做应该做的事情（违约），有什么样的后果、如何承担责任。合同也是商业文件。

合同具有商业和法律的双重属性。合同的法律外壳中包含着商业的芯。

2. 合同不一定冠以"合同"之名

从法律规定字面看，合同＝协议。什么情况下称合同，什么情况下叫协议，实务中主要取决于习惯。

合同不一定冠以"合同"之名。实践中冠以"备忘录""意向书"的合同并不少见。律师工作中，涉及合同主体权利、义务，表明合同各方愿意受其约束的意思，并由合同各方达成一致意见共同签署或确认的文件，都应当按照合同对待。"合同的本质在于，它是一种合意或者协议。"[1]

二、了解客户的商业意图

事实和法律是法律思维的两大核心，也是合同工作的支点。对于合同这样具有法律和商业双重属性的文件，无论是起草、还是审查或者修改，律师工作首先都要搞清楚事实，这样才能准确地作出法律判断，进而在工作中落

---

[1] 王利明：《合同法研究》（第1卷），中国人民大学出版社2002年版，第8页。

实和回应。

合同中的事实，主要是指合同对应的交易。律师需要了解合同对应的是一个什么交易，这项交易有什么样的背景、处在什么阶段，客户的商业目标是什么，实现路径是什么，客户关注的问题有哪些以及对合同工作的要求是什么。

为此，律师还需要懂得商务，不仅要具有律师的思维和技能，而且要具有商业思维。

那么，如何了解客户的商业意图？

（一）懂得商务

对于律师来说，懂得商务，至少应当体现在具有商业思维、熟悉与交易相关的行业或领域两方面。

1. 具有商业思维

具有商业思维，是说律师应该明白交易是如何运作的，应该理解客户是怎么想的，这是懂得商务的最基本要求。

（1）了解交易是如何运作的

培养商业逻辑最直接和有效的方式就是学会看懂、听懂商业模式。商业模式可能表现为一张商业架构图，或者一个商业方案、一套商业计划书，也可能就是客户的介绍。律师要从中明白交易是怎么运作的，理解其中的商业逻辑。

（2）了解客户是怎么想的

在一项交易中，客户与律师职责不同。客户负责"拿到订单"或者"拿下业务"，总之"把合同签了"。而律师的职责是在交易风险可控的情况下签订合同。从角色设定上，两者并存就是为了相互制约、达到制衡；但根本上，律师与客户的目标应当是一致的——促成交易。

在正确理解各自角色定位的情况下，面对交易，律师应当进行准确的识别和判断，而不是不加甄别地把大大小小的风险一股脑地罗列出来，更不能放大风险。

为此，首先要能够正确识别和判断交易风险。

合同中，有的风险是由于违反法律规定而产生的，但有大量的法律风险是商业性的，有的法律风险是"有价格"的——客户是否接受取决于风险与机会的性价比，有的法律风险本质上就是商业风险。律师在处理这些具有商业属性的法律风险和法律问题时，需要还原其商业本质，交由客户自行判断和处理。

例如，买卖合同中货物所有权何时转移问题，看起来是一个典型的法律问题，但究其背后，实质上是个商务问题。对于合同约定标的物是在卖方收到全款时转移，还是货物交付时转移，由客户将其作为商务风险自行判断即可。

基于对交易中风险的判断和辨识，对于客户的想法，律师可以区别处理。对于具有商业属性的法律风险，即不触及法律底线、没有超出法律边界的风险，律师把问题识别、揭示出来，并提示后果，由客户自己确定是否承受。对于涉及触及法律底线或者超出法律边界的问题，律师在向客户揭示法律风险的同时，必须坚守法律底线。

一项交易，各方最终能够达成一致、签署合同，不仅是交易各方博弈的结果，其中也不乏商务人员和律师的妥协。对于具有商业思维的律师来说，应在了解商务人员的想法后，正确识别、判断交易中的各种问题和风险的性质，有的放矢地处理。

律师除了需要"像律师一样"，还要有意识地培养商业思维，这样才能够基于法律思维、但又超越法律思维来思考和处理合同和交易中的问题。

2. 熟悉与交易相关的行业或领域

律师懂业务，不仅指懂得法律业务，而且要懂得客户的业务。为此，律师就要熟悉与交易相关的行业或领域，具有该行业的基本知识，了解该行业的基本交易规则和操作。

懂得客户的业务，既是理解客户商业诉求的基础，也是合同工作以及提供有价值解决方案的基础。

（二）了解合同对应的交易

合同往往针对具体交易，懂得商务，需要以具体交易为落脚点。为了能够在合同中约定"这些人可以或者应该做什么、怎样做、不得做什么（权利和义务），以及如果做了不该做的事情，或者没有做应该做的事情（违约），有什么样的后果、如何承担法律责任"，律师首先要了解"哪些人（合同主体）、在什么时间（合同期限）、在什么地点（订立地点）商量（协商一致）、以什么样的方式做某件事（交易）"。

1. 从哪些方面了解交易

（1）这是一件关于什么的事情

了解交易，首先要了解当事人之间要做的是一件什么事情。是买卖，还是租赁，是转让，还是许可，是借款，还是投资？等等，这是进行法律关系判断、在合同中约定各方权利义务的基础。

（2）交易有哪些参与方或者相关方

需要了解交易发生在哪些主体之间，各主体在交易中分别是什么角色、起什么作用。

参与一项交易的主体可能很多。这些与交易有着直接或间接关系的主体，不一定都是合同的当事人，至少不一定都会被安排为同一份合同的当事人。在了解交易时，需要了解交易的参与方或者相关方，以便后续工作中确定如何搭建合同文件架构、确定每一份合同项下的当事人，判断相应的当事人主体资格等。

另外，律师还要确定服务对象是谁，即为交易中的哪一方起草、审查和修改合同。

（3）客户的商业目标是什么

合同作为交易文件，是实现客户商业目标的一个重要环节。合同工作需要围绕着客户的目标开展。律师需要了解客户通过这个交易想达到什么目标，而不能抛开商业目标自顾自地开展合同工作。

（4）实现商业目标的路径或者方式是什么

一个商业目标的实现，可以采取不同的方式和路径。不同的方式和路径对应着不同的法律关系和法律规则，也对应着不同的合同约定。

律师只有了解客户的商业安排和商业路径，才能进一步分析和判断交易的法律可行性；准确判断交易对应的法律关系和适用的法律规则，才能对商业安排进行更有逻辑和更为准确的表述，通过合同增强客户目标的可实现性。特别是在客户的商业目标确定，但实现路径却不清晰，或者存在法律障碍的情况下起草或者修改合同，律师更要与客户一起辨识问题，尽可能地扫除其中的法律障碍，通过调整商业模式和商业安排，增强商业目标的可行性。

（5）交易的背景情况和进展

了解交易背景对于合同工作来说，不是可有可无的事情。合同对应的交易经过哪些缔结流程，是否招投标；合同各方在哪些事项上达成一致，哪些事项尚未谈妥，难点和分歧是什么；等等，这些交易背景情况都会对合同工作有影响。

如同处理纠纷需要以事实为依据一样，合同工作也需要建立在了解事实的基础上。特别是对于合同这样一个汇总了交易方案、商业安排、各方谈判结果等在内的、总结式的交易文件，律师无论是在交易伊始还是交易各方基本谈妥阶段介入，也无论是起草还是审查或者修改合同，工作都要在对交易事实了解的基础上进行。

2. 向客户了解交易的注意事项

对具体交易的了解，主要通过与客户交流实现。作为当事人，客户从交易伊始就直接参与，对交易有着全面的认识和直接的感受。除了获取交易信息，与客户交流还可以增强律师对交易的感性认识，非常有助于对整个交易的把握。

（1）了解中对交易的辨识与澄清

对交易的了解，离不开客户的介绍，但也不能完全依赖客户的陈述，律师还需要辨识、澄清事实。

所谓辨识，是指客户向律师介绍的商业安排可能并不是其本意，特别是当这些安排涉及法律概念时，非法律专业的人员可能词不达意，表达的事项貌似神非。律师不能停留于客户介绍的表面，还要结合了解交易安排的来龙去脉，准确判断商业安排的本意或者实质。

了解交易，还需要注意澄清事实，特别是对于客户前后不一的说法和交易安排，需要向客户确认。

对交易的了解，律师必须要关注具体的商业安排、实现路径、业务流程等细节。

（2）确认客户介绍的事实并加以固化

客户对交易的介绍既可以是口头形式，也可以是书面形式，或者兼而有之。

律师与客户当面或电话的口头交流更为直接，但也容易随意，客户介绍前后不一致甚至冲突的情况时有发生。有的是客户疏忽所致，有的是因为客户不同经办人的理解不同，还有的则是客户也没有想好所致。

对于客户的口头介绍，一个可以借鉴的方式是，律师先记录下来，随后通过发送电子邮件等书面方式由客户确认。

书面形式，特别是由客户写出交易情况，可以起到固化事实的作用。而且，书面形式客观上可以促使客户梳理、思考业务安排、商业路径等交易事项，避免在只有一个模糊的思路或者零散的想法的情况下，就让律师开展合同工作。但是，客户邮件或者书写所展现的信息，相比实际发生的情况可能有所缺漏，并且可能存在词不达意、表述不准确等问题。律师不能完全依赖客户的介绍，还需要结合阅读客户提供的交易资料，并与客户沟通，以及进行必要的自行核实工作，以进一步确认事实。

对于律师来说，确认事实，固化客户介绍的交易情况，也是降低执业风险。

3. 律师必要的自行核实

与客户沟通，是了解交易不可或缺的途径，但不是唯一途径。除了当事人提供的资料和陈述外，律师还需要自行了解、调查合同涉及的交易信息，以确定交易的基础事实。

(三) 了解客户的诉求

律师还要知道客户关注的问题,以及客户对合同工作的要求。

1. 客户关注的问题是什么

客户关注的问题,与交易的类型和特点、客户在交易中的角色等因素有关。例如,买卖合同的要点不外乎买卖什么(标的物),标的物的价格、质量、数量,如何交货、怎样结算等,但是买方和卖方的关注点有很大差别。

(1) 客户关注的问题与其角色有关

无论是起草还是修改、审查合同,都要搞清楚客户在交易中的角色和地位。代表不同的主体,意味着代表不同的利益和立场。准备一份有立场的合同,是合同工作的思维起点。

(2) 客户关注的问题可能反映交易的风险点

客户身处交易前端或者一线,从一开始就直接参与交易,不但对交易背景和进展了解更全面,而且对交易有着更直接的感受。他们关注或者担心的问题可能就是交易中的风险点,律师对交易中的风险点有了了解,才可能在合同中作出回应和防范。

2. 客户对合同工作有什么要求

(1) 客户对工作成果的要求

繁简程度不同的合同,除了交易事项的复杂程度,以及考虑问题的周密程度有差异外,还体现了不同的工作风格和合同文化。因此,除了考虑交易事项本身的需要外,还要结合客户的特点和需求。

即便为同一客户准备合同文本,也要根据交易的具体情况,搞清楚客户需要的是完整的合同文本,还是合同要点;是为反复使用的模板,还是针对特定交易的文本;是供交易各方讨论、谈判的谈判稿,还是交易各方基本谈妥后的文本;是单一架构的合同文本,还是"框架协议+订单等配套文本"等。

(2) 客户对工作内容的要求

客户交给律师某项合同工作时，可能还会有意或无意地提出对合同工作内容的要求。例如，客户可能会说，"我们和对方已经谈得差不多了，马上就要签约了。律师能不改就不改、能不提就不提了"。

对于客户的这种要求，律师可以尽量满足，但是不应当作为工作的标准和尺度。对于合同存在的各种问题，应当揭示风险的依然要揭示，应当提示关注的仍然要提示关注，应当修改的还是要修改，应当拒绝或反对的更是需要拒绝或反对。这既是法律工作独立性的内在要求，也是防范职业风险的方式。一旦合同或者交易出现问题，客户几乎会无一例外地归责于律师——而无论当时交易时间多么紧迫，合同工作要求多么急迫，都不会成为豁免律师责任的理由。

律师应当基于专业而独立的判断理解和处理客户的要求，对于客户对合同工作的要求，既不能简单地就事论事，也不能不作甄别地完全接受，更不能做客户的传声筒，而是应当按照法律工作的规范要求操作。这既是对客户负责，也是避免律师职业风险的做法。

(3) 客户对合同工作的时限要求

尽管客户对律师工作时限的要求往往就是"尽快"或者"越快越好"，但是律师还是要事先与客户沟通清楚。特别是如果预计无法在客户要求的期限内完成工作，一定要尽早告诉客户，而不要在临近工作时限的最后一刻告诉客户时间不够，甚至迟迟不作反馈。

律师不能以牺牲工作质量为代价来换取客户满意的工作时间。

三、解剖作为法律文件的合同书

一份合同书无论由几部分构成，合同条款都是最重要、最核心的部分。合同应当有哪些条款、为什么要有这些条款，怎么写这些条款、为什么要这样写，这些问题固然与交易事项、当事人要求、交易习惯等有关，但是合同条款的设置和表述是有一定逻辑和规范的。

下面将解剖和分析合同的名称、常见条款，知其然和所以然。

(一) 合同的名称

1. 合同名称具有法律意义

合同名称能够直观、简明地说明交易类型，恰当的名称有助于说明并帮助理解这是一个关于什么事情的约定。因此，除了"合同""协议"外，当事人通常会给合同起一个与特定交易相联系或者更有针对性的名称。

对于有名合同，法律在规定合同名称的同时，明确了这类合同关系的内容和对应的法律规则。当看到以某个有名合同命名的合同时，通常可以初步判断这份合同项下的交易对应着该有名合同的法律关系和法律规则。

因此，合同的名称，不仅是合同的代号，还具有法律意义。合同名称应当反映合同对应的交易或业务性质，且往往与一定的法律关系、法律规则相对应。

2. 怎样给合同起名字

给合同命名，应当在交易关系与法律关系和法律规则以及合同名称之间建立联系。同时，也要考虑交易习惯。

(1) 了解交易、准确判断对应的法律关系是给合同命名的关键

无论是有名合同还是无名合同，理解交易、准确判断对应的法律关系，进而确定对应的合同类型，都是给合同命名的关键。

首先，对于交易对应的法律关系符合某典型合同特征的合同，应当援引该典型合同命名。如果交易事项不符合某一类典型合同的特征，则应当注意避免以该典型合同给合同命名。

有时，一项交易可能同时涉及若干法律关系，但客户只希望签署一份合同书。这样，一份合同书中可能包含着若干典型合同。在给这样的合同起名字时，可以结合对应的法律关系提炼交易要点。

其次，对于实践中大量存在的非典型合同，不但从法律中找不到对应的合同名称，而且缺乏可以直接援引的法律规则，甚至对合同的类型也难以判断，在给这些合同命名时，可以采取提炼交易要点的方式。

现实中，并不是每一项交易对应的法律关系都那么单一和纯粹。即使对于律师来说，准确判断交易对应的法律关系或者确定对应的合同类型，有时也不是一件容易的事情。对于给合同命名这一貌似简单的事情，仅仅靠熟悉法律是不够的，还需要对业务和交易有基本了解，这样才能准确判断交易或者业务关系对应的法律关系、法律规则。

（2）结合合同在交易中的作用以及交易习惯和惯常理解给合同命名

确定合同名称，还需要考虑合同在交易中的作用，以及交易习惯和人们的惯常理解。例如，一份名为"补充协议"的文件，很自然地让人联想到还有一份被补充的原协议。又如，虽然股权转让交易本质上是买卖关系，但是从交易习惯看，这类合同被冠以"股权转让合同"，而不会称为"股权买卖合同"。

给合同命名的过程，也是对交易对应的法律关系的判断和认定过程，需要综合考虑法律关系、商业交易背景和习惯、当事人需求等因素处理。

3. 合同名实不符的隐患及处理

实践中，合同名实不符的情况并不少见。由于合同名称具有法律意义，名实不符可能埋下一定的隐患。

（1）名实不符的隐患

合同名实不符，可能会导致对合同对应的交易关系、法律关系有不同的理解，或者引起其他解读甚至引起纷争，使法律关系处于不稳定、不确定状态，给合同履行以及纠纷处理带来麻烦。

（2）区分情形处理名实不符问题

合同名实不符的情况，有的是基于交易习惯，有的是因为认知错误，还有的则是当事人有意为之。

对于因商业习惯或认知错误造成的张冠李戴，律师应根据对交易或者业务安排的了解，向客户解释和澄清这项交易应当对应的法律关系，并兼顾客户商业需求、交易习惯等，给合同起一个准确、贴切的名称。

对于有意为之特别是那些旨在通过张冠李戴规避法律的客户，律师可以告知司法实践中,对于"名为 X 合同,实为 Y 合同"的纠纷,法院会综合合同当事人约定权利义务内容以及履行情况,而不会仅仅根据合同名称来判断和确定交易实质和合同性质,以打消其试图通过张冠李戴混淆法律关系甚至规避法律的念头。

(二) 当事人条款

1. 当事人信息及其法律意义

合同记载的当事人信息,在合同各方诚信履约时可能只是起到便于联系的作用,似乎看不出法律上的意义。而一旦发生争议,其法律意义就会显现出来。例如,除了当事人的公司名称外,合同中还可能记载有法定代表人、代理人、授权代表、项目负责人、联系人等信息。这些信息在确定合同签订权限和履行等问题上,可能起到证据作用,或者可以被用来强化证据关联性和真实性。

当事人信息可见于合同的当事人条款、通知条款,以及合同签署栏(页)。合同不同条款或者不同位置的当事人信息,其设置目的、功能和内容不同,我们将在对应的条款中论及。这里是关于合同的当事人条款。

2. 约定当事人条款的注意事项

当事人条款是合同的必备内容,一般位于合同名称下方,载明合同各方当事人的名称或姓名及住所等信息,开宗明义说明这份合同是哪些主体之间的约定。

当事人条款中应当列举当事人的哪些信息,并无一定之规。实践中,能够达到确定和锁定交易方、便于联系的目的即可。

法律列举了"当事人的名称或者姓名和住所"这两项基本信息,其中,当事人的名称或姓名,用以确定谁是当事人;住所,有利于确定履行地、诉讼管辖、涉外法律适用的准据法、法律文书送达地点等事宜。下面是约定这两项信息时的注意事项。

(1) 合同当事人的名称或姓名

约定当事人的名称或者姓名有两个注意事项:一是"全",把合同的当事人无遗漏地写到合同中去；二是"准"，把当事人的名称或姓名写准确。

首先，关于"全"。

一项涉及若干方的交易，如果交易各方参与协商并签订合同书，在约定当事人条款时，一般会把各方都列为合同当事人，不会遗漏。但有时，某个（些）当事人会被有意或者无意地漏掉。

在合同中为其他人设置义务（如安排合同由当事人之外的其他方付款）时，需要特别注意不要遗漏当事人。其道理在于合同的相对性，合同的约束力及于合同当事人。合同当事人无权为当事人以外的其他人设定合同义务，由当事人享有的合同权利并不当然及于合同当事人以外的其他人。

其次，关于"准"。

当事人的名称或姓名等信息属于客观情况，写准确，合同当事人似乎不应当有什么问题。但有时，事情可能并不像想象的那样清晰或者自然而然。

常见的现象是，当事人条款载明的当事人与合同签署栏中加盖印章或者签字的当事人不一致。在没有其他因素的情况下，通常将加盖印章或者签字的当事人确定为合同的当事人。

需要注意的是，合同载明的当事人姓名或名称应当是法定名称，也就是当事人证照（如营业执照、身份证）上载明的名称、姓名；如果合同当事人为自然人，载明身份证件号码可以避免因同名同姓产生的混淆。

（2）合同当事人的住所

实践中，比"住所"更常见的写法是"地址"。合同中载明的"地址"既可能是当事人法律意义上的"住所"，也可能是当事人的经常居住地或通信地址等其他地址。

合同中没有记载住所，并不会影响合同的效力。但是合同记载当事人住所，便于履行通知义务，便于证明是否履行了通知义务。例如，在向交易对方发出敦促履行或解除合同等足以产生法律后果的通知时，按照合同载明的"住所"或"地址"发送通知，能够确保合同对方及时收到，或者被依法认定为"应当收到"。

从解决争议角度看,尽管没有载明"住所",不会对管辖等事项构成实质性障碍,但合同中载明住所可能有利于确定合同成立地、履行地,并对法院管辖地的确定有意义。

(三)引言、前言、鉴于条款

引言、前言、鉴于条款不是合同的必备内容,但经常在合同中见到,并且可能以不同的面目出现。

引言或前言,通常用于表明交易目的,或者表明合同由各方当事人自愿协商一致而订立。如果引言或前言中载明的内容在合同其他条款中有约定,可以不设置引言或前言。但实践中,基于表达上的过渡或者不突兀考虑,通常还是在当事人条款之后写一段引导式的话语。

从表述看,引言、前言、鉴于条款应当简明扼要,把与合同订立有关的背景交代清楚即可。特别是当合同的签订或履行可能同时涉及或影响其他合同、协议等法律文件时,应当把相关的其他合同、协议等法律文件的背景情况说明清楚。

从内容看,引言、前言、鉴于条款应当是关于合同背景的说明或者合同的阅读引导,而不是对当事人权利义务的安排。因此,此部分一般不宜约定合同实质内容,也不涉及双方当事人的权利义务(这也说明为什么它不是合同的必备条款)。

(四)定义条款

下定义,旨在赋予合同中较为复杂的或者可能发生歧义的词语以明确的含义,以便在合同中作准确、一致的表述。

1. 哪些词语需要定义

(1)合同的核心词语。合同的核心词语,是指理解合同所必需的或者安排合同权利、义务必须涉及的词语。这些词语的含义,以及对这些词语含义的界定,将影响对合同权利义务的理解,或者是理解合同其他约定的基础。

(2)较为复杂或者可能发生理解歧义的词语。

(3)专业词语。对于某个词语是否专业的判断,应当从合同各方(特别是合同拟订方的相对方）角度看，或者基于公众的通常合理理解，而不能仅仅从合同拟订方的角度考虑。这一点在格式条款合同中需要特别关注。

（4）被赋予特定含义的词语。有些词语虽然有其常规含义或者为大众通常所理解的含义，但在合同中被赋予特定含义且反复使用，对这些词语应当加以界定和说明。

2. 下定义的注意事项

（1）定义的含义应当统一。在同一份合同中，对于同一个词语的含义界定应当统一，而不要给出不同的解释。

（2）定义在行文上应当保持一致。一旦定义某个词语，在合同中应当保持通篇一致。而且，被定义的词语不应当超出其在这份合同语境下语义解释的合理范围。

（3）不要循环定义。循环定义可能会带来合同履行上的困惑和争议。

（4）定义不宜涉及当事人之间的权利、义务。定义应当仅限于解释特定词语的含义，对于当事人的权利、义务应当放在合同的其他条款中。但是，如果定义中约定了权利、义务，也并不会因为它们被写在定义中而影响其效力。需要特别注意的是，有的合同起草者有意识地将一些重要事项放在定义中，而合同相对方恰恰忽略了貌似无关紧要的定义，这些不起眼的定义可能成为陷阱。

（5）给专业性词语下定义需要律师与专业人员充分沟通。在给有一定专业性词语下定义时，律师应当与相关领域的专业人员充分沟通，确保定义准确、无歧义。如果定义由律师写，应当确保准确理解该词语的业务或技术含义，并由专业人员确认律师所作的解释或释义是否准确；如果由专业人员写，则要注意定义是否易于理解，没有理解歧义。

3. 定义在合同中的位置

对于需要定义的词语在合同中的位置，可以采取两种方式处理。

如果合同中需要定义、释义的词语较少，可以在合同条款中以附带解释、括号解释等方式，在这个词语首次出现时的对应条款中加以定义，而不必专设定义条款，以使文本简洁易读。

如果合同中有较多词语需要定义，可以专设定义或术语条款集中解释。定义或术语条款可以在合同正文排序较为靠前或靠后的条款，或者作为合同附件。对于定义后的词语，可以以特别的字体（如黑体字）或格式（如下画线）显示，表明其在合同中是被特别定义的词语。

（五）标的条款

标的，是合同当事人权利、义务指向的对象，是合同成立的必要条件。标的条款是合同的必备条款。标的条款通常被安排在合同条款序号靠前的位置，以确定合同基调，统领其他条款。

1. 准确识别合同标的

不同种类的合同，标的不同。有的合同的标的容易辨识，如买卖合同的标的物、租赁合同的租赁物；有的合同的标的则不那么清晰，如软件许可合同中的权利，咨询服务合同中的服务行为。识别合同标的，是准确判断合同对应的法律关系、援引恰当的法律规则的前提，对确定合同当事人权利、义务有着直接影响。

2. 准确约定合同标的

除了标的的合法性外，合同标的还应当确定、可实现；落实在合同标的条款上，就是准确约定或者描述合同标的。

（1）根据标的的情况准确描述合同标的。对于有形的标的，描述准确相对容易。例如，房屋租赁合同中，除了载明租赁房屋的地址、位置（如门牌号）外，以准确描述租赁物，还可以对租赁物的概要情况作出描述，也可以考虑附图说明。对于无形的标的，如权利、服务、劳务等，描述起来可能就没有那么容易。

（2）约定标的的其他注意事项。一是对于有法定名称、国家标准名称的标的，应当采用法定名称、标准名称，并且注意写全称，避免理解歧义。二是避免歧义。例如，对于同名异物和同物异名的情况，应约定清楚，以免日后各执一词，难以探究真实意思。

（六）数量条款和质量条款

数量条款和质量条款确定了合同标的的具体条件，直接决定着当事人的权利和义务。如果数量、质量约定不准确、不确定，合同就难以履行，或者为履行合同埋下隐患。

1. 约定数量条款的注意事项

对数量的约定应当准确。数量不仅要有数字，还必须明确计量单位或计量方法。由于计量单位有通用与非通用之分，如果采用非通用计量单位，如件、包、捆等，应当确定其具体含义。

2. 约定质量条款的注意事项

质量标准应当确定并符合法律强制性规定。无论是针对货物还是服务约定质量标准，对于有国家规定的强制性标准的，合同约定的质量标准不得低于国家强制性标准。

相对于可量化标准或客观标准的标的，有的标的的质量标准不那么客观和清晰，或者在合同订立时还不能确定。将这类合同质量条款表述准确、约定清楚，就有一定难度。这种情况下，把质量条款写清楚、使之确定，很大程度上是把质量标准描述准确、清楚。可以通过约定检测标准、测量方式和流程等方法，明确质量标准。

（七）价格条款和支付条款

价格条款和支付条款虽然不是合同的必备条款，但是大多数合同都有，它们是付款方履行义务、收款方行使权利的依据，是合同的重要条款。

价格条款和支付条款应当明确合同价款金额或者计算标准、计算方式，以及结算或者支付的时间及方式。有的合同还一并约定发票事项、税务事项。

虽然价格条款和支付条款是商务和财务人员更应当关注的事项，但从法律工作的周密性和准确性看，也有以下注意事项：

1. 约定价格条款的注意事项

一是应当明确合同价款（单价或总价）是针对哪些事项。

合同中如果仅说明价款，有时可能还不够清晰；如果能够列明合同价款对应或包含的合同事项，则使约定更加明晰。

对于合同价款，如果在商务上没有其他安排和考虑，可以采用"兜底"约定，即明确价款涵盖合同约定的全部事项。

二是价格条款中不仅要有金额，还应当明确货币单位。

三是约定价格应当考虑税负由谁承担。

2. 约定支付条款的注意事项

一是应当清晰地约定支付方式，以及付款的时点、条件或结算周期。对于一次性支付，应当明确结算时间、条件；对于分期支付，应当明确每期价款的结算时间或结算周期、条件。

二是考虑将支付条款与合同履行风险控制结合。支付条件、结算周期或者结算时点的设置，不仅取决于当事人的经济实力、支付意愿，更与交易地位有关，而且还可以作为经营风险控制的手段。

（八）先决条件条款

先决条件，顾名思义，指一定的前提条件。下面基于对先决条件的分类，说明约定先决条件条款的注意事项。

1. 先决条件的分类

根据先决条件内容的不同，可以将其分为合同生效的先决条件，以及履行合同义务的先决条件。两者存在时间上的先后顺序。

（1）合同生效的先决条件。设置合同生效的先决条件，使只有当特定条件成就时（当条件不止一个时，应满足所有条件）合同才生效。如果条件不满足，合同即使签署了、成立了，也没有生效，只是进入"待生效状态"。简言之，合同生效的先决条件就是合同的生效条件。

（2）履行合同义务的先决条件。设置履行合同义务的先决条件，使只有在特定条件成就时合同当事人才需要履行特定的行为（如交割、付款）。这些先决条件是当事人履行一定合同义务的前提条件，而不会从根本上影响或否定合同的效力。

2. 约定先决条件条款的注意事项

(1) 设置先决条件需要考虑的因素

设置先决条件，应当首先结合条件的重要性确定将哪些条件设定为先决条件。进而，根据对先决条件成就或者被放弃的后果的分析，以及对交易或者合同后果的影响，考虑将其中哪些作为合同生效的先决条件，哪些作为履行合同义务的先决条件。

其中，合同生效的先决条件事关合同的效力。因此，设定的条件应当是影响交易的重大事项；这些条件如果不能满足，交易将不具有商业上的必要性或法律上的可行性。为此，可以结合交易情况将这些条件设为合同生效的先决条件。

与合同生效的先决条件不同的是，履行合同义务的先决条件未能全部满足或没有被放弃的，当事人无须履行相应的合同义务，或者合同另一方有单方面解除合同的权利而不视其为违约。

设置先决条件，还应当结合合同当事人的风险承受能力和风险偏好，以及先决条件的可实现性、可操作性及其对交易成本的影响等因素予以考虑。

(2) 先决条件条款中应当对条件的成就作出约定

先决条件一般不会自动成就，需要合同一方或各方当事人实施某种行为。在约定先决条件时还需要考虑以下内容：

一是明确对先决条件成就负有主要义务的一方；二是约定条件成就的标准和时间，作为一方承担义务和另一方行使权利的依据。

(九) 陈述与保证条款

陈述与保证，是合同当事人对在签署合同时已经存在的基本事实的陈述和保证性说明，目的在于减少或控制交易当事人之间因信息不对称带来的交易风险。因此，陈述与保证条款是不少合同的关键条款之一。

陈述与保证条款应当包括以下内容：

1. 陈述与保证的事项

(1) 就与交易有关的事实作出陈述与保证

陈述与保证可以是对合同订立时事实的真实性的陈述，也可以是对特定期间内持续处于所陈述状态的保证。

（2）不同交易主体的陈述与保证事项

作出陈述与保证的主体，既可以是合同一方，也可以是合同各方。

由合同各方作出的一般性的陈述与保证，针对的事项通常有以下几项：一是各方为合法成立并存续的机构；二是各方获得了签署和履行合同所需的所有内部的授权、批准，外部的所有必要的同意，以及政府的审批、批准和许可；三是各方签署并履行该合同并不会导致其违反任何相关适用法律及其为一方的任何合同；四是各方确认合同一旦生效，即对其有法律拘束力。

由合同某一方作出的陈述与保证的具体内容，则根据交易事项有所侧重。例如，股权转让合同的受让方往往要求转让方对拟出售的股权以及目标公司状况作出陈述与保证。

由于合同各方作出的一般性的陈述与保证条款往往是"双边"的，并且涉及的是签约和履约资格等基本问题，因此，合同各方比较容易达成一致。而需要某一方就特定事项作出的陈述与保证，因涉及合同实质性利益，往往是合同起草和谈判重点之一。

2. 违反陈述与保证的后果

合同仅仅设置陈述与保证条款并不够，还需要对违反陈述与保证条款而承担的后果作出约定。尽管对于当事人隐瞒事实、提供虚假情况等情形的处理有可以适用的法律，但还是需要对违反陈述与保证条款的后果作出明确或者有针对性的约定，这往往与违约责任关联。

（十）保密条款/保密函

保密条款是合同的常见条款。对于当事人在订立、履行合同以及合同终止后应当承担的保密义务，法律有规定，但这些规定比较原则，有时需要根据交易特点在合同中作出有针对性的约定。

视交易情况，保密义务可能针对合同一方，如合同一方是保密信息提供方，另一方是保密信息接收方；也可能针对合同各方，如合同各方既是保密信息提供方，也是保密信息接收方。

有关保密的安排可能是在合同中约定保密条款，或者签署专门的保密协议，或者由一方向他方出具保密承诺函等形式呈现。无论哪种形式，涵盖的事项基本相同。

（1）保密信息的定义和需要保密的范围

约定保密信息的定义和需要保密的范围，以界定哪些信息需要保密。有的交易中，出于种种考虑，需要保密的不仅是合同方提供的信息，而且还有合同对应的这项交易或者签署的交易合同本身。

（2）保密义务的具体内容

保密信息接收方的保密义务，固然可以一言以蔽之为"接收方为披露方的保密信息保守秘密"，如果能够结合交易情况约定或者列举保密义务的具体内容，则更有针对性。

（3）保密义务的期限

一般来说，保密义务的期限应当至少覆盖合同期限或交易期限，并考虑是否在届满后的一段时间内仍然有效。

如果在签署合同前就提供或者披露了保密信息，而当时没有签署保密协议，则后续合同关于保密期限的约定应当追溯至保密信息提供或披露时起算。

（4）对保密期限届满的保密信息的处理

对保密期限届满的保密信息如何处理，也需要作出约定。

（5）违反保密义务的责任

违反保密义务的责任，主要集中在损失与赔偿，以及如何采取补救措施两方面。在表述上，有的合同将违反保密的责任放在保密条款中，有的合同则将其与违反合同其他义务的违约责任一起放在违约责任条款中。

（十一）违约责任条款

设置违约责任，既是为了督促当事人履行合同义务、保证合同履行，也是为了在当事人发生违约的情况下，使合同其他方可以获得有效的救济。违约责任条款是合同重要且常见的条款。

虽然法律有关于违约责任的规定，但这些规定既不可能针对不同类型的合同，更不可能细致到满足当事人特定化的需求。而如果只是约定"任何一方违反本合同约定应当承担相应的违约责任"，往往是远远不够的。应当结合交易目标、合同类型、当事人需求以及各方的权利义务，有针对性地约定违约责任。

违约责任条款至少应当包含"什么情况算违约"（承担违约责任的情形）以及"违约如何承担责任"（如何承担违约责任）两方面。

1. 约定承担违约责任的情形

从大的方面，可以将违约行为分为不履行合同义务以及履行合同义务不符合约定两类。前者，如拒绝履行合同约定的回购股权的义务；后者可以细分为履行义务不符合时间要求（例如，逾期缴纳出资，逾期交货等迟延履行），履行义务不符合标准（例如，提供的服务不符合约定，交付的货物短缺）等。

违约情形多种多样，具体到一份合同，需要根据合同内容，特别是结合权利义务约定。合同中设置的义务以及陈述与保证事项，都应当在违约责任条款中有对应的处理。

2. 约定承担违约责任的方式

（1）根据合同类型、交易具体情况约定如何承担违约责任

关于承担违约责任的方式，法律规定有继续履行、采取补救措施、赔偿损失等。具体到一份合同中，选择哪一种或者哪几种方式，应当根据合同类型、交易的具体情况等因素确定。

（2）合同约定的违约责任不得超出法律边界

虽然对于如何承担违约责任可以由当事人约定，但是应当在法律范围内设置。否则，约定将会被认定无效，由此可能会导致适用法定的违约责任。

（十二）不可抗力条款和免责条款

不可抗力条款、免责条款是合同的两个不同条款。之所以放在一起讨论，是因为两者都是由当事人在订立合同时预先约定，其适用都会发生合同责任

被免除的结果。

虽然法律有关于不可抗力的规定,但是在遇到具体或特定情形时,对于某具体事项是否属于不可抗力事件、是否可以免责,在理解和认定上仍然可能有争议。此外,对于有些不属于法定不可抗力的事件,当事人也可以约定为免责事项。因此,视情况,合同中有时还是约定不可抗力和免责这样的条款。

实践中,有的将其合并在一个合同条款中,如"不可抗力及免责条款",也有作两个条款处理的。无论是合二为一,还是作为两个独立的条款,约定都至少要涵盖两个事项,即免责事项及其后果。

1. 约定不可抗力或免责的事项或范围

以不同方式约定哪些事项属于不可抗力及免责事项。对于不可抗力及免责事项的约定,可以采取"概括式""列举式"以及"概括+列举式"。比较而言,概括式过于原则,因没有具体情形而容易发生理解上的争议,且很多概括式的约定就是照搬法律规定,难以起到通过约定补充法律规定不足的作用;列举式又可能挂一漏万。因此,可以考虑"概括+列举式"。

列举可以根据实际需要,将难以界定为法定不可抗力或者对于是否属于法定不可抗力存疑,但又可能给履行合同带来重要影响的事实,约定为免责事项,以免发生争议。

2. 约定发生不可抗力及免责事项出现的后果

对于不可抗力及免责事项出现时后果的约定,通常包括相关事由出现后的通知义务、减损义务以及如何处理。

(十三) 转让条款

这里说的转让条款,是关于合同权利转让、义务转移的约定。对于合同权利转让、义务转移的规则,法律有明确规定。简言之,债权人转让权利,需要通知债务人;债务人转移义务,必须事先取得债权人同意;如果将债权债务一并转让和转移,则必须事先取得债权人同意。

由于合同转让会使交易关系更加复杂,并且转让事关履行合同主体的变化，因此，根据交易需要，有时还需要作出有预见性的安排。实务中，应当根据交易的具体情况考虑对合同转让是作出限制还是预留安排。如果有转让安排，需要根据交易情况设置转让要求或条件。

约定合同转让条款，应当结合具体的交易情况，既要考虑是否要对合同的转让转移予以限制，也要考虑是否要对转让转移的条件作出安排，还要考虑转让转移前后在交易和法律上的协调。

（十四）合同解除条款

1. 不同类型的合同解除

合同解除，是指在合同履行过程中，基于特定情形的出现，法律规定或者各方当事人约定可以终结该合同的权利义务。根据解除条件以及发生原因的不同，可以将合同解除分为三类：法定解除、约定解除和协议解除。

法定解除，是指当事人基于法律的规定，行使合同解除权使合同发生解除的效果。有关法定解除，法律有明确的规定，符合法定情形的，当事人可以行使解除权解除合同。约定解除，是指当事人在合同中约定合同的解除条件或者事由，当该等条件成就或者解除事由发生时，具有解除权的一方或者双方可以行使解除权，使合同发生解除的效果。协议解除，则既不是基于法律的规定，也不是由当事人在合同中明确约定，而是在合同履行过程中当事人经过协商一致后决定解除合同。

作为法定解除以外的其他两种合同解除方式，约定解除与协议解除的区别主要在于：约定解除是当事人在订立合同时事先约定的，当约定的情况出现时，具有解除权的一方按照合同的约定行使解除权；协议解除的合同各方并没有作出"事先约定"，而是在合同订立后，合同各方达成了一个新的合意——终结合同的效力，操作时可以通过签订补充协议、终止协议等方式解除原合同。

合同解除也是合同当事人寻求救济的一种方式。司法实践中，法院在认定合同是否应当解除时，"要根据当事人有无解除权、是约定解除还是法定解除等不同情形，分别予以处理"，并不是"不论发出解除通知的一方有无解除权，只要另一方未在异议期内以起诉方式提出异议，就判令解除合同"。因此，解除条款在合同中有重要作用。

从合同解除的三种类型看，约定解除既不像法定解除那样有现成的法律规定可以套用，也不像协议解除那样在事后再协商，而是当事人事先约定。换言之，对于什么情况下可以解除（解除的事由）、谁享有解除权（合同一方，还是各方）、行使解除权的条件和程序等，可以由合同当事人在订立合同时预先设计、安排、协商。

2. 合同解除条款的主要内容

解除条款中对事项的预见性和对问题考虑的周密性要求尤其突出。解除条款至少要涵盖以下内容：

（1）明确合同解除的事由或者情形、条件

出现哪些情形或者满足哪些条件时，哪一方当事人享有解除权。要明确，这些情形或条件应当尽可能清晰、明确、可操作。否则，合同一方认为对方违约而终止合同的，对于是否符合条件可能会有异议或者争议。特别是涉及合同解除权时，对于条件设置是否合法、是否合理、如何成就等，往往有待于双方协商或司法裁决。

类似"一方违约，本合同自动终止"这样的约定，在合同履行中很容易发生理解分歧。从约定本身看，合同终止的条件是"一方违约"。但是，对于是否违约、是哪一方造成的违约等，有时可能并不是那么清晰，至少合同各方站在自己的立场下，是不会轻易认可其他方的观点的。因此，对终止条件或者终止情形要做有针对性的约定。

约定解除条款，应当本着减少歧义，并有利于合同履行的原则，而不宜贸然约定"合同自动终止"。

（2）约定合同解除的程序和操作步骤

即使对于哪些情形或者满足哪些条件解除合同有约定，这种解除权也不是"悄无声息"地自然而然。享有解除权的当事人应当在一定期限内，按照法律规定的程序通知对方。在对方没有异议的情况下，合同在通知到达对方时解除。

为强化可操作性,在解除条款中约定合同解除的程序和操作步骤。

(3) 对合同解除后的事项作出安排

合同解除后,尚未履行的,终止履行;已经履行的,根据履行情况和合同性质,当事人可以要求恢复原状、采取其他补救措施,并有权要求赔偿损失。合同的权利义务终止,不影响合同中结算和清理条款的效力。但是对于合同解除后的事项,如结算、交付物的处置等事项,应视交易情况和当事人需要作出有针对性的安排。同时,还要结合合同解除对其他条款的影响作出统筹考虑和安排。例如,当一个交易存在多份关联合同时,需要考虑其中一份合同解除对关联合同的影响。

(十五) 法律适用条款

法律适用条款,是关于选择合同所适用法律的约定。对于合同当事人及合同标的均不具备涉外因素的合同,应当适用中国法律。因此,对于这类合同,可以不在合同中就法律适用条款作特别安排和约定。合同选择适用其他国家和地区法律,应当具备涉外民事关系(如合同一方为外国主体),并符合中国法律关于涉外民事法律关系适用的相关规定。

合同各方的律师对于法律适用等法律条款可能发生分歧和争执,碍于问题的专业性,客户或许不会表态,但可能会认为律师吹毛求疵,不希望因小失大影响交易。因此,律师对这个问题的处理要有大局观,应权衡利弊,不要成为交易"杀手"。

(十六) 争议解决条款

争议解决条款,是关于合同争议解决方式的约定。由于和解、调解不是解决合同争议的必经程序,因此,这里的争议解决条款主要是关于诉讼和仲裁的约定。

有关选择诉讼或仲裁的基本规则,似乎简单而清晰——诉讼和仲裁只能选择其一,如果没有明确约定选择仲裁,默认的争议解决方式是诉讼;有关争议解决条款,也看似简单——对于律师来说,有时可能就是从其他合同中照搬，或者援引仲裁机构的示范条款。但实践中，因约定不明确给争议解决带来麻烦的案例并不鲜见，事与愿违的情形也时有发生。

1. 约定仲裁的注意事项

（1）注意避免仲裁约定无效

实践中常见的问题是，虽然明确知道仲裁与诉讼不可兼得，并且当事人的本意是选择仲裁，但是因仲裁协议或仲裁条款约定不明确或者不规范，当事人的仲裁意思表示不清晰或者有歧义，仲裁约定无效。常见的错误有：

一是没有约定仲裁机构，或者约定的仲裁机构不存在或者不明确。

二是同时约定两个仲裁机构仲裁。

三是约定的仲裁事项或范围与当事人本意不符。多数情况下，当事人在合同中约定的争议解决方式适用于因该合同产生的全部纠纷，但在表述上却是"因违约产生的纠纷由仲裁解决"。这样的约定会被理解为将仲裁事项限定于合同各方的违约纠纷，而并不当然包括合同当事人之间的其他纠纷。一旦合同一方因合同效力等原因发生争议，合同对方可能以纠纷不属于仲裁条款适用范围为由提出抗辩，使约定的争议解决方式落空。

（2）注意所选择的仲裁方式可以实现

选择仲裁方式，合同各方当事人首先要有明确且有效的仲裁约定。无论在合同中约定仲裁条款，还是另行订立仲裁协议，都必须以合同各方作出明确有效的、同意选择仲裁的意思表示为前提。

有效的仲裁协议或仲裁条款，应当同时具备请求仲裁的意思表示、仲裁事项以及选定的仲裁机构这三项内容。可以借鉴的做法是使用相关仲裁机构的示范仲裁条款，以有效防范约定不明、表述不规范的风险。

2. 诉讼选择管辖的注意事项

因合同引起的纠纷，可以由当事人通过订立合同争议条款约定管辖法院。但是当事人的这种选择是有条件限制的，在约定管辖时需要特别关注。否则，可能因约定无效争议无法按照当事人选择的方式解决。

约定管辖时的注意事项主要有以下两点：

（1）遵从法律规定。例如，选择的管辖法院必须与合同有实际联系，即当事人只能在被告住所地、合同履行地、合同签订地、原告住所地、标的物所在地等与争议有实际联系的法院中进行选择。并且，当事人的选择或约定不得违反级别管辖与专属管辖。

（2）当事人关于选择管辖的约定应当表述明确，避免含混不清。

3. 注意有关联的不同合同之间争议解决方式的一致性

如果一项交易涉及不止一份合同，约定争议解决条款时，应有意识地注意保持不同合同之间争议解决方式的一致性或者协同性。

4. 格式条款合同的争议解决条款

对于格式条款合同的争议解决条款，需要特别注意以下两点：

一是在合同中提示对方当事人选择争议解决方式。

二是选择的争议解决方式应当清楚明确，避免被法院或者仲裁机关认定约定不明而否定其效力。

（十七）通知条款

合同履行中不可避免会涉及重要的通知、告知、催告及抗辩。通知行为是否能够得到证明，对当事人利益影响颇大。虽然我国民法对通知多采"到达主义"，通知的风险由通知人承受，司法实践对于通知行为及其送达的证明标准却宽严不一。但是，如果当事人在合同中约定送达地址，法院可以将该地址作为送达诉讼文书的确认地址。而且，随着电子方式送达的运用，传真号、电子信箱、微信号等电子送达地址，同样可以作为法院送达诉讼文书的确认地址。因此，通知条款虽然不是合同的必备条款，但仍有其法律意义。

通知条款一般包括以下内容：通知的方式，通信信息的确认，通信信息变更的通知义务，通知风险的分配，以及通知送达的推定方式。

（十八）期限条款

期限条款不是合同的必备条款。一份合同中，期限究竟是可有可无，还是必要、重要，视期限的含义、合同的类型而定。为此，需要先厘清期限的含义，进而考虑约定期限条款的注意事项。

1. 期限的含义

合同中有关期限的约定大体可以分为两类，一是合同的履行期限，二是合同的有效期。前者是合同当事人约定的履行合同义务的时间或期间，如付款期限、交货期、租期、服务期限等；后者指合同生效至终止之间的期限。

有时合同的履行期限与合同有效期是相同的，但合同的履行期限与合同有效期不同的情况也不鲜见。

在设定期限条款时，首先要厘清设定的是哪种期限（与之相关的是是否有必要设定）；如果需要设定期限条款，则需要考虑不同期限之间的关系。

2. 约定期限条款的注意事项

（1）根据需要考虑是否设定合同有效期以及各种期限的关系

相对于履行期限，合同的有效期并不是那么重要和必要。如果当事人仅仅是希望将履行义务限定在一定期间内，合同中直接约定履行期限即可，而无须约定合同有效期。

例如，对于买卖合同，在约定履行期限之外并无约定合同有效期的必要。但是，对于租赁关系、服务关系、许可等合同，"租期""服务期""许可期限"等期限，则十分重要。

如果既约定了履行期限，又约定了合同有效期，则需要考虑两者的关系。

（2）补签合同时对期限的处理

实践中，当事人先履行合同、后签署合同书（补签合同）的情形并不少见。补签合同的做法固然不规范，但一旦遇到这种情况，在约定合同有效期时应当作相应的处理，以便合同效力能够至少追溯至合同开始实际履行之日起。

与之相关的是，从客观描述事实、避免日后争议角度考虑，不应当倒签合同日期，即不宜将合同签署日期人为提前至合同开始履行之日。

（十九）生效条款

1. 如何设置合同生效条件

（1）根据法律规定设置合同生效条件

虽然合同成立即生效是常态，经过批准方可生效是例外，但由于例外情况下获得批准等特别生效条件是合同生效的法定条件，一旦欠缺将直接否定合同的效力。因此，在设置合同生效条件时，必须考虑是否存在"依照法律、行政法规的规定，合同应当办理批准等手续"的情况，如有，则在合同生效条件上设置也应当有相应的安排和体现。

（2）根据交易情况设置合同生效条件

在法律对于合同生效没有特别要求的情况下，当事人也可以视交易需要，对合同的生效约定一定的条件或期限。合同在所附条件成就、所附期限到达时生效。

2. "签字"、"盖章"还是"签字盖章"生效

无论是约定签字生效还是盖章生效，签字或盖章只要有一项，合同即可成立。如果当事人没有对合同生效条件做其他安排，依法成立的合同，自成立时生效。换言之，对于约定签字生效的合同，经有权签字人签字即生效；对于约定盖章生效的合同，加盖相应印章即生效。

在认定合同是否成立和生效问题上，对于签字、盖章这类形式要件，更应注重其实质要件。尽管如此，为了避免日后争议，在约定合同生效条款时，即使是形式要件，也应当据实约定。

（二十）其他（通用）条款

合同中还有一些通用条款，如完整性条款、可分割性条款、弃权或不放弃条款文本及语言条款等。这些条款在合同中可能独立列示，也可能集中在"其他条款"中。

1. 完整性条款

当事人订立合同前，可能已经过多次谈判与磋商，或者已就合同交易事项达成过口头协议或者签署过其他文件。

完整性条款的基本功能是，通过各方当事人的明示约定，表明该份书面合同是完整的，与合同交易事项有关的全部事项均以当前合同为准，该合同中的各条款构成当事人间的所有协议，从而排除任何此前或者同时的其他协议、陈述或保证的效力。同时，防止合同的某方当事人日后声称合同各方之

间另有约定或默契，而否认该书面合同的内容。

2. 可分割性条款

可分割性条款，旨在说明合同条款之间彼此独立；如果某一条款无效，不影响其他条款的效力。

3. 弃权或不放弃条款

在合同履行过程中，可能出现一方当事人违反合同而另一方当事人未能及时主张合同权利或要求对方履行该合同条款义务的情况。但这并不意味着该当事人因此放弃了今后要求违约方履行合同义务的权利。弃权或不放弃条款正是基于这种考虑而订立的。

4. 文本及语言条款

合同应当有几份文本，视需要由当事人约定。有的合同书区分正本、副本，并约定副本、正本内容不一致时，以正本为准。

有的涉外合同还会涉及合同采用的语言，对此法律无强制要求。但合同书采用不同语言，往往会约定不同语言的文本具有同等效力。由于语言表达、文化习惯、翻译等原因，不同语言文本还可能有差异。因此，可以约定以哪个语言文本为准。

四、从商业意图到法律文件

这部分中我们将说明如何通过合同的起草、审查和修改工作落实客户的商业意图，即如何以法律人的思维和专业技能将商业意图表达出来、呈现为法律文件，完成合同"商业芯"与"法律壳"的有机结合。

（一）对交易进行法律判断

对交易进行法律判断是以法律视角观察交易，从法律角度分析交易。

对交易的法律判断主要从两个方面进行：交易的合法性判断，以及交易对应的法律关系判断。合法性判断，可以说是律师的首要工作。如果交易不合法，合同的体例再清晰、逻辑再严谨、表达再规范，都不会受到法律保护。而法律关系的判断，则是确定交易适用的法律规则的基础。如果对交易的法律关系判断错误，合同工作可能会误入歧途。

因此，无论客户对律师工作的要求是审查合同，还是起草合同、修改合同，对交易进行法律判断，都是合同法律工作的应有之义。

1. 判断交易的合法性

对交易的合法性判断可以围绕交易主体、交易标的以及交易程序三个方面进行。

（1）交易主体的合法性和适格性判断

对交易主体的合法性和适格性判断主要从以下三个方面进行：

一是交易方是否依法设立并在存续期内。这是判断一个交易主体是否具备法定的签约资格和法定的履行资格的基础。

二是交易方是否具有相应的经营资质及授权。

三是交易方的信誉和履行能力。合同条款再完备也无法保证当事人全面履行。为了综合判断交易方履行合同能力、承担民事责任的能力，可以对交易相对方以往的合同履行情况，出资情况，股权结构及实际控制情况，经营业绩及财务情况，分支机构及对外投资情况进行了解。

（2）交易的合法性及其标的的权属判断

一是交易本身是否合法；二是交易标的权属判断，例如，交易标的是否为交易方所有，交易方是否有权处置。

相对于交易标的的权属判断，对交易的合法性判断更为复杂，涉及商务和法律两方面的问题，下面主要讨论交易的合法性判断。

根据律师参与交易的不同情况，对交易的合法性判断工作，有的是在交易一开始就有意识地进行了，有的则是在交易进行了一段时间后，甚至是当需要签署合同这样一个总结式的文件时，交易的合法性论证才被动进行。例如，律师在审查合同时发现，合同对应的业务安排或者交易本身可能就不合法或者权属有缺陷。

对交易的合法性审查，需要特别关注商业路径和交易实现方式的合法性。当律师否定了客户交易路径等具体安排时，客户常常会问律师可行的路径或者替代的方案是什么。对于律师来说，给出既合法、又能够为客户所接受的替代性解决方案，不一定属于法律的"基础服务"，但是确是律师可以提供的一项"增值服务"。而这项增值服务，不仅可以获得客户对法律工作和律师的极大认可和尊重，而且是通过法律服务工作创造价值。而这种替代性方案的提出，对律师来说是一项挑战——除了精通法律，还要了解商务并谙熟所在行业的交易操作。

交易合法性是交易的基础。律师无论在哪个阶段介入工作，也无论客户对合同工作的要求是什么，都要对交易进行法律判断。如果业务或者交易本身涉嫌不合法，即使客户让律师做的只是起草或者修改合同，而不是就业务或者交易的合法性发表意见，律师也不能以"鸵鸟政策"处理——视而不见地起草、修改合同，而应当明确告知客户该项交易或业务涉嫌不合法，进而考虑对策和替代性的处理方案。

（3）交易程序的合法性判断

相对于合同内容，合同对应的交易程序是否合法、合规问题容易被忽视。程序性问题可能影响合同关系的建立，甚至会对合同的有效性产生影响。在开展合同工作时，也应当有意识地加以关注。

2. 判断交易的法律关系

判断交易对应的法律关系，旨在确定交易的法律基础，找到对应的法律关系，援引适当的法律规则，进而确定如何在合同中确定各方的权利和义务。

客户向律师介绍的只会是交易关系、而不大可能是法律关系。对于律师来说，需要在交易关系与法律关系之间建立连接点和对应关系。

（1）如何进行交易的法律关系判断

进行法律判断，需要找到适用的法律规范或者法律规定。

对于法律工作来说，了解交易是为了进行法律判断。而法律判断必须以法律为依据，因为法律关系存在的前提是法律规范。从工作方法看，判断法律关系首先需要找到对应的法律规范，也就是找到相关的法律规定。

与交易相关的法律规定，大致分为两个方面或者两个方向：一是有关合同以及合同之债的法律。二是交易对应的行业或者领域的法律。例如，股权交易事项对应的《公司法》，专利权关系对应的《专利法》，等等。在判断和确定交易对应的法律关系时，可以以前述两个方面作为"相关"法律的寻找基准，并由此延展。

（2）对交易进行法律关系判断中的注意事项

首先，注意区分商业操作及惯例与法律关系的不同。

例如，商业环境下将代理和经销混用。客户向律师介绍的经销业务，实际上是代理业务；客户说的代理商，却可能是经销商。在处理这类交易文件时，对于交易的法律关系的判断，对应的法律关系安排合同各方的权利、义务，开展合同工作。

其次，对交易不能望文生义，而应当基于对交易安排和操作的了解，准确判断其法律关系。

最后，对交易法律关系的判断要全面，不能有遗漏。否则，不仅会导致合同中权利义务安排上的缺失，而且会影响对交易合法性的判断。

（二）利用参考文本起草合同

通过法律文件落实商业意图的一项重要工作是起草合同。

起草合同前，基本上都会寻找其他交易的合同文本或者合同模板做参考。从无到有的起草，不仅费时费力，而且容易出现文本结构不合理、内容缺失、条款单薄、表述不规范等问题。而好的参考文本从商业和法律实践总结出来，从文本体例和结构、到条款设置和逻辑以及用语和表述，都经过推敲和检验，具有一定的可靠性。借助既有文本，可以迅速建立合同文本体系，弥补自身思考的局限性，提高表述的准确度。因此，寻找、选择参考文本或者合同模板等既有文本，几乎是合同起草工作的一个必经步骤。

1. 参考文本的主要来源及作用

既有文本主要有以下几个来源：

（1）行业主管部门颁布的通用性示范合同文本

这类文本的制定者是行业管理者（而不是交易参与方），内容上侧重行业管理和对交易行为的规范和引导。

这类示范文本具备了交易所需的基本内容，但超脱于具体交易也不代表交易某一方的立场。因此，无论是从与交易的贴合度而言，还是考虑问题的周密性而言，往往需要结合交易情况以及当事人需求进行补充、细化和调整。

（2）其他交易的合同文本

这类文本源于具体的交易，因起草者的水平不同，质量良莠不齐。因此，这类文本的可靠性和可用性差异较大。

抛开文本的质量问题，如果合同对应交易的法律关系、交易场景和交易背景等与本次交易基本相同或者相近，则在文本的结构、体例，以及条款设置和逻辑上可借鉴的意义大一些。特别是有些常见交易，对于律师来说属于标准化的法律业务，合同的结构相对成熟、主要内容相对确定、表述相对固定，借鉴度更高。但使用这类文本时，仍需要结合本次交易的情况和客户的需求处理。

（3）当事人自用的合同模板

这类文本是当事人结合其自身情况制作的供本单位（如某企业集团）自用的合同模板，旨在加强自身的合同管理、规范经营行为、提高合同工作效率、降低重复工作。

虽然也是模板，但与行业主管部门组织编写并颁布的通用性示范合同文本相比，这类合同文本属于量身定做；即使注意兼顾交易各方关系的平衡，但对合同制作方自身需求考虑得更多、更细，甚至有的文本承载了制作方自身的合同管理和业务操作要求。使用这类文本需要特别考虑其个性化问题。

（4）翻译文本

翻译文本是指由外文翻译为中文的合同文本。这类文本也是律师撰写合同时一个比较重要的参考来源，有时这类文本还因为"专业"而受到推崇。

翻译文本中不乏可以借鉴之处，但是，翻译文本源于不同国家和地区，在特定的法律、经济、文化、语言等因素的共同作用下，其法律概念、行文风格、表述方式、遣词造句等可能明显异于我国合同，"水土不服"的现象也比较突出。选用时需要特别考虑其本土化问题，不能在没有充分理解其结构及内在逻辑的情况下照抄照搬。

既有文本究竟能够起到什么样的作用，视文本的情况而定。而选取什么样的文本作参考，如何使用参考文本，借鉴其中的什么内容、多大程度上借鉴使用，不能一概而论。有的既有文本结构清晰，起草合同时可以借鉴体例，或者基于既有文本的框架，结合本次交易情况增加、扩充个性化条款和内容；有的既有文本考虑问题周密、细致，表述清晰、准确，在起草合同时可以参考其条款设置，借鉴或采用其表述。

2. 选择参考文本首先要注意其适用性

为了避免各式各样的"货不对板"，选择参考文本需要结合以下因素考虑：

（1）参考文本与本次交易的法律性质或者法律关系相同或近似

这一点说起来貌似清晰而简单，但现实情况往往混沌而复杂。对交易关系的法律判断，体现在合同文本选择上，要看透既有文本对应的交易与本次交易之间的相同与不同。

（2）参考文本与本次交易模式、业务场景相同或近似

有些交易从法律关系看是相同的，但从商业交易看分属不同的交易类型，体现在合同上完全不同。例如，虽然从法律关系看，股权转让对应的是买卖关系，但是股权转让协议就不能用设备买卖合同作为参考文本。

即使法律关系相同，甚至属于同一类型的交易，如果交易模式、业务场景不同，合同内容也会有很大差异。

（3）参考文本的背景及其与本次交易的匹配度

从合同各方主体看，需要考虑既有文本起草者的角色、交易地位与客户在本次交易中的角色、交易地位是否匹配。

从交易本身看，需要考虑既有文本针对的交易复杂程度、交易所处的阶段与本次交易是否匹配。

（4）参考文本的制作和使用的法律背景

合同文本的法律适用背景也是选择参考文本需要注意的事项。对于那些不同法律适用背景下的合同文本，需要结合我国法律的概念和表达考虑其适用性。

3. 使用参考文本需要再创作

即使考虑各项因素后找到非常匹配的参考文本，也不能生搬硬套，更不能简单以关键词替代、填空的方式使用，而需要结合本次交易的特性以及客户的需求处理。每一份合同都有其特定化的交易背景、承载不同交易方博弈的结果，从这个角度说，每一份合同都需要量身定做。

参考文本在合同起草工作中更多的意义在于，参考、借鉴其中的逻辑、要点或者要素以及表述，对合同起草起到提示、拓展思路、查漏补缺的作用。使用时不能照猫画虎，也不能为了追求形式"规范""专业"将自己一知半解的内容抄录，甚至在既有文本上以填空、关键词替换处理。对于参考文本，应当在参透其内在规律及原理，在理解其结构、内在关系的基础上，有的放矢地使用。

（三）"从 0 到 1"起草合同

找不到适合的参考文本也比较常见，这时就需要从无到有地起草。起草合同是律师的一项基本功，从工作方法到步骤而言，是有规律可循的。

1. 视需要列出合同条款清单

特别是对于复杂的交易，起草合同前可以先列出合同的主要条款清单。一方面，便于向客户了解事实时聚焦问题，有助于促使客户系统地考虑合同的"商业芯"。另一方面，由于清单所列的主要条款是律师提炼归纳出来的合同要点，因此准备合同条款清单的过程，也有助于律师在自己的逻辑（法律逻辑）与客户的逻辑（交易逻辑）之间找到连接点，实现交易逻辑到法律逻辑的转换。更重要的是，一份合同主要条款清单，有助于在起草合同前将交易要点确定、固化，避免起草合同过程中甚至起草完毕才发现"法律壳"与"商业芯"脱节。

2. 确定合同文本的整体思路和框架结构

合同的整体思路，就是文本大的脉络。对合同的整体思路有了判断，就知道其中应当有哪些主要内容。

在确定整体思路后，需要考虑如何搭建合同的文本体例架构。这主要体现为以什么为主线写合同，即合同的叙述逻辑。

虽然以条款列举甚至堆砌条款的方式也可以完成合同的起草，但按照一定的逻辑对合同内容进行分类，便于阅读、理解和履行合同。对于起草者来说，也容易排查、发现合同的结构性缺陷，让问题暴露出来，一目了然。对于内容复杂、篇幅较长、头绪较多的合同，搭建基本结构，按照一定逻辑叙述，更是必要。

叙述合同，可以按照合同履行的时间顺序和工作事项两条主线进行。前者是按照合同履行的顺序或者因果关系展开；后者则区分不同事项、不同板块来描述。当然，两条主线并不绝对非此即彼，很多情况下交织在一起，共同形成合同的结构体系。

3. 填充内容

合同的内容，也就是合同的条款。对于内容较多的合同，可以以标题标示出不同部分的功能、内容，使合同内容归类清晰、有序。

4. 润色以及最后审定

对于起草的合同，需要结合再次审视核验。主要从以下几个方面核验：

一是合同是否准确反映客户的商业诉求，对于存疑问题是否都澄清了。

二是合同或者交易涉及的法律问题是否研究和落实了。

三是是否将交易中的法律风险和商业风险在合同中落实、回应了，或者向客户揭示了。

四是合同章节条款有无重大遗漏，条款是否完备，内容之间是否明晰，有没有矛盾、重叠。

五是合同的表述是否准确、有无歧义。

六是合同版面美观度等外在形式。

（四）审查、修改合同

修改合同是一项常见的合同工作，这项工作有时是合同审查工作的延伸。由于在了解事实和法律判断方面，修改合同与起草合同要做的事情及注意事项是相同或者类似的，因此，这里主要讨论合同修改工作特有的注意事项。

1. 对合同的审查、修改不能仅限于法律条款

面对一份合同，律师经常遇到的问题和感到困惑的是，"应该改什么，不应该改什么"，有的人一言以蔽之为"律师审查、修改应当只针对合同的法律条款，而不用看商务条款"。

合同中哪些条款是法律条款，哪些是商务条款？

法律条款，通常是指与法律强制性规范以及与法律事项直接相关的条款或内容。前者例如，合同主体是否合法、适格，约定是否合法；后者例如，合同的法律适用、争议管辖约定。

而商务条款，则是与经济利益密切相关，并可以由当事人自行权衡或者自行定夺的事项，如交易标的、价格、付款条件等条款或内容。

事实上，合同中许多条款的界限不那么泾渭分明。而且，即便是商务条款，一旦出了问题，同样会带来法律风险，并可能转化为纠纷。

另一个现实的问题是，律师对合同的审查修改就是某种意义上的背书——无论合同中的哪个条款（权利义务条款、付款条款、交付条款等）后续出了问题，也不论是什么样的问题（业务安排不清晰，合同对方履行能力欠缺，出现错别字等），首先被想到的责任主体就是曾经审查修改过合同的律师。

凡此种种，使人在隐约意识到合同法律工作不应当是对合同各条款的"兜底负责"的同时，对于工作的边界和尺度，又似乎不得要领。

对合同的审查、修改不能仅限于法律条款，可以说，对于产生法律后果的条款，都在合同审查工作的范围内（甚至包括错别字、错误编号、条款的重复等貌似语言表述问题），如果这些条款有潜在的法律风险，都应当修改或者至少揭示出来。从这个意义上说，法律审查、修改工作的确及于整个合同。当然，对于合同中不同条款，在处理方式、尺度把握上应有所区别。

2. 合同审查、修改中对商务条款和法律条款应当有所区别

虽然说，商务条款和法律条款的界限并不那么清晰和绝对，但是将合同条款分为商务条款和法律条款，对于实务操作还是有意义的。其意义体现在，对于不同侧重的条款，在合同审查修改的工作尺度、处理方式上都有所区别。

（1）对商务条款的审查、修改

商务条款涉及交易事实或者商业决定，其中的问题可以大致分为以下几类：

一是交易安排的合法性问题。对于商务条款中触及法律底线的事项，律师应当修改，或者提示客户调整，必要时另行出具意见；对于法律框架内的事项，或提示关注，或揭示风险，由客户自行决定。

二是交易安排方面的问题。这类问题在合同中比较突出，原因也较复杂。审查修改合同时需要区分情况处理。有的是交易路径与交易目标不匹配或者缺乏法律可行性。对此，修改时需要与客户交流，甚至调整交易方案。

而有的交易安排是周密性问题。例如，对于合同终止，当事人能想到的可能就是"一方违约，另一方有权解除合同"，除此之外，对于有哪些终止情形，不同情形下合同终止的结果是什么、有哪些善后事宜，等等，这些虽然是商业事项，但是当事人可能考虑不到。

周密性是律师胜任工作的一项重要指标。交易安排是否周密，本身还是交易问题，属于事实部分，而不仅仅是法律判断。因此，对于合同中反映出的不周密的安排，律师甄别出来后，首先是向客户说明和提示问题所在、其法律后果，交由客户确认、定夺，律师可以提示客户进一步考虑甚至提出律师的建议，但不宜贸然径行修改。

三是表述方面的问题。这类问题在客户起草的合同中大量存在。例如，约定不清晰、表述前后矛盾或者概念不统一而明显存在理解歧义等。这类问题往往是客户书面表达不严谨、不规范造成的。对此，修改时应当与客户澄清、交其确认，而不能按照律师自己的理解"规范表述"或者"统一含义"；即使对于基于上下文可以确定事实而作出的修改，律师也需要提示客户再行

确认。因为这些是事实，应当由客户而不是律师负责。

（2）对法律条款的审查、修改

与商务条款相比，对合同法律条款进行审核、修改，对于律师来说更是责无旁贷。但是，由于法律条款的改动有时会不可避免触动商务方面的内容，因此，对于合同法律条款，律师也不能自顾自地大刀阔斧地修改，而应当考虑这些条款对合同乃至交易的影响，在维护客户利益与促成客户交易之间寻求平衡。

3. 合同审查、修改工作中的风险处理

对于律师来说，对交易进行风险提示和控制，是工作职责所在。对于客户来说，需要在商业机会和法律风险之间抉择和平衡。在合同的审查、修改工作中，如何判断、处理、揭示各种风险，是一个既检验法律功底又考验专业技能的事情。

（1）区分法律风险和商业风险处理

除了直接修改外，合同审查、修改工作中律师常做的一项工作是提示风险。

在合同修改工作中的具体操作上，对于触及法律底线或者超出法律边界的约定，律师在提出修改意见的同时，要揭示其法律后果，对于其中比较重要的事项，可以通过另行出具法律备忘或者风险提示说明等方式言明利害。对于不触及法律底线，以及那些虽然可能对客户不利但又没有超出法律边界的约定，律师可以提示出来交由客户自行判断和处理。

（2）提示风险的方式

如果律师只是告知客户有风险或者有哪些风险，客户可能并不知道为什么有风险、风险的后果是什么。客户只看到律师修改的结果而看不到思考的过程，有时可能难以充分理解律师用意，或者发生理解偏差，由此后续可能会忽视审查、修改意见。这既不利于客户理解和判断，也不利于风险的处理，还会加重律师与客户的隔阂。因此，对风险的提示可以适当加以说明、展开。

对于风险的提示，可以采取在合同对应内容中以修订、批注等方式提示，或者通过另行出具修改意见等方式。

合同是法律文件，但其核心是商业问题。合同具有商业和法律的双重属性。作为交易文件，合同需要商业人员和法律人员共同完成。对于商务人士来说，需要考虑其中的商业安排和交易问题；对于法律人士来说，不仅要"像律师一样"，而且要具有商业思维，理解这是一个什么样的交易。合同工作过程，是将商业意图落实为法律文件的过程。

合同，是写给合同起草者、审查者和修改者以外的人看的——无论是法官、仲裁员将其作为探究订约各方真实意思表示的证据，还是将其作为履行合同者的行动规则。起草合同，并不是律师的"特权"；修改合同，更不是非律师莫属。律师的合同工作，首先是对思维能力的要求，体现在对交易的理解、对合同架构和条款的设计，而逻辑严谨、清晰，考虑问题周全、严密，表述精准、没有歧义。其次才是法律问题。在一定程度上，对交易的理解、对交易流程的了解，比对法律规定的了解更容易把握合同的实质，并大大提升合同的实用性和法律风险控制水平。合同工作的专业性不是仅仅为了让合同"看着专业""显得规范"，更要避免因"不专业""不规范"而产生的争议和风险，以及在发生争议的情况下（哪怕是订立合同多年以后），让法官或仲裁员能够按照合同当事人当时的本意理解合同。

下 篇

私募股权投资基金的法律实务

吴冠雄

【业务研判】

由于创新创业活动的兴起和资本市场"造富"效应的推动，私募股权投资①的法律服务自21世纪第一个10年的中后期起，在国家产业政策、新经济发展和资本市场发展的共同推动之下，日渐成为国内律师行业的一项基础业务；也是律所储备融资、上市、并购业务项目的主要业务来源之一；同时也衍生出企业合规、反垄断、知识产权、争议解决等诸多相关的律师业务。

【业务框架】

通俗地说，私募基金的运作就是"募投管退"四大主要环节，即募集和发起设立基金、基金投资、投后管理、投资退出。在这过程中，律师与私募基金相关的法律服务业务如图1所示。

---

① 私募股权投资，是相对于私募证券投资而言的。私募股权投资基金涉及的是投资于未上市公司的股权；而私募证券投资基金涉及的是投资于已经上市流通的证券。由于投资标的属性及监管规则的差异，这两种私募基金的原理、运营规则及对应的律师服务业务均存在较大的差异。本文仅讨论私募股权投资基金相关的问题，为行文方便，有时也将私募股权投资基金直接简称为私募基金或基金，而不包含私募或公募的证券投资基金。

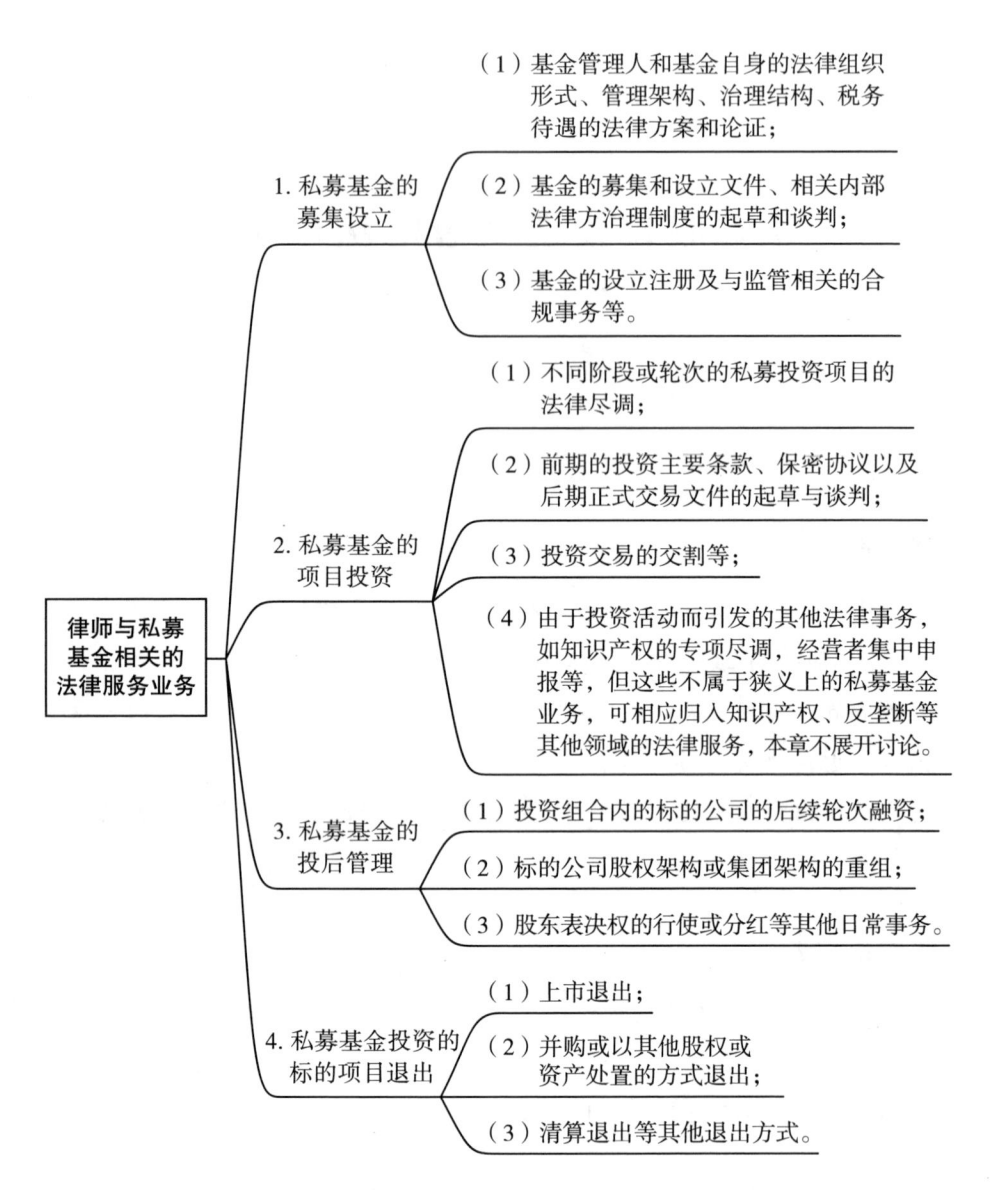

```
律师与私募基金相关的法律服务业务
├── 1. 私募基金的募集设立
│   ├── （1）基金管理人和基金自身的法律组织形式、管理架构、治理结构、税务待遇的法律方案和论证；
│   ├── （2）基金的募集和设立文件、相关内部法律方治理制度的起草和谈判；
│   └── （3）基金的设立注册及与监管相关的合规事务等。
├── 2. 私募基金的项目投资
│   ├── （1）不同阶段或轮次的私募投资项目的法律尽调；
│   ├── （2）前期的投资主要条款、保密协议以及后期正式交易文件的起草与谈判；
│   ├── （3）投资交易的交割等；
│   └── （4）由于投资活动而引发的其他法律事务，如知识产权的专项尽调，经营者集中申报等，但这些不属于狭义上的私募基金业务，可相应归入知识产权、反垄断等其他领域的法律服务，本章不展开讨论。
├── 3. 私募基金的投后管理
│   ├── （1）投资组合内的标的公司的后续轮次融资；
│   ├── （2）标的公司股权架构或集团架构的重组；
│   └── （3）股东表决权的行使或分红等其他日常事务。
└── 4. 私募基金投资的标的项目退出
    ├── （1）上市退出；
    ├── （2）并购或以其他股权或资产处置的方式退出；
    └── （3）清算退出等其他退出方式。
```

图 1 律师与私募基金相关的法律服务业务

除上述之外，私募基金的律师业务还会涉及基金的日常法律顾问服务、基金的解散清算、争议解决等其他法律服务。本文围绕私募基金的募集设立和项目投资两大问题展开介绍，私募基金的投后管理、投资退出和其他事务涉及的法律服务同样植根于基金募集设立和项目投资中涉及的各项问题的商业逻辑和法律原理，了解了"募"和"投"两个环节的原理，其他环节的事务也就相应容易理解了。

【内容梗概】

本文将集中讨论私募股权投资领域律师业务需要理解的商业逻辑，必须具备的基本思维方式，以及此类投融资合同中常见的合同条款及其原理。本文内容具体分为两大部分：

第一，私募基金各方当事人的利益诉求和基金的运作机制——通过对基金管理人和投资人的利益诉求的分析，理解基金的法律形式，基金内部各主体之间的法律关系，以及其运作机制；

第二，私募股权投资合同条款的法律解析——通过对私募投资交易各方的主要利益诉求、商业风险的分析，理解该等诉求和风险在合同条款上体现出来的逻辑和解决措施。

一、私募基金各方当事人的利益诉求和基金的运作机制

为了理解这个问题，初入行的律师不妨假设自己已经是一个实现了财富自由的人士，有一笔不菲的闲置资金，并打算从中给一个私募股权投资基金（以下简称私募基金或基金）投资5000万元。在此场景之下，作为基金的投资人，你从自身利益出发，对于私募基金的管理人会有哪些要求？例如：

（1）你要求管理人具备什么资历、经验或其他条件？或者说，你愿意把钱交给一个什么样的管理人去打理？

（2）你会要求管理人做到哪些方面的工作？你期望管理人为你赚取多高的回报，你愿意承担多大的风险？

（3）你愿意在什么收益情况下给管理人支付报酬？

（4）你愿意支付的报酬的具体计算方式是什么？或者说，什么因素会影响你支付给管理人的报酬？

上面的问题看似简单，在实际交易场景下却复杂多变；但如果说复杂，它的原理又相对清晰简单。在思考上述问题的时候，并不需要过多地从法律或律师的角度去思考，思维方式应该从投资人的本位出发，考虑你个人或所代表的主体的商业利益。通俗地说，先不必考虑法律问题，而应考虑商业上合理不合理。考虑的过程当中，则可以参照下列问题逐一思考。

（一）各方当事人之间的商业关系和目的

在一个私募基金里面，基本的法律主体包括基金的发起人/管理人（通常是基金发起人或其关联方）、投资人和托管人：

1. 发起人/管理人。基金管理人通常就是基金发起人；在采取合伙企业的情况下，基金发起人即为合伙企业的普通合伙人，即通常所说的General Partner（GP）。但很多情况下，由于实际操作中募资合作、风险控制、税收筹划、运营便利等诸多因素的综合影响，一个基金管理人所管理的不同基金通常会有不同或更复杂的利益分配需要，因此可能设立不同的关联企业担任不同基金的发起人，包括与第三方成立合资公司担任某一基金的发起人，或

者不止一个基金发起人；而非由管理人直接担任基金发起人。因此，在基金法律关系中，虽然发起人和管理人往往是同一家，但在基金法律文件中应当注意区分基于合伙法律关系的 GP 的权利义务和基于管理法律关系的管理人的权利义务。

2. 在基金关系中，管理人的目的在于：

（1）以最小的资本发起设立基金，取得基金资产管理的商业机会；

（2）以自己的专业知识、经验和技能争取获得尽可能大的管理权限，受托管理和运营基金；

（3）在基金的日常运营中收取管理费；

（4）从基金的投资收益中获得超额收益分成。

3. 投资人（基金大多采用有限合伙企业的形式，因此投资人通常被称为 LP, Limited Partner, 即有限合伙企业的"有限合伙人"）。投资人的目的在于：

（1）将资产托付于一个专业的管理团队来打理，利用其专业技能为自己理财。

（2）通过让渡和支付一定的管理报酬，以期获得超额投资收益。

（3）有些情况下，LP 有锚定 LP 和普通 LP 之分。锚定 LP 率先确定认缴较大的基金份额，有利于 GP 继续募集资金，GP 有可能在权利义务上对锚定 LP 予以一定的优待或补偿。这在实务中会影响律师对基金文件的起草。

（4）某些情况下，发起人的关联方或其管理团队，也会参与认缴基金份额的投资，并以一个特殊的有限合伙人的形式出现在基金的法律关系当中。这可能出于投资团队的激励目的；也可能出于绑定管理团队，使其共担风险从而降低项目投资中的商业风险甚至道德风险。还有些特殊情况下，管理人可能会利用关联方认缴基金份额并成为 LP 群体的一员，从而便于行使特定的 LP 权利，起到特定的平衡作用。

4. 托管人（Custodian）。托管人受托看守基金资产，确保基金资产的投资、使用和收益分配符合基金合同的规定，并获得托管费。实务中，基金业协会在某些情况下要求强制性的基金托管措施。

(二) 各方当事人的商业利益及其合同谈判要点

不论从 LP 还是管理人的角度出发，最核心的问题自然是出资和投资回报两个问题。经济利益上，LP 关心什么时候出资，什么条件下出资，基金打算投什么项目，回报能达到多少，管理报酬如何计算；而管理人则关心募集的资金什么时候实际到位，投资管理权限有多大，从基金管理中获得多少管理费和超额收益分成等。具体分述如下：

1. LP 的出资，与一般公司设立情况下股东的出资没有本质差异，特殊点在于 LP 的出资时点，本质上应该是管理人和 LP 根据基金的项目投资进度和需求协商确定。但在该协商的过程中，对于管理人和 LP 而言，并不都是资金越早到位越好，因为 LP 对于管理人的业绩能力考核，是以一定时期内的资金回报率［通常以内部回报率（Internal Rate of Return，IRR）］来衡量的。如果资金过早到位将导致资金在一定程度上闲置，即便进行固定收益理财，也将拉低整个基金存续周期内的 IRR，从而降低管理人的业绩水准，并增加管理人后续基金融资的难度。而有能力进行私募基金投资的 LP，通常是经营良好的企业，或者高净值的人士，其往往并不缺乏较高收益水平的固收理财投资渠道。因此，LP 也同样不会乐意把资金交给管理人，管理人却只能将其阶段性闲置或作固收理财，同时还要收取管理费。然而，由于 LP 的背景不同，有的 LP 的出资能力可能受到行业及经济周期、个体财务状况等因素的重大影响，因此，也不排除某些情况下，管理人会牺牲 IRR 而争取资金尽快到位甚至全部到位。

2. 管理费由管理人基于日常管理基金资产所需的开支，而从基金资产中定期收取，用于管理人所需的薪酬、房租、尽调、差旅费等日常运营开支，以及不能由标的公司或基金资产承担的专业顾问费用等，不排除管理人就管理费本身存在损益。一般而言，商业上的讨论点在于：

(1) 是按照 LP 认缴的份额（即承诺的投资额）收取，还是按照已经实际缴纳的出资金额收取？

（2）是否区分投资期、退出期、延展期，在各自期间按照不同的比例收取，甚至有的期间收取，有的期间不收取？

3. 超额收益分成，即 carry，通常指的是基金退出投资项目获得的投资收益，在扣除债务责任、税负之后的可分配收益，管理人按照一定的比例收取的分成，商业上的考虑包括：

（1）是否在 LP 完全回收其对基金的全部本金投资之后，管理人才能从整只基金的净收益中获得分成；或者，在投资人回收其对基金届时所退出的某一项目的本金投资之后，管理人即可获得分成？前一种方式对于 LP 自然更有保障，而后一种方式对管理人更有利，但 LP 可能在前期项目获利但尚不足以收回其对基金全部本金投资的情况下，面临后期项目尽皆损失的风险。

（2）是否要求基金的投资回报须超越一个投资收益的基准门槛，在门槛之上有进一步的收益之后，管理人才能获得分成？故谓之"超额收益分成"。这是因为投资人往往会提出其投资于基金，需要为此忍受对流动性的超长限制以及投资损失的巨大风险。因此，管理人跨越市场固收产品的收益水平，才是管理人管理能力的真正体现，管理人也才有资格获得分成。换言之，如果管理人最终仅仅获得不超越固收产品的收益水平，那么投资人不如自己将资金投资在固收产品上，何必忍受流动性限制，冒巨额损失的风险，并向管理人支付管理费？但是，从管理人的角度来看，LP 寻求一个优秀的管理人并希望获得超额回报，就应承担其相应的风险和成本。因此，这些不确定性就是相关方谈判的要点。

（3）超额收益分成比例可以是一个固定比例，也可以根据收益水平的不同而分段累进，或根据具体情况作出特殊的约定。

4. 托管费。托管费一般而言是固定的，在基金运作的商业利益分配关系中不占主要地位，因此，合同上的考虑相对简单，只是托管人的收益应与其承担的托管职责相对称。

（三）基金的组织形式

1. 基金最常见的组织形式为有限合伙企业，其组织形式非常契合私募基金的运作需求。

（1）管理人以最小出资，拥有对基金资产最大甚至完全的管理权限。

（2）LP向管理人让渡管理权，而分享投资收益；不参与日常经营管理，因而承担有限的风险责任。

（3）出资和收益分配方式具有公司所不具备的灵活优势，包括：

①股东权利义务的设置不与出资比例挂钩，包括GP与LP之间，LP与LP之间，甚至双GP情况下的权利义务关系均更加灵活。

②不论基金整体盈亏，合伙人均可依照合同约定灵活分配投资收益，或进行基金资产的局部清算。

③无须计提公积金。

④有的缴纳管理费，有的不缴纳。

⑤有限合伙不是企业所得税的纳税主体，因此投资人可以避免双重征税。但LP为个人的情况下，其通过有限合伙企业获得投资收益的税率自从2018年之后被统一规范，通常高达35%，导致有限合伙的税制优势受到较大削弱，远不如前，但这原则上不妨碍有限合伙成为私募投资中最受欢迎的企业组织形式。

2. 部分基金采取公司制形式，这不是一个典型的组织形式，但在投资人与管理人股东重合且均为企业法人的情况下相对多见。

3. 少数基金曾采取契约型基金的形式，其无须设立企业机构，不具有法人地位，以管理人的名义对外登记投资权益并行使股东权利。但实践中，由于行使权利时与管理人的主体资格混同而有诸多不便，一旦发生法律纠纷更是容易拖累管理人；加之在IPO审核中其股东地位难以得到监管的认可，契约型基金在私募股权投资中基本绝迹。

（四）基金的内部决策机构

1. 基金不论采取有限合伙还是公司制的法律形式，会依据合伙企业法或公司法相应设立合伙人会议或股东会和董事会等治理和决策机构。但为了更好地将基金的存续、出资权益结构变更等机构性的事务与基金投资决策的日常运作性事务区分开，符合基金由专业人员负责资产管理的运作特点，基金一般都设有投资决策委员会（IC，简称投委会），作为专司投资的决策机构。传统上，投委会的成员仅由 GP 或管理人委派，不包含 LP 的代表，但基金的运作在国内各种复杂商业环境和相关主体的利益诉求之下（特别是部分 LP 具有参与投资决策和基金运作的诉求），也衍生出投委会由 GP（或管理人）与主要 LP 各自委派代表共同组成的情形，而这种情况下，投委会的议事规则对于决策的作出至关重要。

2. 除了投委会，有的基金还会设立投资顾问（或投资咨询）委员会，该委员会的成员可包含 LP 的代表，以平衡 LP 在一定程度上参与投资决策的需求，或包含一些外聘专家；亦可解决基金在管理人可能与基金存在利益冲突、关联交易（如基金拟投资于管理人持有权益的标的）等情况下的决策需求。

上述各相关问题，并无固定的答案。在当事人之间，视相关方的商业谈判地位而定，谈判筹码强的一方，容易取得对自己有利的地位和权利，弱方则需要承受相对不利的地位和义务，以换取交易的达成。而律师，同样不宜以"市场惯例"为由固守某一权利或立场，而须根据不同的当事人、不同的立场、不同的交易条件与客户协商确定所采取的最佳策略，以最大限度实现客户的整体利益和交易意图。

二、私募股权投资合同条款的法律解析

（一）私募股权投资交易的法律文件构成和利益诉求

私募股权投资合同一般由股份认购协议、股东协议、公司章程以及辅助性交易文件组成。境外交易，由于管辖法律和市场传统的影响，有时还会有投资人权利协议、表决权协议或注册权协议（美国证券法下特有的概念）。而我国境内交易通常把投资人权利或表决权的内容放在股东协议和/或公司章程内，因而境内交易没有注册权的问题，不涉及注册权协议。有时由于对其

他交易方保密的原因、投资人内部程序原因，或某些监管的原因等，而把上述文件中的部分内容拆分到补充协议之中。交易文件的合同条款纷繁复杂，归结起来有几条主要的线索，在下文详细讨论。但首先，律师需要了解公司和投资人从交易中拟获得的是什么，了解各自的诉求，以便于了解客户的商业意图，起草合同条款：

1. 公司方的诉求

需要特别说明的是，公司方通常包含公司和创始人或实际控制人，有时还包含管理层股东——有的公司历经变更之后，可能创始人已经离开，只有后来的实际控制人；也可能股权结构比较分散，连实际控制人也没有，但有管理层股东。本文通常以最典型的具有创始人的情况进行讨论，而其他情况，同理可以推导。公司方的诉求通常包括：

（1）资金或融资需求。

（2）希望投资人能够带来资金以外的市场渠道、产业结合、管理能力，或其他方面的资源。

（3）在获得融资的同时，尽量减少投资人对公司经营自主权的干预或约束。

（4）在获得融资、接受投资人运营监管的同时，保护公司的商业秘密，尤其是不应发生由于投资人投资于同行业公司甚至竞争对手而导致自家公司商业秘密泄露。

（5）在获得融资的同时，尽量不承担过多的合同责任，如公司未来上市或发展不顺利情况下，公司或创始人的回购责任；尽量减轻各种情况下的违约责任。

2. 投资者的诉求

（1）因投资而获得股权并保护该投资权益，对应的合同条款除了交割的相关条款，还包括估值调整甚至一定情况下进一步投资的选择权，或优先权，或反摊薄权等；

（2）了解企业运营真相并加以监管约束的权利，包括委派董事的权利、建立治理结构的权利（如董事会的一票否决权）、信息知情权等；

（3）希望创始人或团队最大限度投入或专注于公司经营管理等；

（4）投资退出（投资流动性），这除了有关退出的条款之外，还涉及业绩成长、合规经营、赎回、清算优先权等条款。

（二）关于私募投资合同条款如何匹配交易方商业意图的分析

了解了投资双方的利益诉求，我们进一步来看这些诉求如何在私募投资合同的条款中得到体现和解决。如上文所说，交易文件中的各种条款，可以归结为几条主线，分述如下：

1. 有关投资退出权利的条款

不同的投资，如股票投资、房产投资、贵金属投资、艺术品投资等，各自具有不同的流通市场、不同的退出渠道和不同的流动性。私募股权投资也一样，在绝大多数情况下，私募股权投资的目的就是退出和获利，并且退出往往比获利更为重要。公司和创始股东不可能指望私募投资者在投资之后与公司长相厮守。

因此，私募股权投资合同中，最主要的当属保护基金投资退出权利的条款。而投资退出的权利，则包含如下若干条款：

（1）上市退出：约定公司（也可包括创始人或管理层）须尽其最大努力在约定期限内实现公司的 IPO，而且上市地、发行价格等需要满足预定的目标或范围。因为在更加成熟的海外资本市场，单纯实现 IPO 上市并非万事大吉，往往需要在约定的市场或市场板块发行上市，达到相应的价格条件，具备较好的流动性，对于投资者才有意义，故谓之"合格"上市。

（2）出售退出：该条款通常约定，如果公司无法实现合格上市，则投资者次之的退出选择是股权转让退出或公司整体出售。这里说的"次之"仅是一般情况下而言，而非绝对。因为通常预设的观念是 IPO 退出的收益比并购退出更高，但在很多情况下，如 A 股的上市周期过长或不确定性较大，上市后减持较慢，出售或整体出售的退出方式，从时间成本、确定性和收益倍数等角度而论，对于投资者都未必不如上市退出。

①股权转让退出。

有些情况下，投资者会要求公司的创始人和管理层股东将可能的转让退出机会优先让给投资者，即所谓优先出售的权利。

有的会约定创始人或管理层股东在投资者转让股权时放弃优先购买权，这是因为在复杂的股权转让交易中，要谈好一个条件明确且有约束力的要约往往并不容易，其他股东的优先购买权对于出售股权的股东可能会造成实质性的妨碍。

有的投资者会尽可能地预先约定其股权未来的受让方所应该享有的权利，如在公司的董事席位或其他股东权利，因为更优的待遇更便于自己未来的转让退出。

有些情况下，公司会顾虑投资者退出时将股权转让给公司某些特定的竞争对手，而创始人未必有能力通过优先购买权去阻止。在此情况下，投资人可以合理地限制自己的退出权利，约定未经公司的同意，投资人不得将股权转让给公司特定的竞争对手，以换取交易的达成。

②整体出售和拖售权。

在公司上市前景不是很明朗或不很乐观的情况下，买家不愿意贸然收购投资人持有的公司少数股权，而并购基金或产业投资人往往更愿意通过对控股权或公司业务、资产的并购整合公司现有的资源。在此情况下，整体出售往往比投资者单纯出售自己所持的少数股权更容易实现投资者的退出。

整体退出需要创始人的支持，甚至在交易完成后对于创始人和管理团队会有一定的绑定或要求，对应地，也可能会有一定的后续激励。

然而，创始人并不一定愿意放弃自己对公司的控股权，因此整体出售有时可能会受到创始人的抵制。这一矛盾，只能通过拖售权条款予以解决，即投资人在约定的条件被触发的情况下，有权要求创始人按照该条件跟随投资人向买方出售其所持有的公司股权，而所触发的条件，通常是交易的价格达到所约定的水平，也可附加其他约定条件。如此，创始人跟随出售所持公司股权，但也获得符合预期的价格；投资人得以卖出手中的少数股权，而买家获得公司的控股权，算是各方妥协的结果。

（3）赎回退出：倘若在约定期限之内，公司无法实现合格上市，投资人也不能实现股权出售的退出，则只能要求公司和/或创始人以赎回或回购投资人所持公司股权的方式退出。赎回条款依照交易的具体情况，可繁可简，酌情约定下列事项：

①股权赎回的义务主体，包括多个义务主体的情况下，各赎回方履行义务的顺序或是否相互承担连带责任等；

②赎回价格，价格和利息或回报的计算方式，包括股份有增减拆细等情形下的计算方式；

③赎回交易的程序，如何发出赎回通知，通知应包含的内容，何时生效等；

④股权交割的时点，如何注销赎回的股份，股东权利何时丧失，何时取消董事席位等；

⑤赎回价款的支付期限；

⑥赎回价款的支付是否另行提供担保措施等。

（4）清算退出：如果由于支付能力或其他原因，赎回退出的路径也无法实现，那么投资人可以进一步寻求清算退出的路径。

①顾名思义，清算退出，是指公司清算之后，投资人从清算剩余资产中获得分配，从而实现投资退出的目的。然而创始人自创公司，往往占据多数股权，而投资人以较高的估值认购公司股份，投资时往往出资较多而持股相对较少，所以清算剩余资产的分配，如依照股权比例进行分配，可能出现创始人仍可分得远高于当年创业所投入的资本，而投资人因为股权比例较低，可能所得分配尚不及投资本金的情形。

②因此，投资人通常情况下会要求清算时分配资产的优先权，优先收回其投资本金和一定的利息回报，而后如清算资产仍有剩余，再按照各方股东的股权比例分配。如果公司有多个投资人，则要按照事先约定的顺序逐级进

行优先劣后分配，之后仍有剩余资产的，再按照各方股东的股权比例分配。投资人要求不按股权比例分配，而是在本息回报之外，再按照股权比例分配剩余资产，这是因为与投资人的投资金额相比，创始人创业的资本性投入往往少到几乎可以忽略；但创始人会提出自己在创业过程中所付出的时间、精力、承担的风险和压力，这些也应作价；投资人却认为创业者当然是首当其冲承担创业风险的人，创业不成功，所花费的时间精力，承担的风险压力自然也就无法变现，却又如何计价？但当事方身份不同则立场不同，这些理由既无一定之规，也没有确定的道理可讲，只能是根据具体交易的情况、各方的谈判筹码去商定。

③当然，创始人也可能提出其他的分配方式，如投资人要么选择只从清算剩余资产中获得本金利息，要么选择按照股权比例分配剩余资产，而不能二者兼得。凡此种种，均可谈判，依谈判地位而定。

④除了公司清算的情况，投资人还会认为如果公司整体出售，则全体股东所得之收益，与清算所得无异，因此整体出售所得收益也应当如清算剩余资产一般适用清算优先权的条款，即由投资人获得优先分配约定的本息金额，而后再由各股东按照股权比例分配其余的剩余资产。

2. 有关投资投的是"人"的条款

投资人看中公司，不论是行业领域、核心技术优势、经营模式、资质壁垒、渠道规模等，最终无不需要依赖于创始人或管理层来执行，所以投资其实投的是人，这是私募投资界的一条定理，而对创业公司，尤其如此。几乎没有一个投资人可以在任何一个投资项目中不关注创业团队或管理团队，尤其是其中的核心或领军人物。因此，私募股权投资的合同，有一系列涉及投资于"人"的条款：

（1）同意权条款：如上所述，对于创始人（可能包含其团队）的看重无疑是投资人投资于公司的核心因素或核心因素之一，在大多数情况下，公司的业务离开创始人将存在重大的不确定性，甚至使投资人完全丧失其投资的基础。这与一般情况下有限责任公司中股东之间的关系有所不同。因此，投资人会在交易文件中约定投资人对于创始股东/管理层转让其所持公司股权拥有同意权（或称否决权）。未经投资人事先同意，创始人无法转让其所持股权，双方利益因而捆绑在一起。该条款与《公司法》第84条（原《公司法》第71条）关于优先购买权的规定（特别是不受让拟转让股权的股东应被视同为同意转让的规定）存在一定的差异，系因该条款在股东转让股权的权利和有限公司的人合属性之间寻求一个平衡。但该条最后一款已经规定公司章程对股权转让另有规定的，从其规定，因此交易文件应将该同意权写入公司章程，而不仅仅是放在股东协议内，以免产生效力瑕疵。当然，同意权条款可以有一定比例的例外，包括为了员工激励或某些特定重组所需的股权转让，或有关各方协商允许创始人进行的少数股权转让。

【案例1：胡某某与吴某某、王某某有关济世堂（广州）健康管理有限公司（以下简称济世堂）股权转让纠纷案】[（2018）粤0106民初18889号]

根据广州市天河区人民法院作出的该案判决书，济世堂于2017年9月18日在广州市注册成立。2017年9月6日股东胡某某、吴某某、王某某及肖某签订了《发起创始股东协议书》，约定"公司成立起三年内，股东不得转让股权。自第四年起，经另三方股东同意，股东可以进行股权转让"。但在公司成立不到4个月时，股东胡某某就提出退股。2018年1月3日，公司股东会决议通过，由济世堂收回胡某某所持公司15%的股权，公司指定另外两位股东吴某某、王某某代为受持；但由济世堂支付给胡某某股权转让价款。2018年1月8日，胡某某、吴某某、王某某以及济世堂签订《收回公司股权转让协议书》，约定了胡某某自愿将其持有公司的15%股权由公司股东会收回及相关条件。后胡某某起诉吴某某、王某某以及济世堂，要求被告配合完成股权转让的工商变更登记手续，并支付股权转让款。

法院基于下列两点理由，认定《收回公司股权转让协议书》有关济世堂收回胡某某股权的约定无效：

①济世堂收回胡某某所持公司股权并向其支付价款，而其他股东没有增加出资，相当于减少了公司的出资。各方均未举证证明原告退出公司的行为

符合我国 2013 年《公司法》第 74 条规定的异议股东请求公司收购股权的情形；

②《收回公司股权转让协议书》约定的股权转让不符合各股东《发起创始股东协议书》约定的股东在公司成立 3 年内不得转让股权的约定。

虽然案情争议的缘由并非限制股东股权转让权利的条款的有效性，但判决书在判决理由的分析中明确认可并支持了济世堂的股东可以根据 2013 年《公司法》第 71 条的规定，就股权转让作出特殊的限制性约定。

相似的情形和判决观点还出现在【案例 2：林某某、李某某等与胡某及公司有关泉州原力智慧教育咨询有限公司股权纠纷案】的一审民事判决书[（2019）闽 0503 民初 1603 号]之中。该法院同样认可相关股东在签订的《投资入股合作协议》中约定的"公司成立起 3 年内股东不得转让股权，未满 3 年任何投资人不得退股及退出投资"等内容系真实意思表示，未违反法律法规的强制性规定，依法成立有效。

与上述案例相关的，有两个问题需要提示：

①在案例 1 中，略有遗憾的是，我们未能从判决书中看出该案《发起创始股东协议书》中"公司成立起三年内，股东不得转让股权"的内容是否同样规定于济世堂的公司章程之内；如果没有规定在公司章程之内，是否影响 2013 年《公司法》第 71 条"公司章程对股权转让另有规定的，从其规定"这一规定的适用？在案例 2 中，这一问题同样不明确。看起来，这两个案例的判决并不纠结于该约定是否应存在于公司章程之内方才有效。

律师实务中，这里讨论的同意权等类似的投资者权利，在交易文件中一般规定在股东协议里面；对于公司方而言，并不追求在公司章程中重复。而由于境内一些地方的市场监督管理部门要求公司章程按照格式模板来草拟，另一些地方则可能宽松一些，因此有些项目交易中，投资者的特殊权利仅仅约定在股东协议，而不出现在公司章程里面。律师们要考虑相关权利条款在特定交易内的意义和利害关系，是否需要通过公司章程的备案对社会产生一定的公示效应，并符合公司法的要求。虽然上述两个案例的判决书均不追究该约定在形式上是否出现在公司章程里,但作为交易律师,为避免不确定性,应注重法律要求的特定形式,必要的情况下尽量将该等约定放入公司章程。

②如果被投资的标的公司是股份有限公司,而非有限责任公司,情况是否有所不同?这有时会被忽略,但在境内交易架构中,在我国《公司法》上有时确实是一个问题。因为在我国《公司法》中,股份有限公司和有限责任公司这两种公司组织形式被赋予了不同的功能、不同的属性,以至适用不同的规则。读者在2024年《公司法》中可以看到有5个地方明确提到"本法……的规定,适用于股份有限公司……"但是,比如2024年《公司法》第84条,却没有类似的可被适用于股份有限公司的规定。因此,我们无法从《公司法》条文直接得出第84条关于有限责任公司的规定可以同等适用于股份有限公司的结论。

在司法实践中,我们也确实看到了类似的判决观点。在【案例3:江某某、九牛汽车股份有限公司股权转让纠纷案】的二审民事判决书〔(2020)赣03民终633号〕之中,法院认为2018年《公司法》"第一百三十七条规定,股东持有的股份可以依法转让。第一百三十九条规定,记名股票,由股东以背书方式或者法律、行政法规规定的其他方式转让;转让后由公司将受让人的姓名或者名称及住所记载于股东名册。故我国法律未对股份有限公司股份转让做限制性规定,也未授权公司章程及公司权力机构可以做出限制性规定。股东可以依法转让股份,转让方式只要股东以背书方式等即可"。所以,对于未上市的股份公司,一个股东限制另一个股东股份转让的权利是否有效?不论从法律上还是从司法案例中,我们依然无法得到确定的答案。

这个问题展开来说,在实务中,我们有时搞不清有限责任公司与未上市的股份有限公司在法律上为什么会有这么大的区别。但这两种公司形式先天被赋予的功能和规则不同,如果忽略这些差异,同样的约定在《公司法》下的效力可能不同,这是实务当中需要注意和避免的法律风险。讨论这样的问题其实令人遗憾,甚至有点无奈。简而言之,笔者认为股份有限公司仅仅是把公司股本分成等额的股份而已，与所谓"资合"或"人合"并无必然关系。不能认为股份有限公司天生就是为了要成为公众公司或上市公司，只具备"资合"属性而无"人合"属性；并因此从一个股份有限公司诞生之日起，不管它是不是公众公司，就先行按照公众公司的目的和原理来设计它的管辖规则。比如，股份有限公司成立之日起一年内发起人的股份不得转让，这在法律上的原理是什么呢，如果公司不涉及公开募集，而且也不上市？这是《公司法》立法的问题，我们不知道答案是什么，也许答案就是反过来问，如果不涉及公开募集也不上市，为什么要采用股份有限公司这种形式来设立公司，费这劲儿做什么？两种公司形式在《公司法》下类似的规则差异还有很多，此处不再展开。但"人合"或"资合"这种与生俱来的帽子戴的时间长了，慢慢也就变成了既定的理论和规则，摘不下来了，难以回答当一个股份有限公司只有二三个、四五个或十来个股东时，是不是也有"人合"的属性、需求和问题？这给市场主体在这两种公司形式的使用中带来了困惑，而律师们既然是专业人士，则不论法律是否合理，就只能去适应这样的规则，避免法律上的错误和风险。

（2）优先购买权：承接上述同意权的条款，如果投资人同意创始人进行股权转让，则投资人对于该等股权仍然享有优先购买权。优先购买权条款一方面体现人合的意图，另一方面也体现或保护投资人利益最大化（在有利的情况下增持股权）的权利，不完全是一个绑定人的条款。该等条款同样也会约定行使权利的程序、多名投资人均享有该权利时的比例计算、例外情形，以及创始人对于投资人的股权转让是否享有优先权或放弃优先购买权等，不赘述。但重要的一点是，当签约方仅是一个特殊目的公司时，优先购买权条款应当具有穿透特殊目的公司的效力，避免对方以特殊目的公司规避优先购买权。有关此问题的知名争议案件和判决不止一个，但非诉律师应当力争避免这样的不确定性。

（3）跟售权或随售权：该条款又承接上述同意权和优先购买权，如果投资人不行使优先购买权以增持所持公司的股权，则投资人有权选择跟随创始人一同出售所持有的公司股权，相应的程序、比例计算、例外情形等也与上述两个条款类似。跟售权是典型的投资人绑定创始人或管理层的条款。

（4）服务期条款：为了锁定创始人，投资人还会约定创始人或主要管理层须在公司服务的期限和承担的职务职责；并且为公司的运营贡献其全部或主要的精力。如果创始人确实已有多家公司或多项业务经营，则可能会有例外。

（5）知识产权条款：在一些初创公司的情况下，核心知识产权系于创始人或核心团队身上，而该等知识产权的权属未必均归属于公司。因此，除了约束创始人和核心团队的股权之外，还要约定创始人、核心团队或其关联方所拥有的以及未来拥有的与公司主营业务相关的知识产权均应归属于公司，属于投资估值所对应的资产或业务范围之内。这也是投资于"人"的另一重体现。

（6）意外情形下的极端条款：有的投资人还会要求在合同中约定，在投资完成之后，万一公司的创始人或实际控制人因为某些意外情形失去经营管理能力甚至不幸身故，其所持公司股权（包括由继承人继承的情况）的表决权应当授予投资人或其指定的管理层。这种条款极为少见，也似不近人情，但仅就商业而言，投资人的逻辑在于投资的是创始人而非其继承人的经营管理能力。在该极端情况下，公司的决策不应由继承人行使，而由投资人自行掌握或交给招聘的职业经理人。当然，综合考虑，孰是孰非，则见仁见智。

3. 有关影响交易估值的条款

直接影响项目交易估值的条款包括业绩对赌、历史累积的滚存利润归属和股权激励成本的承担三个条款。

（1）业绩对赌条款

业绩对赌是一个通俗的叫法，更准确地讲应称为"估值调整"。投资人投资于公司的价格，或投资估值，应当是也确实是基于投资人自己对公司的调研、理解和判断，并与公司协商谈判而确定的。但现实中，在投资人的调研、理解和判断中，存在一定的甚至较大的信息不对称，并且很大程度上受到谈判博弈的影响。公司通常希望获得更高的估值，如果项目比较抢手，则在竞争之下，投资人往往会妥协于一个较为激进的估值或价格要求。这时投资人会说，既然你公司要求这么高的估值，我可以答应你，但你得有相应的盈利目标或增长水平；而大多数情况下，公司基于说服投资人的需要，会答应一个对应的盈利目标和估值调整机制；只有少数公司能够坚持拒绝业绩承诺和估值调整并获得相对较高的估值。因此，一个愿打一个愿挨，估值调整机制成为确定的估值的替代或有效补充。也可以说，在未来不可知的情况下，准确的估值判断是非常难以做到的，如果双方对估值或公司未来的发展预期存在差异，却又要达成交易，则估值调整就成为一个达成妥协的机制。以上所述仅在公司/创始人和投资人双方之间讨论，而现实经营当中，公司还会面对员工、债权人、纳税、其他股东等诸多方面关系或义务，因此对赌条款引起或相关的法律问题比上述更复杂。我们先看与对赌条款相关的著名案例甘肃世恒公司案。

在【案例4：甘肃世恒公司案】的投资交易中，苏州工业园区海富投资有限公司（以下简称海富公司）以现金2000万元人民币对甘肃世恒有色金属再利用有限公司（以下简称世恒公司）进行增资，投资完成后，海富公司占世恒公司增资后总注册资本的3.85%，原股东亦即大股东香港迪亚有限公司（以下简称迪亚公司）占96.15%。具体如图2所示。

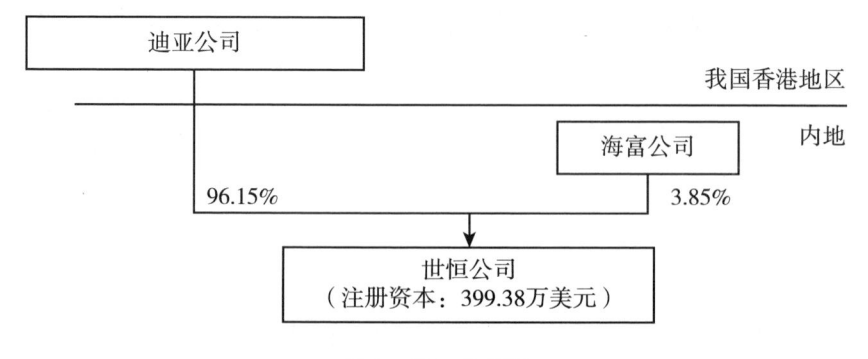

图2　股权关系图

海富公司与世恒公司及大股东迪亚公司在投资交易文件中约定了投资完成后世恒公司应当履行的若干项目开发和对外收购的义务，以及下列业绩对赌条款：

（二）业绩目标约定：世恒公司2008年净利润不低于3000万元人民币。如果世恒公司2008年实际净利润完不成，海富公司有权要求世恒公司予以补偿，如果世恒公司未能履行补偿义务，海富公司有权要求迪亚公司履行补偿义务。

补偿金额 =（1 - 2008年实际净利润/3000万元）× 本次投资金额

（三）股权回购约定：如果至2010年10月20日，世恒公司造成无法完成上市，则海富公司有权在任一时刻要求迪亚公司回购届时海富公司持有之世恒公司的全部股权，迪亚公司应自收到乙方书面通知之日起180日内按以下约定回购金额向海富公司一次性支付全部价款。

（1）若自2008年1月1日起，甲方的净资产年化收益率超过10%，则丙方回购金额为乙方所持甲方股份对应的所有者权益账面价值；

（2）若自2008年1月1日起，甲方的净资产年化收益率低于10%，则丙方回购金额为

（乙方的原始投资金额 - 补偿金额）×（1 + 10% × 投资天数/360）

世恒公司2008年实现的净利润为26,858.13元，不足承诺利润额3000万元的1‰。于是，海富公司与世恒公司、迪亚公司等相关方发生了有关世恒公司和迪亚公司履行补偿义务的争议，焦点在于上述引用的业绩目标约定及不能实现业绩目标时，世恒公司及迪亚公司的补偿义务条款是否有效。限于篇幅，我们不一一介绍该案一审和二审的判决内容，个案中一些特殊的细节也予以省略，而只关注核心问题。2012年11月7日，最高人民法院通过再审程序，作出终审判决，判决要点如下：

（1）二审法院判决世恒公司、迪亚公司共同返还投资款及利息超出了海富公司的诉讼请求，是错误的。

（2）业绩不达标进行补偿的约定，使海富公司的投资可以获取相对

固定的收益，该收益脱离了世恒公司的经营业绩，损害了世恒公司利益和公司债权人利益，一审法院、二审法院根据2005年《公司法》第20条和2001年《中外合资经营企业法》第8条的规定认定《增资合同》中的这部分条款无效是正确的。

（3）二审法院认定海富公司18,852,283元的投资（注：即增资款中注册资本金额之外，计入资本公积金的部分）名为联营、实为借贷，并判决世恒公司和迪亚公司向海富公司返还该笔投资没有法律依据，应予以纠正。

（4）《增资合同》中，迪亚公司对于海富公司的补偿承诺并不损害世恒公司及其公司债权人的利益，不违反法律法规的禁止性规定，是当事人的真实意思表示，是有效的。

（5）综合上述理由，撤销此案的二审判决；并判决迪亚公司向海富公司支付协议补偿款19,982,095元。

甘肃世恒公司案的典型意义在于它以典型的方式展现了双方在交易文件中表达的业绩发展认知、估值认知与实际业绩结果之间的巨大差异，即3000万元承诺利润与实际2.68万元利润的差异。案件的其他细节并不真正重要和具有典型意义，包括世恒公司属于中外合资企业的因素。众所周知，最高人民法院对该案的终审判决中，最引人注目并在随后影响了私募投资界多年的是确立了投资人与公司大股东的业绩对赌约定有效，而投资人与公司本身达成的业绩对赌约定因为损害公司利益和债权人利益而无效这一原则性意见。因此，最高人民法院判决世恒公司无须承担业绩补偿的责任。而这一意见在法理上的依据就是公司应当遵循"资本维持"的原则。这一判决出炉，宛如重磅炸弹震惊了私募界，因为这宣告了大家习以为常的核心的交易惯例条款不受法律保护。

在思考最高人民法院判决的得失之前，我们回到对赌条款相关的一些基础法律问题的分析，首先要理解清楚如下几个问题：

①交易的法律主体和法律关系：典型的私募投资交易，其基础的法律关

系首先是投资人认购公司发行的股票或认缴公司新增的注册资本，并缴纳认缴金额所形成的关系；而不是投资人与公司原股东之间的关系。虽然私募投资中，通常新老股东都会签署一份股东协议，但股东协议是基于投资人与公司之间的股份认购协议而产生的，是投资人认购公司新增股本的认缴关系而带来的必然结果和附属关系。与此同理的是，在 IPO 发行上市活动中上市的公司被称为发行人。IPO 上市首先是发行人与市场公众投资者之间的关系，老股东或实控人与市场公众投资者之间的关系是附属关系。

②引入估值调整机制的原因：在认缴公司新增股本的投资关系中，固定估值的定价方式无法充分平衡公司希望高估值与其未来业绩不可知的风险之间的矛盾。为了能在尚未面对未来不确定性的情况下达成交易，双方引入了估值调整机制。这本身并不违反法律，应当得到保护。而正是基于上述①所述公司与投资人之间的法律关系，估值调整及其责任的承担应首先放在公司与投资人之间的关系内来考虑和解决。公司是独立法人主体，是独立经营主体，应对其融资行为和经营结果负责，而不能把公司撇开，把估值（发行价格）调整的责任推给大股东。案例 4 中，世恒公司的情况是除了投资人海富公司，大股东迪亚公司持有了其余全部 96.15% 的股权。但很多吸纳私募投资的创业公司在经历多轮融资之后，可能是没有大股东的，甚至创始人都不在公司的股权结构中了。

③估值调整 vs. 固定回报：由于估值调整机制导致公司对投资人的现金补偿责任，实际上是由于估值调低导致投资人的认股价格调低，因此需要向投资人退还部分投资款，而不是要求固定的投资回报。这与投资之后，每年要求类似于利息或优先股股息的固定回报是有本质区别的，不应按照"名为联营，实为借贷"的逻辑判定其是否合法有效。其区别在于前者要求的是公司与估值相对应的盈利能力或资源，而不要求公司支付给投资人固定的回报；而后者则不关心公司真正的盈利能力或资源如何，关心的是公司向自己支付约定的固定回报。

④估值调整的法律性质属于公司资产的局部清算：但这部分投资款已经

由于之前的投资交割而成为公司法人财产的一部分，在公司账面上反映为实收资本（通常是资本公积）的一部分，而不是任何形式的负债。因此，履行该现金补偿责任通常情况下会导致减少原来投资形成的资本公积金，这实际上是在保留公司主体资格的情况下向投资人股东单方进行公司资产分配的行为。该分配属于定向的"部分清算"或"局部清算"，一定程度上具有公司清算的法律性质，只不过不是整体清算，也不妨碍公司保留独立法人资格继续存续。正因如此，它需要履行清算对应的向债权人进行公告的程序。

⑤保护估值调整交易关系与保护债权人利益之间的关系：进一步而言，这种估值调整机制确实由于补偿责任而导致公司的资产减损，公司的偿债能力受损，从而可能损害债权人的利益。这就是最高人民法院在案例4的再审判决中所指出的损害公司和债权人的利益。但这并不是直接断定估值调整机制无效的充分理由；而有必要为此引入保护公司和债权人利益的公告程序。仅因为投资人与公司进行估值调整即断定其损害债权人利益而无效失之片面，并且与现实商业实践的合理逻辑不吻合。因为承担估值调整赔偿责任仅是有可能减损公司的偿债能力，公司也有可能根本就没有实质性的债权人，或者即便有，也可能由于公司有偿付能力而并不必然导致债权人利益受损，还可以通过引入正当的法律程序使得债权人的利益得到应有的保护。

⑥"贪心"是否违法：在估值调整所涉争议的分析过程中，有一种常见的看法是投资有风险，投资人既然愿意按照高估值投资就应该自担风险，不应该要求公司作出业绩承诺，进而要求对赌和补偿；如果公司的业绩不及预期，那么投资人应当为自己的"贪心"买单。从法律的理性而言，商人的"贪心"并不违法，一方面"贪心"，另一方面采取合法的避险措施既符合商业逻辑，也符合法律逻辑。投资人即便设定了业绩对赌条款，也仍然会面临各种因素引发的公司和创始股东无力承担补偿责任的风险，这是他真正无法回避的商业风险。至于估值调整机制是否设定，则是意思自治的领域。同样，公司要相对高的估值，可以接受也可以不接受业绩对赌风险，也都是合法的，也同样具有商业逻辑。这都取决于商业谈判，只要是真实意思表示，都应该

是合法有效的。有关这一点，下列延伸的案例5中的判决可供参考。

在【案例5：李某某与袁某某合同纠纷案】［（2020）浙民终525号］终审判决和最高人民法院驳回再审申请的［（2021）最高法民申2922号民事裁定书］（限于篇幅，这里不做判决内容的引述）中，最高人民法院在再审裁定中确认当事人之间有关股票投资的收益差额补足约定"符合正常的商业逻辑，并非含有博彩性质的赌博行为，也不违反证券交易风险自负的原则"，是合法有效的，合同当事人均应信守合同义务。但该案例中，当事人之间的约定指的是定增股票的投资人相互之间的收益差额补足承诺。而如果对上市公司定增收益作出承诺的一方是上市公司的控股股东或实控人，则最高人民法院在《关于为深化新三板改革、设立北京证券交易所提供司法保障的若干意见》中明确"在上市公司定向增发等再融资过程中，对于投资方利用优势地位与上市公司及其控股股东、实际控制人或者主要股东订立的'定增保底'性质条款，因其赋予了投资方优越于其他同种类股东的保证收益特殊权利，变相推高了中小企业融资成本，违反了证券法公平原则和相关监管规定，人民法院应依法认定该条款无效。"读者应区别这两种不同的情形，并理解其背后的法理基础。

⑦值得庆幸的是，我们已经看到司法界对于案例4甘肃世恒公司案的缺陷进行了适度的纠偏或弥补。2019年11月8日，最高人民法院印发的《全国法院民商事审判工作会议纪要》（法〔2019〕254号，以下简称《九民纪要》）第二部分"（一）关于'对赌协议'的效力及履行"中传达出应在保护交易安全和维护公司法资本维持制度之间寻求平衡点的明确信号。

在【案例6：江苏华工创业投资有限公司诉扬州锻压机床股份有限公司案】［（2019）苏民再62号民事判决书］中，涉及"回购条款"的有效性问题江苏省高级人民法院认定该案涉及的回购投资人股权的条款合法有效，并指出其理由是：

> 公司法并不禁止有限责任公司回购本公司的股权，有限责任公司回购本公司股权不当然违反公司法的强制性规定；

有限责任公司在履行法定程序后回购本公司股权，不会损害公司股东及债权人的利益，亦不会构成对公司资本维持原则的违反；

年回报率8%的固定收益，与同期企业融资成本相比并不明显过高，符合公司正常经营所应负担的经营成本及所能获得的经营业绩情况。

虽然江苏省高级人民法院对案例6的判决不是针对业绩对赌条款，而是针对股权回购条款的有效性，但其涉及的争议焦点同样是公司履行回购投资人股权的义务，是否由于损害公司和投资人利益而应被认定为无效。这与案例4甘肃世恒公司案以及《九民纪要》第二部分所涉及的是同样的问题。

《九民纪要》遗留的一个问题是，目标公司根据对赌协议回购投资人持有的公司股份，属于定向减资。目前司法实践中，一些法院的代表性意见认为除非公司章程和股东协议中另有约定，否则公司需要取得全体股东一致同意方可实施定向减资。而规定了对赌协议的原公司章程或股东协议是否属于另有约定，在实务中存在不同意见，这仍然影响对赌协议的强制执行。

⑧进一步延伸，如果投资人的股权是从某一股东受让，而非认购公司新增的注册资本，是否可以要求公司设定与上面类似的业绩对赌机制并承担补偿责任？通常，如果受让的股权是带有优先权的（包括业绩对赌等机制），那么通常受让方会承继该等权利。如果受让的股权本身不带有该等优先权，可能是从创始股东或其他股东手中受让，则公司接受新增设业绩对赌机制和补偿责任，在遵循上述必要的法律程序的条件下，也是合法有效的。从法律上理解，也就是公司有权根据需要，通过必要的内部审批程序，将已经发行的普通股变更为优先股。当然，作此理解是从法理角度而论，因为目前国内绝大多数公司并不会有优先股和普通股的设置和划分。

(2) 滚存利润的归属条款

不论作为投资人还是公司方的律师都应该谨记，滚存利润是归老股东还是归新老股东共享的问题应当约定清楚，不能遗漏，除非是没有历史累积的滚存未分配利润的初创公司。如果没有特别的约定，从法理上理解，该部分滚存利润应该归属于新老股东共享。所以，如果单独归属于老股东，而不是与新股东共享，则除非当事人另行协商一致，理论上归属于老股东独享的滚存利润金额应当从公司估值中减除。

(3) 股权或期权激励条款

该条款中最核心的问题是股权激励成本由融资前的老股东承担，还是由融资完成后的新老股东按比例共同承担，即用于激励的股权是源自老股东转让的股权，还是新老股东共同摊薄得到的股权。这个问题本质上就是估值或价格的问题，需要在交易文件中约定清楚。但从技术层面而言，投资人一般倾向于不承担股权激励成本，特别是非常难以接受以出让老股的方式来承担股权激励成本，因为出让老股用于激励，往往意味着低于投资价格转让并直接导致账面亏损。因此，公司可以换一个方式，在与投资人谈融资估值时把这个问题考虑在内。除此之外，激励条款还会包含激励方案的确定需要包含投资人在内的董事会批准，而创始人则往往希望自己在对团队的激励方案细节上有更大的决定权。由于投资交易文件一般不会约定股权激励方案的细节，如授予对象、授予条件、确权周期、考核条件、权利限制等，而是将其留待投资后的董事会去决定。因此，如无其他特殊考虑，投资交易文件中通常明确激励成本的承担方式、激励股权的总体规模、激励方案须经董事会批准即可。

(三) 交易的时间轴

私募股权投资交易，存在一个逻辑性较强的时间轴，典型的情况大致包括：初步接触调研—谈定估值并签署意向条款—详细尽职调查—正式签约—过渡期内满足先决条件—交割—交割后义务。如果无法满足交割的先决条件，而投资人也不愿意免除先决条件，则在过渡期达到一定期限后，交易将因为一方或双方（各方）的决定而终止。这个时间轴反映在下列主要条款上：

1. 交割条件

(1) 交割条件直白的意思是，满足了这些条件，投资人才会付款完成投资。

（2）这些条件包含：①惯常的程序性条件（如公司股东会或董事会决策批准等）；②投资人基于项目具体情况要求公司或创始人在交割前必须满足的先决条件，通常是对商业模式或估值或合规性有重大影响的事项；③一些法律上的惯常性保护条款，如签约后到交割前公司没有发生重大不利变化（通常所谓的 Material Adverse Effect，MAE），公司和创始人没有出现交易文件下的违约情形。

（3）上述（2）所列情形中，正常主要讨论的是第②类的交割条件。由于交易往往都具有很强的时间性，因此，第②类事项中对于交易而言不是最重要的部分，或者虽然重要但其完成需要较长时间的事项，就往往作为交割后要完成的义务，而不作为交割条件。

（4）上述（2）所列的交割条件中，也有一个很常见但又经常发生争议的问题，就是交割条件中是否应当包含"投资人对尽调结果感到满意"和"投资人的投资决策委员会批准了本次投资交易"？投资人的律师往往会把这两个条款作为标准的交割条件。但公司律师则可能提出，对于尽调结果是否满意不应是交割条件，而是交易文件签约前就已经决定的问题，在交易文件签署之后，应该是有没有新发生的 MAE，而不再是对尽调结果是否感到满意的问题；而投资人的投资决策也同样应该是交易文件签约前就已经解决的问题。否则，这两个交割条件很容易成为投资人不完成交割的理由，而投资交易文件一旦签署，公司就会被投资者锁定，直至后文所述的截止日方可解锁。

（5）交割条件满足的时点应该既包含签约时点，也包含交割时点。

（6）标准的交割条件条款都会保留投资人主动免除该等交割条件，而提前完成交割的权利。因为在某些特殊情况下，投资项目非常抢手，或者公司有更好的投资人或其他特殊情况，而不希望按照已经签署的合同完成投资交易，不排除这种情况公司可能有意不满足交割条件，而不进行交割。投资人需要保留这一免除权利以保持主动。

2. 交割及交割的交付物

（1）通俗说，交割就是一手交钱一手交货（股权/股票）。但是国内的管理机制和惯例并不依赖于公司自行签发的股权证书或出资凭证，而是以官方的工商登记为准（这既因为登记有公示效力，也有长期社会文化影响的原因）。因此，股权的交割难以完全实现"一手交钱一手交货"（同时或几乎同时完成），而会存在若干天的时间差，严格从法律上讲交易的安全性存在一定的风险。好在一般私募股权投资项目中，公司和投资人之间的信任关系较好，先打款后办理变更登记手续的情况并不少见；也有先递交工商登记申请后进行打款的情况。而在股权转让或控股权并购的交易中，则更多采取工商变更登记申请被受理的同时打款的方式。

（2）相比交割条件的条款，交割交付物的条款较容易被忽视。因为私募投资交易中，交割后投资人并不掌管公司，因此交付物非常简单，往往仅仅是股权凭证而已；而在控股权并购的交易中，交割交付物则复杂得多，往往从公司印章、资质证照，到重大合同、批文等重要文件的原件、财务凭证，甚至Ukey、技术资料、钥匙等不一而足，这需要律师帮助客户根据情况详细甄别和约定，更需要交易方自己仔细清点、制作清单和交接。

3. 陈述与保证

绝大多数情况下，投资人会在交易之前对公司进行尽职调查。但双方都应该明白，尽调并不免除公司的陈述与保证。陈述与保证是公司（作为股票的发行方或卖方）向投资人（股票的买方）说明和保证公司各方面状况的陈述之辞，具有严格的法律效力。公司方或习惯于认为（或为了表示）自己没什么问题而大大咧咧，但律师有责任对客户的每一句陈述和保证字斟句酌，确保其真实、准确和没有误导性。当然，律师的负责任不应反而妨碍交易的达成或拖后交易时间，这是谈判技巧的问题，非本文讨论的重点，另当别论。此外，实践中有的合同会把公司的一些承诺事项写到陈述与保证条款中，这其实是不妥的。公司或创始人向投资人作出的作为或不作为的承诺事项，并非就公司的现实或过去的状况作出的陈述，因此，承诺的义务不应写在本条款之内，否则虽然不影响条款的效力，却显得合同条款逻辑不清。

4. 披露函

和陈述与保证对应的是公司和创始人及其他相关股东向投资人出具的披

露函，以披露公司和/或相关方存在的不符合陈述与保证条款的情形。披露函一般要求具体明确，并对应陈述与保证中的具体条款。至于披露函能不能包含政府档案中的信息、网上公开的信息，对应某一条陈述与保证的披露是否可以自动被视为构成对另一条陈述与保证的披露，则无一定之规，律师起草文件时应仔细斟酌。实践中，也会遇到某些合规事项需要向投资人披露，但各方又不愿意放在披露函（包含在正式交易文件内）之中的情形，则可以考虑留个引子放在某个单独的披露文件中。

5. 过渡期义务

这实际上是一个"维稳"条款，在合同签订、生效之后，双方由确立交易关系到先决条件成就，再到投资人内部程序完成，使交割完成，须经历一段时间。而公司在此期间，因业务经营和外部环境的影响，时刻处于变化之中，投资人在此期间尚不持有股权，董事也没有到位，不能实质上影响公司的经营决策，因此须通过合同约定对公司的经营行为加以约束，使公司的状况不至于发生意料之外的大幅变动。而从公司的立场看，虽然期间短暂，但交割是否完成存在不确定性，也不希望受到投资者过多的干预，因此双方就此存在一定的谈判博弈。

6. 交易截止日

截止日指的是如果交割条件非由于任何一方的过错，客观上长时间无法满足，投资人又不愿意放弃或豁免该交割条件，那么交割迟迟无法完成。此时，对于投资人而言，无非无法完成一项投资，却也保留着对公司的投资机会；而对于公司而言则既不能取得必要的融资，又因为合同约束而无法向其他投资方寻求投资，长时间拖延下去，处于尴尬的境地，对公司的发展极为不利。因此，须约定一个交易截止日，如果到该日期届满仍无法完成交割，则任何一方均可解除合同，得以解脱。

7. 交割后义务和承诺事项

公司和/或创始人承诺交割后须完成的义务，或不得发生的情形，规定于本条，可以归结为交割之前来不及完成或交割后才开始筹划的事项，如需要达到的合规要求，业务模式所需取得或成就的一些条件或要素等。

8. 防止投资人权益被摊薄

（1）投资人在公司的后续融资中享有优先认购权，是一项常见的标准条款，也是股东直观地防止自己所持股权比例被摊薄的直接措施，也可以称为一种直接积极的反摊薄措施。在投资的商业实践中，有一些坚定看好项目的投资者确实会对公司跟进若干轮的投资。从商业角度看，现有投资者的持续跟进一方面会让潜在投资者更容易相信公司的状况良好，且现有股东具有良好的信心且管理团队能够与投资人保持较好的关系；另一方面有时公司倾向于不让现有股东行使优先认购权，因此持续的跟进投资可能让某一股东股权偏大，而创始人在能确保融资的情况下，大多倾向于投资者的股权比例相对分散。

（2）反摊薄权，反摊薄条款的目的是防止公司以低于投资人认购价格的相对低价发行新股（即所谓"贬值融资"），而使投资人的投资按照市场可参照价格计算贬值；或者在出现贬值融资时，投资人能够获得补偿。换言之，投资人在公司出现贬值融资的情况下，要求公司或创始人对投资人承担补偿责任，使投资人按照新的相对低价重新计算其投资权益，从而避免投资贬值的负面结果。贬值融资通常发生在公司经营状况变差，或行业处于下降周期，而公司又确实需要融资时。除了贬值融资之外，少数情况下也会发生在创始人以低于投资人原认购价格的相对低价转让自己所持的公司股权，可同等适用这一条款。从律师实务的角度而言，这个条款需要解决的问题包括：

①发生上述反摊薄情形下，补偿的主体是公司还是创始人（或大股东）？补偿的标的是股权还是现金？在公司以较低价格发行新股的情况下，按照法律关系，补偿方应该是公司，但实际存在实缴注册资本的操作困难。我国公司难以用象征性面值为对价发行新股来向投资人实施补偿，而只能由创始人以转让老股的方式对投资人实施补偿；或者由公司和/或创始人以现金方式进行补偿。投资人通常对这两种补偿方式享有选择权。由创始人低价转让老股的补偿比较少见，如果有，该情况下的补偿责任应由创始人自行承担。

②补偿的计算标准问题。反摊薄条款的补偿计算标准主要有两种：

完全棘轮（full ratchet）方式，这是对投资者比较有利的方式，即简单地以贬值融资的相对低价替代投资人原来投资于公司时的认购价格，重新计算投资人所持的公司股份数或股权比例。如果贬值融资时公司新发行的股份数较少，那么这种贬值融资行为对于投资人造成摊薄的负面效果其实也相对较小。此时如果投资人所持的股份比例相对较大，而全部按照贬值融资的相对低价重新计算，则公司需要承担的补偿额（不论是以股份还是现金支付补偿）就相对较大，遭受的损失也相对比较重，从而造成一定的不公平。

加权平均的方式，就是以贬值融资的相对低价和投资人原投资认购价格的加权平均价作为投资人的投资价格，并相应计算应给予投资人的补偿。这个加权平均价，就是说不仅考虑二次融资的不同价格，还要考虑这两个融资发行的股份数量的权重。而在计算加权平均价格时，依照是否考虑完全稀释（即是否考虑普通股、期权和其他可转换证券的股份数量）还是非完全稀释的股份数量，还可以进一步区分所谓广义加权平均价格和狭义加权平均价格。

仅就计算的价格而言，由于不考虑股份数量的权重，完全棘轮的方式对于投资人最有利；而由于最大限度地考虑可转换为普通股的数量，广义加权平均计算出来的投资价格相对较高，对公司最有利；而狭义加权平均的方式则居于两者之间。律师须根据所代表的立场以及项目的具体谈判情况向客户提供建议。

9. 公司治理结构中的保护性条款

（1）交易文件需明确在交割完成后，投资人是否拥有董事会席位及其数量，董事会是否设立专业委员会以及投资人代表在其中的席位。在投资者较多或者投资者股权比例较低的情况下，如果不能取得董事席位，往往也可以用委派董事会观察员的方式作为弥补。

（2）为了防止公司将重要业务和经营决策事项下移到某一子公司，从而架空公司董事会和规避投资人的监督,严谨的做法会约定投资人的董事席位和董事权利将贯穿(pass through)到公司所有或重要下属子公司的董事会,但如此也会导致公司治理结构的烦琐化和投资人委派董事的负担更为繁重。因此,这一机制的采用需要根据实际情况把握适当的尺度。

(3)中国法下,股东会是公司的最高权力机构,股东会的职权在比较大的程度上可以覆盖董事会的职权和决策,因此境内公司的投资者如果享有一票否决权,不应仅限于董事会,而应同样存在于股东会的决策机制当中。

(4)投资人权利在公司治理结构中的保护,以及投后管理、知情权相当程度上依赖于投资人委派的公司董事,而其中投资人董事对于决策事项的一票否决权是投资人权益保护的典型和重要体现,当然也有一些情况下,公司坚持不给予投资人董事该项权利。该等一票否决权事项是交易文件的常规和重点谈判事项之一,按照其性质通常分为两大类:

一类是消极保护型事项,即投资人享有该否决权主要是为了消极地保护自己的权益不被损害,如修改公司章程、变更投资人所持股票的种类或权利、从事主业之外的新业务、购置不动产或与主业无关的资产、出售或处置主业资产、对外提供借款或担保、任命审计师等。这一类事项,双方相对而言比较容易达成一致。

另一类则是所谓积极介入型事项,即投资人享有该否决权,带有主动介入公司经营管理决策的色彩,如审批年度财务预算、经营计划、投资计划或投资项目,任免高管人员,员工激励和薪酬等。该类事项双方的分歧相对而言更大一些,有些事项可以通过设定相应的金额、数量达成妥协。

上述两类事项的分类有时不完全绝对,但其划分和判断还有一层意义在于涉及合资企业的情况下,享有积极介入型事项否决权的一方往往被视为对公司具有一定程度的控制权,从而可能影响另一方(即便其对公司享有控股权)合并公司的财务报表。而在私募股权投资的交易中,虽然一般不会形成典型意义上的合资企业,但可能导致享有积极介入型事项否决权的投资者与公司的控股股东,或投资者与同样享有该等否决权的其他投资者之间触发经营者集中的申报门槛(即所谓反垄断申报)。

10. 信息知情权

这是一个要求公司向投资者或其委派的董事持续披露相关信息的标准条款,意在使得投资人在投后管理的过程当中,持续了解公司的真实经营情况。虽然这通常是一个标准条款,但公司方的律师应注意相关的信息披露期限、频率和范围符合公司的实际,而且提醒公司在投后日常的投资者关系管理中,应注意履行合同约定的信息披露义务。

11. 最惠国待遇

最惠国待遇条款是投资人用于预防自己所享受的权利待遇低于其他投资人,防止自己受到歧视的条款;通常主要针对同一轮次和未来轮次的投资人,但有的最惠国待遇条款也会覆盖之前轮次的投资人。该条款针对既往投资人和同一轮次投资人所享有的待遇,具有较大的共识(例外是比如投资额大或领投的投资人拥有董事席位,反之则不拥有);而针对未来投资人可能获得的待遇的情况下,由于届时公司的状况、未来投资人的入股价格可能都存在比较大的不同或不确定性,是否应该授予现有投资人与未来投资人同等的最惠国待遇,存在一定的争议。

12. 完整协议条款

与最惠国待遇条款相关联的,是"完全协议"这一常见的格式条款,它是指有关本次交易的所有事项或约定都在这一份或一套协议里面,除此无其他约定。

(1)该条款比较严格的写法是,如有其他协议或约定均视为无效。这样法律上就废除了截止协议签署日所有桌子底下的其他协议或补充协议的效力。但是须清楚的是,该条款只能解决交易文件签署日之前、其他方之间可能存在的桌子底下的补充协议的问题。如果在交易文件签署日之后再次签署补充协议呢?理论上其效力不会被该条款废除,因为交易文件不会绝对约定相关合同方之后不得签署补充协议。那么，交易文件签署日之后的问题就应该交给上面所说的最惠国待遇条款来解决。

（2）当然，该条款的另一个用途是避免交易达成和执行过程中，先后签署的意向书、备忘录、框架协议、会议纪要、正式协议等文件之间内容打架的问题，这是另一意图。

（3）与该条款相关的另一问题是，同一公司多轮融资的交易文件相互之间的效力如何。对于公司和新投资人而言，比较简单的方式是最新一轮的交易文件有效，而之前的交易文件都失效。但是有的前轮投资人认为新一轮的交易文件只管辖新一轮投资人与公司/创始人之间的关系，以及不同轮次的投资人之间的关系，包括权利的优先顺序等；而不涉及仅属于前轮投资人与公司/创始人之间关系的问题，特别是当前后两轮或多轮投资的交易文件版本存在较大差异的情况下，前轮投资人可能坚持不放弃自身习惯了的交易文本，担忧自己多年沿用的文本如果失效，自己的权益可能受损或新的文本可能不符合自身机构的内控或风控政策。这种情况下，不同交易方的律师的确都需要非常认真地比对和考虑不同文本在各个特定问题上的约定是否存在冲突、对自己客户的影响，以及逻辑关系。

13. 各方之间的连带责任关系

相关方对于某些合同义务承担连带责任在私募投资交易中是常见的，但经常只是在涉及某一个具体义务时在特定条款中予以表述，如涉及陈述保证的违约责任，赎回义务的承担等。如果公司的股权结构比较复杂，如存在多位联合创始人、多位同一家族股东、除了创始人之外的管理层股东或员工持股平台、多轮融资股东、同一轮融资里面有多个投资人股东等，那么在这类法律关系比较复杂的项目里，可能需要考虑专设条款对于上述相关主体以及公司之间是否存在及存在什么样的连带责任关系予以明确，以免遗漏。

图3较为直观地体现了一个比较典型的私募融资交易的时间轴过程，相应的交易步骤和对应的合同条款也在图中得以展现。

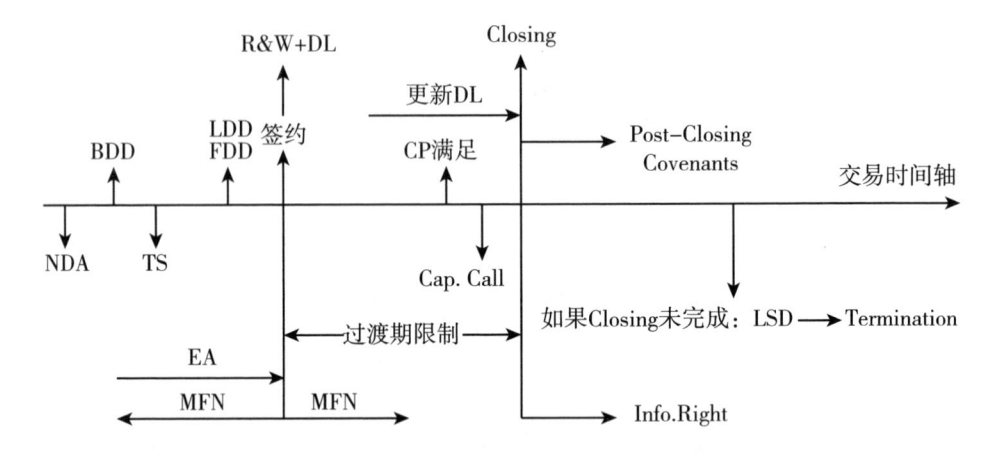

图 3　私募融资交易时间轴

注：1. NDA 指 Non-disclosure Agreement，保密协议。

2. BDD 指 Business Due Diligence，业务尽调。

3. TS 指 Terms Sheet，主要条款书。

4. LDD 和 FDD 指 Legal Due Diligence 和 Financial Due Diligence，法律尽调和财务尽调。

5. R&W 指 Representations & Warranties，陈述与保证；DL 指 Disclosure Letter，披露函。

6. EA 指 Entire Agreement，完整协议。

7. MFN 指 Most Favored Nation，最惠国。

8. CP 指 Conditions Precedent，先决条件。

9. Cap. Call 指 Capital Call，投资人通知和要求自己的 LP 缴纳出资。

10. Closing，交割，也使用 Completion 一词。

11. Post-Closing Covenants，交割后义务。

12. Info. Right 指 Information Right，信息知情权。

13. LSD 指 Long Stop Date，最终截止日。

14. Termination，合同的终止。

以上只是概述了私募融资活动中的一些主要交易逻辑，以及其在合同条款上的体现。私募融资的确是具有高度市场惯例的交易活动，所以合同的样子长得都差不多。但律师既要理解这些惯例的逻辑；更要理解只有合理的商业立场，没有绝对的市场惯例或合同条款。因为公司所处的发展阶段、经营状况、行业、市场地域、市场周期（包括公司产品的市场周期、股票市场的周期）、资金供需状况、政府政策都影响着交易条件和合同条款。

IPO 实务

——兼谈证券律师的工作

刘 艳 李 化

引言

有人说资本市场法律业务是律师业务中的皇冠，证券业务又是皇冠上的明珠，这种说法让证券律师的优越感油然而生。然而，实际工作中，证券律师不仅要经常加班和熬夜，还要频繁出差和集中驻场，有不少证券律师将做证券项目称为"搬砖"。人们心目中的地位和律师的实际感受的差异怎么会这么大呢？下文将着重介绍证券律师的核心业务——IPO 业务，或许读者能从中发现答案。

一、境内资本市场概况

（一）我国资本市场发展历程

我国资本市场是伴随改革开放进程而萌芽、发展、壮大起来的。20 世纪 80 年代初，一些企业开始摸索股份制，在企业内部发行股票，催生了中国股票市场。1984 年 11 月上海飞乐音响股份有限公司成为第一家公开发行股票的公司。随着 1990 年上海证券交易所和深圳证券交易所的先后成立，中国资本市场的发展进入了快速通道。1998 年 12 月 29 日第九届全国人民代表大会常务委员会第六次会议正式通过了《证券法》，标志着中国资本市场的发展进入了法治化的轨道。

其后，中小板、创业板、新三板、科创板、北交所先后涌现，各地股权交易中心相继成立，中国资本市场进入了多层次的体系化发展之路。

三十多年来，中国资本市场在改革中前进，在开放中成长，从无到有、从小到大，实现了历史性突破和跨越式发展。从规模方面讲，中国股票市场规模已经跃居到全球第二。

在资本市场制度供给方面，从审批制到核准制，再到全面实行注册制，市场化改革稳步推进。审批制下的上市审核源于计划经济，除完成行政审批外，还需要满足计划指标，争取指标是上市工作的核心。在核准制下，不再设置上市指标，由发行人直接向中国证监会提出上市申请。经过中国证监会的实质审核，在满足上市节奏和窗口指导市盈率的前提下，完成上市工作。实施注册制后，发行节奏和市盈率指标更多地交给市场，让市场在资源配置中起决定性作用，真正实现市场化的改革目标。

（二）首次公开发行股票

首次公开发行股票（Initial Public Offering，IPO）指一家公司首次向社会公众出售自己的股票。简单来说，这个过程就是从闭合公司走向公众公司（上市公司）的过程，也是公司正式踏入资本市场的过程。

在 IPO 之前，公司的股东人数较少，按现行《公司法》，有限公司股东人数不得超过 50 人，股份有限公司发起人人数不得超过 200 人。IPO 之前，即使是股份有限公司，其股东人数也无法直接突破 200 人。然而，IPO 之后，公司股东人数就会扩张到令人吃惊的程度。公众公司的股东人数是没有上限的。

这个特征虽然是形式上的，但对辨别 IPO 的实质具有重大意义。IPO 的一个核心作用就是直接从社会公众融资，募集社会资金，集中力量办大事。如果募集资金的对象是有限的，则失去了募集大额资金的可能性。因此，形式上对股东人数的放开从实质上满足了 IPO 的内在需求——直接募集社会资金，快速扩大生产经营和发展公共事业。

（三）资本市场板块划分

我国资本市场由主板、创业板、科创板、北交所、新三板及区域性股权交易市场等板块构成。截至 2023 年 8 月 21 日，境内主板有上市公司 3180 家，总市值 623,112.24 亿元；创业板有上市公司 1309 家，总市值 116,577.07 亿元；科创板有上市公司 556 家，总市值 60,183.85 亿元；北交所有上市公司 215 家，总市值 2596.54 亿元；新三板有挂牌公司 6389 家，总股本 4495.68 亿股（新三板挂牌公司股票成交不活跃，暂无总市值的统计数据）。

1. 主板

主板面向大型成熟企业。在主板上市的公司多为大型成熟企业，或处于某个行业的龙头地位，具有较大的资本规模及稳定的盈利能力，例如工商银行、中国人寿、中国石油等。上交所和深交所均有主板。上交所主板股票代码以 60 开头，深交所主板股票代码以 00 开头。

主板市场是资本市场中最重要的组成部分，很大程度上能够反映中国经济发展状况，有"国民经济晴雨表"之称。主板市场上市门槛较高，对发行人的经营规模、股本大小、盈利水平等都具有较高要求。2023 年 2 月 17 日，中国证监会及交易所等发布全面实行股票发行注册制制度规则，自发布之日起施行。这标志着注册制的制度安排基本定型，注册制推广到全市场和各类公开发行股票行为。截至 2023 年 8 月 21 日，已有 18 家企业通过注册制登陆主板。

2. 创业板

创业板市场面向成长性创新企业，是为具有高成长性的中小企业和高科技企业提供融资服务的资本市场。创业板市场不同于主板市场，具有前瞻性，有高风险、监管要求严格以及明显的高技术产业导向的特点。

创业板行业定位要求"三创四新"，即企业符合创新、创造、创意的大趋势，或者存在传统产业与新技术、新产业、新业态、新模式的深度融合，原则上不支持传统行业的企业在创业板上市。与主板市场相比，在创业板市场上市的企业规模较小、盈利要求较低，满足创业板定位的中小企业更容易上市募集发展所需资金。创业板已经在 2020 年由核准制转为注册制，为全面实行注册制奠定了基础。随着注册制的全面实行，创业板的定位将更为注重

"三创四新"，这对申报创业板上市的企业提出了更高的要求和挑战。

3. 科创板

科创板是我国首个实行注册制的场内市场，面向科技创新企业，服务于符合国家战略、突破关键核心技术、市场认可度高的科技创新企业。科创板上市企业普遍具有技术新、研发投入规模大、盈利周期长、技术迭代快、盈利能力相对不稳定等特点。

科创板重点关注三类企业：（1）符合国家战略、突破关键核心技术、市场认可度高的科技创新企业；（2）属于新一代信息技术、高端装备、新材料、新能源、节能环保以及生物医药等高新技术产业和战略性新兴产业的科技创新企业；（3）互联网、大数据、云计算、人工智能和制造业深度融合的科技创新企业。这三类企业即俗称的"硬科技"型企业。对于战略性新兴型和创新型企业来说，考虑到市场接受程度和未来二级市场的价格因素，科创板是不错的选择。

4. 北京证券交易所（北交所）

北交所面向"专精特新"创新型中小企业。虽然北交所也强调创新性，但有很强的包容性，能够满足"中小企业+创新企业"的要求即可。在行业面上，北交所更注重"专精特新"中小企业，重点支持先进制造业和现代服务业等领域的企业，促进新兴产业发展。北交所旨在培育一批"专精特新"中小企业，形成创新创业热情高涨、合格投资者踊跃参与、中介机构归位尽责的良性市场生态。

北交所是目前最年轻的交易所。虽然目前北交所上市公司的体量和规模赶不上另两家交易所，但北交所前景可观。如果企业还处于创业初期，企业规模较小、盈利水平较低，目前可以考虑北交所这条路。另外，自成立之日起，在北交所设立国际板的呼声一直不断。出于支持"一带一路"倡议、支持在华有业务的境外公司等考虑，市场对国际板确有实际需求，但花落谁家尚不明确。

5. 全国中小企业股份转让系统（新三板）

新三板市场即全国中小企业股份转让系统，主要面向创新型、创业型、成长型、"小而美"的中小微企业。新三板设立创新层和基础层，符合不同标准的挂牌公司分别纳入创新层和基础层管理。境内符合条件的股份有限公司均可通过主办券商申请在新三板挂牌，公开转让股份，进行股权融资、债券融资、资产重组等。新三板市场的股票转让可以采用协议方式、做市方式、竞价方式和证监会批准的其他转让方式。

新三板是小微企业特别是创新型小微企业直接融资的重要平台。对于既难以满足银行信贷审核要求，也无法满足上市条件的小微企业，新三板融资通道的作用更加凸显。新三板是我国多层次资本市场的重要一环。

6. 各地股权交易中心

各地股权交易中心俗称四板，面向小微企业及其他类型企业，系为特定区域内的企业提供股权、债券的转让和融资服务的私募市场，一般以省级为单位，由省级人民政府监管，如上海股权托管交易中心、广州股权交易中心、前海股权交易中心、浙江股权交易中心、江苏股权交易中心、齐鲁股权交易中心等。

四板是我国多层次资本市场的重要组成部分，亦是我国多层次资本市场建设中必不可少的部分。对于促进企业特别是小微企业股权交易和融资，鼓励科技创新和激活民间资本，加强对实体经济薄弱环节的支持具有积极作用。

（四）上海、深圳、北京三大证券交易所

A股市场由主板、创业板、科创板、北交所四个板块组成，这四个板块分布在上海、深圳、北京三大证券交易所。

1. 上海证券交易所

上海证券交易所简称沪市或上交所，成立于1990年11月26日。沪市目前有两个交易板块，即沪市主板和科创板。沪市主板上市公司证券代码以60开头，科创板上市公司证券代码以68开头。

2. 深圳证券交易所

深圳证券交易所简称深市或深交所，成立于1990年12月1日。深市目前也有两个交易板块，即深市主板和创业板。深市主板上市公司证券代码以

00 开头，创业板上市公司证券代码以 30 开头。

3. 北京证券交易所

北京证券交易所简称北交所，成立于 2021 年 9 月 3 日。北交所是我国第一家公司制证券交易所。北交所上市公司目前均来自新三板，新三板的证券代码会延续使用到北交所，因此，北交所上市公司证券代码以 4 和 8 开头。

（五）多层次资本市场的未来展望

在全面实行注册制的推动下，我国多层次资本市场从"有"到"优"，板块体系日趋完备，形成了涵盖沪深主板、科创板、创业板、北交所、新三板、区域性股权交易市场的互联互通的多层次资本市场体系，能够满足多重投融资需求。多层次资本市场体系和资本市场配套制度的完备，促进市场各方归位尽责，资本市场服务实体经济能力显著增强，助推中国产业升级、上市公司增量提质。

全面推行注册制是市场化的关键一步，这是市场在资源配置中起决定性作用的体现，一方面注册制下资本市场直融效率显著提升，另一方面产业结构也实现了升级跃迁。全面推行注册制，资本市场能够更好地赋能实体经济，促进资本市场发挥资源配置功能，将更多资源向符合国家战略的重要产业、科技产业、新兴产业集中，更好地推动创新、创业企业发展。

多层次资本市场增加了资本市场对企业的包容度，从证券律师业务角度而言，其增加了证券律师的业务来源，此外，全面实行注册制对证券律师的工作也提出了更高要求，具体如下：

第一，北交所的设立和制度设计、注册制的全面推进和多层次资本市场体系的建立为证券律师发展资本市场业务提供了制度支持。

北交所的制度设计和多层次资本市场体系的建立契合各类企业的发展需求，针对不同发展阶段、不同规模的中小企业的上市通道在持续打通。中小企业前期规模较小，具有一定竞争优势的中小企业一旦获得了资本市场的助力，往往有更大可能性取得跨越式发展，并带动周边产业的协同。资本市场制度安排对中小企业发展和中国经济转型影响巨大，也为证券律师发展资本市场业务提供了制度支持。

第二，证券律师要提高对国家和各级政府支持企业发展、产业结构转型的重要性的认识，律师的法律服务工作一定要响应并融入国家战略大局的需要。

习近平总书记强调要加快培育一批"专精特新"企业和制造业单项冠军企业，为发展"专精特新"中小企业指明了努力方向。证券律师应当认识到：实体企业好，中国经济才会好。当前，中国经济保持恢复态势，未来实现高质量发展需要不断激发企业的创新活力。积极培育"专精特新"中小企业，打造更多"小巨人"企业、制造业单项冠军企业，就能为中国经济转型升级筑牢基础，就能为中国经济长期持续健康发展提供源源不断的内生动力，证券律师应当积极响应并以实际行动投入其中，同时法律服务只有深度融入国家战略发展才更加具有生命力。

第三，证券律师可以为不同企业在其不同发展阶段提供相应的法律服务，具有丰富经验的证券律师可以结合企业发展目标帮助其活用融资工具。在全面实行注册制的大背景下，证券律师应该更早介入，对于满足一定条件的中小企业，甚至有必要在企业成立之初就为其出谋划策，帮助其未来上市做持续规范运作。

证券律师更早地参与中小企业上市的前期规划，可以使其上市少走弯路，节省大量时间、资金成本，很多拟上市企业都是前期"野蛮"发展，预计达到上市规模时再予以规范，前期形成的规范性问题可能会造成后期上市融资的"硬伤"，对企业上市进程产生重大影响。

第四，《关于注册制下提高招股说明书信息披露质量的指导意见》特别指出，律师可以会同保荐人起草招股说明书，提升招股说明书的规范性，未来招股说明书的起草和撰写可能会成为证券律师的主要工作之一。

二、境内 IPO 制度体系概况

境内 IPO 有一套完整的制度体系，对证券律师而言，研习各个行业的境内 IPO 案例中的典型问题具有很强的实践指导价值，最为基础的是熟悉和掌握这套制度体系。

(一) 境内 IPO 的基本制度

从法律定义出发，在境内，IPO 是指股份有限公司依照《公司法》、《证券法》、《首次公开发行股票注册管理办法》[①]（以下简称《首发办法》）等法律、法规规定的条件和程序，经过中国证监会注册，首次向不特定的社会公众公开招股，首次向公众出售公司股票的行为。

《公司法》是规范公司的组织和行为的统领性规则，是调整公司及其股东、董监高权利义务的主要规范，境内 IPO 企业的组织形式为股份有限公司，证券律师对境内 IPO 企业的主体资格、证券发行实质条件、"三会"规范运作、董监高任职资格等事项进行核查时均需适用《公司法》的相关规定。

《证券法》是调整和规范证券发行和交易行为的基本法律，在境内 IPO 制度体系中发挥着直接的指导作用。此外，《证券法》明确了证券发行的基本条件，该等条件与《首发办法》、各交易所上市规则相结合，构成了证券发行和上市的实质条件。《证券法》还专章规定了信息披露的相关要求，强调发行人应当充分披露对投资者作出价值判断和投资决策所必需的信息，也对证券律师的核查提出了新的要求和指导。

对于不同板块的境内 IPO 企业，《首发办法》的有关规定略有差异对中国多层次资本市场的制度体系对不同板块境内 IPO 企业的定位。

(二) 证券律师执业四大法规

除上述基本制度之外，基于证券法律业务的特殊性，监管机构制定了专门法规对证券律师的执业范围、核查及执业规则、勤勉尽责要求等进行了规范。过去很长一段时间，一直是《公开发行证券公司信息披露的编报规则第 12 号——公开发行证券的法律意见书和律师工作报告》（以下简称《编报规

[①] 《首次公开发行股票注册管理办法》适用于上海证券交易所、深圳证券交易所上市股票的发行注册，北交所适用《北京证券交易所向不特定合格投资者公开发行股票注册管理办法》。

则 12 号》)、《律师事务所从事证券法律业务管理办法》（以下简称《执业管理办法》）和《律师事务所证券法律业务执业规则（试行）》（以下简称《执业规则》）三大规则对证券律师的 IPO 执业作出最基本的要求。

上述法规及规范性文件中，最晚颁布实施的《执业规则》为 2010 年发布，相关规定逐渐与不断发展的境内 IPO 环境脱节。为了适应证券发行注册制下律师事务所从事证券业务执业和监管的新要求，2022 年，证监会、司法部和中华全国律师协会联合发布了《监管规则适用指引——法律类第 2 号：律师事务所从事首次公开发行股票并上市法律业务执业细则》（以下简称《监管指引 2 号》），这个规则的出台进一步明确了证券律师的执业范围，明晰了勤勉尽责的标准，统筹协调了各板块的差异，吸收了科创板、创业板等已经先行实行注册制改革的先进经验。2023 年，证监会、司法部对《执业管理办法》进行了修订，修订后的《执业管理办法》拓展了律师事务所从事证券法律业务领域，删除了立案调查与业务受理审核挂钩的规定，完善了证券法律服务监管规定，加强了律师事务所建立健全风险控制制度的要求，这些修订将引导支持律师证券法律服务规范发展，在资本市场改革发展中发挥更大作用。

目前，《编报规则 12 号》《执业管理办法》《执业规则》《监管指引 2 号》构成了证券律师从事证券法律业务的基本规范，熟悉并掌握上述四个法规是每个证券律师的基本功。

（三）各板块 IPO 审核规则

除《首发办法》外，各板块均出台了审核问答，证监会在 2023 年 2 月出台了《监管规则适用指引——发行类第 4 号》《监管规则适用指引——发行类第 5 号》替代了原来的 IPO 审核问答，证监会关于 IPO 的监管口径均以发行类《监管规则适用指引》为准。相关监管规则指引体现了监管审核机构的要求，能够增强审核工作的透明度，提高 IPO 企业的信息披露质量，完善和统一审核标准。各管理办法和审核问答事实上构成了境内 IPO 辅导及核查过程中的工作核心，是证券业务中适用频率最高的规范，也是证券律师必须研习的规范性文件。

我国资本市场目前已经全面实行注册制，相比核准制坚守单一IPO标准，注册制设定多元IPO标准，并对IPO材料的真实性、准确性、完整性、充分性进行严格审核，但不对IPO企业的投资价值进行实质性判断，这种理念变化也对证券律师的核查和披露工作提出了更高要求。注册制下，IPO的审核规则呈现出以信息披露为中心、监管侧重事中事后、市场各方归位尽责的核心理念。

（四）各板块上市规则

现行的上市规则包括《上海证券交易所股票上市规则》《深圳证券交易所股票上市规则》《上海证券交易所科创板股票上市规则》《深圳证券交易所创业板股票上市规则》《北京证券交易所股票上市规则（试行）》。各上市规则除了通用的规则外，均针对各自板块的属性，提出了对于上市公司行为和信息披露的不同要求，以体现差异化，也更符合各板块上市公司的实际情况。

证券律师在承办不同板块的IPO项目过程中，会发现各个板块上市规则在关联方、信息披露要求、锁定期等方面存在一定的差异。因此，证券律师要熟悉各板块的具体规则，根据相应板块IPO项目所应适用的上市规则，提出符合该板块上市规则的意见和建议。

三、企业如何进行IPO决策

对企业而言，IPO并非有利无弊，企业在进行决策时需要进行综合考量，一方面考虑是否实施IPO，另一方面也需要考虑具体上市板块。

（一）IPO利弊分析

1. 公司成功实现IPO的优势

（1）拓宽融资渠道实现跨越性增长

资本对于公司来说意义重大。成功实现IPO能够使公司的持续发展获得长期稳定的直接融资渠道。新购设备、增加原材料和产品的库存、研究和开发新产品，以及扩大公司的生产规模从而增加市场份额等方面，都需要资本的大额投入。有人说，上市公司分享了央行的铸币权。这一说法形象地体现出了 IPO 在拓宽融资渠道方面的重要作用。

通过 IPO 拓宽融资渠道，公司既能获得内生性的成长，还可以实施并购活动，实现跨越性增长，从区域性公司发展为全国性甚至国际性的大企业。

（2）大幅提升公司形象和社会地位

资本市场发展到现在，上市公司仍是稀缺资源。上市后，公司必然成为大众媒体、众多股民关注的对象。成功实现 IPO 能够提高公司的市场地位及社会知名度，也更容易使公司获得客户和供应商的信赖。

上市公司对员工的吸引力也更高，尤其对高素质人才的虹吸作用更为明显。上市公司还可以实施具有相当吸引力的股权激励计划或员工持股计划，将公司效益与员工的个人利益尤其是管理者的个人利益紧密联系在一起，提高员工的工作积极性，进一步体现上市公司对员工的价值。

IPO 完成后，上市公司以及上市公司控股股东、实际控制人等可以获得更高的社会地位。这种社会地位的提升作用巨大。无论是对政府，还是对于一般公众，上市公司的感召力都远远大于一般企业。

（3）获得超额收益

IPO 完成后，公司股票的流动性和价格均会大幅提高，股票增值幅度和流动性提升程度用天翻地覆来形容也一点不为过。公司拓宽了融资渠道，而公司股东也能够借助 IPO 获得超额收益。

在这方面，上市公司中层以上的员工感触最深。比如，互联网大厂聚集的北京西二旗、上地、后厂村等地区地处五环之外，而这些地区房价之高，令人咋舌。其中一个很重要的原因就是互联网大厂普遍实施了较大范围的员工股权激励或员工持股计划。这些大厂上市后，作为股东的员工获得了超额收益，提升了其购买力，从而抬高了当地房价。

股票的流动性和超额收益也反映在股东以其持有的公司股票进行质押融资方面。由于担保资产——公司股票的价值和接受程度大幅提升，股东通过股票质押方式能够获得更高额度和更加顺畅的融资。

（4）公司治理结构完善

IPO 对发行人有一系列严格的要求，特别是在法人治理结构、信息披露制度等方面都有明确的规定。为了达到这些要求，公司必须提高运作的透明度，提升公司的法人治理水平，使一个个"草莽企业""家族公司"逐渐演变为符合现代公司治理结构的公众公司。

IPO 过程中，发行人还会引进外部的独立董事、战略投资者等资源，其附随的资源可以为发行人所用。这对公司的经营和管理既是一种监督，也是一种保护。

2. IPO 给公司带来的麻烦

（1）严格和持续的信息披露

封闭公司的资本风险是由所有者个人承担的，而上市公司的资本来源于社会公众，其风险也相应地分散在社会公众身上。一旦上市公司经营失败，涉及面则十分广泛。这也是法律要求上市公司进行严格而详细的信息披露的原因之一。上市公司必须依法披露重要的经营信息，如经营战略、主营业务、购销渠道、销售的区域、竞争地位、管理人员的薪酬水平等，也需要披露有关市场经营情况的财务信息，包括各项业务的收入、相应的成本、利润率、各种产品的销售量等。

上市公司披露的信息多数为财务信息。除投资人、其他资本市场参与人或上市公司的客户、供应商关注该等信息外，竞争对手也会专门关注。在很多企业看来，销售和市场数据这类经营信息是应当严格保密的。不当披露会被别有用心的人利用，从而影响公司的发展经营。

（2）竞争压力和社会责任增大

IPO 完成后，既然公司的经营风险由公众投资者参与承担，社会关注度提升，相应来说，公司经营业绩的持续提升也是应有之义。在这种情况下，上市公司及其管理层就会面临持续的经营压力。

除经营压力外，上市公司需要比一般的封闭公司承担更多的社会责任。上市公司在创造利润、对股东和员工承担责任的同时，还要对消费者、其他公众、社区和环境承担更多的责任。上市公司需要超越把利润作为唯一目标的传统理念，在经营中更强调对人的价值的关注，强调对环境、消费者、其他公众、社会的贡献。

上市公司作为广受关注的社会成员，对员工、股东、债权人、供应商、客户、消费者、其他公众等利益相关方，以及在环境保护与可持续发展方面，都会承担更多的责任。上市公司在经营活动中，更应当遵纪守法，遵守商业道德，维护消费者的合法权益，保障劳动者的健康和安全，积极承担保护环境和节约资源的责任，广泛参与捐赠、赞助等各种社会公益事业。

（3）规范运作带来的一次性和持续性成本

IPO 过程中，除支付给中介的发行费用外，一般来说企业还会为满足规范运作要求而花费额外的费用。这些费用通常包括保证独立性和股权清晰的花费、解决瑕疵资产的花费、完善业务资质的花费等。

支付给中介机构的发行费用一般约占融资额的 6%—10%，以融资 5 亿元计算，发行费用在 3000 万—5000 万元。发行费用直接从股票发行溢价中扣除，不计入公司的损益。但是，公司为了满足规范运作要求而支付的费用，则是每家公司都不一样。是多还是少，具体要看各家公司瑕疵的严重程度以及所能承受代价的多少，通常来说金额相当可观。

IPO 前规范运作带来的成本是一次性的，而 IPO 后的规范运作成本则是持续的。在公开的监督下，上市公司在福利开支、信息披露等规范运作方面的成本远大于非上市公司，并且这些花费将与上市公司终生相伴。

（4）决策成本上升与效率下降

上市公司决策流程中，既有管理层、董事会、股东会等表决机构，又有内审部、独立董事、审计委员会及监事会等监督机构。对于董事会和股东会，法律法规还规定了各自的通知期限、表决流程等，例如召开年度董事会需要提前 10 天通知，召开临时股东会需要提前 15 天通知，召开年度股东会需要提前 20 天通知等。这种通知、表决和监督等流程，会造成决策成本的大幅上升，决策效率的大幅降低。

除了决策本身流程烦琐外，上市公司决策不但需要考虑经营效益这个常规的因素，还需要考虑相关决策对二级市场、公司形象、控股股东、实际控制人及相关利益方的影响，这些通常是很重要的考虑因素，这也会进一步造成决策成本上升与效率的下降。

（5）失去控制权的可能性增大

公司变成一家公众公司，创始人或管理层丧失对公司的控制力的可能性就会增大。公司上市后，原有股份被稀释，老股东持股比例减少。老股东需要面临的现实是，IPO后公司控制权转移的可能性增大，例如"万宝之争"就是上市公司控制权争夺的典型案例。即使一家上市公司的大股东在上市后仍持有51%甚至更多的股份，公司控制权也可能会因后续发行新股和并购活动而转移。

上市公司控制权之变更，实际上反映的是公司、股东、经营层及相关方的利益冲突，控制权变更势必影响公司的经营管理方式。在现实中，机会总是稍纵即逝，控制权的得丧变更容易影响经营管理决策的效率，进而又影响公司、股东以及其他相关方的利益。

（二）如何引导企业做好IPO板块决策

IPO决策中，选择境内上市还是境外上市，通常是首先遇到的问题。上市地的选择一般需要考虑如下因素：（1）上市地的融资能力，包括IPO融资能力、再融资能力，以及当地资本市场的优势和特色；（2）IPO后公司股票的流动性估计；（3）上市地与公司业务所在地的密切程度；（4）上市地投资者对公司和公司业务的接纳程度；（5）上市成本的高低，如难易程度、时间长短、发行费用、监管成本等。

通常而言，相较境外上市，境内上市拥有估值高、流动性好、再融资顺畅、投资者接纳程度高等优势。相较境内上市，境外上市拥有审核通过确定性高，审核时间短，锁定期短，发行价格、审核方式以及监管手段更为市场化，有利于公司的国际化和海外并购等优势。当然，境外资本市场的选择也很多，例如中国香港地区、纽约、新加坡等地的资本市场在优劣势和各自特点方面也有所不同,这里不再展开叙述。

选择境内 IPO,需进一步考虑以下因素。

1. 境内各板块行业限制

决定在境内 IPO 后,面对主板、科创板、创业板、北交所,决策者们又会存在选择上的困难。从各自的行业限制或者行业选择来说,主板更偏向于加工制造、农业、传统服务业等行业,并且注重大盘蓝筹定位。科创板则定位于高新技术产业和战略性新兴产业等中的硬科技产业,目前限定于如下领域:新一代信息技术、高端装备、新材料、新能源、节能环保、生物医药以及具有科创属性的其他领域。创业板主要采用了排除的方法,以下行业原则上不支持:农林牧渔业、采矿业、酒饮料和精制茶制造业、纺织业、黑色金属冶炼和压延加工业、电力热力燃气及水生产和供应业、建筑业、交通运输仓储和邮政业、住宿和餐饮业、金融业、房地产业、居民服务修理和其他服务业。北交所对于行业则没有明确限制,其上市条件也能够适用于更多的行业。当然,对金融业、房地产业、产能过剩行业、淘汰类行业、学前教育行业、学科类培训行业,北交所也明确表示了不欢迎的态度。

2. 境内各板块属性要求

(1) 科创板的"硬科技"

目前各个板块中,科创板对于"硬科技"的属性要求是最明确的,企业需要同时满足如下标准:①最近 3 年累计研发投入占最近 3 年累计营业收入比例 5% 以上,或者最近 3 年研发投入金额累计在 6000 万元以上;其中,软件企业最近 3 年累计研发投入占最近 3 年累计营业收入比例 10% 以上。②研发人员占当年员工总数的比例不低于 10%。③形成主营业务收入的发明专利(含国防专利)5 项以上,软件企业除外。④最近 3 年营业收入复合增长率达到 20%,或者最近 1 年营业收入金额达到 3 亿元。当然对于未盈利企业的科创属性还有更为严格的要求。

(2) 创业板的"三创四新"

创业板"三创四新"的具体要求如下:深入贯彻创新驱动发展战略,适应发展更多依靠创新、创造、创意的大趋势,主要服务成长型创新创业企业,并支持传统产业与新技术、新产业、新业态、新模式深度融合。

《深圳证券交易所创业板企业发行上市申报及推荐暂行规定》也对"三创四新"的标准予以量化,企业需满足以下条件之一:①最近3年研发投入复合增长率不低于15%,最近1年研发投入金额不低于1000万元,且最近3年营业收入复合增长率不低于25%;②最近3年累计研发投入金额不低于5000万元,且最近3年营业收入复合增长率不低于25%;③属于制造业优化升级、现代服务业或者数字经济等现代产业体系领域,且最近3年营业收入复合增长率不低于30%。

(3)北交所的"专精特新"

北交所定位于服务中小企业,突出更早、更小、更新的特色,充分体现精准包容的理念,是创新型中小企业的摇篮和主阵地。创新型中小企业特指"专精特新"中小企业,具体特征则为专业化、精细化、特色化、新颖化。未来随着北交所的进一步改革,北交所的上市条件可能发生很大变化。

严格来说,主板和北交所对于行业和创新属性没有太多的限制,主要是看企业规模。对于业务传统一些的企业,规模大的适合主板,规模小则适合北交所。

3. 境内各板块其他因素对比

总体而言,科创板、创业板、主板、北交所上市公司的平均市盈率逐步降低,上市标准中的科技和创新要求也逐步降低。当然,主板对规模性要求最高;科创板由于开户有门槛,股票流动性较主板和创业板弱一些。虽然如此,考虑到市盈率和科技属性这两个重要的指标,如果企业能够满足多个板块的上市条件,则可以直接按照上述顺序进行选择。

(三)IPO决策不可忽略的因素——上市周期

1. 公司解决自身问题的时间

每家公司申报 IPO 前,都会有这样和那样的问题需要解决,都会有突发和固有障碍需要跨越,只是不同的企业面临问题和障碍的数量和解决成本不同。

2. 上市申报与审核时间

企业自整体变更设立股份有限公司到发行上市的时间，视公司具体情况而定，总体而言一般不会低于 1 年。按目前的行情，各阶段的大致时间为：从筹划 IPO 到设立股份有限公司，约需 3 至 6 个月；保荐机构和其他中介机构进行尽职调查和制作申请文件，约需 3 至 6 个月；申报后，审核到发行上市理论上约需 6 至 9 个月，但实际操作时间往往会在 12 至 18 个月左右。需要说明的是，二级市场的稳健运行和承受能力也会对 IPO 的审核产生一定影响。

3. 政策变化对上市周期的影响

有人说，中国证券市场在很大程度上是政策市场。而 IPO 作为证券市场的一部分，也体现了中国证券市场的上述特色。自沪深两个交易所成立以来，IPO 适用的法规和规则层出不穷，窗口指导意见和口头指示持续推出，IPO 审核过程不可避免受到影响。审核政策、审核理念、市场环境的风吹草动，都会给 IPO 带来剧烈的震动。例如，A 股历史上最长的一次 IPO 空窗期是 2012 年 10 月至 2014 年 1 月。证监会在此期间开展了声势浩大的 IPO 财务核查运动，IPO 停止了长达 15 个月。如果企业在此期间申报 IPO，其结果可想而知。因此，申报时间也会成为决定 IPO 能否顺利通过的重要因素。

全面实行注册制打破了原来审核的不确定性，提升了审核的透明度和效率。目前，各交易所均已公开发行上市审核信息，在审核透明度、可预期性等方面较核准制时期已经有了很大的提升。与审核周期配套的发行节奏、发行市盈率等核心事项也体现出了明显的市场化趋势，更进一步地将上市周期交给市场主体按照本身需求和市场情况自行把握。

四、辅导企业满足 IPO 条件

正如前面所提到的，境内 IPO 的法律体系是以《公司法》《证券法》为核心和基础，同时结合各板块审核规则、上市规则、申报规则形成的层层递进、逐渐丰富完善的制度体系，该制度体系明确了企业 IPO 需要满足的条件。

通过对上述法律法规、规范性文件中上市条件的梳理，企业上市所需要满足的主要条件包括各板块的通用条件，例如主体资格、独立性、规范运作、持续盈利能力等，也包括不同板块所特有的上市条件，例如科创板的"硬科技"，创业板的"三创四新"，北交所的"专精特新"。下文将对各板块 IPO 的条件进行简要说明和分析。

(一) 主体资格

1. 依法设立并有效存续满一定期限

依法设立并有效存续满一定期限是各个板块对企业主体资格的一项基本要求，除北交所之外，其他板块均要求拟上市公司持续经营时间在 3 年以上，具体见表 1。

表 1　不同板块经营期限要求

板块	经营期限要求
主板	自股份有限公司成立后，持续经营时间应当在 3 年以上。有限责任公司按原账面净资产值折股整体变更为股份有限公司的，持续经营时间可以从有限责任公司成立之日起计算
科创板	
创业板	
北交所	发行人应当为在全国股转系统连续挂牌满 12 个月的创新层挂牌公司

在北交所上市要求企业必须是新三板挂牌企业，因而其本身需要持续经营需满 2 年，再加上需要是连续挂牌满 12 个月的创新层挂牌公司，在北交所上市最终也需要企业持续经营 3 年以上。

对于持续经营时间的起算点，如果有限责任公司按原账面净资产值折股整体变更为股份有限公司，持续经营时间可以从有限责任公司成立之日起计算。在实践中，绝大多数的企业是采用上述方式完成股改后申报 IPO 的。

2. 出资到位

我国虽然已经实行注册资本认缴制度逾十年，但是对于拟上市公司，监管机构提出了更高的要求，要求拟上市公司的注册资本足额完成实缴。这也意味着，如果股东自身的出资义务还没有履行完毕，监管机构将不允许公司向社会募集资金。同时，在实践过程中，中介机构将拟上市公司的重要子公司等同于上市主体，也会建议完成注册资本实缴。

3. 股权清晰

全面实行注册制下，对于股权清晰的要求，目前规则上各板块进行了统一，均要求发行人的股份权属清晰，不存在可能导致控制权变更的重大权属纠纷，并对控股股东、实际控制人的持股情况进行重点关注。实践中经常与股权清晰关联的法律问题包括股权代持和对赌安排，具体如下：

由于股权代持具有隐秘性，同时代持原因多不可对外言说，很多情况下涉及背后利益安排，股权代持问题往往会成为监管机构关注的重点。从核查实践而言，证券律师通常从股东出资来源、出资原因、股东身份、访谈结果等多角度判断是否存在股权代持的情况，如存在股权代持情形，则帮助企业做代持清理工作，保证还原过程中股权清晰且无纠纷。监管机构在审核过程中也会要求中介机构对股权代持形成的原因、代持是否真实及其演变、代持解除是否真实合法等进行核查和完整披露，以判断企业是否符合股权清晰的要求。

对赌安排在实践中较为常见，对赌条款一般是指估值调整或者回购条款，投资机构在对投资标的进行投资时，对赌条款也是其重点关注的条款。对赌义务方通常是拟上市公司或其控股股东、实际控制人。对于拟上市企业来说，监管机构要求对赌条款原则上在申报前清理完毕，根据最新的窗口指导意见，对赌协议乃至其他特殊股东权利，均需要在审计报告基准日前终止，并约定对赌协议自始无效。不管是拟上市主体还是其控股股东、实际控制人与投资机构之间的对赌安排，中介机构在实践操作过程中都会建议予以终止。

2022年2月，恒茂高科被否。上市委重点关注了受实际控制人支配的股东所持发行人的股份权属是否清晰，发行人未能充分说明控股股东、实际控制人及其一致行动人蒋某柏所持发行人股份的权属清晰情况，以及蒋某柏不实际控制发行人员工持股平台兆和亚特、兆和众泰的合理性，导致被否。

4. 控制权明确并稳定

根据监管指引，实际控制人的认定原则上以发行人自身认定为主，由发行人股东予以确认。实践中存在一些较为特殊的情况，例如认定多人共同控制或认定无实际控制人，这些特殊情形是监管审核关注的重点。

共同控制一般基于亲属关系或者协议安排而产生，在共同控制的认定问题上，监管机构通常会关注共同控制人的关系以及是否能够达到控制。如果实践中第一大股东未被认定为实际控制人或实际控制人之一，监管机构通常要求公司说明未将第一大股东认定为实际控制人的理由。站在实际控制人稳定性的角度，共同控制人减少或者增加是否导致实际控制人的变更，也是需要关注的问题。

在无实际控制人的认定上，监管机构的态度也较为谨慎，一方面要求企业认定无实际控制人具有充分的依据，另一方面重点关注拟上市公司无实际控制人的情形是否会影响控制权的稳定及公司治理的有效性。

在实际控制人稳定性方面，各板块均要求实际控制人在一定期限内没有发生变更。其中，主板的要求为3年，科创板、创业板、北交所的要求为2年。

(二) 独立性

《公司法》很早就确定了法人人格独立以及"刺破公司面纱"制度，独立性要求是法人人格独立的体现，而"刺破公司面纱"则是因为公司丧失了独立性。

《首发办法》在发行条件中明确规定拟上市企业应"资产完整，业务及人员、财务、机构独立"且"具有直接面向市场独立持续经营的能力"，《上市公司治理准则》中也对上市公司的独立性提出了要求。证券律师在对拟上市主体进行核查时，需重点关注公司独立性的问题，包括资产完整，人员、财务、机构、业务方面的独立性。而关联交易和同业竞争是由独立性衍生出来的常规核查重点，在境内IPO项目中极其重要，具体如下。

1. 关联方及关联交易

关联交易是拟上市企业无法回避的审核关注问题，对于企业来说是一把双刃剑，关联交易能够提高交易效率、减少交易摩擦，同时关联交易也可能成为企业虚构业绩、侵害中小股东权益的手段，监管机构一直对关联交易持审慎态度。

证券律师应清晰界定关联人的范围，关联人包括关联法人和关联自然人，各板块对于关联人的认定总体上保持一致，认定关联人的主要法律依据为各板块的上市规则和《企业会计准则第 36 号——关联方披露》，证券律师应当依据上述规定合理地界定关联人的范围，对关联人的准确界定是完整核查和披露关联交易的基础。

客户、供应商与拟上市主体之间的关联关系是核查重点，例如《中国证券监督管理委员会关于进一步提高首次公开发行股票公司财务信息披露质量有关问题的意见》对关联方关系核查提出了明确的要求，"……律师事务所在核查发行人与其客户、供应商之间是否存在关联方关系时，不应仅限于查阅书面资料，应采取实地走访，核对工商、税务、银行等部门提供的资料，甄别客户和供应商的实际控制人及关键经办人员与发行人是否存在关联方关系"，证券律师在关联方核查中应予遵守。

在关联交易层面，监管机构重点关注的是关联交易的必要性、真实性、公允性，最终目的是保证关联交易不损害公司利益，防止利益输送。关联方、关联交易是境内 IPO 核查中风险最大的事项之一，大多数财务造假案例与关联方、关联交易分不开，该事项也使得证券律师屡屡折戟，比如对登云股份、新大地等的处罚项目中，证券律师就是因为对关联方、关联交易核查不清晰而被认定未履行勤勉尽责义务。

当然，在目前全面实行注册制的背景下，监管机构对关联交易的态度逐步放宽，对于发行人形成的具有充分合理商业逻辑和背景、有充足的必要性、价格公允合理、不存在利益输送或者对关联方重大依赖的关联交易，监管机构在 IPO 审核中也是充分认可的。

2. 同业竞争

很长时间以来，同业竞争一直是监管审核的红线，直到 2019 年科创板的推出，以及后续创业板注册制的改革，监管机构的标准才缓和为发行人不存在对企业上市构成重大不利影响的同业竞争。

从核查范围而言，相关板块的有关规定和审核问题中对此均有明确，除控股股东、实际控制人及其控制的其他企业外，还包括控股股东或实际控制人的近亲属控制的企业，由于《公司法》明确规定未经董事会或股东会决议，董监高不得经营公司同类业务，实操中也会对董监高是否存在同业竞争进行关注。尽管上述规则中核查范围较为明确，但实践中的情形却不能为规则所穷尽。

例如，杭实集团持有杭华股份50.00%的股份，TOKA持有杭华股份44.67%的股份，持股比例较为接近。TOKA主营业务为各类印刷用油墨、合成树脂的生产销售。监管机构要求杭华股份说明TOKA与杭华股份之间是否存在非公平竞争、是否存在利益输送、是否存在相互或单方让渡商业机会的情况，并结合业务、资产、生产经营、人员等各方面的情况，说明杭华股份相对于TOKA的独立性等。

如上所述，全面实行注册制后，监管机构要求不存在对发行人构成重大不利影响的同业竞争，这也意味着，如拟上市主体存在非实质性的同业竞争，该事项不会构成上市的实质性障碍。那么何为重大不利影响，相关规则作出了原则性的规定：竞争方的同类收入或毛利占发行人主营业务收入或毛利的比例达30%以上的，如无充分相反证据，原则上应认定为构成重大不利影响。

由于同业竞争情形下进行利益输送具有隐蔽性且难以监管，监管机构目前仍然对同业竞争持较为保守的态度。实践中，最稳妥的做法是在上市之前将同业竞争彻底解决和消除，该事项是尽职调查的重点工作，在出现同业竞争情形时，往往需要采取各种方式来解决，常见的方式包括整合、剥离、承诺、划分、注销五种。

（三）规范运作

本部分所称规范运作，包括生产经营符合法律、行政法规的规定，不存在重大违法违规行为，符合国家产业政策，同时应建立健全公司治理结构和

"三会"制度。规范运作一直都是监管关注和审核的重点事项，是上市的基本要件。

1. 符合国家产业政策

在产业政策问题上，需要关注拟上市企业的主要产业是否属于国家发改委制定的《产业结构调整指导目录》中的"限制类""淘汰类"产业，是否属于落后产能。

除了上述指导目录之外，证券律师也要关注其他的产业政策规定。例如2020年12月，中央经济工作会议明确提出"我国二氧化碳排放力争2030年前达到峰值，力争2060年前实现碳中和"的目标。自此之后，高能耗、高排放项目成为相关部门助力实现碳达峰、碳中和目标的重点防控和遏制对象，《生态环境部关于加强高耗能、高排放建设项目生态环境源头防控的指导意见》《完善能源消费强度和总量双控制度方案》等政策文件陆续出台，而证监会和交易所自2021年2月以来也对高耗能、高排放行业的拟IPO企业一度放缓审核进程，并提出了一系列审核要求。

对于是否符合国家产业政策的判断，基本要求是证券律师熟悉拟上市主体的业务经营，通过走访公司厂房、访谈相关负责人等方式对公司业务情况进行尽调，从而对其进行判断。

2. 特殊行业资质许可

国家对某些特殊行业设置了相应的准入门槛，企业取得相应的资质许可才能开展对应业务。行业资质许可也是监管机构在境内IPO审核过程中的常规关注事项，涉及问题包括企业是否获取相应的业务资质、已取得的资质是否到期以及续期是否存在实质性障碍，如未取得相应资质则关注企业是否存在被行政处罚的风险及是否存在重大违法违规行为等。

监管机构对于业务资质合规性的审查，也不仅仅局限于拟上市主体，有时候可能拓展至拟上市主体的上下游客户或者供应商，例如对于工程类企业，如果存在劳务分包或者工程分包情形，审核时通常会关注其供应商是否取得相应的业务资质，这也是判断公司业务经营合规性的重要方面。

此外，对于业务资质的合规审查不仅仅局限在报告期末截止时点，而是要判断在报告期内企业是否持续合法合规，这要求证券律师核查拟上市主体取得的业务资质在报告期内是否持续有效，甚至核查拟上市主体在取得相关业务资质之前是否存在相应的业务收入等。

证券律师在核查业务资质时，最基本的还是核查企业所取得资质的真实性，实践中并不排除相关资质证书存在伪造的情况，一方面是通过主管机关进行验证，另一方面也可以登录主管机关的网站进行核查。

3. 不存在重大违法违规

企业合法合规和不存在重大违法违规是境内 IPO 中合法性问题的两个方面，合规性问题涵盖了企业生产经营的各个方面，比如历史出资合规性问题、资产合规性问题、合同有效性问题、业务资质合规性问题等。不同行业、不同性质的企业需要解决的合规性问题也不相同，比如对于医药企业，市场费用支出合规性问题、商业贿赂问题是关注重点；比如对于工程类企业，违法转包、分包问题是证券律师关注的重点。

重大违法违规行为对境内 IPO 而言是否定性条件，如何判断重大违法违规呢？实践中，如果拟上市企业存在被行政处罚或违规情况，证券律师一方面要从法律规则本身的条款出发，判断相关处罚依据及其情节严重性；另一方面可能需要提示拟上市企业与处罚机关沟通，由其认定行政处罚事项不属于重大违法违规行为。通常情况下，如果能够取得相应政府部门的认定意见，说明相关行政处罚事项不属于重大违法违规行为，一般会得到审核机构的认可。但是有些处罚金额极其巨大或性质特别严重的事项，即使处罚机关认定不构成重大违法违规行为，证券律师也不能仅依靠处罚机关出具的说明得出结论，还需要进行具体说明和分析。

4. 税收与政府补助

依法纳税是企业的法定义务，也是对企业的最低要求，因税务工作专业度高、复杂性强，企业往往需要聘用专业的财务人员来处理企业税务工作，在上市过程中，同时需要会计师对企业纳税情况进行复核，保证发行人合法完整纳税。证券律师在梳理纳税历史时也要关注相关个人所得税是否足额缴纳，历年分红、股权转让、资本公积转增股份等产生的个人所得税是否足额缴纳是监管机构的常规问询事项。

境内 IPO 过程中，证券律师对于发行人报告期内取得的政府补助的核查，主要是依据《编报规则 12 号》第 45 条核查"发行人及其控股子公司执行的税种、税率是否符合现行法律、法规和规范性文件的要求。若发行人享受优惠政策、财政补贴等政策，该政策是否合法、合规、真实、有效"。另外，政府补助占企业收入的比重、企业是否存在严重依赖税收优惠或者政府补助的情况也是关注事项。

为推动区域经济发展，一些地区和部门与特定企业及其投资者等通过签署《合作协议》《投资协议》等方式在税收、非税收入和财政支出等方面实施了优惠政策，证券律师在实操过程中经常需要判断《合作协议》或《投资协议》是否具有政策依据。

例如，开润股份与政府部门签署《投资协议》，使公司在报告期内分别取得 4,291,306.95 元、3,510,193.05 元、3,640,300.00 元的财政补贴。发行人的上述财政补贴符合《投资协议》的约定，但缺乏国家法律、行政法规及/或国家税务总局等部门出台的部门规章作为依据，因此，公司所取得的前述财政补贴存在被追缴的风险。针对上述情况，公司控股股东、实际控制人承诺"开润股份无论由于任何原因导致上述享受的财政补贴被追缴，由此给开润股份造成的损失将由本人以现金方式补偿"，由实际控制人进行兜底承诺也是实践中的常见做法。

5. 公司治理结构与"三会"运作

上市公司可持续经营从根本上依赖于公司内部治理结构的有效运行，公司的治理结构又被称为公司的"神经系统"。一个比较完善的公司治理结构通常由股东会、董事会、监事会和管理层构成。其中股东会是公司最高权力机构和决策机构，董事会一般负责公司整体的战略规划和决策实施，监事会发挥监督作用，管理层负责公司日常的经营管理。各个机构之间通过权责划分，达到相互协作又相互制衡的效果。

证券律师承办境内 IPO 项目过程中，需要协助客户制定一套行之有效的规则与制度，帮助企业建立完善的公司治理结构。同时，证券律师还需要审查相应的制度是否得到了有效的落实，是否能够发挥其应有的作用。从微观层面而言，证券律师需要审查相关的"三会"材料是否完备，需要回避的是否回避，出席会议的人员是否齐备，相关公司经营决策的重大事项是否均履行了相应的审批程序等。

6. 资产完整及合规性

证券律师需在法律文件中对拟上市主体资产的完整性和合规性发表明确意见，资产完整性和合规性问题也是证券律师尽调的重点问题，通常核查范围包括土地、房屋、知识产权、机器设备等。

资产完整性常见问题主要包括以下内容：一是发行人是生产型企业的，其生产经营所必需的主要厂房、机器设备等固定资产系向控股股东、实际控制人租赁使用的；二是发行人的核心商标、专利、主要技术等无形资产是由控股股东、实际控制人授权使用的；三是发行人的控股股东、实际控制人违规占用公司的资金、资产及其他资源，包括无偿占用和有偿使用。证券律师需要在尽职调查工作中梳理出来并提出明确的解决方案。

资产合规性常见问题主要包括以下内容：（1）发行人拥有的土地、房屋取得时是否合法合规，是否存在土地闲置问题、违规建筑问题、土地和房产未取得权属证书的问题等；（2）发行人租赁的房屋是否取得相应的产权证书，相关土地的性质是否涉及集体土地，相关房屋是否为违规建筑，是否办理相应租赁备案；（3）发行人拥有的商标、专利等是否涉及侵权，是否涉及职务发明。

科创板、创业板以及强调"专精特新"的北交所有着明确的板块属性，对于企业的创新有着更高的要求，对发行人的知识产权权属是否清晰及是否存在知识产权侵权问题也越发关注。

如苏州恒久在 2010 年 IPO 过程中，招股说明书中提及的 1 件实用新型专利和 4 件外观设计专利早在 2009 年就因为没有缴纳年费导致专利权终止，使苏州恒久在 2010 年 3 月 12 日已经募资完成的情况下，2010 年 6 月 11 日经创业板会后事项发审委会议审核，IPO 未通过。2010 年 6 月 13 日，证监会作出《关于撤销苏州恒久光电科技股份有限公司首次公开发行股票行政许可的决定》；2010 年 6 月 23 日，苏州恒久公告归还募集资金本息 417,379,406.04元。虽然相关案例发生的时间较早，但导致苏州恒久的上市进度被延缓了 6 年之久，因为一个小小的专利续费错失良机，还是非常可惜的。

（四）持续盈利能力、持续经营能力

监管机构长期以来一直强调企业持续盈利能力的重要性，在我国资本市场尚不成熟的大背景下，其目的在于保护投资者的合法权益。而持续盈利能力的一个重要参考指标，就是企业的营业收入和利润。虽然在上市条件中，上市划定的财务指标门槛并不算高，但事实上，利润过低仍然是 IPO 未能成功的一大隐含因素。从上市案例来看，成功上市的大部分企业其财务指标都远远高于法规确定的最低限度，盈利能力强的企业相对来说更容易成为监管机构眼中的"香饽饽"。在没有其他重大问题的情况下，盈利能力强的企业即使存在部分瑕疵，其盈利能力也能起到"一白遮百丑"的作用。

在全面实行注册制的背景下，对于持续盈利能力的要求转变为论证发行人是否具备持续经营能力。而其中，对于持续经营能力影响较大也较为常见的事项，有以下几个方面：

第一，客户、供应商结构及集中问题。客户、供应商的情况亦与发行人业务开展的持续性具有密切关系，发行人的主要客户或供应商越集中，发行人业务受单一客户或供应商的影响就越大。就客户集中度而言，通常认为发行人来自单一大客户的主营业务收入或毛利贡献占比超过 50% 的，表明发行人对该单一大客户存在重大依赖。对于非因行业特殊性、行业普遍性导致客户集中度偏高的情况，监管机构会要求中介机构核查该单一大客户是否为关联方或者存在重大不确定性，是否为异常新增客户；客户高度集中是否可能导致对其未来持续盈利能力存在重大不确定性的重大疑虑，进而影响是否符合发行条件的判断。

第二，股权权属清晰程度、控制权结构稳定性。发行人存在对赌情形的，监管机构通常会结合发行人的对赌协议或特殊协议安排要求发行人说明其对公司持续经营能力的影响。主要原因在于该等协议或安排在触发相关条件时会导致发行人及其控股股东、实际控制人产生回购义务，进而影响公司股权权属的确定性、公司控制权的稳定性以及导致金融负债的增加。如发行人存在股权方面的重大权属纠纷，监管机构亦有可能基于股权权属清晰程度、控制权结构稳定性的考量而判断该等事项对持续经营能力具有影响，进而影响发行人成功上市。

第三，重大诉讼、仲裁影响。《首发办法》第12条规定，发行人应"不存在涉及主要资产、核心技术、商标等的重大权属纠纷，重大偿债风险，重大担保、诉讼、仲裁等或有事项"。诉讼、仲裁事项会影响发行人主营业务的开展，也会对发行人财务状况产生影响，其中对于发行人用于生产经营的核心技术存在权属纠纷等应尤为关注，这将影响监管机构对于发行人持续经营能力的判断。

第四，政策影响。政策对发行人可持续经营能力的影响较大，包括产业政策、国内外政治政策等。在IPO审核实践中，监管机构通常会结合发行人所处行业的性质及相关政策对发行人的持续经营能力进行判断，例如俄乌战争导致进出口受到限制，监管机构亦关注相关进出口限制对公司业务的影响。

第五，生产要素的合规性。发行人的主要生产要素包括有形资产和无形资产，比如土地、厂房、设备、原材料等为有形资产，专利、商标、特许经营权等为无形资产。对于不同行业的拟上市主体，不同生产要素对其持续经营能力的影响不同：对于传统型生产企业，土地、厂房等资产对于发行人的持续经营能力影响较为明显，因而如果土地、厂房存在合规风险或者重大权属纠纷，监管机构将对其尤为关注；对于科技型企业，专利技术等资产则对其持续经营能力有着更加显著的作用，其他类型的资产影响相对较小。

总体而言，持续盈利能力或持续经营能力体现在企业上市的方方面面，上述内容只是对监管审核过程中常见的情形进行一个简单的说明，对于企业持续盈利能力或持续经营能力的关注应该做到具体问题具体分析。

（五）板块属性

正如前文所述，科创板、创业板、北交所相较于主板，均提出了自身的板块定位，随之而来的就是企业是否符合申报板块的属性。

1. 科创板

"科创板面向世界科技前沿、面向经济主战场、面向国家重大需求，主要服务于符合国家战略，拥有关键核心技术，科技创新能力突出，主要依靠核心技术开展生产经营，行业地位突出或者市场认可度高，具有较强成长性的企业。"该条明确了科创板的支持方向，即优先支持符合上述条件的"硬科技"企业发行上市。

在 2021 年科创板被否企业中，有将近一半的企业因不符合科创板定位被否决。同时，在科创板上市问询中，几乎所有的企业都会被监管机构要求对于科创板定位问题进行说明，中介机构也会被要求发表明确意见。上交所重点关注的科创属性问题包括：发行人是否符合科创行业/板块定位，核心技术是否具有先进性、竞争力，核心技术在产品中的应用，核心技术人员及研发投入，发行人是否具备独立研发能力、创新能力。

2021 年 4 月，珈创生物上市被否。上市委要求珈创生物和中介机构结合珈创生物部分核心技术专利由外部机构受让取得、珈创生物的自行研发投入较少、技术人员较少且人数在报告期内发生过较大波动等情况，论证珈创生物是否具有突出的创新能力。上市委最终认为珈创生物未能充分披露核心技术的先进性，认定珈创生物不符合发行条件、上市条件和信息披露要求。

2. 创业板

在原先的创业板审核中，创业板的"三创四新"并不是监管机构关注的重点。但是随着注册制的推行和发行条件的明确，申报创业板的企业也越来越多地被监管机构问到是否满足"三创四新"的要求。可以说在注册制下，企业想要在创业板上市，是否符合"三创四新"定位是必须考虑的问题之一。拟申报创业板的企业需要说明各项主要业务在创新、创造、创意方面的具体特征，公司是否属于同行业中业务、技术、模式创新的企业，取得的科技成果与产业深度融合的具体情况等问题。

同时，《深圳证券交易所创业板企业发行上市申报及推荐暂行规定》也对"三创四新"的标准予以量化，拟上市主体还需符合"三创四新"的相关量化标准。

3. 北交所

2021年9月3日，北交所正式成立，成为服务创新型中小企业的主阵地。北交所根植于新三板，与沪深交易所、区域性股权交易市场错位发展、互联互通，完善了中国多层次资本市场体系，北交所的制度设计契合"专精特新"中小企业的发展需求。

在北交所的问询中，"专精特新"的北交所定位被问询的次数并不亚于科创板和创业板，甚至问题更加细致具体。北交所的特点是扶持"专精特新"或者创新企业，支持有技术含量的中小企业的发展，虽然不限制农林牧副渔业等传统行业的公司，但对于创新或者技术门槛有着一定的要求。按照工信部的解释，"专精特新"指的是具有专业化、精细化、特色化、新颖化的"四化"特征的企业。如果企业自身处于传统行业，不符合"专精特新"的定位，不具有一定的竞争优势，其规划上市时应慎重考虑北交所。

五、IPO 一般流程及证券律师的工作

（一）IPO 的一般流程

1. 中介机构的选择

公司在进行 IPO 时一般缺乏资本市场相关运作经验，需要专业的机构予以全程辅导，并且 IPO 业务的相应法律法规也明确要求中介机构参与。因此，无论从公司的客观需要出发，还是从法律规定来说，在着手实施 IPO 时，首先需要做的工作就是遴选适合自己的中介机构。中介机构主要是三家：保荐机构，即证券公司，俗称券商；审计机构，即会计师事务所；法律顾问，即

律师事务所。

保荐机构——证券公司是 IPO 过程的总协调人，是中介机构的班长。保荐机构督导公司规范运行，对其他中介机构出具的专业意见进行核查，对公司是否符合上市条件作出专业判断，对公司的申请文件和信息披露资料进行审慎核查，确保公司的申请文件和信息披露资料真实、准确、完整、及时、公平。

审计机构——会计师事务所协助公司完善会计核算、财务管理和内部控制，就 IPO 过程中的财务、税务问题提供专业意见，出具审计报告、内控报告等申报必需的文件，协助制作其他申报材料中涉及财务的部分，并答复审核中提出的财务问题等。

法律顾问——律师事务所负责解决前期规范及 IPO 过程中的有关法律问题，协助公司进行必要的整改，参与 IPO 方案的设计与法律审查，协助公司准备 IPO 过程中所需的各项法律文件，出具法律意见书、律师工作报告等申报必需的文件，协助制作其他申报材料中涉及法律的部分，并答复审核中提出的法律问题等。此外，《关于注册制下提高招股说明书信息披露质量的指导意见》特别指出律师可以会同保荐人起草招股说明书，提升招股说明书的规范性。沈阳富创精密设备科创板 IPO 项目是我国 A 股历史上首个由律师主笔撰写招股说明书的 IPO 项目，于 2021 年 12 月 10 日获得上交所受理。未来招股说明书的起草和撰写可能会成为证券律师的主要工作之一。

选择 IPO 中介机构时，一般需要结合公司自身的特点，考察中介机构相关项目团队的项目承办经验、专业水平及对于行业的了解程度等，选择适合公司的 IPO 中介机构。

2. 尽职调查

在选定主要的中介机构后，通常中介机构会对公司进行一次比较详尽的尽职调查。这次尽职调查既是为了摸底，为本次 IPO 能否顺利进行下去做一个初步判断，也是为了梳理公司存在的主要问题，并且判断在整体变更设立股份有限公司前需要完成的各项工作。

尽职调查中，三方中介机构从各自的专业角度出发，梳理公司存在的主要问题并提出解决方案。证券律师在尽职调查阶段，通常在对发行人情况进行了解后发出调查清单，尽调范围包括发行人及其纳入合并报表范围内的子公司，同时在有针对性地对发行人提供的书面文件进行审查后，提出进一步核查要求。

一般而言，初次尽职调查主要是发现影响时间节点的重大问题，通常包括投资人引入与退出、员工股权激励的实施与调整、股权代持关系的确认与解除、老股东持股情况的调整、同业竞争的解决、上下游产业的整合、资金占用和违规担保的梳理与解除、业务资质与业务内容的匹配、获客方式是否合法、是否存在影响公司独立性的重大瑕疵等。这些问题及其解决是影响IPO决策以及判断IPO申报时间的重要因素。

证券律师会针对上述初步尽调中的法律问题提出整改方案，并和其他中介机构进行协调沟通；而针对其他中介机构提出的法律方面的问题，证券律师也需要发表专业意见并与其他中介机构共同协助企业解决。证券律师在尽职调查阶段所出具的工作成果主要是法律尽调报告，包含尽职调查情况、尽职调查问题及其解决建议。

经过初步的尽职调查并对相关问题予以规范后，各中介机构认为发行人不存在重大问题，企业即可进入IPO股改阶段。

3. 设立股份有限公司

在主体资格方面，上市公司的类型必须是股份有限公司。出于便利经营和节约成本等考虑，多数公司上市前采用的公司类型为有限责任公司。因此，需要在上市申报前把有限责任公司整体变更为股份有限公司，简称股改。

股改的前提是尽职调查中发现的影响股改的问题，尤其是股权结构调整问题，已经得到了妥善解决，例如，股权代持已经解除、股东持股比例调整完毕、投资人已经引入、股权激励已经实施等。这些影响股权结构的问题都得到了妥善的解决后，才能着手实施股改的工作。之所以要把这些涉及股权的问题在股改之前完成，主要的考虑是：《公司法》要求自股份有限公司上市后一年内老股东不得转让股权,并且董监高任期内每年转让的股份比例不得超过其持股比例的25%。如果在股改前没有将股权结构调整到位,而需要股改后再调整,就有可能会耽误上市报告期,从而影响进度。

主板、科创板、创业板等板块的上市法规均要求,发行人须是股份有限公司且持续经营时间不低于3年;有限责任公司按原账面净资产值折股整体变更为股份有限公司的,持续经营时间可以从有限责任公司成立之日起计算。因此,为了满足3年持续经营时间的要求,股改时要按原账面净资产值折股整体变更。为了满足按原账面净资产值折股的要求,股改过程中应当履行审计程序,确保账面净资产值的准确性。另外,根据《公司法》关于非货币出资需要评估的要求,股改过程中还需要履行评估程序,确保用于出资的净资产价值既不低于审计值,也不低于评估值。

北交所IPO与其他板块有所不同。由于北交所IPO的发行人均为新三板创新层挂牌公司,并且要求连续挂牌满一年,因此发行人本身已经是股份有限公司,可以免去实施股改这一步。当然,如果有些公司在决定IPO前就已经股改成为了股份有限公司,或者设立时本身就是股份有限公司,也可以免去这一步。

在这个阶段,证券律师需要协助发行人起草股改阶段的会议文件以及《发起人协议》《公司章程》《股东会议事规则》《董事会议事规则》《监事会议事规则》等股改必需的法律文件,并与公司进行讨论、细化、完善。会计师事务所需要按照股改基准日对企业资产情况、经营成果等进行审计,同时评估公司应按照股改基准日出具评估报告,以避免整体变更时以企业净资产出资成立股份有限公司存在出资不实问题。

4. 辅导与申报材料制作

在股份有限公司成立后,则需要按照证监会和当地证监局上市辅导规则的要求,向当地证监局申请辅导。辅导期原则上不少于3个月。辅导完成后,申请验收,验收工作用时不得超过20个工作日。在尽快推进当地企业上市的背景下,各地证监局的辅导期和验收时间通常有很大的协商空间。

在辅导工作开展的同时，申报材料的制作可以同步实施。申报材料制作中，公司与券商重点围绕招股说明书的撰写开展工作，会计师围绕审计报告的撰写开展工作，律师围绕律师工作报告的撰写开展工作。除此之外，证券律师在申报阶段还要协助发行人起草相关的上市会议文件、公司章程草案、相关主体的承诺函等各类法律文件。

除文字材料的撰写外，证券律师还需要参与较多的外部工作，比如客户供应商走访与函证、关联方确认与梳理、股东核查与穿透、公司合规证明与董监高无犯罪记录证明的获取等事项。在尽职尽责和归位尽责的原则下，证券律师与其他中介机构相互配合、发挥各自专业特长和优势，完成该等工作并相应调整申报材料。该项工作实质上包含了再次的尽职调查，发现问题并及时解决。

在辅导阶段，除了同步进行申报材料的制作以及整改发现的问题之外，还有一项重要的工作就是中介机构需要对辅导对象进行授课。不同证监局对于授课的时长有着不同的要求，例如江苏证监局就明确授课不少于20课时。

申报阶段的工作量相较其他阶段而言是大大增加的，项目复杂或申报期限较短的项目时间也较为紧张，证券律师应对各项工作进行合理安排，通过分工协作，按照轻重缓急的次序，有计划、有条理地完成申报文件制作。

各项申报文件有了初稿，并完成各中介机构的内部审核后，即可向证监局申报辅导验收。通过证监局的辅导验收，即具备了申报的基础条件。

5. 申报与审核

审计报告在基准日后的有效期一般是6个月，因此，需要在审计报告有效期内完成申报工作。在全面实行注册制后，所有板块的拟上市公司均向交易所申报，由交易所审核，审核通过后再报证监会注册。

申报受理后，则正式进入了审核程序。审核机关在审阅申报材料后，会发出问询函，由公司和中介机构予以相应答复。问询和答复一般会持续多轮。前面已经提到，审计报告的有效期为基准日后6个月。审核过程中，审计报告失效后还需要补充申报半年报、年报的审计报告和其他申报文件,以延续申报文件的有效期。在这个过程中,证券律师主要是针对反馈问题中涉及的法律问题进行回复以及就新增期间的法律事项进行尽职调查,最终以补充法律意见的形式呈现,这也是证券律师在承办境内IPO项目过程中的工作之一。此外,如拟上市主体因相关事项被举报至中国证监会或证券交易所,中国证监会或证券交易所将会向拟上市主体下发举报核查函,要求拟上市主体及中介机构核实被举报的问题是否属实,证券律师此时需对举报函涉及的法律事项进行回复。

《首发办法》对审核期限进行了规定,如交易所应当自受理注册申请文件之日起3个月内形成审核意见,证监会应在20个工作日内作出予以注册或者不予注册的决定。但中止审核、请示有权机关、落实发审委或上市委意见、暂缓审议、处理会后事项、实施现场检查、进行专项核查、交易所向证监会移送注册文件,以及发行人补充、修改申请文件等消耗的时间不计算在时限内,因此整个审核期限无法精确预计。通常来说,主板的审核时间为12—24个月,科创板和创业板均为10—18个月,北交所为6—12个月。

6. 发行与上市

证监会同意注册或核准发行的,公司应依照规定发行股票。主板IPO中,自证监会核准发行之日起,公司应在6个月内发行股票;科创板、创业板和北交所IPO中,自证监会予以注册之日起,公司应在1年内发行股票。发行时点由发行人自主选择。在发行过程中,经过询价、路演等程序,以线上、线下等方式完成股票的发行和资金的募集。

证券律师在这个阶段也要时刻关注发行人在审核通过后、发行股票上市前是否发生重大变化或者出现影响上市的重大事项,如果存在重大事项,应当及时将重大事项上报证监会和交易所。

在公开发行完成后,公司会向相应的证券交易所提出上市申请,证券律师在此时还需要为公司出具上市的法律意见书。交易所同意后,公司与交易所签署上市协议书,履行相应的信息披露义务,公司的股票就可以正式挂牌交易。至此，整个 IPO 流程完成。

（二）证券律师工作的核心

在 IPO 过程中，证券律师工作的核心就是发现问题并提出行之有效的解决方案。那么，怎样才能做到这一点呢？在此有几个建议供参考。

1. 以全局视角看待单个问题并提出有效解决方案

证券律师的工作很多时候并非仅仅从法律的视角去发现问题，证券律师要对公司方方面面的合规性、规范性进行一个总体性判断，这要求证券律师学会从业务、财务的视角去发现问题。

证券律师有必要把招股说明书的第六节"业务与技术"好好熟读，一方面这是了解公司业务模式的重要途径，另一方面业务模式的合规性问题极有可能涉及发行条件。比如查阅体外诊断试剂公司的招股说明书，就会发现这类公司通常涉及诊断试剂和诊断器材配套出售或医院租赁诊断器材再购买诊断试剂的情况，如果搜索反馈问题，我们会发现证监会比较关注这种销售模式背后的合理性、合法性及相关财务处理问题。

深入分析问题成因，不能太过表面，然后提出有针对性的解决方案。比如公司有违规建筑，我们想到的解决方案通常就是拆除或补办产权证书或找政府出证明或实际控制人兜底等，但这些还不够。如果针对公司的具体情况进行分析，我们会发现之所以有违规建筑可能是因为公司的厂区面积不够或者原有生产力不足，而这类违规建筑与公司生产经营密切相关，这个问题可能更加受到主管部门关注。这时候我们可能需要针对根本的原因去提出解决方案，比如鼓励公司与政府沟通扩充容积率或再去拿一块地。

另外如果找对了原因，可能有些问题就迎刃而解。比如转贷问题，这既是一个合法性问题，也是企业资金缺乏的问题，如果我们建议券商给公司引入其他投资者，资金问题解决了，可能这个问题也就不复存在。

因此，在发现问题的时候，要以全局视角总览整个 IPO 项目，抽丝剥茧，发现问题背后隐藏的风险点，最终才能找到最佳的解决方案。同时，很多问题的发现其实是建立在对企业业务熟知的基础上的，证券律师也要学会从财务上去发现问题，脱离局部看整体，从整体出发，去了解 IPO 各个要素之间的关系，这样最终才不会出现"拆东墙补西墙"的情况。

2. 提升专业能力是优秀证券律师的必由之路

什么是专业判断？如上面所讲，证券律师的工作很多时候并非仅仅从法律的视角去发现问题，但在进行法律判断时仍然建立在准确检索法律条款、精准理解法言法语的基础之上。证券律师不同于会计师、券商，证券律师的主要工作是对公司业务的合法合规性进行把控和处理。

笔者团队在操作某房地产企业的非公开融资项目过程中，遇到该房地产企业某个项目存在延期动工开发的问题。根据《闲置土地处置办法》，如土地超过动工开发期限 1 年未开发非自身原因或非全部为自身原因所致，则可以不构成该办法所称土地闲置行为，因而弄清楚闲置原因并与相关主管部门沟通针对闲置土地事实及其闲置原因进行界定十分重要。

项目沟通过程中，主管部门明确拒绝在合规证明中提及土地闲置非企业自身原因所致，如果这个时候继续和主管部门在闲置原因的问题上"死磕"，可能会使项目无法继续推进。最终经过讨论，我们判断闲置原因并非必须体现在证明中，有关闲置土地的证明更为核心的内容应该是允许企业继续开发此块土地，即相关问题的解决措施，证监会在审核土地专项核查报告的时候也会最关注这一要素，这个问题点对企业经营影响最为直接。我们理解这就是专业判断。

可以讲上述法律问题对项目推进起着关键性作用，而证券律师能否及时准确地找出关键法律问题对项目有决定性影响。

现在的 IPO 规则正处于改革的浪潮下，变化更新很快。在很多的问题上，我们可以根据自身以往的经验以及其他先前的案例找到解决问题的方法。我们在面对新的问题、新的挑战时，要时刻地更新自己的方法论，推陈出新，寻找到以往解决问题的内核与关键，并且举一反三，而不是盲目套用。这样解决问题的思维，就像火箭推进升空一样，随着时代的发展、知识的迭代，能够不断地优化，做到历久弥新。

3. 能够发现工作中的有趣之处

怎样才能成为一个有意思的人？更进一步，怎样才能成为一个有意思的律师？如果阅读过艾伦·德肖维茨所著的《致年轻律师的信》，可能就会对这两个问题有进一步的理解。

有人问为什么有的法官总能遇到有意思的案件，这本书提到其实并不是他碰到了有意思的案件，而是他让案件变得有意思，他能够发现案件之中有意思的问题。因而真正的问题不是如何成为一个有意思的律师，而是如何成为能够发现案件中有意思的问题的律师。

证券律师是一份有意思的工作，刚开始有人可能会认为这份工作起点比较低，有人甚至形容做项目为"搬砖"，似乎任何一位法科毕业生都能够胜任这份工作。其实，从事这份工作的时间越长，就越会发现这份工作的挑战，没有丰富的社会阅历和经验，是很难成为一位优秀的证券律师的，同时也很难发现这份工作有意思的地方。

年轻的证券律师要踏实下来从事这份工作，在标准化的资料收集和录入、起草工作中，发现问题的实质，以证券律师的视角去看待项目，这样就会发现做项目其实很有意思，越做越有趣。

（三）全面注册制下证券律师的机遇与挑战

全面实行注册制标志着中国资本市场走向了一个新的阶段。注册制的本质是在扩大市场自由度的同时，依然保证融资秩序处于有效监管之下。在全面实行注册制的今天，证券律师将面对一片广阔的蓝海、一个充满着机遇和挑战的舞台。这个新的背景为证券律师描绘了一幅精彩纷呈的画卷，机遇与挑战是并存的。

一方面，在全面实行注册制的情况下，上市的硬门槛进一步降低，将会有更多优质的企业上市，资本市场新陈代谢会更快。这不仅将带来更多的IPO项目，对于其他已上市的企业，也需要更好更优质的法律服务来提升企业整体的规范程度和信息披露水平，以满足新的时代背景下对于上市公司的要求。那么，证券律师将会在未来的IPO和资本市场中拥有更大更广阔的发挥空间。

另一方面，注册制的全面实行对中介机构的整体 IPO 服务质量、信息披露及项目核查提出了更高的要求，同时，强化中介机构的"看门人"责任，也对整体 IPO 项目的质量控制形成了直接的考验。未来的证券律师需要成为的不仅仅是违法行为的事后补救者，更需要成为事前预防者和事中控制者，这给负责项目的 IPO 律师以及律师事务所无疑提出了更高的要求。

在这个充满机遇与挑战的舞台上，智慧与勇气是成功的关键。唯有不断拓展专业领域、追求卓越，才能驾驭这个舞台。中国律师行业时至今日，才走过了短暂的 40 年。中国证券律师行业，还远远比不上其他资本市场发展成熟的国家。希望未来的中国证券律师能够跟随中国资本市场改革的浪潮，不忘初心，砥砺前行，找准发挥自身职能优势的结合点、切入点、着力点，不断提升执业能力和水平，积极履职尽责，勇于担当作为，在未来中国乃至世界的资本市场中，贡献更大的智慧和力量。愿每位证券律师都能以炽热的激情和坚韧的毅力，成就自己的辉煌，引领新时代的法律潮流。

中国企业境外上市法律实务

李 晗 赵 巍 郭文嘉

【业务研判】

在21世纪的全球化趋势下,越来越多中国企业登陆境外资本市场,其中不乏在国际资本市场上大放异彩的优秀企业。中国境内律师事务所为中国企业的境外上市提供不可或缺的法律服务。近年来,在境内外监管环境变化与趋严的背景下,中国企业的境外上市也面临一些新挑战、新问题,也进一步需要中国境内律师事务所在提供法律服务的过程中,以更专精的精神和更具有创造性的思维面对和处理法律问题,为企业的国际资本市场之路添砖加瓦、保驾护航,也为市场的规范化作出应有的贡献。

【业务框架】

中国境内律师事务所为中国企业境外上市提供的核心法律服务主要包括三部分:(1)上市体系内的中国境内主体在中国境内法下的合规审查、协助整改及相关法律意见的出具;(2)起草、审阅和修改上市文件中涉及中国境内法律的相关内容,以及协助应对境内外监管机构就中国境内法的相关反馈问题;(3)设计并协助搭建上市架构,比如协助公司确定上市集团范围并进行相应的公司或业务的剥离和整合,帮助红筹项目搭建红筹架构,协助H股项目完成股改等。需要说明的是,以上三部分仅是一般项目所通常必备的基础法律服务工作,但就每一具体项目而言,则需具体分析,比如某些企业在早期就搭建了红筹架构或本就是股份制公司，则在上市过程中无须再搭建红筹架构或股改；此外，每一具体项目都因其上市筹备期适逢的监管政策环境、所处的行业、业务经营的情况等面临不同的法律问题，从而需要律师在基础工作之外完成其他的工作。

总体而言，中国境内律师事务所为中国企业境外上市提供的法律服务在以上三部分基础法律服务基础上有诸多变种、细化和延伸，林林总总，不一而足，但大体上都是围绕企业在中国法律项下的合法合规性以及企业在上市进程中遇到的中国法律相关问题。

【内容梗概】

通常来说，业内所指中国企业境外上市，是指中国企业的股份直接或间接在内地之外的证券交易所首次公开发行并上市。篇幅所限，本文从证券市场角度出发，聚焦于最常见的香港联合交易所有限公司（以下简称香港联交所）主板以及美国纽约证券交易所（New York Stock Exchange）（以下简称纽交所）和美国纳斯达克全球精选市场（Nasdaq Global Select Market）（以下简称纳斯达克）三个证券市场；从上市方式的角度，不具体讨论借壳上市等上市方式，仅聚焦于首次公开发行（Initial Public Offering, IPO）。

本文从中国企业境外上市的历史与发展入手，向读者介绍境外上市的主要特点，与境内上市的不同，以及境外上市的常见结构、主要流程，最后，简要介绍境外上市的最新监管动态。

一、中国企业境外上市的历史与发展

（一）历史的回顾：中国香港上市与美国上市，红筹股与H股

中国企业香港上市的历史至少可以追溯到20世纪70年代。① 早期的香港上市多通过红筹的形式，直至1993年香港联交所才迎来了首批H股上市公司。② "红筹"一词本非法律概念，而是业内对于上市主体注册在境外，但是具有中资背景或中国业务背景的上市公司的简称。恒生香港中资企业指数将具有中资背景并于内地之外的地方注册及在我国香港地区上市（以下简称香港上市）的公司纳入了"红筹股"范围，③ 该划分更加侧重以股东的资金成分来划定界限。国务院办公厅转发证监会《关于开展创新企业境内发行股票或存托凭证试点若干意见的通知》（国办发〔2018〕21号）中规定，本意见所称红筹企业，是指注册地在境外、主要经营活动在境内的企业。这一划分则体现了以业务经营地划分界限的理念。通常来说，我们将中国企业以红筹方式的境外上市称为间接境外上市。与之相对的，H股是中国法律为中国企业直接在香港上市创造的法律概念。所谓H股，是中国境内的股份有限公司向境外投资人募集并在香港上市的股份，即在香港上市的外资股。H就是取自英文"Hong Kong"的第一个字母。2023年8月22日，香港交易及结算所有限公司（香港交易所）举办酒会，庆祝H股来港上市30周年——首家H股公司青岛啤酒于1993年7月15日在香港上市。自此，共有300多家H股公司上市，筹集资金总额近3万亿元。截至2023年

---

① 中资红筹股深圳国际控股有限公司（0152.HK）于1972年上市，详见香港联交所网站，访问链接：https://sc.hkex.com.hk/TuniS/www.hkex.com.hk/Market-Data/Statistics/Consolidated-Reports/China-Dimension?sc_lang=zh-HK#select1=0&select2=1，最后访问日期：2023年8月22日。

② 1993年7月15日，青岛啤酒作为内地第一家H股公司登陆香港联交所主板，同年又有4家H股上市公司在香港挂牌，信息来自香港联交所网站，访问链接：https://sc.hkex.com.hk/TuniS/www.hkex.com.hk/Market-Data/Statistics/Consolidated-Reports/China-Dimension?sc_lang=zh-HK#select1=0&select2=0，最后访问日期：2023年8月22日。

③ 信息来自恒生指数网站，访问链接：https://www.hsi.com.hk/schi/indexes/all-indexes/redchips，最后访问日期：2023年8月22日。

7月底，已有超过1400家内地企业（包括H股公司、红筹公司和内地民营企业）在香港上市，占香港市场总市值的77%。[1]

相较于中国企业香港上市，中国企业美国上市的历史更短一些，自20世纪90年代肇始。[2] 中国企业美国上市在早期主要通过两种形式，一种为红筹股上市方式，比如华晨汽车；另一种为美国存托凭证（American Depositary Receipts，ADR）上市方式，比如青岛啤酒等第一批H股上市公司自20世纪90年代中叶起在纽交所发行ADR。[3] 随着21世纪的到来，越来越多的企业赴美国上市，在21世纪的美国上市中，红筹股上市方式成为主流。

（二）奠基与发展：中国企业境外上市监管政策

中国企业境外上市的法律、法规与政策从无到有，并随着市场化、法制化的进程不断变化与革新，几十年里的发展可谓波澜壮阔。

中国企业境外上市的法律、法规与政策的肇始和发端在于H股的监管规定。20世纪90年代起，中国政府开始研究利用国内股票市场吸引外资的方法，即所谓境内上市外资股（B股），后来又由B股引申出H股的概念。国务院批准设立的证券事务内地香港联合工作小组应运而生，专项研究境内企业赴香港上市的相关问题。

1992年12月17日，国务院发布《关于进一步加强证券市场宏观管理的通知》（国发〔1992〕68号），决定成立国务院证券委员会（以下简称证券委）和中国证券监督管理委员会（以下简称中国证监会）。1993年3月8日，

---

[1] 信息来自香港联交所网站，访问链接：https://sc.hkex.com.hk/TuniS/www.hkexgroup.com/Media-Centre/News-Release/HKEX-Group/2023/230822news?sc_lang=zh-HK，最后访问日期：2023年8月24日。

[2] 1992年10月，大家所熟知的华晨汽车（CBA.NYSE）（Brilliance China Automotive Holdings）作为第一家中国背景的红筹股登陆纽交所，信息来自美国证券交易委员会（U.S. Securities and Exchange Commission，SEC）网站刊录的Speech：Remarks at the 2nd International Capital Markets Seminar of the Capital Markets Forum, October 25, 1993 一文，访问链接：https://www.sec.gov/news/speech/1993/102593schapiro.pdf，最后访问日期：2023年8月22日。

[3] 1996年1月22日，青岛啤酒在纽交所发售ADR的注册文件并向SEC递交，信息来自SEC网站刊录的SEC News Digest（January 31, 1996），访问链接：https://www.sec.gov/news/digest/1996/dig013196.pdf，最后访问日期：2023年8月22日。

国务院发布《批转国家体改委关于一九九三年经济体制改革要点的通知》[国发（93）16号]，其中明确了国家经济体制改革委员会（以下简称国家体改委，当时为国务院组成部门，后变更为国务院经济体制改革办公室，现已撤销其职能并入国家发展和改革委员会）将会同有关部门，抓好上海石化总厂等9家大型企业进行股份制改组及向社会公开发行股票的试点，并做好在境外发行股票和上市交易的准备工作。1993年4月22日，国务院颁布《股票发行与交易管理暂行条例》（国务院令第112号），明确了境内企业直接或者间接到境外发行股票、将其股票在境外交易，必须经证券委审批。自此，中国企业香港上市的法律根基已定。尽管当时连《中华人民共和国公司法》和《中华人民共和国证券法》都尚未颁布，更遑论H股的监管细则，但在当时的历史环境下，中国企业香港上市可以说是两岸的共同愿景，也是时势之必然。为了适应中国企业到境外特别是香港上市的需求，1993年5月24日和1993年6月10日，国家体改委分别发布了《关于到香港上市的公司执行〈股份有限公司规范意见〉的补充规定》（体改生〔1993〕91号）、《到香港上市公司章程必备条款》（体改生〔1993〕92号），以部门规章和部门规范性文件的形式弥补了法律上的具体规则空白；1992年11月2日，财政部发布了《关于股份制试点企业股票香港上市有关会计处理问题的补充规定》[（92）财会字第58号，已失效]，以部门规范性文件的形式弥合了会计制度和会计准则上的差距。国务院于1994年8月4日发布了《关于股份有限公司境外募集股份及上市的特别规定》（国务院令第160号，已失效），截至境外上市新规（定义详见本文"四、中国企业境外上市的主要流程"）生效之前，这是境内公司H股上市的基本法规。

在国家的指引下，在内地与我国香港地区有关人士的共同努力下，青岛啤酒作为第一家H股上市公司于1993年7月15日在香港联交所挂牌上市，随后的数年间，石油、通信、航空、金融银行等行业的多家大型国有企业以H股方式赴香港上市。近年来，特别是随着H股"全流通"的全面铺开，民营企业也越来越多地通过H股的方式赴香港上市，比如农夫山泉（9633.HK）

就是第一家在首次公开发行并上市的同时一并完成内资股"全流通"的 H 股公司。

花开两朵，各表一枝。相较于 H 股政策法规的稳步发展而言，红筹股境外上市监管可谓一波三折。1993 年之前的红筹境外上市企业，可以说是在监管匮乏的环境下完成的上市。如前文所述，直到 1993 年 4 月，国务院才以条例的形式（中华人民共和国国务院令第 112 号），明确了境内企业间接到境外发行股票、将其股票在境外交易，须经证券委审批；但是，并没有颁布境内企业间接境外上市的监管细则。

此后，"大红筹"形式的境外上市以 1997 年 6 月 20 日国务院颁布的《关于进一步加强在境外发行股票和上市管理的通知》（国发〔1997〕21 号，俗称《红筹指引》，已失效）为纲领，直至《红筹指引》于 2023 年 3 月 31 日被废止；而"小红筹"形式的境外上市则经历了无异议函时代①（2000 年 6 月至 2003 年 4 月）、监管空白时代②（2003 年 4 月至 2005 年 1 月）、停滞时代③（2005 年 1 月至 10 月）、75 号文和 10 号令及后续监管时代④（2005 年 10 月至境外上市新规生效前）。

总体而言，21 世纪以来，红筹是境内民营企业境外上市的主要方式，早期多以互联网行业企业为主，例如 2000 年在纳斯达克上市的三大门户网

---

① 2000 年 6 月 9 日，中国证监会颁布《关于涉及境内权益的境外公司在境外发行股票和上市有关问题的通知》（证监发行字〔2000〕72 号）（以下简称 72 号文），其中规定，对于境外发行股票和上市事宜不适用《红筹指引》的情形，律师应就该境外发行股票和上市事宜出具法律意见书，并报送中国证监会发行监管部。中国证监会发行监管部在审阅法律意见书后没有进一步意见的，则在收到法律意见书之日起 15 个工作日内提出处理意见，由法律部函复律师事务所。

② 2003 年 4 月 1 日中国证监会发布的《关于取消第二批行政审批项目及改变部分行政审批项目管理方式的通告》正式废止了 72 号文，宣告了"无异议函"时代的终结。在此期间"小红筹"模式处于监管空白的状态。

③ 2005 年 1 月 24 日，国家外汇管理局发布了《关于完善外资并购外汇管理有关问题的通知》（汇发〔2005〕11 号，已失效），其中规定，各分局、外汇管理部在办理由外资并购设立的外商投资企业外汇登记时，应重点审核该境外企业是否为境内居民所设立或控制，是否与并购标的企业拥有同一管理层。对于境内居民通过境外企业并购境内企业设立的外商投资企业，各分局、外汇管理部应将其外汇登记申请上报总局批准。在此期间，"小红筹"项目陷入停滞。

④ 详见本文"三、中国企业境外上市的主要结构"。

站新浪（SINA. NASDAQ，已退市）、搜狐（SOHU. NASDAQ）、网易（NTES. NASDAQ）；发展至今，医疗、生物科技、教育、房地产、消费等诸多行业的公司纷纷以红筹形式在美国与我国香港地区资本市场上市，见图1。

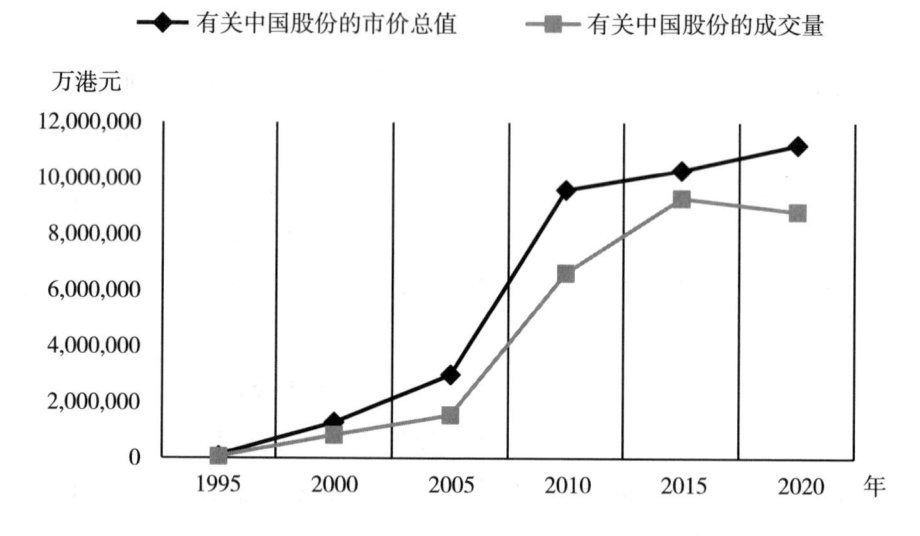

图1 中国境内企业在香港联交所主板的市价与成交量演变

资料来源：香港联交所网站，访问链接：https://www.hkex.com.hk/Market-Data/Statistics/Consolidated-Reports/China-Dimension?sc_lang=en#select1=0&select2=3，最后访问日期：2023年8月22日。

伴随监管政策波澜壮阔的发展演变，中国企业境外上市之路虽有波折，但总体是蓬勃而繁荣的。我国香港地区与美国资本市场交相辉映，境外上市企业百舸争流。相信在新时代、新发展的背景下，会有更多优质的中国企业迈向境外资本市场，为中国与世界的交往、合作、联系、发展注入新的活力。

二、中国企业境内外上市比较

企业谋求上市，首先应当考量的是自己是否符合拟上市交易所的上市条件。对于多数上市交易所而言，上市条件是繁复的，既包括股权上的要求，也包括经营上的要求,既有财务上的指标,又有法律合规的标尺。但在各类上市条件中,多数其他的门槛总可以通过花费时间或金钱的成本而触及,唯有财务要求才是上市真正的硬指标。因此,表1简要列举了境内外主要交易所的主要板块的上市财务要求。

表1 境外主要交易所的上市财务要求

交易板块	上市财务要求
香港联交所主板	主板上市要求申请人具备不少于 3 个会计年度的营业记录,并且符合下列其中一项测试: (1) 盈利测试: 上市时市值≥5 亿港元; 最近 1 年的股东应占盈利≥3500 万港元; 前 2 年累计的股东应占盈利≥4500 万港元; (2) 市值/收入测试: 上市时市值≥40 亿港元; 经审计的最近 1 个会计年度的收益≥5 亿港元; (3) 市值/收入/现金流测试: 上市时市值≥20 亿港元; 经审计的最近 1 个会计年度的收益≥5 亿港元; 前 3 个会计年度的现金流入≥1 亿港元[1]
纳斯达克	拟上市公司需符合以下 4 组标准之一,且最低买入价为 4 美元: (1) 利润标准:前 3 个财务年度的总税前利润至少为 1100 万美元,前 3 个财务年度每年的税前利润为正数,最近 2 个财务年度每年的税前利润至少为 220 万美元。 (2) 市值及现金流标准:前 3 个财务年度的总现金流至少为 2750 万美元,前 3 个财务年度每年的现金流均为正数,前 12 个月的平均市值至少为 5.5 亿美元,前 1 个财务年度的总收入至少为 1.1 亿美元。 (3) 市值及收入标准:过去 12 个月的平均市值至少为 8.5 亿美元,上 1 个财务年度的总收入至少为 9000 万美元。 (4) 资产及股东权益标准:市值至少为 1.6 亿美元,总资产至少为 8000 万美元,股东权益至少为 5500 万美元[2]

续表

	上市财务要求
纽交所（非美国公司）	拟上市公司需符合以下条件之一： （1）收入标准：前3个财务年度（如果是 Emerging Growth Company 则为2个财务年度）经调整后的税前收入总数至少为1亿美元，前2个财务年度每年经调整后的税前收入至少为2500万美元。 （2）市值/营收及现金流标准：前3个财务年度（如果是 Emerging Growth Company 则为2个财务年度）经调整后的现金流总数至少为1亿美元，前2个财务年度每年经调整后的现金流至少为2500万元，市值至少为5亿美元，营收至少为1亿美元（最近12个月内）。 （3）纯市值/营收标准：市值至少为7.5亿美元，营收至少为7500万美元（最近1个财务年度）。 （4）关联公司标准（适用于纽交所已上市公司的关联公司）：市值至少为5亿美元，公司经营历史至少为12个月[3]。
深圳证券交易所主板	（1）最近3个会计年度净利润均为正数且净利润累计超过3000万元，净利润以扣除非经常性损益前后较低者为计算依据。 （2）最近3个会计年度经营活动产生的现金流量净额累计超过5000万元；或最近3个会计年度营业收入累计超过3亿元。 （3）发行前股本总额不少于3000万元；最近一期末无形资产占净资产的比例不高于20%；最近一期末不存在未弥补亏损。 （4）内部控制在所有重大方面有效，会计基础工作规范，财务会计报告无虚假记载。 （5）不存在影响发行人持续盈利能力的情形[4]。
上海证券交易所主板	境内发行人申请在本所上市，市值及财务指标应当至少符合下列标准中的一项： （1）最近3年净利润均为正，且最近3年净利润累计不低于1.5亿元，最近1年净利润不低于6000万元，最近3年经营活动产生的现金流量净额累计不低于1亿元或营业收入累计不低于10亿元； （2）预计市值不低于50亿元，且最近1年净利润为正，最近1年营业收入不低于6亿元，最近3年经营活动产生的现金流量净额累计不低于1.5亿元； （3）预计市值不低于80亿元，且最近1年净利润为正，最近1年营业收入不低于8亿元。

续表

	上市财务要求
上海证券交易所主板	净利润以扣除非经常性损益前后的孰低者为准，净利润、营业收入、经营活动产生的现金流量净额均指经审计的数值。预计市值，是指股票公开发行后按照总股本乘以发行价格计算出来的发行人股票名义总价值。 红筹企业在本所主板上市，市值及财务指标应当至少符合下列标准中的一项：

企业类型	发行人申请在本所主板上市，市值及财务指标应当至少符合下列标准中的一项：				
	（1）已境外上市红筹企业		（2）尚未在境外上市红筹企业		
市值/估值/预计市值	市值不低于人民币2000亿元	市值不低于人民币200亿元	估值不低于人民币200亿元	预计市值不低于人民币100亿元	预计市值不低于人民币50亿元
营业收入	—	—	最近1年营业收入不低于人民币30亿元	—	最近1年营业收入不低于人民币5亿元
其他因素	—	拥有自主研发、国际领先技术，科技创新能力较强，同行业竞争中处于相对优势地位	—	营业收入快速增长，拥有自主研发、国际领先技术，同行业竞争中处于相对优势地位	

（4）存在表决权差异安排的企业，应符合下列两种标准之一：
①预计市值不低于人民币200亿元，且最近1年净利润为正。
②预计市值不低于人民币100亿元，且最近1年净利润为正，最近1年营业收入不低于10亿元[5]

续表

	上市财务要求
创业板	（1）发行人为境内企业且不存在表决权差异安排的，市值及财务指标应当至少符合下列标准中的一项：①最近2年净利润均为正，且累计净利润不低于5000万元；②预计市值不低于10亿元，最近1年净利润为正且营业收入不低于1亿元；③预计市值不低于50亿元，且最近1年营业收入不低于3亿元。 （2）红筹架构、存在表决权差异企业，市值及财务指标应当至少符合下列标准中的一项：①预计市值不低于100亿元，且最近1年净利润为正；②预计市值不低于50亿元，最近1年净利润为正且营业收入不低于5亿元[6]
北京证券交易所	发行人申请公开发行并上市，市值及财务指标应当至少符合下列标准中的一项： （1）预计市值不低于2亿元，最近2年净利润均不低于1500万元且加权平均净资产收益率平均不低于8%，或者最近1年净利润不低于2500万元且加权平均净资产收益率不低于8%； （2）预计市值不低于4亿元，最近2年营业收入平均不低于1亿元，且最近1年营业收入增长率不低于30%，最近1年经营活动产生的现金流量净额为正； （3）预计市值不低于8亿元，最近1年营业收入不低于2亿元，最近2年研发投入合计占最近2年营业收入合计比例不低于8%； （4）预计市值不低于15亿元，最近2年研发投入合计不低于5000万元。 前款所称预计市值是指以发行人公开发行价格计算的股票市值[7]
科创板	（1）发行人申请在本所科创板上市，市值及财务指标应当至少符合下列标准中的一项： | 财务指标	发行人申请在本所科创板上市，市值及财务指标应当至少符合下列标准中的一项：				
---	---	---	---	---	---
	（1）预计市值+净利润/营业收入	（2）预计市值+营业收入+研发投入	（3）预计市值+营业收入+现金流量	（4）预计市值+营业收入	（5）预计市值+研发成果
预计市值	不低于人民币10亿元	不低于人民币15亿元	不低于人民币20亿元	不低于人民币30亿元	不低于人民币40亿元	

续表

	上市财务要求					
科创板	净利润	最近2年净利润均为正且累计净利润不低于5000万元	最近1年为正	—	—	—	主要业务或产品需经国家有关部门批准，市场空间大，目前已取得阶段性成果。医药行业企业需至少有一项核心产品获准开展二期临床试验，其他符合科创板定位的企业需具备明显的技术优势并满足相应条件
	营业收入	—	不低于人民币1亿元	最近1年不低于人民币2亿元	最近1年不低于人民币3亿元	最近1年不低于人民币3亿元	
	研发投入	—	—	最近3年累计占最近3年累计营业收入的比例不低于15%	—	—	
	经营活动产生的现金流量净额	—	—	—	最近3年累计不低于人民币1亿元	—	

(2) 红筹企业在本所科创板上市，市值及财务指标应当至少符合下列标准中的一项：

企业类型	发行人申请在本所科创板上市，市值及财务指标应当至少符合下列标准中的一项：	
	(1) 已境外上市红筹企业	(2) 尚未在境外上市红筹企业

续表

	上市财务要求					
科创板	市值/估值/预计市值	市值不低于人民币2000亿元	市值不低于人民币200亿元	估值不低于人民币200亿元	预计市值不低于人民币100亿元	预计市值不低于人民币50亿元
	营业收入	—	—	最近1年营业收入不低于人民币30亿元	—	最近1年营业收入不低于人民币5亿元
	其他因素	—	—	拥有自主研发、国际领先技术,科技创新能力较强,同行业竞争中处于相对优势地位	—	营业收入快速增长,拥有自主研发、国际领先技术,同行业竞争中处于相对优势地位
	(3)存在表决权差异安排的企业,应符合下列两种标准之一: 预计市值不低于人民币100亿元。 预计市值不低于人民币50亿元,且最近1年营业收入不低于人民币5亿元[8]					

〔1〕数据来自香港联交所网站,访问链接:https://sc.hkex.com.hk/TuniS/www.hkex.com.hk/Join-Our-Market/IPO/Listing-with-HKEX?sc_lang=zh-HK,最后访问日期:2023年8月22日。

〔2〕数据来自纳斯达克网站,访问链接:https://listingcenter.nasdaq.com/assets/initialguide.pdf,最后访问日期:2023年8月22日。

〔3〕数据来自纽交所网站,访问链接:https://www.nyse.com/publicdocs/nyse/listing/NYSE_Initial_Listing_Standards_Summary.pdf,最后访问日期:2023年8月22日。

〔4〕数据来自深圳证券交易所网站,访问链接:http://www.szse.cn/ipo/guide/requirements/index.html,最后访问日期:2023年8月22日。

〔5〕数据来自上海证券交易所网站,访问链接:http://www.sse.com.cn/services/listingwithsse/regulations/main/,最后访问日期:2023年8月22日。

〔6〕数据来自深圳证券交易所网站，访问链接：http://www.szse.cn/ipo/guide/requirements/index.html，最后访问日期：2023 年 8 月 22 日。

〔7〕信息来自北京证券交易所于 2021 年 10 月 30 日发布，2024 年修订的《北京证券交易所股票上市规则（试行）》。

〔8〕数据来自上海证券交易所网站，访问链接：http://www.sse.com.cn/services/listingwithsse/regulations/star/，最后访问日期：2023 年 8 月 22 日。

从表 1 中不难看出，境内主板传统上青睐于稳定、盈利型的公司，而纳斯达克与纽交所的标准则更加多元化，未有盈利的高估值、高收入公司也能够在其中谋得一席之地，香港联交所主板的标准虽比境内主板多元化，但较之美国则更加中庸。

《上市规则》的侧重一定程度上反映了不同资本市场的投资人对企业类型的偏好。比如内地与我国香港地区的二级市场投资人传统上都更加偏好重资产、盈利性的稳定的传统行业企业，如地产、生产型企业；而纽交所与纳斯达克的中国概念股（以下简称中概股）"宠儿"则一直以高增长、高估值的互联网企业居多，尽管其中的多数并不盈利。近年来，香港联交所着力于吸引科技型企业，为此增设了上市规则 18A 章，为未有盈利的生物科技公司开辟了更为便捷的上市道路。2023 年，香港联交所增设了上市规则 18C 章，为特专科技公司的上市拓宽了道路。18A 章生物科技公司的涌入、中概股回港双重上市的热潮以及 18C 章特专科技公司的崭露头角促成了香港资本市场的多元化，更加多的互联网、新科技企业在香港资本市场上光彩熠熠。与此不谋而合的是，随着境内资本市场进入全面改革的"深水区"，创业板注册制、科创板注册制和北京证券交易所的设立也吸引了更多的多元境内企业越陌度阡，选择境内资本市场。

三、中国企业境外上市的主要结构

中国企业境外上市采用的上市结构分为直接上市和间接上市两种。直接上市指注册在中国境内的企业直接申请发行外资股并在境外证券交易所上市交易。根据境内企业境外上市地点的不同，可以分为 H 股（在香港证券交所上市）、N 股（在纽交所上市）、S 股（在新加坡证券交易所上市）、L 股（在伦敦证券交易所上市）等。间接上市是指通过红筹重组将集团的控股公司调整为一家注册在境外的公司，控股公司直接或间接持有境内运营实体的股权或者通过可变利益实体（Variable Interest Entities，VIE）架构协议控制境内运营实体，并由境外控股公司申请公开发行股票并在境外证券交易所上市交易。间接上市中，作为拟上市主体的控股公司通常注册在离岸群岛，目前绝大多数都是注册在开曼群岛。

（一）直接上市

虽然直接上市根据境外上市地点的不同分为 H 股、N 股、S 股、L 股等，但 H 股是其中的绝对主流。本文主要以 H 股为代表介绍直接上市方式。

相比于间接上市中需要进行复杂的红筹重组，H 股上市不需要进行上市重组，可以直接以境内注册的公司申请到境外公开发行股票并上市，因而能够节省大量的时间成本、税负成本和资金成本。但相比于红筹上市，2019 年以前的 H 股上市的最大劣势在于上市前股份不能实现流通；除了外资股份经中国证监会核准可以在公司 H 股上市时转成 H 股，其余内资股份在公司 H 股上市后都需要保持内资股的属性。在公司 H 股上市后，其内资股虽然需要登记在中国证券登记结算有限责任公司，但内资股的交易均需要股东自己寻找买家并协商交易，与公司 H 股上市前的情况并无差异。基于这个原因，2019 年以前的 H 股上市对于大量民营企业缺乏吸引力，选择 H 股上市的企业主要是国有企业，仅以融资为目的上市而上市前股东不寻求变现。

在 2019 年以前，相对于如火如荼的红筹上市，H 股上市数量则少得多。根据瑞恩资本（RyanBen Capital）汇总编制的中国内地企业 2018 年度香港 IPO 上市报告，2018 年共有 70 家内地企业通过红筹方式在香港联交所主板上市，而 H 股上市的数量则仅为 16 家。这 16 家选择 H 股上市的内地企业可以分为如下几种情况：（1）3 家本身是 A 股上市公司，由于无法对上市主体做调整从而必须选择 H 股方式。（2）剩下 13 家企业中 9 家是国有控股，如果采取红筹上市会触发大红筹审批，而且在红筹重组中也需要国务院国有资产监督管理委员会、国家发展和改革委员会、国家外汇管理局等的一系列政府审批手续。这9家中有4家是银行，政策上也无法采取红筹上市架构。（3）剩下4家是民营企业，其中2家是A股上市公司分拆子公司H股上市，1家君实生物在H股上市之后很快完成了科创板上市，还有1家瑞威资产也是金融行业，持有私募基金管理人资质和中国证监会核发的经营证券期货业务许可证。

H股上市不受民营企业"待见"的情况在2019年全流通政策推出之后发生了根本改变。H股全流通顾名思义就是使上市前的股份可以在H股市场进行公开流通交易，它的意义相当于A股市场在2005年启动的股权分置改革。H股全流通的探讨由来已久，2005年10月建设银行H股上市时其内资股就以特批的方式转成H股流通，但此后13年既无新的特批案例，也未出台H股全流通的正式制度。一直到2018年，中国证监会进行H股"全流通"试点，选取了联想控股（3396.HK）、中航科工（2357.HK）和威高股份（1066.HK）三家企业进行试点。在三家试点企业经验的基础上，2019年11月14日，中国证监会发布《H股公司境内未上市股份申请"全流通"业务指引》，全面推开H股全流通改革。中国证监会新闻发言人在2019年11月15日答记者问时表态，H股全流通不对公司规模、行业等设置限制条件，不设家数限制和完成时限。H股全流通可以在IPO或者增发时同时申请，也可以专项申请。2020年7月24日，农夫山泉收到中国证监会大路条，是第一家在IPO同时申请全流通的成功项目。截至目前，已经有众多H股公司申请全流通并获批。基于全流通政策的出台，众多民营企业开始选择H股上市方式。2021年共有14家内地企业选择H股方式在香港联交所上市，虽然总体数量与红筹上市项目数量还有差距，与2016年的H股上市数量也差不多，但内部结构发生了根本变化。2021年H股上市的14家内地企业，绝大多数都是民营企业，包括大量的生物制药和医疗器械企业如苏州贝康医疗、心玮医疗。

（二）间接上市

1. 红筹直接持股与VIE

红筹直接持股与VIE是一对相对的概念，是两种类型的红筹结构。所谓红筹直接持股，指红筹结构的境外上市公司以持有境内权益主体的股权的形式（不论持股是直接还是间接的，通常而言都是间接的），将境内权益并入上市体系，从而实现境内权益间接境外上市的目的。由于红筹直接持股的结构势必导致境内权益主体的股东中存在外资成分，而中国对外资存在准入限制，所以采用红筹直接持股结构的公司，其境内业务必须为依据中国法规不禁止或不限制外商投资的行业。因此，红筹直接持股结构常见于小分子药研发企业、地产企业等不涉及外商投资限制或禁止的行业。图2为香港联交所上市规则18A章生效后第一家未有盈利而上市的生物科技公司歌礼制药（1672.HK）上市时的股权结构，①为典型的红筹直接持股结构。

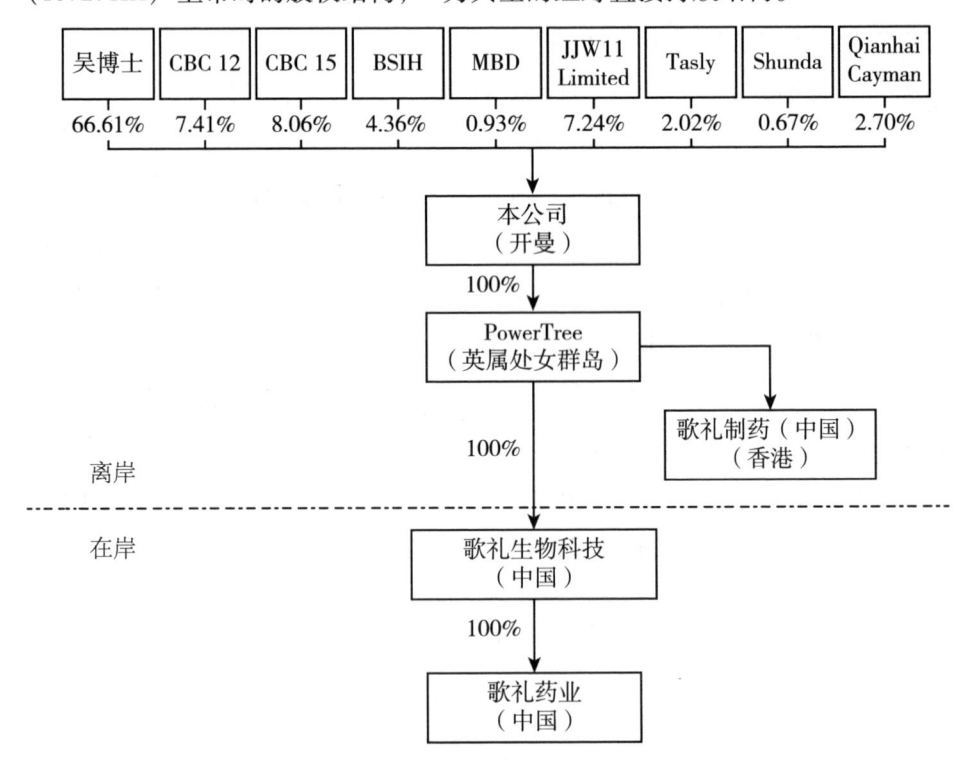

```
吴博士   CBC 12   CBC 15   BSIH    MBD    JJW11     Tasly    Shunda   Qianhai
                                          Limited                     Cayman
66.61%   7.41%    8.06%    4.36%   0.93%  7.24%     2.02%    0.67%    2.70%
                                    │
                                    ▼
                              本公司（开曼）
                                    │ 100%
                                    ▼
                              PowerTree
                            （英属处女群岛） ──────► 歌礼制药（中国）
                                    │ 100%                （香港）
━━━━━━━━━━━━━━━━━━━━━━━━━━━━━━━━━━━━━━━━━━━━━━━━━━━━━━━━━━━━
离岸
在岸
                                    ▼
                              歌礼生物科技
                              （中国）
                                    │ 100%
                                    ▼
                              歌礼药业
                              （中国）
```

图2 歌礼制药上市时的股权结构

---

① 股权结构图来自歌礼制药上市招股书。

VIE可以在一定意义上称得上是"出圈"的概念，行业外的很多人多多少少也听说过。VIE也可以称为协议控制，香港上市的项目多用"Contractual Arrangements"这一概念，本质上都指的是境外公司通过与相关方签署一整套协议的方式达到控制境内权益实体的目的，从而使境外公司通过非股权的形式将境内权益实体并入上市体系内。VIE结构的设计初衷实际上是为了绕开中国对一些行业的外商投资限制，因此，最早采用VIE结构的多为互联网行业企业，[1] 比如赴美上市的新浪，VIE结构也曾被称为"新浪模式"。除了互联网行业外，目前常用VIE结构的行业包括医疗、教育等。图3所示的新东方在线（1797.HK，现名：东方甄选）上市时的结构[2]为一个典型的VIE结构，境外上市公司并不直接或间接持有境内权益实体北京迅程的任何股份。

有些项目是采用红筹直接持股与VIE相结合的结构，主要见于一些行业的香港上市项目中。这主要是因为这些公司所从事的业务属于外资持有的股权比例存在上限的行业，而根据香港联交所上市决策文件HKEx-LD43-3的规定，上市主体不受外资限制的业务均须直接由外商独资企业（Wholly Foreign-Owned Enterprise，WFOE）经营。上市主体受到外资限制的业务，外商投资者应持有法律允许的最高权益比例，法律上不允许外资持有权益的方能使用VIE架构。典型的采用二者结合的结构的行业是医疗行业。根据相关法规，外商投资医疗机构的股权比例最高不能超过70%（在一些地区可以提高到90%）。因此，医疗行业赴境外上市的企业，需要将其医疗机构的70%（或该地区允许的最高比例）股权以红筹直接持股结构并入上市体系，剩余的30%（或其他剩余比例）股权以VIE结构并入上市体系。图4所示的海吉亚医疗（6078.HK）上市时的结构[3]即为典型的红筹直接持股与VIE相结合的结构，伽马星科技（外商独资企业的全资子公司）持有数家医疗机构70%（或其他比例）的股权，而该等医疗机构剩余比例的股权通过VIE方式并入上市体系。

---

[1] 互联网行业企业多涉及增值电信业务（互联网信息服务），按照规定，外资股比不得超过50%。
[2] 股权结构图来自东方甄选上市招股书。
[3] 股权结构图来自海吉亚医疗上市招股书。

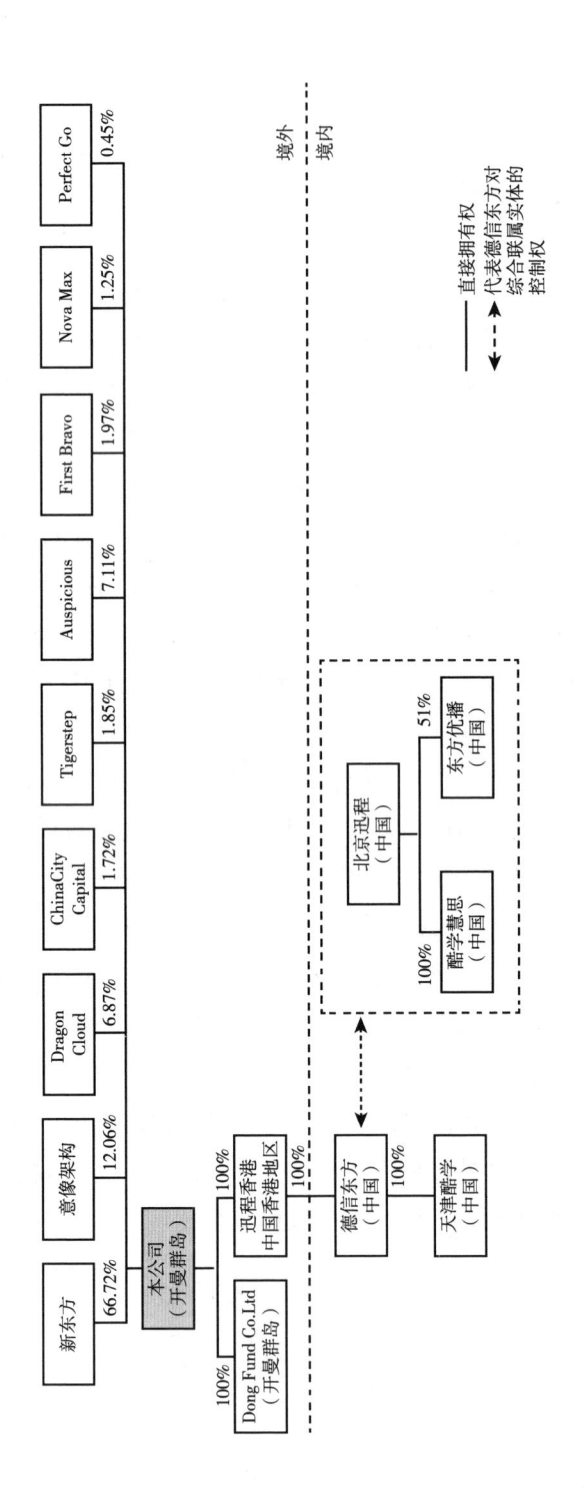

图3 新东方在线上市时的结构

图4 海吉亚医疗上市时的结构

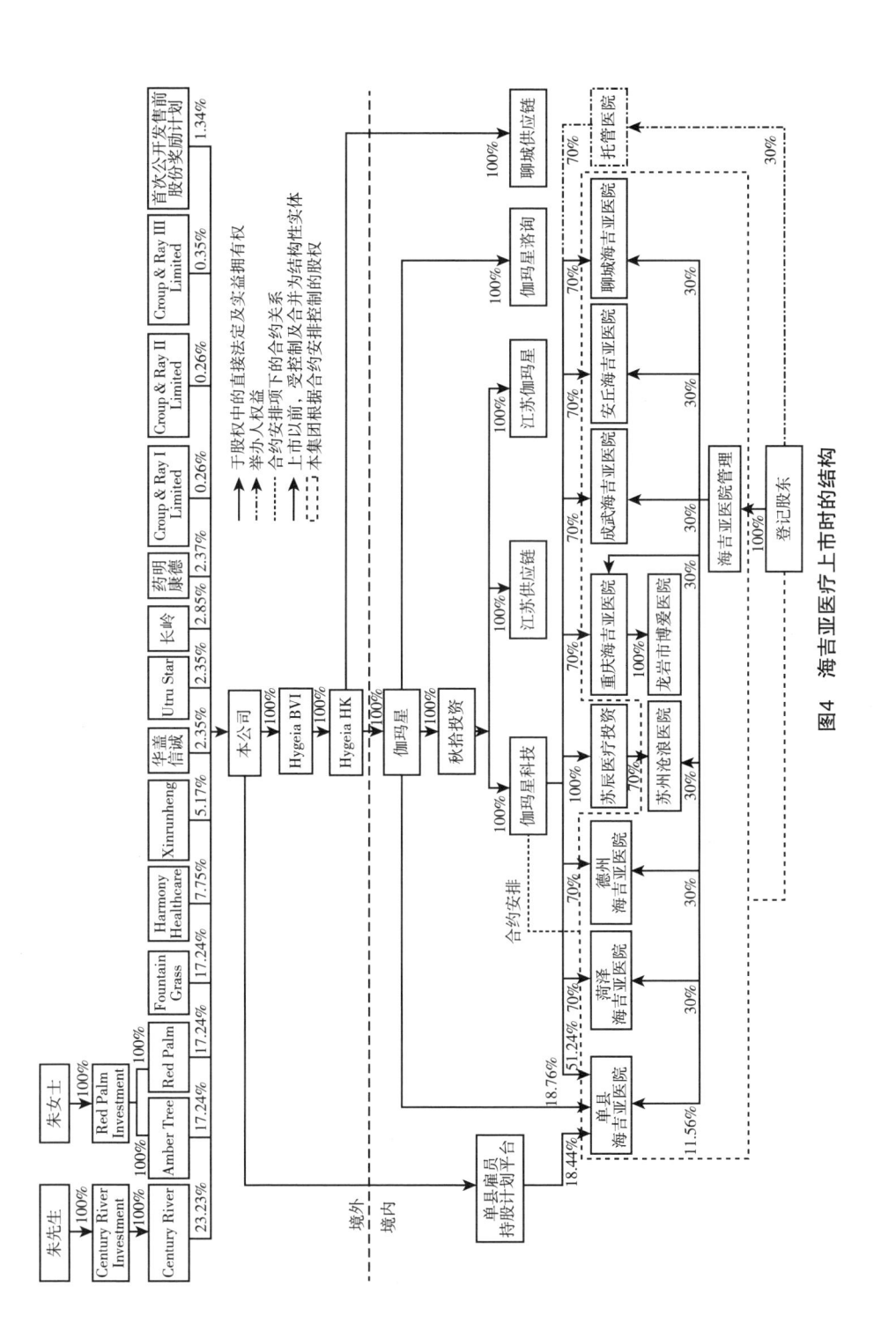

2. 37号文、ODI手续与10号令

2014年7月4日,国家外汇管理局出台《关于境内居民通过特殊目的公司境外投融资及返程投资外汇管理有关问题的通知》(汇发〔2014〕37号)(以下简称37号文)。ODI是Overseas Direct Investment(境外投资备案)的缩写,业内一般用ODI手续来代指中资机构境外直接投资所涉的核准、备案、登记手续。凡搭建红筹结构,总会涉及37号文和/或ODI的办理,大概是因为红筹结构中拟上市公司的直接或间接层面股东中,总会存在境内自然人或中资机构,或者说多数情况下以二者为主。

2005年10月21日,国家外汇管理局颁布《关于境内居民通过境外特殊目的公司融资及返程投资外汇管理有关问题的通知》(汇发〔2005〕75号)(以下简称75号文),75号文废止了汇发〔2005〕11号文和汇发〔2005〕29号文,并提出了"特殊目的公司"的概念。"特殊目的公司"是指境内居民法人或境内居民自然人以其持有的境内企业资产或权益在境外进行股权融资(包括可转换债融资)为目的而直接设立或间接控制的境外企业。境内居民设立或控制境外特殊目的公司之前,应向所在地外汇管理部门申请办理境外投资外汇登记手续。自此,红筹结构搭建过程中涉及的外汇监管由审批制转变为登记制。37号文废止了75号文,简化了境外特殊目的公司的登记范围和业务材料,扩大了特殊目的公司的范围,拓宽了资金流出渠道,放宽了境外融资资金使用限制。同时,也明确将非上市特殊目的公司员工权益激励计划纳入登记范围。2015年2月13日,国家外汇管理局进一步将境外特殊目的公司的登记事项下放至银行审核办理。因此,目前涉及红筹结构搭建过程中境内居民自然人需在境外拟上市公司中直接或间接持有股份的,需按照37号文的规定,向境内企业资产或权益所在地银行申请办理境内居民个人特殊目的公司外汇登记手续。

ODI手续涉及三方面的流程,即商务部门的核准或备案、发展改革部门的核准或备案以及外汇部门的登记,其中外汇备案登记的办理权限现已下放

至银行。

国家发展和改革委员会于 2017 年 12 月 26 日发布《企业境外投资管理办法》，其中规定，投资主体开展境外投资，应当履行境外投资项目核准、备案等手续，报告有关信息，配合监督检查。实行备案管理的范围是投资主体直接开展的非敏感类境外投资项目，也即涉及投资主体直接投入资产、权益或提供融资、担保的非敏感类境外投资项目。实行备案管理的境外投资项目中，投资主体是中央管理企业（含中央管理金融企业、国务院或国务院所属机构直接管理的企业）的，备案机关是国家发展和改革委员会；投资主体是地方企业，且中方投资额 3 亿美元及以上的，备案机关是国家发展和改革委员会；投资主体是地方企业，且中方投资额 3 亿美元以下的，备案机关是投资主体注册地的省级政府发展改革部门。

商务部于 2014 年 9 月 6 日发布《境外投资管理办法》，其中规定，商务部和省级商务主管部门按照企业境外投资的不同情形，分别实行备案和核准管理。企业境外投资涉及敏感国家和地区、敏感行业的，实行核准管理。企业其他情形的境外投资，实行备案管理。对属于备案情形的境外投资，中央企业报商务部备案；地方企业报所在地省级商务主管部门备案。商务部或省级商务主管部门应当自收到企业填写的境外投资备案表之日起 3 个工作日内予以备案并颁发企业境外投资证书。

实践中，境内机构境外投资时，一般会同时提交发展改革部门和商务部门的核准/备案申请，在拿到发展改革部门的核准/备案文件和企业境外投资证书后，再到所在地银行就相关款项的出境办理外汇登记手续。图 5 展示了一个典型的红筹架构中，境内机构投资人与境内自然人的出境持股方式与结构。

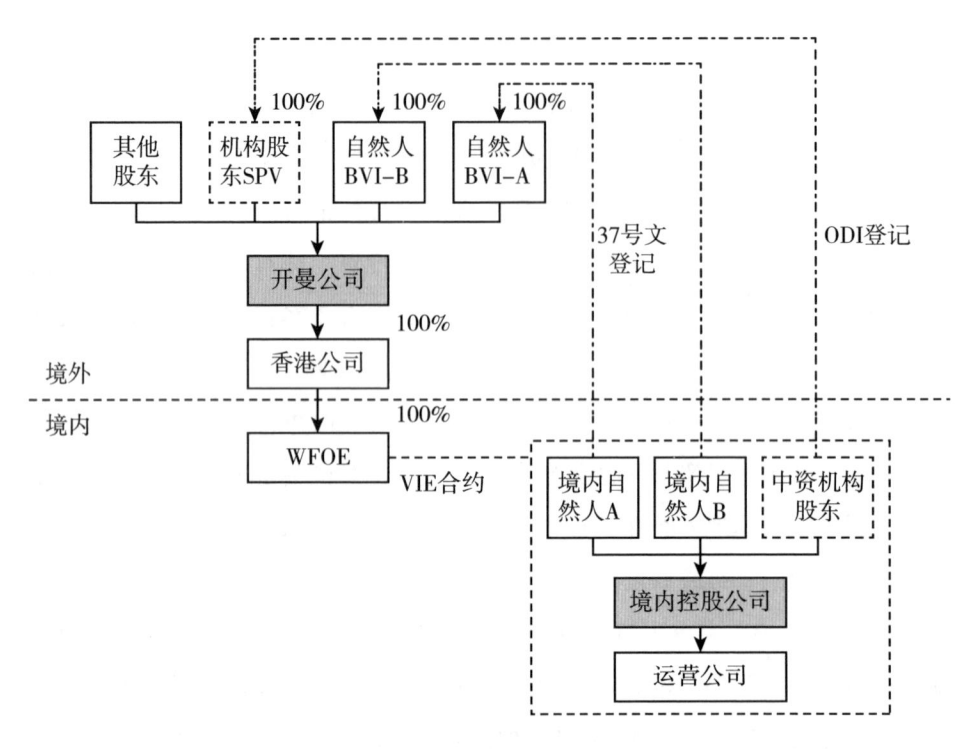

图 5　典型的红筹架构

2006年8月8日，商务部、国务院国有资产监督管理委员会、国家税务总局、原国家工商行政管理总局、中国证监会、国家外汇管理局联合发布《关于外国投资者并购境内企业的规定》（以下简称10号令），该规定自2006年9月8日起实施，并在2009年6月22日进一步修订。10号令规定，境内公司、企业或自然人以其在境外合法设立或控制的公司名义并购与其有关联关系的境内的公司，应报商务部审批。当事人不得以外商投资企业境内投资或其他方式规避前述要求。如前文所述，红筹架构搭建的常见方式，是境内自然人和/或中资机构经过相应的审批/备案/登记程序之后，设立并持股境外公司，再将原有的境内公司重组到境外公司之下，因此往往会涉及10号令规定的关联并购的情形。10号令规定了关联并购须获商务部批准，但是在实际操作中，鲜有民营企业的关联并购取得商务部审批的案例。红筹上市中常用的重组方式，即通过实际控制人设立境外公司进而收购其境内企业，也因此无法实现。也正因如此,诸多境内企业为了实现红筹上市,转而通过"两步走"重组等方式实施。

四、中国企业境外上市的主要流程

(一) H 股

不论是 H 股上市还是红筹结构香港上市,由于面对的都是香港资本市场,在境外上市新规生效前,主要审核机关都是香港联交所和香港证券及期货事务监察委员会(以下简称香港证监会),所以其上市主要流程并无本质差别,主要包括重组及前期筹备阶段、上市申请准备阶段、监管审查阶段、股票推介和定价阶段、上市和后市阶段,详见本书《医疗服务企业香港上市法律问题简析》一文。本文重点介绍 H 股上市流程与红筹结构香港上市流程的不同点。

1. 重组和股改

红筹结构香港上市需要进行复杂的跨境重组,将集团的控股公司调整为一家境外公司。相比之下,H 股上市一般不需要进行跨境重组,除非之前已经搭建了红筹架构,此时反而需要拆除红筹架构。当然,根据企业自身的具体情况,有可能需要进行一些境内重组,比如将适合上市的业务和子公司整合到一起,将不适合上市的业务和子公司剥离。

虽然不涉及红筹重组,H 股上市需要多一道"股改"手续。中国法律将公司分为有限责任公司和股份有限公司。股份有限公司的注册资本划分为等额股份,股份以股票的形式存在;有限责任公司注册资本不划分为股份,因此严格地说,有限责任公司不存在股份或股票的概念,只能称之为股东的出资或者股权。坚持有限责任公司和股份有限公司的区分是中国公司法的一个底层原则。境内有限责任公司如果要 H 股上市,同 A 股上市一样,需要先将组织形式变更为股份有限公司,即"股改"。"股改"时需要对有限责任公司做审计、评估,并根据审计净资产值确定折股方案。"股改"时,全体现有股东需要签署发起人协议,然后召开股份有限公司创立大会,通过股改方案、批准公司章程、选举股份有限公司董事和监事。需要特别注意的是，按照中国公司法，设立股份有限公司时须有半数以上的发起人在中国境内有住所。目前有很多海外华人在国内创业，不论是 A 股上市还是 H 股上市均须提前考虑到该要求。

2. 中国证监会监管

在境外上市新规生效前的监管体制下，H 股上市和红筹结构香港上市最本质的区别是审核机制不同。在境外上市新规生效之前，H 股上市，除了与红筹结构香港上市一样需要香港联交所审核外，还多了一道中国证监会的审核。中国证监会国际部是中国证监会内部负责 H 股上市的具体部门。在境外上市新规生效之前，在发行申请人向香港联交所递交申请表格之前，需要先向中国证监会申报材料并取得中国证监会的受理通知书，俗称"小路条"。中国证监会收到申报材料后通常会在 5 个工作日出具受理通知书。发行申请人通常会在收到小路条后很快向香港联交所递交申请表格。在审核阶段，中国证监会和香港联交所（包括香港证监会通过香港联交所）会分别向发行申请人下发书面或口头反馈问题。原则上，两边监管机构是独立进行审核的，发行申请人对一边监管机构审核问题的答复并不需要抄送另一边监管机构。中国证监会审核通过之后会向发行申请人出具核准批复，俗称大路条。从小路条到大路条的时间间隔，视每个案件具体情况会有差别，平均会在 4—6 个月。取得大路条是香港联交所为发行申请人安排聆讯的前提条件。

2023 年 2 月 17 日，中国证监会发布了《境内企业境外发行证券和上市管理试行办法》及 5 项配套监管规则适用指引（合称境外上市新规），对现行监管体系作出调整，境内企业直接和间接赴境外发行上市均被统一纳入备案管理范围，须向中国证监会履行备案程序。因此，在境外上市新规项下，主要业务经营活动在境内的企业无论是通过 H 股还是红筹方式赴境外上市都将受限于境内及境外监管机构的双重监管程序。

3. 境外上市外汇登记和未上市股份登记存管

按照中国相关监管法规，境内公司发行 H 股后需要到注册地外汇局办理境外上市外汇登记。公司H股上市后，除申请全流通外，其现有股份仍然维持未上市股份的状态。但即便这些未上市股份无法在香港联交所公开交易，中国监管法规仍要求H股公司将这些未上市股份托管到中国证券登记结算有限责任公司。境外上市外汇登记和未上市股份登记存管都是H股上市特有的要求。

4. 全流通

如果境内公司申请全流通并且获批，在获批后公司需要办理全流通相关手续，为全流通股份交易做提前准备。简单而言，全流通股份属于可上市交易的股份，需要跨境转登记到我国香港地区登记结算机构；但毕竟全流通属于特殊的机制，全流通股份的股东出售全流通股份均需要通过境内证券公司作出交易委托指令，出售所得价款也需要回流到境内，因此H股公司需要选择一家境内主办证券公司，全流通股东需要开立证券账户、资金账户和专用银行账户。

（二）红筹

香港主板上市的流程详见本书《医疗服务企业香港上市法律问题简析》一文，本文不再赘述。下文简要介绍美国上市的简要流程，如图6所示。

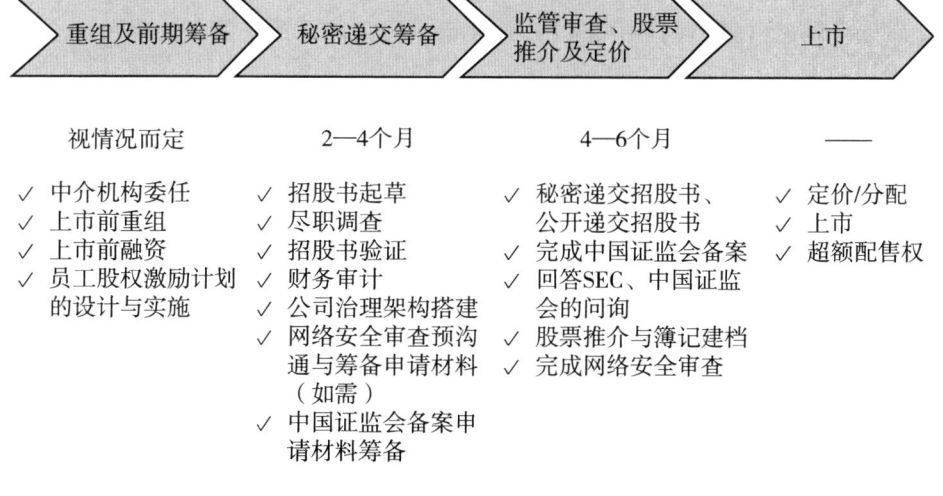

重组及前期筹备	秘密递交筹备	监管审查、股票推介及定价	上市
视情况而定	2—4个月	4—6个月	——
✓ 中介机构委任 ✓ 上市前重组 ✓ 上市前融资 ✓ 员工股权激励计划的设计与实施	✓ 招股书起草 ✓ 尽职调查 ✓ 招股书验证 ✓ 财务审计 ✓ 公司治理架构搭建 ✓ 网络安全审查预沟通与筹备申请材料（如需） ✓ 中国证监会备案申请材料筹备	✓ 秘密递交招股书、公开递交招股书 ✓ 完成中国证监会备案 ✓ 回答SEC、中国证监会的问询 ✓ 股票推介与簿记建档 ✓ 完成网络安全审查	✓ 定价/分配 ✓ 上市 ✓ 超额配售权

图6 美国上市简要流程示意图

1. 重组及前期筹备阶段

在重组及前期筹备阶段，公司一般最先需要考虑的是主要上市中介机构的委任。对于美国上市而言，在这一阶段最先需要选聘的是账簿管理人（主承销商）、律师、会计师、行业顾问、评估师（如需）。随着上市进程的发展，公司还会委任其他上市中介机构。优秀的上市中介机构可以事半功倍地推进项目，各个上市工作条线的开展也很大程度上基于中介机构在各自专业领域的工作。美国上市项目以红筹结构为主，因此除了个别在早期就已经搭设好红筹结构的公司外，公司均需要搭设跨境红筹结构，涉及上文提及的37号文和/或ODI手续的办理、搭设VIE架构和/或完成"两步走"等重组。此外，即使是对于早期已经完成红筹架构搭设的公司而言，上市前重组也很可能是有必要的，公司需要对股权、业务、资产等方面的情况进行全方位的梳理，在上市前常常涉及一些业务的整合与精简、股权激励的调整等，这些都可以视为上市前重组的一部分。近年来，公司创始人或一些自然人股东往往会在美国上市的项目中，搭建家族信托，从而实现家族财产传承以及纳税递延等目的。如果公司的股东有搭建家族信托的计划，那么该等信托的结构也一般会随着红筹架构一并搭设，并在重组过程中予以统筹考虑相关的合规问题、架构设计、纳税筹划考虑等。

此外，公司在上市之前往往会考虑进行一轮上市前股权融资，由于该融资时点距离上市较近，融资估值、投资人的选择等事项均需要更加审慎地加以考虑。公司在上市前也经常会设立自己的员工股权激励并发行一部分员工激励股权或期权，员工股权激励多采用期权池或员工信托的形式，员工股权激励的安排对公司的财务、股权结构设计等方面均有较为实质性的影响，需要公司与项目律师和会计师统筹讨论并决定。

2. 秘密递交筹备阶段

秘密递交筹备阶段是公司与主要中介机构针对上市项目的实质工作阶段，该阶段核心的工作是招股书的准备以及尽职调查的开展。在美国上市项目中，招股书由美国律师主笔起草，主要中介机构会各自就自己的专业领域分工负责其中的部分章节的执笔。账簿管理人还需要对招股书的内容进行验证、核查，该工作一般由账簿管理人的境外律师负责牵头完成。尽职调查大致分为业务、法律、财务三条线，业务尽职调查主要由账簿管理人牵头完成，财务尽职调查由会计师负责完成并出具审计报告，法律尽职调查包括中国境内法律尽职调查、反腐败尽职调查、反洗钱尽职调查等。由于公司的主要营业地在境内，法律尽职调查中尤以中国境内法律尽职调查为重。为上市所需，公司还需要在此阶段在中介机构的协助下搭设符合监管要求的公司治理机构，包括董事会的完善及董事会下设委员会的成立，以及关联交易制度的规范等。

近年来，中国政府对网络安全、数据安全、个人信息保护方面的监管趋严。2021年12月28日发布、2022年2月15日施行的《网络安全审查办法》中规定，关键信息基础设施运营者采购网络产品和服务，网络平台运营者开展数据处理活动，影响或者可能影响国家安全的，应当按照本办法进行网络安全审查。掌握超过100万用户个人信息的网络平台运营者赴国外上市，必须向网络安全审查办公室申报网络安全审查。拟进行美国上市的公司，如果触发前述规定有需要进行网络安全审查的情形，则需要在此阶段对网络安全审查的申请进行筹备。在近期实践中，公司拟进行美国上市的，中介机构一般会建议公司在数据合规顾问的协助下，在项目的前期阶段就与网络安全审查办公室就公司的上市计划及网络安全审查的申请进行预沟通，如需要进行网络安全审查，则须在第一次秘密递交美国上市申请前完成。

按照境外上市新规的规定，除非是符合条件的"存量企业"，境内企业直接和间接赴境外发行上市均须向中国证监会履行备案程序。因此，在此阶段，需要筹备中国证监会备案申请材料，包括备案报告、备案法律意见书等文件。

3. 监管审查、股票推介及定价阶段

上市申请的筹备完成后，公司向美国证券交易委员会（U. S. Securities and Exchange Commission，SEC）进行第一次秘密递交。与香港上市不同，公司进行的秘密递交是非公开的，即除了上市申请人、中介机构与 SEC，公司的上市申请以及申请材料是不为外界所知的。在秘密递交期间，SEC 的问询和申请人的答复、对招股书的修改均是非公开的。实践中，秘密递交一般会进行两到三次。在上市申请人与 SEC 就招股书草稿达成基本一致，SEC 的问询基本全部得到了满意的回复之后，公司向 SEC 进行第一次公开递交。第一次公开递交一般不含股票的价格区间，在价格区间确定后，会进行第二次公开递交，随即递交"红鲱鱼"招股书①。

第一次秘密递交之后，上市申请人和中介机构的另一主要工作为股票推介和定价。这一阶段的主要工作包括试水会议、分析师演示及研究报告、投资者教育、管理层路演、承销协议的谈判与签订等。

按照境外上市新规的要求，除符合条件的"存量企业"外，境内企业直接和间接赴境外发行上市均须在第一次秘密递交后的 3 个工作日内向中国证监会递交备案文件。为匹配美国上市的秘密递交制度，境外上市新规也规定了上市申请人可以在备案时提交说明，申请延后公示备案信息，并应当在发行上市申请文件在境外公开后的 3 个工作日内向中国证监会报告。在中国证监会接收备案材料之后，上市申请人会收到中国证监会的反馈问询，并需就该等反馈问询进行答复。

4. 上市阶段

在完成股票的分配和定价，并在中国证监会予以备案、SEC 对公司的注册文件宣布生效后，公司完成上市。在上市后，公司会完成本次上市交易的清算交割。视发行情况，承销商可以选择行使"绿鞋权"②。

---

① 指 Red Herring Prospectus，为招股书的临近定稿版本，其封面显著位置会以红字提示该招股书仅为初步招股书，信息并不完善。

② 指 Green Shoe Option，超额配售权。

五、境外上市新规

境外上市新规建立了以备案制为核心的统一的全流程监管框架，即确立了 H 股和红筹方式境外上市均需要经过中国证监会的备案，各种证券化形式、首次公开发行并上市以及上市后再融资等全方位适用备案制管理。境外上市新规也一并明确了上市参与方的法律责任、境外证券机构的执业和备案要求，以及建立了境内各监管机构的协同机制。

毋庸置疑的是，境外上市新规及其相关的配套措施已经且将持续性地对中国企业境外上市产生深远影响。境外上市新规废止并取代了 1994 年 8 月 4 日国务院发布的《关于股份有限公司境外募集股份及上市的特别规定》（境外上市新规生效前 H 股上市的纲领性规定）和 1997 年 6 月 20 日国务院发布的《关于进一步加强在境外发行股票和上市管理的通知》（红筹指引）。自无异议函时代终结至境外上市新规生效之前，红筹结构境外上市原则上不涉及中国证监会的审批或备案流程，但随着境外上市新规的生效，红筹结构与 H 股开始同等地适用中国证监会的备案流程。对于境外上市后的再融资，传统上也缺乏中国证监会的监管，而境外上市新规却规定，上市后发行证券、可转换债券、可交换债券、优先股等，均需要适用一定程度上的备案程序，上市后的重大事项也需要履行报告手续。此外，境外上市新规明确要求，从事境内企业境外发行上市业务的证券公司、证券服务机构和人员，应当遵守法律、行政法规和国家有关规定，遵循行业公认的业务标准和道德规范，严格履行法定职责，保证所制作、出具文件的真实性、准确性和完整性，不得以对国家法律政策、营商环境、司法状况等进行歪曲、贬损的方式在所制作、出具的文件中发表意见。因此，境外上市申请文件的内容，特别是招股书中介绍中国的法律法规、政策、营商环境、司法状况等方面的内容，应当注意符合前述规定（见图 7）。

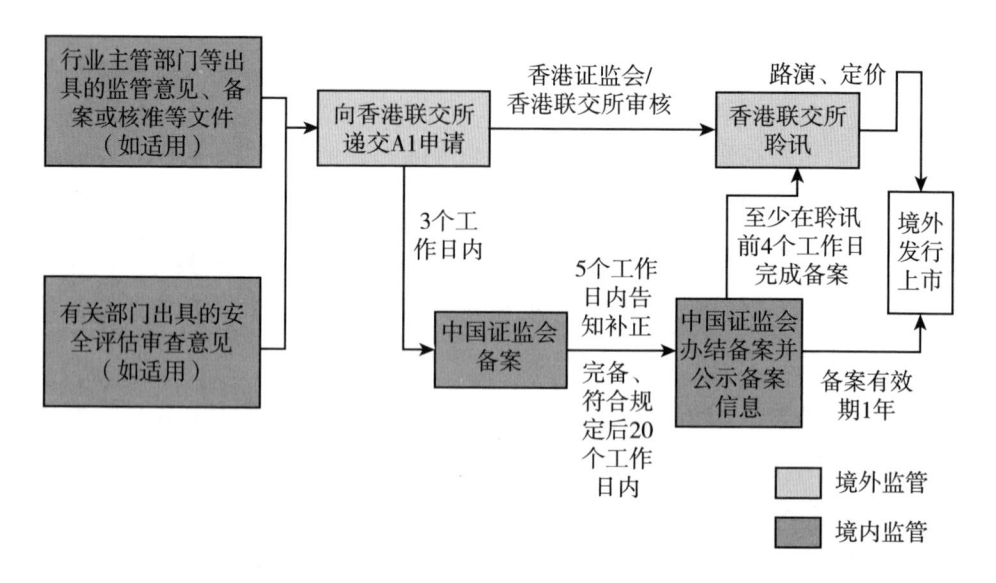

```
┌─────────────┐                              ┌─────────┐
│行业主管部门等出 │         香港证监会/          │路演、定价│
│具的监管意见、备 │──┐    香港联交所审核  ┌─────→│香港联交所│─┐
│案或核准等文件  │  │ ┌──────────┐      │      │  聆讯   │ │
│  （如适用）   │  └→│向香港联交所│──────┘      └─────────┘ │
└─────────────┘    │递交A1申请  │              ↑          │
                   └──────────┘          至少在聆讯        ↓
                        │                前4个工作日    ┌──────┐
                      3个工作              完成备案      │境外  │
                      日内                    │         │发行  │
┌─────────────┐         ↓        5个工作   ┌────────┐   │上市  │
│有关部门出具的安│    ┌────────┐  日内告    │中国证监会│   └──────┘
│全评估审查意见 │───→│中国证监会│  知补正   │办结备案并│      ↑
│  （如适用）   │    │  备案   │─────────→│公示备案  │──────┘
└─────────────┘    └────────┘           │  信息   │  备案有效
                              完备、     └────────┘   期1年
                              符合规
                              定后20             ┌──┐
                              个工作             │  │境外监管
                              日内               └──┘
                                                ┌──┐
                                                │██│境内监管
                                                └──┘
```

图 7　境外上市新规下 H 股/红筹上市的统一流程（以香港上市为例）

注：补充材料和征求意见的时间均不计算在备案时限内

境外上市新规的配套规定《关于加强境内企业境外发行证券和上市相关保密和档案管理工作的规定》由中国证监会及相关部门于 2023 年 2 月 24 日发布，2023 年 3 月 31 日施行。该规定取代了《关于加强在境外发行证券与上市相关保密和档案管理工作的规定》（证监会公告〔2009〕29 号），从而作为直接或间接境外上市项目的保密和档案管理的具体规定。随着近年来国家对数据安全、数据出境等方面的管控趋严，结合已于 2022 年 9 月 1 日施行的《数据出境安全评估办法》对于数据出境安全评估的规定，境外上市过程中涉及的数据安全、数据保密与管理方面的合规性给企业提出了新的要求和新的挑战。

2022 年 1 月 1 日施行的《外商投资准入特别管理措施（负面清单）（2021 年版）》中规定，从事外商投资准入负面清单禁止投资领域业务的境内企业到境外发行股份并上市交易的，应当经国家有关主管部门审核同意，境外投资者不得参与企业经营管理，其持股比例参照境外投资者境内证券投资管理有关规定执行。所谓"境外投资者境内证券投资管理有关规定"，系指境外投资者通过合格境外机构投资者（Qualified Foreign Institutional Investor，QFII）、人民币合格境外机构投资者（RMB Qualified Foreign Institutional Investor，RQFII）、股票市场互联互通机制等投资境内证券市场相关规定。现行规定要求单个境外投资者及其关联人投资比例不超过公司股份总数的10%，所有境外投资者及其关联人投资比例合计不超过公司股份总数的30%。对于从事负面清单禁止领域业务的在境内外同时上市的企业，境外投资者持有同一企业的境内外上市股份合并计算。[①]

六、结语

中国企业境外上市是在中国对外开放的大背景下发端与发展的。在新的时期，在国际国内形势复杂多变的背景下，中国企业境外上市也面临着新的机遇和挑战，更需要律师以更加严谨和专注的精神提供更加包容和多元化的服务，协助企业应对和解决法律问题，也为资本市场做好"守门人"。

---

① 参见国家发展和改革委员会有关负责人就2021年版外商投资准入负面清单答记者问。

医疗服务企业香港上市法律问题简析

李竞弘　张　倩　魏　然[①]

　　我国香港地区（以下简称香港）资本市场的发展是过去40年中国企业走向世界、中国崛起为全球第二大经济体的缩影。作为国际领先的首次公开发行（Initial Public Offering，IPO）集资地，香港联合交易所有限公司（以下简称香港联交所）在2009—2022年的14年中有7年荣登全球IPO集资榜首。[②] 同时，香港资本市场作为中国资本市场的重要组成部分，一直以来是连接优秀的中国企业与国际资本的桥梁。作为近年来香港资本市场快速增长的板块之一，医疗健康行业于2019年至2022年4年间诞生了近百家香港主板上市公司；仅2021年，医疗健康板块的IPO集资额共计达到约789亿港元，占香港联交所全年IPO集资总额约24%；截至2022年12月31日，香港上市的医疗健康行业企业总市值共计达到约30,435亿港币，

---

　　① 本文在创作过程中，得到了李竞弘律师团队各位同事的支持，在此特别向他们表示由衷的谢意。
　　② 信息来自香港联交所网站，访问链接：https://www.hkex.com.hk/Join－Our－Market/IPO/Listing－with－HKEX?sc_lang＝zh－HK；"中国内地和香港IPO市场2021年回顾及2022年展望"，访问链接：https://assets.kpmg/content/dam/kpmg/cn/pdf/zh/2021/12/china－hk－ipo－2021－review－and－outlook－for－2022.pdf；及"中国内地及香港IPO市场2022年回顾与2023年前景展望"，访问链接：https://www2.deloitte.com/cn/zh/pages/audit/articles/the－mainland－and－hong－kong－ipo－markets－will－perform－even－stronger－in－2023.html，最后访问日期：2023年12月19日。

占香港联交所全体上市公司总市值近10%。①

医疗板块已经成为香港资本市场的重要组成部分，其中医疗服务板块近年来更是涌现了大量成功上市的龙头企业，其中包括中国最大的肿瘤医疗集团②海吉亚医疗控股有限公司（以下简称海吉亚医疗）（6078.HK），中美领先的辅助生殖服务提供商锦欣生殖医疗集团有限公司（以下简称锦欣生殖）（1951.HK），领先的中医医疗健康服务提供商固生堂控股有限公司（以下简称固生堂）（2273.HK），全国知名的眼科医疗服务集团朝聚眼科医疗控股有限公司（以下简称朝聚眼科）（2219.HK）等各细分行业的领军企业。

随着中国经济的高速发展，每个经济发展阶段都有不同行业的企业受到资本市场的追捧，而不同行业的企业由于行业性质和监管力度的不同，上市难度也有很大的差异。如果特定行业在经营过程中监管趋严，合规问题复杂，那么企业在上市过程中面临的合规难度和审核压力就会比较大。其中医疗服务行业企业的上市是公认的操作难度大、涉及问题广泛、合规成本高的一个行业。每一个医疗服务企业的成功上市背后，都是参与各方共同攻坚排雷的努力。

因此，本文将聚焦于医疗服务板块，③重点围绕医疗服务企业赴港上市

---

① 医疗保健新股2021年IPO集资额及截至2022年12月31日行业企业总市值数据摘录自Wind金融终端，香港联交所2021年全年IPO集资总额可参见《香港交易所2021年全年业绩》，载https://www.hkex.com.hk/-/media/HKEX-Market/News/News-Release/2022/220224news/FY-Results-2021_c.pdf，截至2022年12月31日全体上市公司总市值可参见《香港交易所2022年全年业绩》，载https://www.hkex.com.hk/-/media/HKEX-Market/News/News-Release/2023/230223news/230223news_c.pdf，最后访问日期：2023年12月19日。

② 按2019年放疗相关服务产生的收入，及旗下医院及合作伙伴的放疗中心截至2019年12月31日所装置的放疗设备数目计。

③ 本章节主要讨论截至2022年12月31日，依托线下实体医院提供服务且聚焦于内地医疗服务领域的18家香港主板上市企业，包括华润医疗控股有限公司（1515.HK）、温州康宁医院股份有限公司（2120.HK）、现代牙科集团有限公司（3600.HK）、瑞慈医疗服务控股有限公司（1526.HK）、广东康华医疗股份有限公司（3689.HK）、新世纪医疗控股有限公司（1518.HK）、弘和仁爱医疗集团有限公司（3869.HK）、希玛眼科医疗控股有限公司（3309.HK）、佳兆业健康集团控股有限公司（0876.HK）、锦欣生殖（1951.HK）、海吉亚医疗（6078.HK）、瑞丽医美国际控股有限公司（2135.HK）、时代天使科技有限公司（6699.HK）、朝聚眼科（2219.HK）、固生堂（2273.HK）、雍禾医疗集团有限公司（2279.HK）、瑞尔集团有限公司（6639.HK）、美皓医疗集团有限公司（1947.HK），以及此前曾于2015年7月上市后于2021年3月退市的和美医疗控股有限公司，本文中所提到的香港上市医疗服务企业即指代前述19家公司，也将以该19家医疗服务企业为主要样本进行分析。

的实务展开分析，内容分为三部分：第一部分是在社会与政策背景下，梳理该领域在宏观层面的发展历程，全面展现医疗服务企业在香港资本市场至今经历的三个主要发展阶段；第二部分是对赴港上市流程的介绍，以整体呈现香港资本市场的筹备和审核过程；第三部分是从行业监管、《香港联合交易所有限公司证券上市规则》（以下简称《香港上市规则》）、案例实践等角度出发，结合具有代表性的法律问题对医疗服务企业赴港上市领域的律师实务进行重点分析。

一、医疗服务企业赴港上市的发展历程

我国民营医疗服务企业的发展得益于国家政策的支持与引导。2009年3月，中共中央、国务院发布《关于深化医药卫生体制改革的意见》，主要包括改革医疗机构及建立覆盖城乡居民的基本医疗卫生制度，鼓励和引导社会资本发展医疗卫生事业，促进非公立医疗卫生机构发展，形成投资主体多元化、投资方式多样化的办医体制。随后，国务院办公厅于2010年11月发布《转发发展改革委卫生部等部门关于进一步鼓励和引导社会资本举办医疗机构意见的通知》，鼓励和引导社会资本举办医疗机构，并要求消除阻碍非公立医疗机构发展的政策障碍，促进非公立医疗机构持续健康发展。2013年12月原国家卫生和计划生育委员会与国家中医药管理局发布《关于加快发展社会办医的若干意见》，进一步明确了支持社会办医和非公立医疗机构发展的政策。与此同时，随着我国经济发展和城市化进程推进，城镇居民收入水平不断提高；由于人口老龄化加速及慢性疾病发病率不断上升等多项人口及公共健康问题，我国居民对医疗服务的需求也在大幅攀升。

在国家政策大力支持和社会需求持续增长的背景下，内地医疗市场自2010年前后进入了快速发展时期。自2010—2014年，医疗服务支出总额由人民币19,980亿元（约占国内生产总值的4.9%）增长至人民币35,312亿元

（约占国内生产总值的 5.6%），复合年增长率达到 15.3%。① 与此同时，大量民营资本投入医疗服务市场，2012 年至 2015 年，医疗健康产业投融资交易数量从 129 宗上升到 858 宗，② 民营医院数量从 9786 家上升到 14,518 家，③ 政策与市场需求逐步传导至资本市场。

2013 年 11 月，凤凰医疗集团有限公司（以下简称凤凰医疗）（1515.HK）（现为华润医疗控股有限公司④）在香港联交所主板成功上市，成为中国民营医疗服务企业在香港资本市场第一家成功上市的医院概念股，随即开启了医疗服务企业赴港上市的第一个热潮。自此直至 2017 年 3 月，共有 7 家医疗服务企业成功于香港联交所主板上市，既有妇产科、儿科、精神病专科等连锁医院，也有提供综合性诊疗服务的全科医院。

在这一阶段于 2015 年 7 月上市的和美医疗控股有限公司（以下简称和美医疗）（1509.HK），作为中国民营医疗服务市场先驱之一，建立起了可复制的品牌连锁医院模式。紧随其后，民营妇儿连锁医疗服务提供商新世纪医疗控股有限公司（以下简称新世纪医疗）（1518.HK）于 2017 年年初成功完成香港主板上市，股价在公司上市一年后相比发行价一度上涨接近 100%。如果说凤凰医疗的上市为医疗服务企业赴港公开发行拉开了序幕，那么和美医疗及新世纪医疗的上市则成功验证了香港资本市场和机构投资人对于高增长、标准化、可复制的连锁医疗服务企业的喜爱。

相较于其他行业而言，由于医疗服务行业较强的专业性、对政策的敏感度以及宏观环境的影响（如中国出生率陡然下降对于妇产专科行业的冲击），

---

① 数据摘录自新世纪医疗上市文件，载 https://www1.hkexnews.hk/search/titlesearch.xhtml?lang=zh，最后访问日期：2023 年 12 月 19 日。

② 数据摘录自《2021 年全球医疗健康产业资本报告》，载 https://vcbeat.top/53830，最后访问日期：2023 年 12 月 19 日。

③ 数据摘录自《2020 年中国民营医疗及公立医疗行业发展现状及竞争格局对比》，载 https://mp.weixin.qq.com/s?__biz=MzI5MjkyMjYzNA==&mid=2247548386&idx=1&sn=22c97fce20b9917014d8a999c085d105&chksm=ec7b8987db0c0091d553805ecad72670b777774ca519e87628a02a4b9c37e2a3dcc12abb5f8e&scene=27，最后访问日期：2023 年 12 月 19 日。

④ 华润医疗集团有限公司于 2016 年 10 月成为凤凰医疗的控股股东，后者于 2016 年 12 月更名为华润凤凰医疗控股有限公司，于 2018 年 10 月进一步更名为华润医疗控股有限公司。

自 2017 年前后，医疗服务企业赴港上市也进入了短暂的低潮期。自 2017 年年中至 2019 年年初的近 2 年时间里，成功赴港上市的医疗服务企业寥寥无几，已上市的公司股价也不尽如人意。

尽管医疗服务行业总体在资本市场经历了估值和股价表现不佳的短暂低潮，但在中国人均收入持续提高及老龄化进一步加剧的大背景下，内地的民营医疗服务机构始终处在高速发展阶段。自 2014 年至 2018 年，内地民营医院总体收入由人民币 1616 亿元上升至人民币 3838 亿元；自 2015 年至 2019 年，内地民营医院数量由 14,518 家增长至 22,424 家。① 自 2019 年至 2021 年，中国医疗健康产业投融资总额从人民币 1028 亿元上升到创下历史新高的人民币 2192 亿元。② 民营医疗服务企业在历经资本的涌入与深耕后，商业模式逐渐成熟，也开始逐步恢复在资本市场的活力。

2019 年 6 月，在中美两国领先的锦欣生殖成功于香港联交所主板挂牌上市，成为香港资本市场第一家上市发行市值超过 100 亿港币的医疗服务企业。2020 年 6 月，中国最大的肿瘤医疗集团海吉亚医疗再次以超过百亿港币的市值敲开了香港资本市场的大门。紧随其后，专注于眼科医疗服务的朝聚眼科和聚焦中医医疗健康服务的固生堂等专科连锁医疗服务企业于 2021 年成功登陆香港资本市场。随着细分领域领军者纷纷以优异的表现成功完成公开发行，医疗服务企业赴港上市迎来了蓬勃发展的新时期。

在这一阶段，以海吉亚医疗的成功上市为标志，医疗服务企业中的专科连锁模式成为近年来香港资本市场的"宠儿"。其中，海吉亚医疗通过内生性增长和战略收购等方式逐步建立了以肿瘤领域为核心向全国范围辐射的医院及放疗中心网络，其后上市的朝聚眼科及固生堂等公司也同样是以连锁业务模式开展专科领域医疗服务的领先企业。在政策支持的大背景下，连锁专

---

① 数据摘录自海吉亚医疗上市文件，载 https://www1.hkexnews.hk/search/titlesearch.xhtml?lang=zh，最后访问日期：2023 年 12 月 19 日。

② 数据摘录自《2021 年全球医疗健康产业资本报告》，载 https://vcbeat.top/53830，最后访问日期：2023 年 12 月 19 日。

科医院具有的可复制性强、利用规模优势降低成本、基层下沉空间大等优势，一方面可以通过聚焦专科更明确地定位和发掘市场需求，另一方面可以凭借其成熟的管理经验、整合医生资源的能力和雄厚的资金实力不断扩张旗下的连锁规模，提升医疗服务质量。供需两旺的行业趋势不断促进医疗服务行业持续快速发展，而当前阶段下连锁专科医院赴港上市的浪潮也将为医疗服务行业带来更为强劲的增长动力。

二、医疗服务企业赴港上市流程简介

（一）医疗服务企业赴港上市选择

对于企业而言，在公开市场挂牌上市既可以满足其扩大社会影响和持续融资的发展需求，又能够实现上市前投资人适时退出的商业目的。过往内地医疗健康行业企业的上市地主要包括内地A股市场、港股市场和美股市场。从医疗健康各个细分板块来看，在A股和美股上市的绝大多数公司为医药、器械或生物科技类企业；虽然实践中也有部分A股上市公司通过并购重组吸纳民营医院，包括从事药品、医疗器械等相关业务的上市公司或原主营业务非同一产业链的上市公司通过收购等方式布局医疗服务行业，但总体而言，以线下医院为依托独立进行上市的医疗服务企业近年来更倾向于选择港股市场。

发行人对上市地的选择是多方面考虑的结果。以美股市场为例，中国的医疗服务企业一直不受青睐，少数曾经在美股上市的优质中国医疗服务企业也已陆续从美股退市；[1] 至今还在美股坚持的个别医疗服务企业，无论市值还是估值都难以令人满意。[2] 究其原因，除美股投资人对于中概股的行业偏

---

[1] 相关新闻如《和睦家上市主体私有化退市系今年首个中概股回归企业》，载 https://www.caixin.com/2021-02-19/101664594.html；《市值缩水90%以上，泛生子何以败退美股？》，载 https://36kr.com/p/2479510134743174，最后访问日期：2023年12月19日。

[2] 例如，医美国际（AIH.NASDAQ）上市首日市值约为2.37亿美元，2022年12月31日市值约为0.30亿美元；泰和诚控股（CCM.NYSE）上市首日市值约为4.67亿美元，2022年12月31日市值约为0.71亿美元。信息来自Wind金融终端。

好外,近年来中概股在美国资本市场所面临的政策不确定性和进退维谷的处境也在很大程度上影响了医疗服务企业进军美股的信心。举例而言,2020年5月和12月,美国参众两院分别批准通过了《外国公司问责法》,加强并明确了对中概股公司的监管范围及披露义务;2020年11月,美国政府颁布13959号行政令,禁止美国人参与具有军工背景的中国企业进行证券或相关交易,列出中国军工企业制裁名单并禁止美国投资者在规定期限后交易制裁名单中企业的证券;2021年6月,美国政府颁布14032号行政令,列出"非特别指定国家—中国军工复合体企业名单"(NS-CMIC清单),相较13959号行政令进一步扩大对中国公司的制裁范围;2022年3月起,美国证券交易委员会陆续将逾百家中概股公司纳入有退市风险的"暂定名单"中;2023年7月美国证券交易委员会发布针对中国相关披露的进一步示范性意见,特别强调披露包括与中国政府在中国企业运营中所扮演角色相关的重大风险在内的特定事项。一系列政策变化使得中概股市场近年来频繁波动。为保障网络和数据安全及维护国家安全,中国国内同样在逐步完善对赴美或国外其他地区上市的企业监管审批以及对中概股数据安全、保密及档案管理等方面的监管,例如《网络安全审查办法》第7条明确规定,掌握超过100万用户个人信息的网络平台运营者赴国外上市,必须向网络安全审查办公室申报网络安全审查。除政策外,中概股多年来持续面临的做空机构狙击、集体诉讼等一系列问题亦对医疗服务企业赴美上市的选择造成了不利的影响。

相较而言,中国香港特别行政区政府近年对于香港资本市场高度关注,并持续推出一系列的利好政策,包括不再要求H股公司在招股书中对内地有关的法律及法规、政治结构及经济环境、外汇管制及人民币汇率风险等风险因素进行特别披露,专门就"特专科技"公司修订《香港上市规则》,启用首次公开招股结算平台并加速新股上市流程,下调股票交易印花税,推出公开招股"双重参与"改革,以及将此前逾百份有关新上市的指引信及上市决策整合并优化为新上市申请人指南(于2024年1月1日生效)(以下简称上市申请指南)等。各级政府及主管部门也对赴港上市提供了更多政策及政务上的支持,例如2023年2月中国人民银行会同原中国银行保险监督管理委员会、中国证券监督管理委员会(以下简称中国证监会)、国家外汇管理局、广东省人民政府联合印发《关于金融支持前海深港现代服务业合作区全面深化改革开放的意见》,允许证券业金融机构在香港开展直接融资;2023年3月《境内企业境外发行证券和上市管理试行办法》(以下简称备案新规)及其配套指引正式实施,以更好地支持企业依法合规到境外上市,利用两个市场、两种资源实现规范健康发展;2023年8月,中国证监会副主席李超表示,将发挥香港支持内地企业融资的国际平台作用,推动形成更加透明、高效、顺畅的境外上市监管协调机制,持续畅通内地企业境外上市渠道;2023年11月,中国证监会副主席王建军表示:中国证监会将从落实好境外上市新规让内地企业更加便捷高效地赴港上市等方面支持香港资本市场建设,支持香港国际金融中心建设;截至2023年,广西壮族自治区政府、宁波市政府、青岛市政府、南京市有关政府部门以及北京证券交易所等也分别与香港联交所签署合作备忘录。

从数据上可以看到,2023年3月备案新规生效以来,截至2023年12月14日,已有164家企业向中国证监会递交了境外上市备案申请,其中申请港股上市及全流通的公司共有114家,申请美股上市的公司共有49家,申请瑞士证券交易所上市的公司有1家;共有72家公司已获得备案通知书,港股上市及全流通的公司共50家(占69%),美股上市的公司共22家(占31%)。由此可见,正是综合考量市场、政策等多方面因素,越来越多包括医疗服务企业在内的上市申请人正将香港资本市场作为其上市地的首选。

(二)赴港上市流程简要介绍

赴港上市流程见图1。

○ 重组及前期筹备　◐ 上市申请准备　● 监管审查　● 股票推介和定价　● 上市和后市
── 视项目而定 →　── 3—4个月 →　── 4—5个月 →　── 1个月 →　── 持续过程 →

| 中介机构委任，员工激励计划实施，上市前重组，上市前融资，信托设立 | 招股说明书起草，其他上市申请文件准备，尽职调查，招股说明书验证 | 提交上市申请文件，提交中国证监会备案报告，回答主管机构问询，中国证监会办结备案，通过上市聆讯，获得原则上批准上市通知 | 招股书注册，香港公开发售，国际配售，确定发售价格及股票分配 | 获得最终上市许可，行使超额配售权，进行首次权益披露，持续合规 |

图 1　香港主板上市简要流程示意图

1. 重组及前期筹备阶段

在重组及前期筹备阶段，上市申请人须完成拟上市集团的架构搭建［例如境内公司的红筹重组，H 股公司的股改，就外商投资限制或禁止的行业搭建协议控制（Variable Interest Entities，VIE①）结构等］，并进行上市相关中介机构（例如保荐人、律师、会计师、行业顾问等）的委任。实践中，不乏上市申请人会在该阶段同时进行上市前融资（也被称为交叉轮融资）的情形。值得注意的是，《香港上市规则》及上市申请指南中明确要求，上市前融资应在首次递交上市申请表格（A1 表格）日期前的足 28 天之前或上市申请人证券交易首日的足 120 天之前完成，因此上市前融资的进程常常会直接影响上市项目的时间安排。近年来，也有越来越多的上市申请人希望在上市前设立家族及员工信托，完善员工激励计划，由于设立信托及员工激励计划

---

① VIE 也称可变利益实体，常被用来指代合约安排或结构性合约。在香港上市相关规则下，VIE 架构或合约安排是指上市申请人通过合约形式（而非直接持有股权的形式）间接拥有及控制其体系内部分实体及业务的架构或安排。具体形式通常表现为，注册于中国境外的上市申请人全资持有的中国境内子公司（Wholly Foreign Owned Enterprise，WFOE）与另一家于中国境内注册成立的经营实体（Operating Company，OPCO）（该实体全部或部分股权由中国境内公民拥有，并在受外资拥有权限制的个别行业持有相关营业牌照）订立一系列特别设计制定的协议，使得上市申请人通过该等协议控制 OPCO 的营运及享有 OPCO 所产生的经济利益。

会影响拟上市集团的股权结构，上市申请人一般会在首次递交上市申请表格之前采纳激励计划并完成相应的结构搭建。

2. 上市申请准备阶段

紧随重组及前期筹备阶段之后，上市申请人及相关中介机构将会聚焦于上市申请的具体准备上。这一阶段通常持续3—4个月，大致分为业务、法律、财务三条线，主要工作内容体现为上市申请人和相关中介机构制作上市相关申请文件和尽职调查两部分。根据《香港上市规则》，上市申请人应在递交上市申请表格时一并附上一系列上市申请文件，主要包括招股说明书（以下简称招股书）、会计师报告、法律意见书、重组备忘录（如适用）、盈利和现金流预测备忘录等一系列文件。根据2023年3月开始实施的备案新规，上市申请人还需要在提交上市申请文件后3个工作日内向中国证券会提交备案报告及有关附件。就前述各项文件，各中介机构在上市申请人的配合下按照既定分工各自准备，之后定稿汇总进行统一递交。

针对上市申请人的尽职调查涵盖其业务运营、财务表现、法律合规、内部控制等多个方面。除普遍适用于各个项目的基础尽职调查外，中介机构也会根据不同上市申请人的特别情况开展专项尽职调查，或就某一特定事项单独聘请专家或顾问发表专业意见。同时，香港上市相关的监管规则要求保荐人对上市申请人的招股书内容进行全面核查，包括收集、整理能够支撑招股书内容的书面文件，这项工作通常称为对招股书的"验证"，是保荐人尽职调查工作的重要部分。

3. 监管审查阶段

待上市申请准备工作全部完成后，保荐人将代表上市申请人向香港联交所及香港证券及期货事务监察委员会（以下简称香港证监会）提交上市申请全套文件，同时上市申请人的申请版本招股书也将同步被刊登在香港联交所的网站上供公众查阅。此后，香港联交所及香港证监会对上市申请进行实质审查，就申请文件不时向上市申请人及其保荐人发出书面及口头问询，上市申请人须按照问询中的要求对招股书及其他申请文件进行修订或补充。在香港联交所和香港证监会对该上市申请均无进一步问询后，香港联交所上市科将建议上市委员会对该上市申请进行上市聆讯。如香港联交所上市委员会在聆讯过程中无进一步问题，或其问询在之后得到满意答复，香港联交所将向上市申请人发出原则上批准上市的通知。

与此同时，根据备案新规，上市申请人（或其指定的境内负责人）还须在提交上市申请文件后3个工作日内向中国证监会提交备案材料。备案材料不完备或者不符合规定的，中国证监会会告知上市申请人需要补充的材料，而该等需补充材料要求也会定期在中国证监会网站上进行公示，上市申请人须对补充材料要求中所提及的问题进行回复。备案关注的要点通常会覆盖股权变动合规性、股东核查、股权激励、特殊股东权利安排、个人信息保护与数据安全等方面。待上市申请人对中国证监会所要求的材料全部补充完毕，中国证监会认定备案材料完备、符合规定后，中国证监会将在一定期限内办结备案。

自上市申请人递交上市申请、备案材料，至中国证监会办结备案、香港联交所原则上批准上市，这一过程通常持续4至5个月。对于上市申请人而言，其对各监管机构相关问询的妥善及迅速回复对于上市进程的顺利推进具有重要意义。

4. 股票推介和定价阶段

在中国证监会就上市申请办结备案，且上市申请人获得香港联交所原则上批准上市的通知后，上市项目的重心将转为股票推介及定价的相关工作。这一阶段一般持续1个月左右，通常涵盖香港公开发售和国际配售两个部分，主要工作包括发布分析员研究报告，各项路演活动（包括锁定基石投资者），拟上市公司与承销团确定发行结构，承销协议的谈判和签署，招股书的定稿、印刷和注册，以及拟发行股票的分配和最终定价。

5. 上市和后市阶段

在上市申请人拟发行股票的分配及定价最终确定后，在满足上市前相关各项文件均已妥善递交并经香港联交所确认无误的条件下，上市申请人将在股票分配完成当日获得香港联交所给予的最终上市许可，其股票于次日上午九点三十分正式挂牌开始交易。在稳定价格期内（香港公开发售申请截止日期后 30 日内），承销商可以根据主管机构预先批准的额度选择悉数或部分行使超额配售权，随着稳定价格期的结束，上市申请人的整个上市过程至此即告一段落。

在后市阶段，已上市公司自上市之日起即须遵守《香港上市规则》、香港《证券及期货条例》等关于上市后持续责任、企业管治、内幕消息、信息披露等的规定，并在上市后合规律师及其他相关中介机构的协助下持续开展上市后合规工作。后市阶段出现备案新规所规定的情形时，已上市公司也须持续遵守备案新规的要求。

三、医疗服务企业赴港上市要点简析

在医疗服务行业日益发展和医疗服务企业赴港上市的热潮下，如何能够从法律与规则维度回应市场需求，发挥企业与上市主管机构（主要指香港证监会及香港联交所，以下简称我国香港地区主管机构）之间的纽带作用，是当前该领域每一个资本市场律师必须回答的问题。

在整个上市项目过程中，无论是前期的项目筹备，还是中期的监管审核及备案，以及后期的推介定价，各项工作均围绕上市相关法律及规则展开。各个行业在商业模式和监管框架等方面的差异，不同业务领域的上市申请人在上市相关规则的适用上也存在差异。因此，对行业情况的深入理解和对监管思路的准确把握将会极大地助力项目的顺利推进和高效完成。下文将针对医疗服务行业赴港上市过程中的重点问题进行简要分析，以期对该领域的实务工作有所裨益。

（一）上市范围

对于每一个上市申请人而言，在上市项目启动之初首先要解决的问题就是将哪些公司及/或资产纳入上市范围。《香港上市规则》对上市申请人上市资格的要求均在合并层面对拟上市集团整体进行考察。因此，上市范围的划定与上市申请人是否符合《香港上市规则》的各项要求息息相关，也是我国

香港地区主管机构一直以来重点关注的事项之一。

"挑选上市"（cherry‐picking）和"拼凑上市"（packaging of business）是在确定上市范围时常常需要考虑的问题。《香港上市规则》本身对于何为"挑选上市"或"拼凑上市"没有明确定义，实践中主要指上市申请人不适当地挑选拟上市集团成员公司或通过收并购等行为包装拟上市集团业务的情形。例如，将合规风险较高或财务表现较差的体系内公司转让给控股股东，或通过短期内收购等方式并入规模较大的非主营业务公司等。鉴于医疗服务行业收支平衡周期较长、产业链条覆盖范围较广且不同产业均处于强监管环境等特点，如何在凸显上市申请人特点和优势的同时，合理、合规地划定上市范围，对于上市申请人顺利通过上市审核乃至布局未来发展方向都会产生深远的影响。

尽管《香港上市规则》并未在条文层面针对"挑选上市"或"拼凑上市"作出直接规定，但总结香港联交所过往退回或拒绝上市申请的指引及上市申请指南中的审核逻辑可以看到，我国香港地区主管机构对于上市范围相关问题的审核关键在于，上市申请人的各项剥离、收购和其他重组安排均应具备充分的商业合理性，不应仅为使拟上市集团符合上市资格而进行，或通过相关安排刻意规避《香港上市规则》的要求。具体来讲，就扩大拟上市集团体系的收购而言，被收购子公司的业务应为拟上市集团原主营业务的自然延伸；就剔除拟上市集团体系的剥离而言（包括注销、出售等），剥离过程应公平、合理、合规，且应尽量避免剥离从事集团主营业务的成员公司，或将相关成员公司剥离给上市申请人的关联人士。

在涉及剥离安排的实践中，被剥离业务的承接主体可能包括独立第三方或上市申请人的控股股东。就剥离至独立第三方而言，我国香港地区主管机构通常要求上市申请人在招股书中披露剥离原因、时间、对价及其厘定方式、被剥离主体主要财务数据、承接主体背景等基本信息；而就剥离至上市申请人的控股股东而言（包括转让或在重组过程中将相关业务保留至控股股东或其控制的其他公司名下等方式），除剥离行为本身的合理合规外，我国香港地区主管机构还会同时关注同业竞争问题。

根据《香港上市规则》第8.10条①的规定，如上市申请人与其控股股东之间存在竞争或潜在竞争，则无论竞争程度大小，上市申请人均须在招股书中披露竞争业务的详情、上市申请人独立经营的能力及处理潜在利益冲突的措施。实践中上市申请人在论证上市范围合理性和解释同业竞争问题时通常可采取多角度分析的方式，例如阐释上市体系内外的业务模式、客户对象、覆盖地域范围不同，或二者提供的分别是同一行业内无法相互替代的产品或服务等。另外，作为解决控股股东与上市申请人之间潜在利益冲突的措施之一，实务中诸多案例采用了由控股股东向上市申请人作出可强制执行的不竞争承诺的方式。

以新世纪医疗（01518.HK）为例，上市申请人从地理分离、管理及经营分离、财务分离三个角度论述了拟上市集团与其控股股东持有权益的同类型业务具有明显区分，并阐述了拟上市集团未能将该等业务纳入拟上市范围的原因。同时，上市申请人的控股股东向上市申请人作出了不竞争承诺，给予上市申请人对竞争业务的优先选择权和收购权，使其得以在未来有权优先参与或收购该等竞争业务。

（二）VIE

根据我国外商投资准入相关的法律法规，②医疗机构仅限于合资，即限

---

① 《香港上市规则》第8.10（1）（a）条规定，如控股股东除在拟上市公司业务占有权益外，也在另一业务中占有权益，而该业务直接或间接与拟上市公司的业务构成或可能构成竞争（下称"竞争业务"），须于招股书中显眼位置披露下列资料：

（ⅰ）不包括该竞争业务的理由；

（ⅱ）有关竞争业务及其管理层的描述，使投资者能评估该业务的性质、范围及规模，并阐明该业务如何与上市集团之业务竞争；

（ⅲ）有关证明上市集团能独立于竞争业务、基于各自利益来经营其业务的事实；

（ⅳ）控股股东日后是否拟将竞争业务注入拟上市集团，以及控股股东拟将该竞争业务注入的时间。如上市后有任何该等资料的转变，上市公司须在其知悉该转变后，尽快作出公告；及

（ⅴ）香港联交所认为必需的任何其他资料。

② 如当前有效的国家发展和改革委员会及商务部于2022年12月公布的《鼓励外商投资产业目录（2022年版）》及于2021年12月发布的《外商投资准入特别管理措施（负面清单）（2021年版）》等。

制外资全资持有境内医疗机构的股权。更进一步的细化规定可见于原卫生部及原对外贸易与经济合作部于 2000 年 5 月发布的《中外合资、合作医疗机构管理暂行办法》，合资、合作中方在中外合资、合作医疗机构中所占的股权比例或权益不得低于 30%。因此，如医疗服务企业拟以红筹架构①赴港上市并希望实现对体系内医疗机构的完整合并财务报表，在目前的监管环境下，搭建 VIE 架构将是上市前重组过程中必不可少的一步，见图 2。

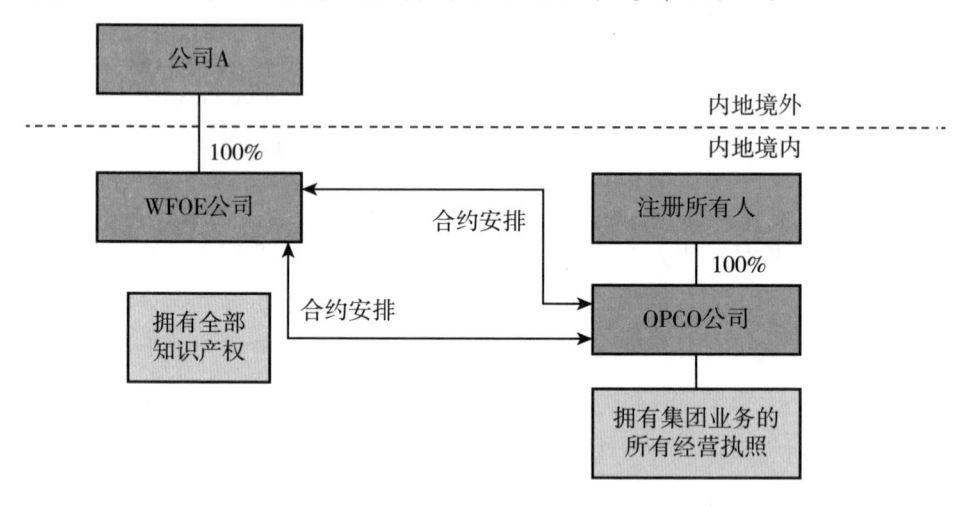

图 2 合约安排架构概括示意图

合约安排所涉及的协议通常包含：(1) 独家经营服务协议 [主要约定中国境内附属公司（以下简称 WFOE 公司）向透过合约安排控制的公司（以下简称 OPCO 公司）提供管理服务从而获得 OPCO 公司的可供分派利润]。(2) 独家购买权协议（主要约定 WFOE 公司对 OPCO 公司股权及资产的独家购买权）。(3) 投票权委托协议（含授权委托书，主要约定 OPCO 公司注册所有人将其股东权利委托予 WFOE 公司）。(4) 股权质押协议（主要约定 OPCO 公司注册所有人将其股权质押予 WFOE 公司）。(5) 配偶承诺函（OPCO 公司注册所有人的配偶确认 OPCO 公司注册所有人所持有的股权不属

---

① 按照业内普遍的看法，红筹架构通常是指境内公司的股东在开曼群岛等地设立离岸公司，该离岸公司通过直接或间接控股的方式控制境内公司权益的架构。

于注册所有人与其配偶的共同财产）。通过上述一整套的协议约定，达致上市申请人通过 WFOE 公司享有类似于 OPCO 公司股东的权利以及 OPCO 公司与拟上市集团完整合并财务报表的效果。

需要特别注意的是，根据上市申请指南，上市申请人只可于必须的情况下以合约安排解决外资拥有权的限制问题，且必须在允许的范围内最大限度地直接持有 OPCO 公司的权益［装入 VIE 的业务必须严格限制（narrowly - tailored）］。具体而言，VIE 架构受限于以下三个方面：(1) 对于未从事外商投资限制业务的公司，不应纳入合约安排的范围。(2) 对于从事外商投资限制业务的公司，上市申请人应在符合外资持股比例的前提下在最大限度内直接持有其股权。(3) 如上市体系内某一成员公司仅有部分业务属于外商投资限制范围，应将不属于外商投资限制范围的业务转移至外资直接持股的板块（如 WFOE 公司），不应保留在合约安排所控制的主体中。另外，作为 narrowly - tailored 原则的延伸，香港联交所亦要求上市申请人就 VIE 架构取得主管部门的监管确认。因此，实践中上市申请人的境内律师一般会对 OPCO 公司所在地的外商投资管理部门和行业主管部门进行访谈，并基于访谈结果对上市申请人 VIE 架构的合法合规性发表意见。

以海吉亚医疗（6078.HK）为例，上市申请人在境内有多家医疗机构，重组前由境内持股平台直接控股。在拟上市集团重组过程中，境内各医疗机构的控股主体变更为 WFOE 公司（图 3 中的伽玛星），由伽玛星通过其全资附属公司（图 3 中的伽玛星科技）间接持有各医疗机构的 70% 股权，而另外 30% 股权[①]由拟上市集团的控股股东（图 3 中的登记股东）全资持有的另一家境内公司（图 3 中的海吉亚医院管理）持有。随后，海吉亚医院管理、登记股东、伽玛星科技以及各医院主体共同签署了 VIE 架构相关的一系列协议

---

① 单县海吉亚医院的情况与其他医院有所不同，在上市集团重组前，单县海吉亚医院由境内持股平台直接或间接持有共 81.56% 股权，该医院雇员通过 3 家境内公司组成的持股计划平台持有该医院 18.44% 股权。鉴于该 18.44% 股权已非外资持股，因此在重组过程中，单县海吉亚医院仅有 11.56% 股权转让至海吉亚医院管理持有，从而可以满足 narrowly - tailored 原则的要求。

（包括独家经营服务协议、独家购买权协议、委托协议、股权质押协议、授权委托书及配偶承诺函等）。此外，上市申请人的境内法律顾问对拟上市集团内各医疗机构所在地的商务厅及卫生健康委员会进行了访谈，确认上市申请人作为外商主体持有医疗机构股权的上限为70%，以及确认相关地区内的合约安排的可执行性。

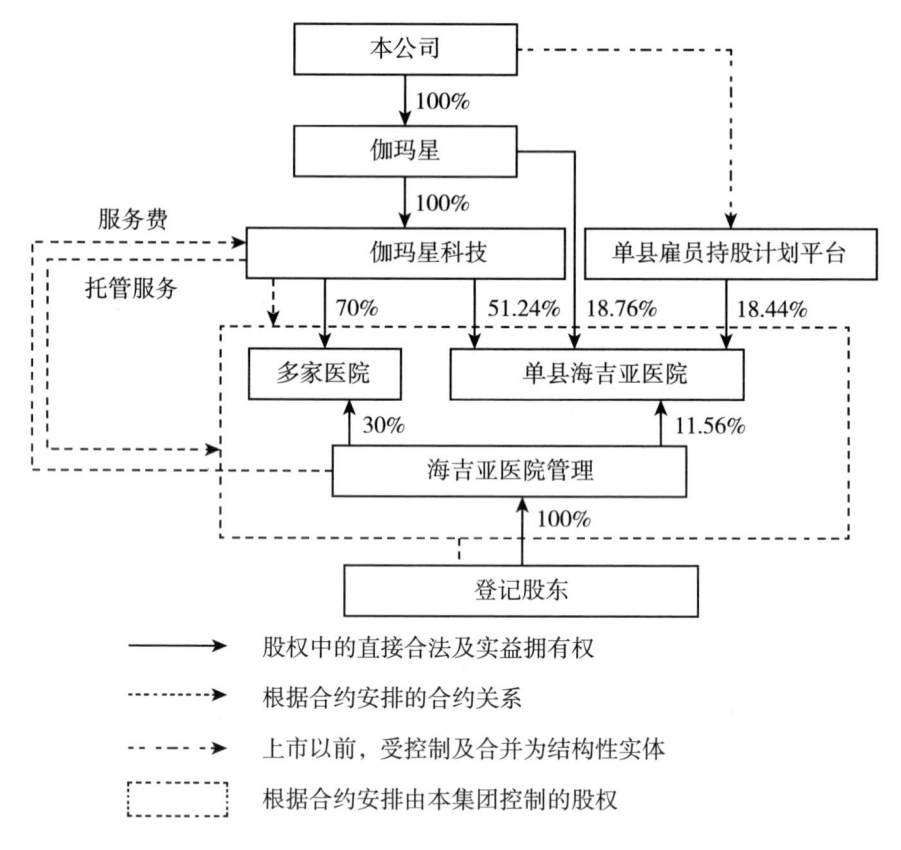

```
                        ┌──────────┐
                        │  本公司   │
                        └────┬─────┘
                           100%│
                        ┌────▼─────┐
                        │  伽玛星  │
                        └────┬─────┘
                           100%│
服务费    ┌──────────────┐   │   ┌──────────────────────┐
─────→   │  伽玛星科技  │   │   │ 单县雇员持股计划平台 │
托管服务  └──┬───┬───────┘       └──────────┬───────────┘
          70% 51.24%      18.76%          18.44%
        ┌────▼─┐ ┌────────▼──────────┐
        │多家医│ │  单县海吉亚医院    │
        │ 院   │ └────────▲──────────┘
        └──▲───┘    11.56%│
           │30%            │
        ┌──┴───────────────┴──┐
        │   海吉亚医院管理    │
        └──────────┬──────────┘
                100%│
        ┌──────────▼──────────┐
        │     登记股东        │
        └─────────────────────┘
```

──────→ 股权中的直接合法及实益拥有权

----→   根据合约安排的合约关系

╌╌╌→   上市以前，受控制及合并为结构性实体

┌╌╌╌┐   根据合约安排由本集团控制的股权
└╌╌╌┘

图3 海吉亚医疗的合约安排架构示意图

资料来源：海吉亚医疗上市文件，载 https://www1.hkexnews.hk/search/titlesearch.xhtml?lang = zh，最后访问日期：2023年12月19日。

注：1. 多家医院包括菏泽海吉亚医院、苏州沧浪医院（由伽玛星科技通过其全资附属公司苏辰医疗投资持有）、重庆海吉亚医院、成武海吉亚医院、安丘海吉亚医院、龙岩市博爱医院（由重庆海吉亚医院全资拥有）、聊城海吉亚医院及德州海吉亚医院。

2. 单县雇员持股计划平台持有的18.44%股权，包括菏泽医疗持有的9.84%股权、吉祥康达持有的4.41%股权及海悦康健持有的4.19%股权。单县雇员持股计划平台为实施单县海吉亚医院的受限制股份计划而设立，由参与该计划的雇员持有。由于①单县海吉亚医院的受限制股份计划为本集团的利益而设计我们有酌情权决定参与的雇员，及②承授人须待与上市时结束的限制期以后方可享有单县雇员持股计划平台的所有经济利益，因此在编制合并财务报表时，本公司将单县雇员持股计划平台合并入账。上市以后，我们不会将单县雇员持股计划平台合并。详情请参阅本招股章程附录一会计师报行附注29（b）及39。

3. 海吉亚医院管理的登记股来为向上投资，乃由朱先生及朱女士分别拥有40%及60%。

长期以来，中国境内相关法律法规对于VIE架构并无明确定义，赴境外上市企业的VIE架构的合法性也处于监管模糊状态。随着我国针对境外上市监管体系的完善，特别是备案新规的出台，无论是直接还是间接境外发行上市，均被纳入统一管理。根据备案新规配套指引的规定，境外上市新规中所称控制关系或者控制权，是指单独或者共同、直接或者间接通过股权、表决权、信托、协议、其他安排等方式对企业形成实际控制。据此，VIE架构企业境外上市属于间接境外发行上市的范畴，应按照境外上市新规的规定向中国证监会备案。尽管如此，根据备案新规第8条第1项的规定，法律、行政法规或者国家有关规定明确禁止上市融资的（例如，义务教育阶段学科培训类机构、民办幼儿园、营利性幼儿园等），不得境外发行上市。此外，中国证监会有关部门负责人答记者问中也明确表示，对于VIE架构企业境外上市，备案管理将坚持市场化、法治化原则，加强监管协同。中国证监会将征求有关主管部门意见，对满足合规要求的VIE架构企业境外上市予以备案，支持企业利用两个市场、两种资源发展壮大。目前也已经陆续有包括医疗服务行业在内的存在VIE架构的上市申请人成功获得备案通知书并完成香港上市。但同时，根据备案新规有关指引，若上市申请人存在VIE架构，本文建议可考虑在备案前与中国证监会进行预沟通；涉及其他主管部门对VIE架构的企业赴境外上市的监管态度，也建议事先与相关主管部门做好沟通。

（三）民办非营利性医疗机构

根据原卫生部、国家中医药管理局、财政部及原国家发展计划委员会于

2000年7月发布的《关于城镇医疗机构分类管理的实施意见》，我国的医疗机构主要分为营利性医疗机构和非营利性医疗机构，其中非营利性医疗机构又进一步分为政府举办的非营利性医疗机构和其他非营利性医疗机构（以下简称民非医院）。相较于营利性医疗机构，民非医院享有更优惠的税收和土地使用政策。但根据民政部于1999年发布并于2010年修正的《民办非企业单位登记暂行办法》第6条的规定，民办非企业单位须在其章程草案或合伙协议中载明该单位的盈利不得分配，解体时财产不得私分。因此，持有民非医院的举办人权益与持有营利性医疗机构的股权不同，举办人无权利通过股息或其他分派方式收取该等医院的经济利益。

在过往的医疗服务企业赴港上市的案例中，拟上市集团旗下包含民非医院的情形并不少见。基于相关会计准则的要求，民办非企业单位通常不能作为上市申请人的子公司直接合并财务报表。因此，过往案例大多会采用营利性改制或托管两种方式，将民办非企业单位的收益在实质上并入拟上市集团。随着《基本医疗卫生与健康促进法》于2020年6月开始实施，民非医院的营利性改制遇到了更多实践中的困难，未来对于赴港上市的医疗服务企业而言，对民非医院采用托管方式或许将成为更合适的选择。实践中托管方式主要指拟上市集团内的主体向民非医院提供托管服务（具体内容可包括管理服务、供应链服务、品牌形象策划服务、市场规划服务等），民非医院在其收入的基础上按照基于一定的商业逻辑和财务模型而厘定的费率支付相应的托管服务费，从而在实质层面实现将民非医院的经济利益并入拟上市集团的效果。

（四）医疗广告

广告因其商业宣传的属性而受到《广告法》的约束，医疗广告在此基础上还受到包括《医疗广告管理办法》《卫生部关于进一步加强医疗广告管理的通知》在内的一系列更为细化和严格的法规约束。根据现行法律法规，医疗机构发布医疗广告必须经过政府主管部门的审查且应在发布相关广告之前获得医疗广告审查证明，否则将面临违规处罚，包括限期改正、警告，情节严重的还包括停业整顿、吊销有关诊疗科目，直至吊销医疗机构执业许可证。

此外，医疗机构在业务运营中如涉及对知名人士或其他客户照片的使用，也可能会面临较多关于肖像权的争议和纠纷。

如上市申请人在医疗广告的内容和投放方面存在合规瑕疵，应尽快进行整改，并在招股书中披露业绩记录期间所发生的违规或行政处罚情况，说明相关违规事项的原因和整改现状，分析相关行政处罚对拟上市集团业务、财务等的影响。如上市申请人还牵涉肖像权纠纷及诉讼情况，则还应于招股书中披露业绩记录期间肖像权纠纷相关的赔偿或和解金额、待解决的重大肖像权诉讼进展及风险敞口等。除此之外，就涉及违规、处罚、诉讼纠纷等情况的事项，上市申请人通常还须在招股书中披露有针对性的内部控制及管理措施，确保拟上市集团在后续的日常经营中符合相关法律法规的要求。

（五）医疗纠纷及医疗事故

上市申请指南规定，上市申请人须于招股书中对任何实际重大索偿或诉讼或面临重大索偿或诉讼的威胁进行披露。由于医疗服务行业特殊的业务性质，该领域上市申请人会面临客户投诉乃至患者纠纷，因此医疗服务企业上市申请人应在招股书中披露拟上市集团体系内医疗机构所牵涉的重大投诉及纠纷事件，以及该等事件对拟上市集团的业务、财务及声誉的影响。

实务中"医疗纠纷"通常是指，由患者及/或其家属针对拟上市集团旗下医疗机构的诊疗行为提起的，经过医患双方于院内初步协商解决未果而诉诸第三方的诉讼、仲裁程序或调解。医疗纠纷的具体判断标准会根据上市申请人的业务类型、案件性质及内容而有所差异。一般而言，医疗纠纷分为已结医疗纠纷和未结医疗纠纷两类，不同类型的医疗纠纷涉及的招股书披露范围和详细程度也有不同。

针对已结医疗纠纷，即业绩记录期间及截至最后实际可行日期之前已经解决的纠纷，上市申请人一方面应披露拟上市集团于相关期间内为解决该等纠纷而支付的赔偿总额，另一方面应对重大医疗纠纷进行个案详细说明。香港上市相关的规则对于何为"重大"的医疗纠纷并无明确标准，实践中通常由上市申请人、保荐人及其他相关中介机构结合上市申请人的具体情况讨论确定。对于上述重大纠纷案件，上市申请人一般须在招股书中详细披露包括纠纷所涉医院、背景及概要、解决日期及方式、责任承担比例、支付金额等案件细节。

针对未结医疗纠纷，实践中上市申请人通常会进行悉数披露而不做其他筛选，披露内容具体包括所涉医疗行为的日期及医院、医疗纠纷背景及目前状况等。同时，为评估该等医疗纠纷对上市申请人业务、财务或声誉的影响，上市申请人还应在招股书中披露预估的纠纷最大风险总额。针对诉讼尤其是未决诉讼，上市项目相关中介机构通常会开展特别尽职调查，亦可能聘请专门的诉讼律师就未结诉讼及其风险敞口提供法律意见。

（六）保险报销及结算机制

公共医保或商业保险的报销通常是医疗服务企业的主要收入来源之一，根据拟上市集团内定点医疗机构数量和与商业保险机构合作情况的不同，保险报销对上市申请人的收入贡献比例也会有所不同。

鉴于医疗服务企业在收入来源上的特点，我国香港地区主管机构通常会结合保险报销对于上市申请人的收入贡献程度，对保险报销及其结算机制的相关情况予以关注，可能涉及的主要方面包括：（1）业绩记录期间内上市申请人源于医疗保险（尤其是公共医保）的报销金额占其当期总收入的比例。（2）各类医疗保险的报销周期、报销时点、业绩记录期间内报销金额等。（3）各类医疗保险的报销限额，以及相关限额的运行机制、厘定基础、限额总额占当期总收入的比例。（4）超出报销限额的报销政策，以及业绩记录期内超出报销限额的报销金额。（5）上市申请人提供医疗服务和实际收到报销款项之间的时间和金额差距，以及与此相关的会计处理政策。除前述关于保险报销的详情外，由于医保定点医疗机构的地位通常会直接影响上市申请人旗下医院的声誉和就诊人次，加之保险报销及结算政策会随着国家或地方制度的调整而影响上市申请人的财务表现，所以上市申请人一般也会在招股书的风险因素章节对此作出相应的风险提示。

（七）医生聘用及依赖

经验丰富的医生对于医疗服务机构是否能够提供高质量服务至关重要。作为医疗服务的直接提供者，优质的医生资源既构成一家医疗服务企业的竞争优势，也在一定程度上影响其业务的可持续性。因此我国香港地区主管机构在审查医疗服务企业上市申请时高度关注医生相关问题，特别是人才留聘能力、医生聘用的合法性、对主要医生的依赖程度等方面。

从过往案例总结来看，医疗服务企业上市申请人一般会在招股书中重点突出其医生团队（特别是核心成员）的执业资质及经验。同时，上市申请人如建立了针对医师及其他医疗专业人员的特殊留聘机制或培训体系，也会将其作为拟上市集团的业务优势在招股书中适当展示。

在医生聘用的相关问题上，实务中较为常见的一个重点是医生的多点执业情况。为平衡各地医疗资源不均，解决患者"看病难"的问题，同时为了改善公立医院管理制度，实现人才流动的目标，国家发展和改革委员会等五部门于2014年发布了《关于推进和规范医师多点执业的若干意见》，合资格医生的多点执业问题自此正式合法化。对于民营医疗机构来说，三甲医院的医生到其机构执业是显示医疗水平、吸引患者的亮点。因此，医生多点执业的情况在赴港上市的医疗服务企业中普遍存在。我国香港地区主管机构对此通常要求上市申请人在招股书中明确披露多点执业医生的比例，并要求对多点执业医生的管理、聘用多点执业医生的合理合规性等进行说明。

同时，在近期医疗服务企业赴港上市的案例中，我国香港地区主管机构愈发倾向于要求上市申请人在招股书中增加有关拟上市集团业绩记录期各年内收入贡献最高的几位医生的相关信息，并且具体论述上市申请人对主要医生的依赖程度。以朝聚眼科（2219.HK）为例，其招股书在介绍医生专业团队的同时，也详细披露了在业绩记录期间内收入贡献排名前十的医生的情况，具体包括医生的身份、年龄、在职年限、聘用期、薪酬、相关期间的收入贡献等。除此之外，上市申请人还从所处地域、离职意向、可替换性、占总收益比例等多个角度具体论述了其对主要医生不构成严重依赖，并在招股书风险因素章节作出相应的风险提示。

（八）物业瑕疵

对于以线下实体医院为依托的医疗服务企业而言，如其主要医疗服务场所所使用的物业存在瑕疵而面临物业拆除、限期整改、行政处罚甚至罚没收入的风险，则可能会引发我国香港地区主管机构对其业务及财务风险的特别关注。

物业是各个行业上市申请人的招股书都会披露的一个章节，除需要对相关物业进行评估并出具报告[①]的情形外，招股书披露一般会区分自有物业及租赁物业两类，并对存在瑕疵的物业情况进行特别说明。对于医疗服务企业而言，用作医疗服务用途的物业瑕疵和用作配套或支持性用途的物业瑕疵对于拟上市集团业务和财务的影响有显著区别，因此相关的物业瑕疵处理方式和招股书披露也会有较大差异。

此外，在过往已上市的医疗服务企业案例中，普遍存在租赁物业的租赁协议未在相关部门登记的情况。对此，根据过往项目经验，一方面应由相关法律顾问确认未进行登记的租赁协议的合法性、有效性和强制执行性，另一方面上市申请人应在招股书中披露未完成登记的原因，并明确因未做登记或未在指定期限内完成整改而可能遭受的处罚上限，从而评估对拟上市集团业务及财务的影响。除租赁协议未登记外，部分上市申请人还存在租赁物业实际用途与该物业规划性质不符、出租方无权对相关物业进行出租等问题。实践中普遍会从瑕疵整改进展、政府访谈确认、出租方及/或大股东承诺补偿、制订物业搬迁计划等角度出发，论证该等物业瑕疵不构成对上市申请人业务及财务的重大不利影响。

---

① 《香港上市规则》第5.01A条规定，申请人刊发的上市文件必须载列以下有关物业权益的估值及资料：

（1）属于其（或债务证券的担保人）物业业务的物业权益，账面值少于其资产总值1%者则除外。毋须估值的物业权益账面值合计不得超过其资产总值的10%；及

（2）不属于其（或债务证券的担保人）物业业务而账面值占其资产总值15%或以上的物业权益。

（九）环保及消防

医疗机构在日常运营过程中会产生医疗污水、医疗废物、放射性废液等物质的排放问题，因此遵守环境保护相关的法律法规，获得牌照并制定相关的内控政策及程序是必要的。由于相关的牌照及合规情况对于医疗机构的运营具有重要的影响，我国香港地区主管机构在上市审查中对此会给予额外的关注。一般而言，上市申请人的招股书都会对拟上市集团具体的环保合规及内控情况进行介绍，并具体披露上市申请人于业绩记录期间为遵守环境保护义务所承担的成本。

除环保问题外，消防方面的合规性对于上市申请人的正常运营也相当重要。根据相关法律法规，如建设项目未经消防验收或验收不合格，将被禁止投入使用。一般而言，如存在消防方面的不合规事项，上市申请人的招股书除了须披露不合规的详情，包括产生不合规的原因、来自不合规医疗机构的收入、占同期集团总收入的比重等，还需要披露该等不合规事项的法律后果及拟上市集团的整改措施。

四、结语

回首过往，得益于国家政策的大力支持和社会需求的持续增长，我国民营医疗服务体系从无到有，历经成长与沉淀并日臻成熟；展望未来，医疗需求与政策将会持续助力医疗服务行业及民营医疗机构的稳健发展。随着我国人口老龄化的不断加快，加之近年来在新冠疫情刺激下国民健康意识的快速提升，我国民众对于医疗健康的需求逐步从"以治疗为中心"拓展至"从预防到康复的全流程健康管理"。无论是早筛、诊断、疫苗等预防医疗领域，还是医美、齿科等消费医疗领域，大众对于医疗服务的需求都在不断增长。与此同时，我国支持社会办医的政策基调始终未变。"十四五"规划明确提出全面推进健康中国建设，以公立医疗机构为主体、非公立医疗机构为补充，扩大医疗服务资源供给，支持社会办医。在当前的社会大环境下，优秀的民营医疗机构是公立医疗机构的重要补充，能够为民众提供更加多元化的就医选择，也拥有长期的发展潜力和广阔的市场。

医疗服务行业与资本市场在过往十余年的发展历程中始终相得益彰。资本市场通过为优秀的医疗服务机构提供融资渠道，极大地促进了医疗服务机构的技术提升和业务发展。二者共同推动了社会整体医疗水平的提高，满足了民众多层次的医疗需求。与此同时，近年来伴随着技术与人们生活方式的变化，医疗服务行业仍处在快速发展的上升期。连锁专科医疗、互联网医疗、人工智能辅助医疗等商业模式不断创新，消费医疗、预防医疗、康复医疗等细分领域因社会环境或特定事件而迎来发展机遇。随着行业形态的不断变化，新的模式不仅需要监管和市场通过时间来考察和接纳，不断增长的社会需求与行业发展也迫切需要资本市场的持续支持。

医疗服务行业的繁荣离不开资本市场的助力，更离不开每一位从业人员的坚守。经过多年对资本市场业务及医疗健康领域的深耕，从事该行业的法律人身处细分行业的前沿，了解行业的最新动态和业务层面的驱动力，也最有条件探寻市场走向和行业趋势。因此，从事该行业的法律人不仅应当熟练掌握相关的法律规范，在合规层面做好医疗服务机构的引路员，更应当将行业发展宏观趋势与企业具体微观实践相结合，并通过与客户及监管机构的持续深度沟通，协助既有规则与创新实践的逐步融合，为法律规范的更新迭代提供方向与动力。

党的十八大以来，习近平总书记对资本市场作出了一系列重要指示批示，深刻回答了新时代需要什么样的资本市场、怎样建设好资本市场的重大课题，赋予了资本市场新的定位和使命，为新时代资本市场改革发展指明了方向。2018年中央经济工作会议也指出，资本市场在金融运行中具有牵一发而动全身的作用，要通过深化改革，打造一个规范、透明、开放、有活力、有韧性的资本市场。2023年备案新规的出台更是打开了资本市场高水平制度型开放的新局面，为企业境外上市提供了更具透明化、统一化及可预期的制度环境。作为中国资本市场的重要组成部分，香港资本市场由最初规模相对较小、专注本地的市场，逐步发展成为备受国际认可的金融枢纽，肩负着联系中国与国际市场的重任。作为从事香港资本市场业务的法律人，我们更应当积极参与构建有中国特色的现代资本市场，助力中国资本市场长足有序发展。欣逢盛世当不负盛世，我们有幸见证了中国资本市场的变革与发展，未来也必将为它的持续繁荣贡献我们的力量！

数据合规法律实务

刘 瑛 李晓华

【业务研判】

数据作为新型生产要素,是数字化、网络化、智能化的基础,深刻改变了我们的生产方式、生活方式和社会治理方式。法律在规范数据(含个人信息)的处理活动和促进数据合理合法利用方面有相应的规则和要求。伴随着数据安全、网络安全、个人信息保护法律法规的相继出台施行以及监管和执法常态化,对于企业来说,网络安全、数据安全和个人信息保护的治理及合规管理(本文统称数据合规),不仅是投资、并购、上市项目中被关注的重点事项,更逐渐融入企业的日常经营管理活动,呈现出常态化的趋势。数据合规成为律师执业的新领域。

【业务框架】

企业在数据合规方面的法律服务需求是多方面的,与企业的业务活动、企业发展阶段、合规管理要求、监管动态等相关。图1呈现了目前阶段常见的数据合规法律服务需求。

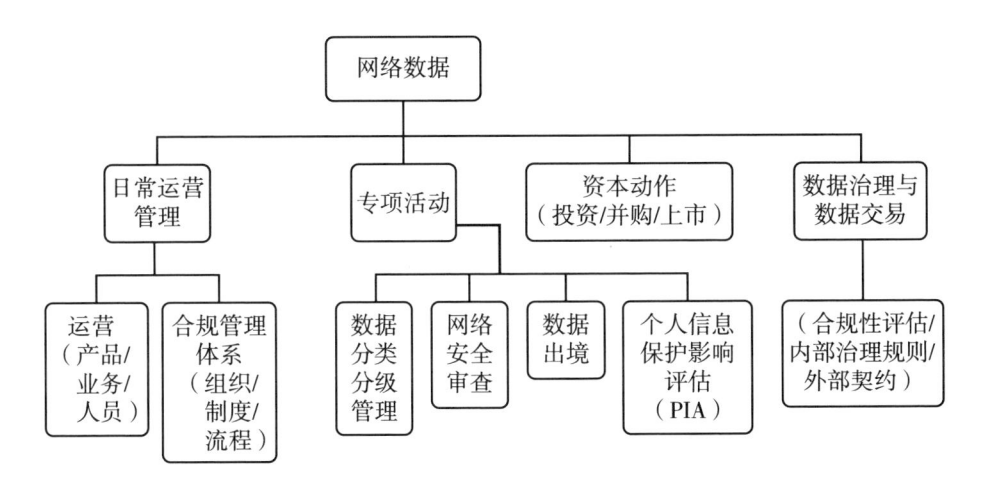

图1 常见数据合规法律服务需求

数据合规法律服务需求大致可归纳为以下几类场景：

一是企业日常运营管理中的数据合规。企业在日常运营管理和商业交易中，无论是用户/客户数据还是员工个人信息的保护，无论是业务产品的合法合规性论证还是用户/客户个人信息处理规则（常见的例如 App 中的隐私政策）以及数据处理合同等交易文件的准备，都越来越多地需要律师从数据合规角度审视和考量。

在企业合规管理体系建设方面，法律对企业内部落实数据合规管理责任有明确要求。从企业合规管理体系看，无论是数据合规管理机构和"三道防线"①的设置，还是数据合规制度和规范建立、数据安全管理措施的实施，以及为员工提供数据安全合规培训等，律师都可以提供专业支撑。

二是专项活动中的数据合规。近年来，我国网络及数据合规领域的法律体系逐步完善，网络安全审查、数据出境、数据分类分级管理、个人信息保

---

① 在企业合规管理体系建设中，通常使用"三道防线"来形象地划分企业内部各部门的合规管理职责。根据企业的情况、监管要求和行业特点，每个企业合规管理的"三道防线"的内容不同。例如"三道防线"中的业务部门是本领域合规管理责任主体，负责日常相关工作，履行"第一道防线"职责；合规管理牵头部门组织开展日常工作，履行"第二道防线"职责；纪检监察机构和审计、巡视等部门在职权范围内履行"第三道防线"职责。

护影响评估（Personal Information Protection Impact Assessment，PIA）等专项领域的监管要求和国家标准进一步更新明确，对企业网络及数据合规管理提出更精细化的要求。律师可以就具体领域的网络及数据合规管理工作提供专项法律支持，为企业合规整改、优化提供解决方案。

三是资本运作中的数据合规。上市、投融资等重大交易活动中，企业数据合规情况是证券监管机构/投资人关注的重点。数据合规成为上市相关审核部门和投资人重点关注的事项，对企业数据合规事项发表法律意见，已经成为很多项目中不可或缺的工作要求。

四是数据治理与数据交易。中共中央、国务院发布《关于构建数据基础制度更好发挥数据要素作用的意见》（以下简称"数据二十条"），为数据基础制度的构建，数据流通使用、数据要素价值实现指明方向。"数据二十条"极大地激励了各级政府、各类交易机构、企业等市场参与者开展数据确权、授权以及相应的收益分配机制的探索，数据要素流通和交易市场体系初具雏形。数据合法合规是数据作为资产受法律保护并得以交易的前提条件之一，律师可以对企业数据资产进行合法合规性评估，出具合规性意见。此外，律师还可以通过协助企业建立企业内部数据资源调用、分配和绩效考核制度等内部治理规则以及创设数据产品服务合约、交易规则等外部契约，进一步发挥数据为企业带来的价值和经济效益。

【内容梗概】

本文将介绍数据合规领域法律工作的流程、方法，讨论数据合规常见问题以及现行法律和监管要求下的重点事项，在帮助读者了解数据合规法律服务"做什么"（授人以鱼）的同时，了解"怎么做"（授之以渔）。

本文内容分为两大部分：数据合规尽职调查以及数据合规解决方案。

一、数据合规尽职调查

与其他领域中的法律合规工作类似,不论是企业日常运营管理、合规体系中的数据合规,还是为企业上市、投融资需要而开展的数据合规,都需要以尽职调查为基础。"以事实为依据,以法律为准绳",数据合规尽职调查,是对法律事实的梳理,是识别企业存在的数据合规问题的前提。

(一)数据合规尽职调查的内容

数据合规尽职调查需要查什么?与其他领域的法律尽职调查有哪些不同?

与常规的法律尽职调查通常围绕企业主体资格、股权架构、历史沿革、资产、债权债务、业务、资质、税务、财务、劳动用工、争议纠纷等方面展开相比,数据合规尽职调查侧重业务经营中的数据处理活动情况以及企业数据管理情况。至少包括以下方面:

(1)业务经营中的数据处理活动。

(2)企业数据合规管理情况。

(3)视情况需要重点关注事项。

1. 业务经营中的数据处理活动

(1)了解业务情况

企业的数据处理活动主要发生在业务活动中,了解业务(包括交易实质、业务模式、数据在交易中的作用等)是开展数据合规尽职调查的前提。通常情况下,商业概念看似相同或相近的业务,实际上其交易实质或业务模式不同,企业在数据处理中的角色不同,其在数据合规方面的责任也不同。

案例:某企业"医疗大数据服务"业务的两种业务模式

A企业的主要业务是为医疗机构等客户提供医疗大数据服务,服务包括两种模式,不同模式下,A企业在数据处理中的角色和法律责任不同。

(1)"建设+交付"模式

A企业为客户搭建医疗数据处理平台,平台建设完毕后,A企业将平台交付客户，由客户控制和运营，即"交钥匙项目"。交付后，A企业不参与平台的运营，平台运营过程中所收集和产生的数据均由客户自行处理和存储。在此模式下，A企业不是平台的数据处理者，不对平台涉及的数据处理活动承担责任。

（2）"受托处理"模式

A企业搭建并运营医疗数据处理平台。A企业通过数据接口接收客户提供的医疗数据，并按照客户的指示和要求对数据进行分析、处理，形成处理结果返回给客户。在此模式下，A企业受客户委托处理数据，应当按照法律要求和与客户的合同约定，履行作为受托方的数据处理责任。

（2）了解数据类型

法律对不同类型的数据有不同的保护要求。例如，对于敏感个人信息，企业在收集时应当遵循"单独同意"规则、"特别告知"规则等；对于重要数据、国家核心数据，应当依法采取相应的措施加强保护。因此，对于不同企业的不同数据，在核查时应当分类考虑。

（3）了解企业在数据处理活动中的角色，确定数据处理者

数据处理者是自主决定数据处理目的、方式的组织和个人，是承担数据处理责任的主体。实践中，涉及数据处理活动的交易场景往往是复杂的，涉及多方主体、多方商业关系相互交织。因此，律师需要在了解业务的基础上，甄别相关方在数据活动中的角色，确定谁是数据处理者，识别不同主体应当承担何种数据处理责任。商业交易中常见的数据处理场景包括以下几种。

①委托处理数据

企业可能出于各种原因或考量将个人信息等数据委托其他方处理。例如，银行将客户服务热线交由外包方提供，相应地，银行将客户相关个人信息处理委托提供电话支持服务的外包方。

委托处理数据场景下，法律对委托方、受托方的数据合规义务有明确规定。其中，委托方是决定个人信息和数据的处理目的、处理方式的主体，应

当依法承担数据处理者的责任。受托方按照委托方的指示处理数据，应当按照法律要求和合同约定，承担作为受托方的合规义务。

②共同处理数据

共同处理，是指两个以上个人信息处理者决定个人信息处理的目的和处理方式，但是，个人信息处理者不必全程参与个人信息处理的各个环节以及实施所有处理行为。①

数据共同处理者之间需要约定并遵守数据处理活动中各自的权利和义务。但是，当共同处理的数据为个人信息时，无论数据共同处理者之间如何约定，均不影响个人向其中任一个人信息处理者主张其个人信息的权利。共同处理个人信息侵害个人信息权益造成损害的，共同处理者应当依法承担连带责任。

③特殊情形下的数据转移

企业合并、分立、解散、被宣告破产时，可能涉及数据处理者的变化。例如，数据处理者发生吸收合并的情形时，合并后存续的主体将承接被吸收主体的数据的处理活动。在企业解散时，解散前企业所掌握的数据，可能作为剩余资产分配给其股东，由其股东继续掌握和处理。

因合并、分立、解散、被宣告破产等需要转移个人信息的，虽然数据处理主体发生变更，但是存在个人信息处理行为的承继关系，可能不会发生个人信息等数据处理目的、方式的实质性改变。② 对该等原因导致个人信息从一个主体转移至另一主体的，《个人信息保护法》对提供方、接收方分别提出了要求：

对提供方而言，转移数据时其应当按照其与相关数据主体之间的约定（如有）和法律规定，告知接收方的名称或者姓名和联系方式。

对接收方而言，接收数据后其应当按照约定继续履行提供方对数据主体的义务（如有）。接收方变更原先的处理目的、处理方式的，应当重新取得

---

① 杨合庆主编：《中华人民共和国个人信息保护法释义》，法律出版社2022年版，第68-69页。
② 杨合庆主编：《中华人民共和国个人信息保护法释义》，法律出版社2022年版，第71页。

个人同意。

(4) 向其他数据处理者提供数据

在一个数据处理者向其他数据处理者提供数据的场景下，提供方和接收方分别作为自主决定数据处理目的、处理方式的数据处理者，应当分别遵守法律相应的合规义务：

对提供方而言，其提供数据的行为应当符合法律规定以及与数据来源方的约定。提供的数据为个人信息的，提供方应当进行事前个人信息保护影响评估，并应当向个人告知接收方的名称或者姓名、联系方式、处理目的、处理方式和个人信息的种类，并取得个人的单独同意。

对接收方而言，其接收并使用数据的行为应当符合法律规定以及与提供方的约定。接收方变更原先的处理目的、处理方式的，应当重新取得个人同意。由于接收方不直接面向相关个人或相关数据来源，为防范接收方的风险，接收方通常需要通过合同要求提供方确保数据来源的合法合规性，以及约定如数据来源不合法导致接收方损失时，提供方的赔偿责任。

2. 数据生命周期全流程

数据处理包括数据的收集、使用、加工、传输、提供、存储、公开、删除等一系列活动，贯穿数据全生命周期。法律和监管要求对数据处理活动有明确的要求。数据合规尽职调查需要核查数据生命周期全流程各个环节是否合法合规。

①数据收集

对数据收集环节的核查，主要是核查企业收集数据的行为是否具有合法性基础，收集方式是否符合法律要求。其要点在于：

收集个人信息，应当向个人告知个人信息处理规则并取得个人同意，法律规定无须取得同意的情形除外（"告知—同意"规则）。

收集敏感个人信息、不满14周岁未成年人（儿童）个人信息，应当取得个人的单独同意（"单独同意"规则），只有具有特定的目的和充分的必要性时方可收集（"充分必要"原则）；且除法定的一般告知事项外，还应当向个人告知必要性以及对个人权益的影响,法律规定不向个人告知的除外("加强告知"义务)。

从数据主体之外的其他数据提供方获得数据的,需要确保数据提供方所提供数据的来源合法合规。

利用自动化技术(例如爬虫技术)获得数据的,需要确保获取数据的行为符合法律规定,不危害国家安全、公共利益以及不损害个人、组织的合法权益。

②数据使用、加工

对数据使用、加工环节的核查,主要是核查企业使用数据、加工数据行为是否符合法律规定,是否符合"合法、正当、必要"原则,是否超出其与上游数据提供方约定或个人之间授权的范围,以及是否尊重社会公德和伦理,遵守商业道德和职业道德。

③数据传输、提供

对数据传输、提供环节的核查,主要是核查企业向其他方传输、提供数据的途径是否符合法律规定的安全要求,以及是否超出其与上游数据提供方约定或个人之间授权的范围或法律规定向其他方传输、提供数据的范围。

企业需要结合业务情况及其在提供行为中的角色定位,根据法律规定履行其传输、提供数据时的合规义务。例如,对于企业作为委托方向受托方提供数据的行为,以及企业向其他数据处理者提供数据的行为,法律有不同的要求。具体见前文"了解企业在数据处理活动中的角色、确定数据处理者"中的分析。

核查工作通常容易忽视的是,企业对嵌入其运营的网络平台的第三方插件、第三方软件开发工具包和第三方代码(以下简称第三方 SDK)的监管情况。

实践中,企业在开发、集成、使用第三方 SDK 时往往侧重功能性的完善,对安全性方面关注较少,导致各种数据安全隐患。例如,第三方 SDK 自身安全漏洞导致用户数据泄露,违法违规收集用户个人信息,利用企业网络平台后门静默安装应用，获取用户隐私信息等。如果企业未采取必要措施对其运营的网络平台所嵌入的第三方SDK收集、使用个人信息的行为进行监管，第三方SDK发生数据安全事件时，企业可能被认定为未按照法律规定采取必要措施确保个人信息安全，从而承担相应的法律责任。

律师核查时，需要关注企业所使用的第三方SDK的情况，包括第三方SDK的资质情况，企业对第三方SDK的准入审核制度，企业与第三方SDK之间的业务合同是否对第三方SDK的数据处理行为有约束，以及相关合同条款对企业权益的保障是否充分等。

④数据存储、删除

企业应当按照法律规定和与数据提供方的约定对数据进行存储，包括采取必要的安全措施对数据进行加密存储，做好数据备份防止数据丢失，存储期限应当符合法律规定和与数据提供方的约定等。律师对数据存储、删除方面的核查，通常包括存储期限（含存储期限届满后的处理）、存储方式等方面。

其中，在数据存储期限方面，《个人信息保护法》要求个人信息的保存期限应当为实现处理目的所必要的最短时间，但是"为实现处理目的所必要的最短时间"具体有多长，法律没有明确规定，需要结合实际情况判断；部分行业监管法规对个人信息等数据的保存有最短时间的要求，例如《反洗钱法》和《金融机构客户身份识别和客户身份资料及交易记录保存管理办法》有关于客户身份资料和交易记录等数据应当最少保存5年的要求。因此，企业的数据存储时限需要同时满足"为实现处理目的所必要的最短时间"和相关行业监管法规"最短时间"的要求。

3. 企业数据合规管理情况

法律对企业内部落实数据合规管理责任有明确要求，下面以表1归纳企业应当履行的主要数据安全责任，这也是律师在尽职调查时需要关注的核查要点。

表1　企业应当履行的数据安全责任

要点	说明	关键信息基础设施运营者的特殊义务	大型互联网平台的特殊义务
\multicolumn{4}{c}{1. 数据安全管理负责人及组织架构}		
设置数据合规负责人和责任机构	企业应当设置数据合规负责人和责任机构，落实企业数据合规管理工作	（1）健全网络安全保护责任制，企业的主要负责人对关键信息基础设施安全保护负总责，领导关键信息基础设施安全保护和重大网络安全事件处置工作，组织研究解决重大网络安全问题。 （2）对数据合规负责人、关键岗位人员进行安全背景审查。 （3）按照法律规定，落实数据合规管理机构的关键信息基础设施安全保护职责。 （4）保障专门安全管理机构的运行经费、配备相应的人员，开展与网络安全和信息化有关的决策应当有数据合规管理机构人员参与	成立主要由外部成员组成的独立机构对个人信息保护情况进行监督
\multicolumn{4}{c}{2. 数据安全管理制度}		
建立健全网络及数据安全管理制度体系	企业应当建立健全网络及数据安全管理制度体系，明确企业网络及数据安全工作的总体要求、管理机构及职责、基本制度、网络及数据安全技术措施、信息系统安全保护等事项	明确并落实关键信息基础设施安全保护的基本原则和要求，包括但不限于明确并落实关于关键信息基础设施安全保护的责任部门及其职权、采购网络产品和服务的相关要求、应当采取的保护关键信息基础设施的技术措施等责任	按照国家规定建立健全个人信息保护合规制度体系

续表

要点	说明	关键信息基础设施运营者的特殊义务	大型互联网平台的特殊义务
全流程数据安全管理	企业应当按照法律规定，落实数据处理全流程（收集、使用、传输、提供、存储、删除等）的合规要求	—	—
数据分类分级管理	企业应当按照法律规定并结合自身业务、管理的实际情况，划分数据类别、级别，并对不同类别、级别数据采取对应的管理措施	—	—
个人信息分类管理	企业应当按照法律规定并结合自身业务、管理的实际情况，将个人信息至少划分为一般个人信息和敏感个人信息，并对敏感个人信息采取更严格的保护措施	—	—

续表

要点	说明	关键信息基础设施运营者的特殊义务	大型互联网平台的特殊义务
网络及数据安全风险评估机制	企业应当按照法律规定对网络及数据安全开展风险评估，并向主管部门报送数据安全风险评估报告，向社会发布网络安全信息等	自行或者委托网络安全服务机构对其网络的安全性和可能存在的风险每年至少进行一次检测评估，并将检测评估情况和改进措施报送相关主管部门	—
数据安全风险管理机制	企业应当制定并落实数据安全风险管理机制，包括但不限于数据安全风险评估、报告、信息共享、监测预警等	—	对严重违反法律、行政法规处理个人信息的平台内的产品或者服务提供者，停止提供服务
网络及数据安全应急预案	企业应当制定并组织实施网络及数据安全应急预案。在发生数据及网络安全事件时，企业应当立即启动应急预案，采取相应的补救措施，并按照规定向有关主管部门报告	发生重大网络安全事件或者发现重大网络安全威胁时，按照有关规定落实向保护工作部门、公安机关报告的责任	—

续表

要点	说明	关键信息基础设施运营者的特殊义务	大型互联网平台的特殊义务
网络信息安全投诉、举报制度	企业应当建立网络信息安全投诉、举报的受理和处理机制，接受并及时处理网络信息安全相关投诉、举报	—	定期发布个人信息保护社会责任报告，接受社会监督
数据及个人信息出境管理	企业应当制定数据及个人信息出境管理制度，明确企业数据出境应当满足的条件、企业数据出境前应当履行的义务和程序等事项，并在实际操作中落实	企业在中国境内运营中收集和产生的个人信息和重要数据应当在境内存储。因业务需要，确需向境外提供的，应当满足法定条件并履行相关义务和程序	—
网络安全审查	企业应当结合自身业务情况，判断企业是否可能落入网络安全审查的范围。如果经判断认为可能落入网络安全审查范围，应当制定并落实网络安全审查相关的管理制度和流程	（1）企业采购网络产品和服务，可能影响国家安全的，应当通过国家网信部门会同国务院有关部门组织的国家安全审查。 （2）企业采购网络产品和服务时，应当按照规定与提供者签订安全保密协议，明确双方安全和保密义务与责任，并对义务与责任履行情况进行监督。 （3）落实优先采购安全可信的网络产品和服务的责任	—

· 296 ·

续表

要点	说明	关键信息基础设施运营者的特殊义务	大型互联网平台的特殊义务
确定并落实个人信息操作权限管理	企业应当合理确定并落实个人信息处理的操作权限	—	—
个人信息合规审计	企业应当定期对自身处理个人信息的合法合规情况进行审计	—	—
个人信息保护影响评估	当出现法律规定的情形时，企业应当进行事前个人信息保护影响评估并做记录	—	—
儿童个人信息保护	企业应当制定专门的儿童个人信息保护管理制度，并指定专人负责儿童个人信息保护	—	—
3. 数据安全技术措施			
采取网络及数据安全技术措施	企业应当采取网络及数据安全技术措施，包括但不限于：（1）防范计算机病毒和网络	（1）落实安全技术措施与关键信息基础设施同步规划、同步建设、同步使用的责任。（2）对重要系统和数据库进行容灾备份	—

续表

要点	说明	关键信息基础设施运营者的特殊义务	大型互联网平台的特殊义务
	攻击、网络侵入等危害网络安全行为的技术措施； （2）监测、记录网络运行状态、网络安全事件的技术措施； （3）重要数据备份、加密、脱敏、访问控制等		
\multicolumn{4}{c}{4. 人员管理与安全教育}
开展数据安全教育和培训	企业应当定期开展数据安全教育和培训，对培训成果进行考核，并与数据安全关键岗位的雇员签订数据安全保密协议	—	遵循公开、公平、公正的原则，制定平台规则，明确平台内产品或者服务提供者处理个人信息的规范和保护个人信息的义务
\multicolumn{4}{c}{5. 网络信息系统安全等级保护}
网络信息系统安全等级保护	企业应当实施信息系统安全等级保护工作，包括但不限于确定企业网络信息系统的安全保护等级、根据定级结果	安全保护等级应当不低于三级	安全保护等级原则上不低于三级

·298·

续表

要点	说明	关键信息基础设施运营者的特殊义务	大型互联网平台的特殊义务
	采取相应保护措施。其中，安全保护等级确定为二级或以上的，还应当依法履行公安机关信息系统的安全保护备案并定期对信息系统安全等级状况进行测评		

4. 视情况需要重点关注事项

法律对于某些特定主体（例如关键信息基础设施运营者、处理数据达到一定规模的企业处理者）、特定数据处理活动（例如境外/国外上市、数据出境）以及涉及特定的数据类型（例如重要数据、国家核心数据）的情况有特别的监管要求。因此，在尽职调查中往往需要将上述情况作为重点事项予以关注。

重点关注的事项视数据合规项目而定，例如，企业上市项目中是否需要进行网络安全审查、数据出境安全评估等，就是重点关注的事项。下面是数据合规项目尽职调查常见的重点关注事项。

（1）企业是否属于关键信息基础设施运营者

根据《网络安全法》《关键信息基础设施安全保护条例》，关键信息基础设施，是指公共通信和信息服务、能源、交通、水利、金融、公共服务、电子政务、国防科技工业等重要行业和领域，以及其他一旦遭到破坏、丧失功能或者数据泄露，可能严重危害国家安全、国计民生、公共利益的重要网络设施、信息系统等。关键信息基础设施由负责关键信息基础设施安全保护工作的部门（保护工作部门）进行认定，并将认定结果通知运营者。

数据合规尽职调查需要关注被调查的企业是否被认定为关键信息基础设施运营者，如企业被认定为关键信息基础设施运营者，则需要核查企业是否符合法律对关键信息基础设施运营者的要求，包括但不限于：在中国境内运营中收集和产生的个人信息和重要数据应当在境内存储，向境外提供重要数据或个人信息前应当通过安全评估，采购网络产品和服务可能影响国家安全的应当通过安全审查等。

保护工作部门对关键信息基础设施的认定是持续性的工作。对于未被认定为关键信息基础设施运营者的企业，如其业务经营中涉及运营公共通信和信息服务、能源、交通、水利、金融、公共服务、电子政务、国防科技工业等重要行业和领域中的重要网络设施、信息系统，还需要进一步分析该企业被认定为关键信息基础设施运营者的可能，预判企业是否应当采取必要措施，提前部署，以符合法律法规对关键信息基础设施运营者的要求。

（2）企业处理的数据是否属于重要数据、核心数据

国家建立数据分类分级保护制度，按照数据对国家安全、公共利益或者个人、组织合法权益的影响和重要程度，将数据分为一般数据、重要数据、核心数据，对不同类别的数据采取不同的保护措施。其中，对重要数据应当按照法律规定进行重点保护，对于关系国家安全、国民经济命脉、重要民生、重大公共利益等的国家核心数据，实行更加严格的管理制度。

各地区、各部门应当按照数据分类分级保护制度，确定本地区、本部门以及相关行业、领域的重要数据具体目录，对列入目录的数据进行重点保护。从行政法规、国家标准的征求意见稿和监管动态看，工业、科技、电信、能源、交通、水利、金融、国防科技工业、医疗、测绘等行业内的企业，均有可能涉及对重要数据和核心数据的处理。

对于重要数据和/或核心数据的处理者，法律提出了更严格的合规要求，包括数据在中国境内存储以及向境外提供重要数据前应当通过安全评估，定期进行安全风险评估等。对企业进行数据合规尽职调查时，需要关注被调查

企业所处理的数据类型是否涉及重要数据和核心数据，从而核查企业是否按照法律要求采取了相应的合规措施。

（3）企业处理个人信息是否达到一定规模

法律要求处理个人信息达到一定规模的数据处理者应当遵守特别的个人信息保护义务，包括但不限于：

①在中国境内存储其收集和产生的个人信息、向境外提供个人信息的应当通过安全评估。

②指定个人信息保护负责人。

③用户数量巨大、业务类型复杂的大型互联网平台应当建立健全个人信息保护合规制度体系，成立主要由外部成员组成的独立机构对个人信息保护情况进行监督，履行对平台内个人信息处理活动的治理职责，定期发布个人信息保护社会责任报告，接受社会监督等。

数据合规尽职调查需要关注被调查企业所处理的个人信息规模，核查企业是否按照法律要求采取了相应的合规措施。

（4）网络安全审查

《网络安全审查办法》明确规定了应当向网络安全审查办公室申报网络安全审查的两种情形：

①关键信息基础设施运营者采购网络产品和服务，影响或者可能影响国家安全的，应当向网络安全审查办公室申报网络安全审查。

②掌握超过100万用户个人信息的网络平台运营者赴国外上市，必须向网络安全审查办公室申报网络安全审查。

除上述两种情形外，《网络安全审查办法》还规定，网络平台运营者开展数据处理活动，影响或者可能影响国家安全的，应当按照本办法进行网络安全审查；网络安全审查工作机制成员单位认为影响或者可能影响国家安全的网络产品和服务以及数据处理活动，按照本办法履行相应的批准程序后，启动对企业的网络安全审查。

数据合规尽职调查需要关注被调查企业是否需要按照规定履行网络安

审查义务。对于被认定为关键信息基础设施运营者的企业,拟进行国外上市的企业,应当按照规定履行网络安全审查义务。

此外,对于拟进行境外上市的企业,如果其可能被认定为关键信息基础设施运营者或其处理的数据可能涉及重要数据,则需要进一步分析其数据处理行为和拟上市计划是否影响或者可能影响国家安全,从而触发主动申报网络安全审查的义务,或者后续存在被网络安全审查工作机制成员单位启动网络安全审查的可能。如果存在影响或者可能影响国家安全的情形,则企业须按照规定主动申报网络安全审查;如果后续存在被网络安全审查工作机制成员单位启动网络安全审查的可能,则企业往往需要根据上市地的监管要求,在上市文件中披露该等可能以及对企业经营的影响。

(5) 数据出境

企业向境外①提供数据和个人信息应当符合法律规定的条件,按照相应的操作路径履行法律规定的程序,并对境外接收方的数据处理活动进行约束和监督。企业不得向境外传输法律明确禁止出境的个人信息和其他数据。

根据《数据出境安全评估办法》,向境外提供数据有下列情形之一的,应当向网信部门申报数据出境安全评估:

①向境外提供重要数据;

②关键信息基础设施运营者向境外提供个人信息;

③处理 100 万人以上个人信息的数据处理者向境外提供个人信息;

④自上年 1 月 1 日起累计向境外提供 10 万人个人信息或者 1 万人敏感个人信息的数据处理者向境外提供个人信息;

⑤国家网信部门规定的其他需要申报数据出境安全评估的情形。

其中,对于向境外提供个人信息的,根据《个人信息保护法》,还应当进行个人信息保护影响评估。除了按照要求应当进行安全评估的情况外,个

---

① 在数据处理活动语境下的"境外"还指我国香港特别行政区、我国澳门特别行政区以及我国台湾地区。将数据提供、存储至境外,以及允许境外的机构、组织或者个人访问或者调用存储在境内的数据,都属于向境外提供数据。

人信息出境的合规路径还有由专业机构进行个人信息保护认证，以及按照《个人信息出境标准合同办法》与境外接收方订立个人信息出境标准合同等不同的方式。

我国关于数据跨境流动的监管规则正在细化和逐步完善中，需要对此予以持续关注。①

数据合规尽职调查需要梳理企业经营中是否存在或可能存在向境外提供数据的场景。对于涉及向境外提供数据的，需要进一步核查企业是否符合法律规定的条件，是否履行法律规定的程序并选择正确的操作路径。

（二）数据合规尽职调查的方式

数据合规尽职调查怎样查？有哪些调查方式？

通常情况下，律师需要通过书面审查、网络平台穿行测试访谈、公共查询等多种方式的结合对企业的数据合规情况进行全面核查。调查中需要辅以各类工具文本（例如访谈问卷、尽职调查清单、情况核查表等），对尽职调查过程做好工作记录，并妥善保存相应的尽职调查底稿。各种调查方式可以同时推进，也可以按一定的顺序或者不同的方式穿插进行，需要结合具体数据尽职调查情况而定。

（1）书面审查

律师需要围绕企业的情况准备数据合规法律尽职调查清单，由企业反馈相应的资料和文件，答复清单中的问题，律师对资料、文件和答复进行审查。

律师需要根据具体项目的情况设计调整相应的尽职调查资料清单。例如，在企业日常运营项目中，数据合规尽职调查清单聚焦于特定的业务活动或产品中的数据合规问题。在企业数据合规体系建设中，数据合规尽职调查清单更侧重企业组织机构、规章制度、合规措施等方面。在企业上市、投融资项

---

① 例如2023年9月28日国家互联网信息办公室就《规范和促进数据跨境流动规定（征求意见稿）》公开征求意见，意见反馈截止时间为2023年10月15日。

目中，数据合规尽职调查清单则需要涵盖企业业务情况、数据处理活动、数据合规管理合规情况等方面。

企业对尽职调查清单进行反馈后，律师需要判断其反馈是否满足律师判断企业数据合规情况、发表相应合规意见或给出数据合规建议的条件。如果反馈不充分，或者基于反馈有需要进一步核查的事项，则律师需要在企业反馈的基础上，向企业发出补充尽职调查清单，请企业进一步补充资料或答复相关问题，直至律师掌握的资料能使其进行准确有效的合规情况判断，以及出具相应的意见和建议。

（2）网络平台穿行测试

对于企业涉及数据处理活动的业务平台，包括但不限于网站、App、小程序等，律师通常需要进行穿行测试，并做好相应的测试过程记录，对照法律规定和监管要求判断合规情况。

穿行测试，即律师以用户身份注册、登录、浏览平台并体验平台功能，对平台内所展示的服务条款和隐私政策等平台规则文件进行阅读和审查。如果相关平台的功能仍在测试阶段未正式上线，则需要企业提供体验账号或者模拟的用户交互界面示意图、演示沙盘等资料，供律师直观地了解平台内的相关功能。

必要时，律师还需要对企业后台系统中的数据处理情况进行核查。例如，为核查某企业是否已按照其与用户的约定，在服务终止后对用户的数据进行匿名化处理，律师需要核查企业数据系统中的用户信息存储情况，核查企业所称"经匿名化处理"后的信息是否达到不能识别特定自然人且不能复原的法律要求。

（3）访谈

律师需要通过对企业的相关人员进行访谈，从企业内部人员角度核查了解企业的数据合规情况。

访谈对象视数据合规尽职调查目标而定。例如，在产品合规审查的数据尽职调查场景下，访谈对象一般包括相关产品和服务的技术开发人员（例如研发工程师）、业务人员（例如产品经理）。在企业上市、投融资项目的数据尽职调查场景下，访谈对象一般包括对企业业务运营和管理情况有全面了解的业务负责人（如企业的首席执行官），对企业信息系统和安全管理工作有全面了解的技术负责人（例如企业的首席技术官），对企业法律和合规事务有全面了解的法律合规负责人（例如企业的总法律顾问或首席合规官）。

开展访谈前，律师通常需要根据企业和被访谈对象的具体情况，有针对性地制作访谈问题清单。

（4）公共查询

律师通过核查涉及的数据合规相关争议、诉讼、仲裁或行政处罚情况，可以了解企业过往的数据合规情况。如果核查发现企业曾经因数据合规问题受到监管部门的调查、处罚或采取责令整改等措施或者与其他方发生争议、诉讼、仲裁，律师应当进一步核查相关事件的进展，了解企业是否采取了整改措施，核查企业是否仍存在可能导致同类事件发生的风险。

对此，除通过对企业访谈、查阅企业提供的资料了解外，律师还需要通过公开查询的方式进行印证。公共查询的渠道一般包括：中华人民共和国工业和信息化部网站（www.miit.gov.cn）、各地方通信管理部门网站、中华人民共和国国家互联网信息办公室网站（www.cac.gov.cn）、中国执行信息公开网（zxgk.court.gov.cn）、中国裁判文书网（wenshu.court.gov.cn）、信用中国网（www.creditchina.gov.cn）和国家企业信用信息公示系统（www.gsxt.gov.cn）等。

（三）数据合规尽职调查报告

数据合规尽职调查完毕后，律师须对尽职调查情况进行梳理、总结，对相关数据合规问题的判断和分析，形成数据合规尽职调查报告。

数据合规尽职调查报告一般包括工作背景、企业数据合规现状、涉及的数据合规问题、风险和初步建议。对于基于企业日常运营项目、数据合规体系建设而开展的尽职调查和基于企业上市、投融资项目而开展的尽职调查，其尽职调查报告的形式、侧重点不同。

示例1：律师对某拟融资企业进行的数据合规尽职调查

【背景】某医疗科技企业拟通过增资方式进行融资。为本次融资之目的，受该企业委托，律师对该企业在中国境内经营业务的数据合规情况进行核查。根据尽职调查，律师发现该企业运营的App在用户个人信息方面存在不同程度的合规问题。为使企业、投资人等相关方快速查阅和了解该企业涉及的各项数据合规问题并有针对性地进行沟通和讨论，律师在尽职调查报告中将相关问题的法律分析和建议提炼、归纳，以表格方式呈现。

【样例】

××××公司数据合规重大法律问题列表（节选）
截止日：2022年××月××日

序号	主要法律问题	法律风险	工作建议与整改措施
1	App未设置隐私政策。用户登录、使用公司运营的App时，需要填写和提交用户的姓名、手机号码等个人信息。但是，在用户提交个人信息前，App未向用户展示并要求其同意平台的个人信息处理规则（隐私政策）	根据《个人信息保护法》，公司存在如下风险：被履行个人信息保护职责的部门责令改正，给予警告，没收违法所得，责令App暂停或者终止提供服务；拒不改正的，并处100万元以下罚款；对直接负责的主管人员和其他直接责任人员处1万元以上10万元以下罚款；情节严重的，被省级以上履行个人信息保护职责的部门责令改正，没收违法所得，并处5000万元以下或者上一年度营业额5%以下罚款，并可以责令暂停相关业务或者停业整顿、通报有关主管部门吊销相关业务许可或者吊销营业执照；对直接负责的主管人员和其他直接责任人员处10万元以上100万元以下罚款，并可以决定禁止其在一定期限内担任相关企业的董事、监事、高级管理人员和个人信息保护负责人。造成个人合法权益受损的，公司还存在承担民事责任的风险	建议公司在××前完成以下整改：（1）根据法律规定，制定App的个人信息处理规则（隐私政策）；（2）在用户注册、登录平台提交相关个人信息前，展示该隐私政策并设置用户主动勾选、点击同意隐私政策的流程；（3）在App内设置个人便捷查阅和保存隐私政策全文（含其历次更新版本）的功能
……	……	……	……

示例2：律师对某企业拟上线App进行的数据合规尽职调查

【背景】受×企业的委托，律师对×企业拟上线的App的数据合规情况进行审查。为便于×企业特别是非法律专业的相关业务人员一目了然地理解App中存在的数据合规问题，律师通过表格方式梳理了相关问题的合规要点、法律规定/监管要求、存在的问题、初步整改建议。

【样例】

××××App涉及的数据处理存在的问题和整改建议（节选）

合规要点	法律规定/监管要求	存在的问题	初步整改建议
个人信息处理的告知、同意：处理个人信息前，向个人告知个人信息处理规则并取得个人同意	《个人信息保护法》第14条、第17条、第18条；《App违法违规收集使用个人信息行为认定方法》第1条、第2条	（1）App首次运行时未通过弹窗等明显方式提示用户阅读隐私政策。（2）App内未设置用户再次查阅和保存隐私政策全文的功能模块	（1）整改用户线上签约流程，确保用户在提供信息前通过主动勾选等明示方式点击同意隐私政策。（2）在App内设置用户再次查阅、保存用户协议、隐私政策的功能模块
……	……	……	……

示例3：律师对某企业运营的App进行的数据合规尽职调查

【背景】受Y企业的委托，律师对Y企业数据合规体系情况进行审查。为便于Y企业法律合规部一目了然地了解其目前数据合规体系现状与法律规定和监管要求的差距，律师通过表格方式梳理了相关问题的合规要点、法律规定/监管要求、公司现有相关制度、差距分析及初步建议。

【样例】

××××公司数据合规体系涉及的问题和初步建议

合规要点	法律规定/监管要求	公司现有相关制度	差距分析及初步建议
数据分类分级管理：（1）结合业务实际，按照相关法律法规和监管要求（或参照行业现有标准），完善数据分类分级管理制	《数据安全法》第21条、第27条、第30条、第53条；《网络安全法》第21条第4项	《信息系统安全管理办法》第四章中关于信息分类管理的规定	公司现有制度中的信息分类分级管理安排未完全符合法律对数据分类的分类标准，特别是对

· 307 ·

续表

合规要点	法律规定/监管要求	公司现有相关制度	差距分析及初步建议
度（特别是完善对业务数据的分类分级管理），建立重要数据识别制度，定期对新增数据进行梳理，确保所有数据分类及分级管控。 （2）涉及处理重要数据的，明确数据安全负责人和管理机构，明确其在数据安全保护方面的职责，落实数据安全保护责任。 （3）密切关注和遵守国家核心数据管理要求和制度，按照相关规定对核心数据实行更加严格的保护。 （4）对涉及国家秘密的数据，还应当遵守《保守国家秘密法》相关规定，履行保密责任			敏感信息（含客户资料）的分类标准，仅考虑数据泄露对公司和员工的影响，未考虑对国家安全、公共利益或者其他个人、组织合法权益的影响。建议在现有制度或正在修订的文件中补充、细化
……	……	……	……

二、数据合规解决方案

通过数据合规专项尽职调查，了解了企业的数据合规状况，识别出存在或潜在的数据合规问题和风险，对于需要整改的事项和整改工作方向有了基本判断，进而进入整改环节。

合规整改涉及企业的不同部门，除了律师，还有信息系统管理或IT技术等相关职能的部门及各业务部门，律师主要是从本专业角度就解决方案、整改措施提供支持，整改措施更是需要由各部门来落地执行。为了使解决方案和整改措施具有可操作性，并满足相应的合规目标，律师可以先行提出或者与企业相关人员一起讨论制定整改行动计划，再由企业落实各项整改措施。

（一）数据合规整改行动计划

律师与企业其他相关人员基于企业数据合规现状，围绕企业开展本次数据合规的目标制定数据合规整改行动计划，对企业应当在什么时限内、按照何种优先顺序、采取何种具体措施以满足特定的数据合规要求作出安排，作为企业数据合规整改工作的操作指引。

数据合规整改行动计划可从以下方面考虑：

①存在的问题或现状：说明企业现状与法律和监管要求之间的差距或不符；

②法律规定及监管要求：摘要提示相应的法律规定、监管要求；

③整改工作建议与整改措施：列出企业所需采取的每项具体措施和行动；

④落实方或责任方：对照每项具体措施分配负责落实相关措施的相关方；

⑤整改期限：对工作进展做大致安排。

为便于直观了解，数据合规整改行动计划可以采取如下表格的形式呈现。

××项目数据合规整改行动计划

日期：2022年×月×日

序号	存在的问题	法律规定及监管要求	工作建议与整改措施	落实方或责任方	计划完成期限	进展
1	……					
…	……					

数据合规整改行动计划应当具有可操作性，不仅要契合企业实际情况，更需要满足相应的合规目标。

在企业上市、投融资项目中，数据合规工作以实现上市或者完成投融资为目标，数据合规整改行动计划应当重点关注可能影响上市、投融资项目的重大法律问题，并在制定整改方案时，特别注意与上市、投融资项目总体安排衔接，考虑整改方案对项目总体时间表的影响。

在企业建立数据合规管理体系的项目中，数据合规解决方案需要综合企业整体合规规划、业务发展、组织结构、企业信息技术系统资源等多方面情况加以考虑。因此，数据合规整改行动计划的制定应当结合企业内部各相关部门的职责和分工，并征询相关部门的意见和建议。

对于业务或产品进行数据可行性论证的数据合规整改，在确保符合法律和监管要求的底线的同时，还要考虑业务和商务上的可行性。数据合规整改行动计划是律师向企业作出说明的有关整改工作的"说明书"，无论是对存在的问题的描述还是就整改措施的说明，都需要考虑如何为业务等非法律专业条线人员所准确理解、掌握。例如，对于存在的数据合规问题，相对于"隐私政策内容未完全符合现行法律和监管要求"的写法，"未逐一列出App内嵌入的第三方（包括但不限于人脸身份认证机构）代码，插件收集使用个人信息的目的、方式、范围等"，可能更能够让该款App的产品经理直观了解问题。

（二）落实数据合规整改措施

数据合规整改的实施主体是企业的业务等相关部门，律师提供专业支撑的典型场景主要有：

个人信息处理流程及文本整改和优化：对业务中的个人信息处理流程，以及个人信息处理规则和个人信息处理授权等文件的合规性处理。

业务合同整改和优化：对业务合同等交易文件中涉及的数据处理活动，以及合同条款等文件进行合规性处理。

协助企业建立数据合规管理体系。

1. 个人信息处理流程及文本整改和优化

对个人信息处理的合规性整改，主要涉及业务流程以及对个人信息处理规则和个人信息处理授权等文件的规范、优化。

网站、App、微信小程序、微信公众号等互联网平台是收集使用、处理个人信息的主要场所，也是存在问题的高频地带。对该等互联网平台收集个人信息的用户交互界面提出流程整改优化建议，修改平台的个人信息处理规则（隐私政策），是数据合规领域常见且典型的工作之一。

示例1：关于某 App 索取手机相册权限流程的整改

【背景】Z 企业委托律师对 Z 企业经营的业务平台进行核查、整改。律师经核查发现 Z 企业运营的 App 在开启个人手机相册权限时未设置弹窗提示，不符合法律规定。

【整改前】App 用户在上传身份证照片时，可以选择打开照片图库或者拍照上传图片，但是用户选择打开照片图库的，App 没有设置弹窗等提示申请用户授权，而是可以直接打开图库。上述安排属于在申请打开可收集个人信息的权限时，未同步告知用户其目的的违法违规行为。

【整改动作】律师建议，在用户上传照片时，设置弹窗同步向用户告知打开照片权限的目的，并由用户点击同意。整改后的页面如图 2 所示。

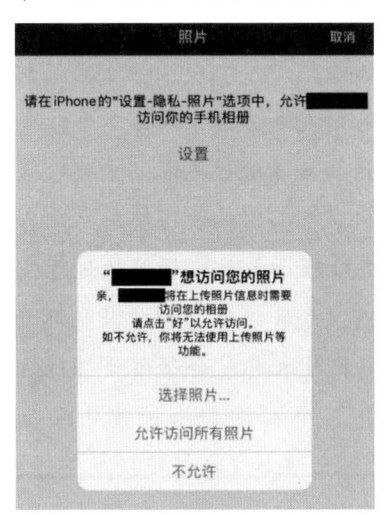

图 2　整改后页面

对于互联网平台个人信息处理规则（隐私政策）的修改，尽管有各类示范文本[①]且各类 App、网站上的隐私政策也很常见，但不少个人信息处理规则

---

① 常见的示范文本有《信息安全技术 个人信息安全规范》（GB/T 35273—2020）的附录 D《个人信息保护政策模板》。

（隐私政策）与企业收集处理个人信息的实际情况脱钩，有的企业就是照搬其他企业的个人信息处理规则（隐私政策）。

示例 2：关于某 App 隐私政策文本的规范性整改

W 企业拟上线一款新的 App，因此参考其他 App 的做法准备了一份隐私政策，交由律师审阅。根据 W 企业介绍的 App 的功能设置、业务流程，以及根据律师以用户身份对 App 进行的穿行测试，律师注意到 W 企业准备的隐私政策存在与实际业务安排不一致、内容不符合法律要求等问题。因此，律师协助 W 企业对该 App 的隐私政策进行了修改。例如，针对 W 企业在隐私政策中的表述（提出整改建议）：

"3.1 为更好地向您提供服务，在严格按照法律法规遵循必要性原则基础上，我们将收集的信息用于以下目的和用途：

（1）为您提供服务，包括但不限于应您的要求进行账号管理、变更，以及提供技术支持和客户服务；

（2）开展内部审计、研究和分析，改善本平台和产品服务；

（3）遵从和执行适用的法律法规要求，相关的行业标准或我们的政策；

（4）其他为向您提供服务而需要使用您用户信息的情形。"

律师认为，该表述中处理个人信息的目的过于宽泛，概括性较强，不符合法律和监管要求。根据《App 违法违规收集使用个人信息行为认定方法》并参照全国信息安全标准化技术委员会秘书处《网络安全标准实践指南——移动互联网应用程序（App）个人信息保护常见问题及处置指南》（v1.0－202009），如 App 未逐一列出 App（包括委托的第三方或嵌入的第三方代码、插件）收集使用个人信息的目的、方式、范围等，例如使用概括性描述列举收集个人信息的业务功能及收集个人信息的目的、类型、方式的，可能被认定为未明示收集使用个人信息的目的、方式和范围。因此，律师协助 W 企业根据实际业务情况，在隐私政策中逐一补充列出每项服务功能下收集个人信息的目的、类型、方式。

2. 业务合同整改和优化

企业数据处理活动除了涉及个人信息主体外，在与供应商、渠道商等合作伙伴等交往的业务活动中也不可避免地涉及数据、个人信息等的处理。企业与合作伙伴的交往主要体现为合同，对数据处理活动的合法合规性处理也体现在合同等交易文件中。

律师的工作主要是根据业务和管理实际情况，对照法律规定和监管要求，起草、审阅或修改各相关合同的标准文本或条款。

常见的需要整改或优化的业务合同主要有：

（1）与客户的合同，例如服务协议、产品合同等。

（2）与供应商的合同，例如技术服务协议、数据采购协议等。

（3）与其他合作方的合同，例如共同研究开发协议、课题合作协议、数据共同处理协议等。

对相关业务合同文本或条款的整改、优化，需要结合具体业务场景下企业的数据处理活动进行安排，甄别企业的角色定位（见上文"了解企业在数据处理活动中的角色、确定数据处理者"中的分析），确定企业在不同角色下应当履行的合规义务，并拟订与自身角色及其合规义务相适应的合同文本或条款。

3. 建立企业数据合规管理体系

法律对企业数据安全管理责任提出明确的要求。为落实网络及数据安全管理责任，企业需要根据法律规定建立和逐步健全数据安全管理体系，包括明确数据合规组织架构、建立和完善数据安全管理制度、采取数据安全合规管理措施。这也是企业数据合规整改工作的一个方面。其中，律师可以在组织架构搭建的合法合规性，相关制度文本内容的规范性、合法性和有效性，以及数据安全合规管理措施的合法性方面提供专业支撑。

（1）搭建网络和数据合规组织架构

根据《个人信息保护法》《数据安全法》，企业处理个人信息达到一定数量或者处理重要数据的，应当设置数据安全管理机构，指定个人信息保护负责人、数据安全负责人。就企业数据合规组织架构搭建，律师可以根据法律规定、企业公司章程规定、企业合规管理组织架构现状及企业实际情况，提出相应的建议方案。

(2) 建立和完善网络及数据安全相关制度

企业应当根据法律规定和监管要求逐步建设完善内部数据安全管理制度，落实其数据安全管理责任。数据合规管理制度中应当包括和体现法律规定和监管要求中所要求企业实施的相关数据合规管理机制，包括但不限于数据安全风险和个人信息保护影响评估机制、调查和举报机制、安全教育和培训机制、合规风险事件报告和应对机制等，以保障数据合规管理体系的持续运行、定期更新和不断优化（见前文"表1 企业应当履行的数据安全责任"）。

律师协助企业的数据合规管理制度体系建设，通常需要协助企业对照数据安全相关法律规定，起草、修改、审阅相关制度文本。制度文本的设置可以从三个层次考虑：

一是确定企业、全体成员和业务伙伴共同遵守的数据合规行为准则，列明数据合规底线。

二是确定企业数据安全管理的纲领性文件，明确企业数据合规管理总体要求、管理机构及职责、基本制度、网络及数据安全技术措施及信息系统安全保护等事项。

三是确定相关具体制度，包括管理流程、管理标准、管理措施等具体数据合规管理细则。

律师等法律专业人士能够整体理解法律监管体系，谙熟法律规则的适用，准确判断和识别数据合规风险，在法律框架下给出具有可操作性的解决方案，对数据合规工作具有非常重要的作用。专业、高效、务实的数据合规工作，要求法律专业人员不仅要谙熟数据合规法律规则和监管要求，而且要熟悉企业所在的行业和业务，了解企业的需求和现状，进而提供贴合实际、切实可行的数据合规服务。

元宇宙与Web3（第三代互联网）法律实务入门指南

王 伟

【业务研判】

元宇宙是一个与现实世界平行，并与现实世界交互的虚拟世界，又或者可理解为现实世界的一种"高级映射"。自Facebook（脸书）更名为Meta（元）以来，大量传统公司宣布进军元宇宙，而"元宇宙将会成为未来"这一判断已然成为绝大多数人的共识。

Web3（第三代互联网）是基于去中心化网络的、有信任的、可验证的机制，是可以实现价值转移的第三代互联网。Web3（第三代互联网）也是组成元宇宙的最为重要的基础。Web3（第三代互联网）基于区块链技术而构建，这就导致Web3（第三代互联网）数字资产极易陷入复杂的监管风险旋涡。在中国，2017年的《关于防范代币发行融资风险的公告》（以下简称九四公告）将ICO（首次代币发行）定性为"一种未经批准非法公开融资的行为"，而2021年的《关于进一步防范和处置虚拟货币交易炒作风险的通知》（银发〔2021〕237号，以下简称237号文）则进一步明确了"虚拟货币相关业务活动属于非法金融活动"。新兴的领域、复杂的特性、严格的监管、不成熟的市场和投资人、数字资产的暴涨暴跌，种种因素叠加在一起，使Web3（第三代互联网）的合规工作尤为复杂。

除了 Web3（第三代互联网）之外，元宇宙还包括 AR、VR、数字孪生、数字仿真、数字人、脑机接口、大数据、边缘计算、云，范围极其广泛。由于涉及行业众多，不可避免地存在数字资产、跨司法区域等多个特点，元宇宙的监管也格外复杂。

【业务框架】

元宇宙与 Web3（第三代互联网）业务主要包括四部分内容，见图 1。

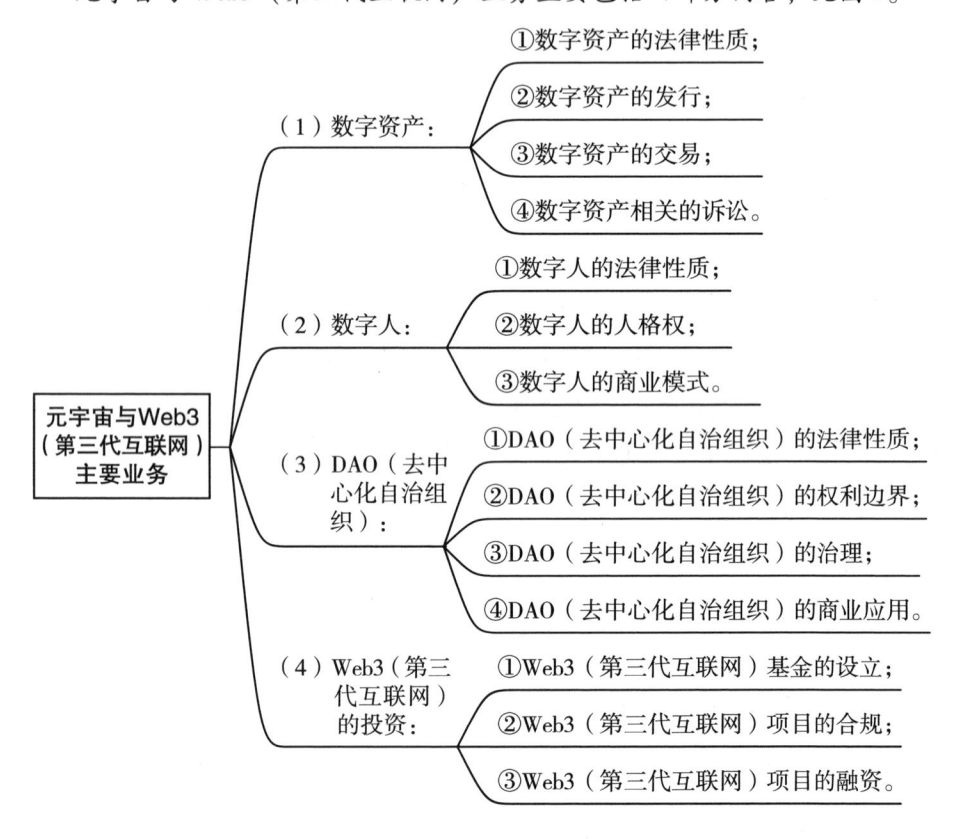

元宇宙与Web3（第三代互联网）主要业务
- （1）数字资产：
  - ①数字资产的法律性质；
  - ②数字资产的发行；
  - ③数字资产的交易；
  - ④数字资产相关的诉讼。
- （2）数字人：
  - ①数字人的法律性质；
  - ②数字人的人格权；
  - ③数字人的商业模式。
- （3）DAO（去中心化自治组织）：
  - ①DAO（去中心化自治组织）的法律性质；
  - ②DAO（去中心化自治组织）的权利边界；
  - ③DAO（去中心化自治组织）的治理；
  - ④DAO（去中心化自治组织）的商业应用。
- （4）Web3（第三代互联网）的投资：
  - ①Web3（第三代互联网）基金的设立；
  - ②Web3（第三代互联网）项目的合规；
  - ③Web3（第三代互联网）项目的融资。

图 1　元宇宙与 Web3（第三代互联网）主要业务

【内容梗概】

本文将集中讨论元宇宙这一新兴律师业务领域的商业逻辑与法律风险。

由于本领域尚处于起步阶段，业内对元宇宙的基础定义、法规政策、法律风险等尚不明晰，相关业务内容、方式、逻辑等更是处于探索阶段，故本文主要是为希望迈入元宇宙领域的律师提供入门指引。本文分为两部分：

1. 元宇宙与 Web3（第三代互联网）的概述——通过对元宇宙、Web3（第三代互联网）的定义、由来、具体含义等进行介绍，厘清元宇宙与 Web3（第三代互联网）的边界；

2. 元宇宙与 Web3（第三代互联网）的法律风险——通过对元宇宙、Web3（第三代互联网）、NFT（非同质化通证）、DAO（去中心化自治组织）在国内的法律法规、政策以及法律风险进行剖析，理解元宇宙法律业务的基本方向。

一、元宇宙与 Web3（第三代互联网）的概述

元宇宙与 Web3（第三代互联网）是两个交叉而又不完全重合的概念：

（一）什么是元宇宙？

元宇宙（Metaverse）一词源于科幻作家尼尔·斯蒂芬森（Neal Stephenson）于 1992 年出版的小说《雪崩》（Snow Crash），描述的是一个现实人类可通过 VR（Virtual Reality，虚拟现实）设备进入的、平行于现实世界的三维虚拟空间（共享线上世界）。在该世界中，每个人都有自己的数字化身（以下简称 Avatar）。

根据清华大学《元宇宙发展研究报告 2 版》，元宇宙是指整合多种新技术产生的下一代互联网应用和社会形态，它基于扩展现实技术和数字孪生实现时空拓展性，基于 AI 和物联网实现虚拟人、自然人和机器人的人机融生性，基于区块链、Web3（第三代互联网）、数字藏品/NFT（非同质化通证）等实现经济增值性。在社交系统、生产系统、经济系统上虚实共生，每个用户可进行世界编辑、内容生产和数字资产自所有。

数字孪生技术，实现了元宇宙对原宇宙的映射，由此初步建立起元宇宙空间；扩展现实技术，将人类从原宇宙带入元宇宙，为虚拟空间源源不断地输入新鲜血液；物联网与 AI 技术相结合，建立起原宇宙与元宇宙之间的桥梁，实现视觉、听觉、触觉等感官体验；在区块链、Web3（第三代互联网）、NFT（非同质化通证）技术的辅助下，元宇宙经济系统得以建立。

简单总结，元宇宙就是一个与现实世界平行，并与现实世界交互的虚拟世界，又或者说是现实世界的一种"高级映射"。迄今为止，尚没有公认已经建成的元宇宙，尽管市场上有越来越多以元宇宙为题材、愿景甚至噱头的公司。目前行业内所公认的最像或者最有元宇宙雏形的是 Roblox。

综合 Roblox、Fortnite 以及其他元宇宙概念平台，我们可以简单总结元宇宙的特征如下：

1. 复杂庞大性

Medal 的联合创始人兼首席执行官 Pim de Witte 代表了市场上比较多人士的观点，即 Fortnite、Minecraft 和 Roblox 等平台本身并不是元宇宙，而是元宇宙中的目的地。换言之，Metaverse 不是每个人都默认的单一目的地，而是一个由浏览器、索引和目的地组成的复杂网络。

如果是这样，那么元宇宙和互联网的发展有很大的类似性。就像目前的互联网上虽然有亚马逊、Facebook（脸书）、微信等超级平台，但是我们不可能将亚马逊、Facebook（脸书）、微信任何一个定义为互联网本身。同样地，我们也不能将 Roblox、Fortnite、Minecraft 等任何一个标记为"元宇宙"。因为相较于"宇宙"，任何一个平台都太小，更何况世界各国普遍有反垄断的立法和执法。

2. 实时同步并且持久性

元宇宙的用户通过 IoT（物联网）、体感设备、脑机接口等设备与数字世界实时互动而且交互，因此元宇宙是实时同步的。元宇宙将不分时间和地点而存在，这是和游戏最大的区别。元宇宙是现实世界和数字世界的融合，所以元宇宙的存在是时间、空间没有限制的存在。

3. 广泛性

全世界的任何一个用户都将可以同时登录，并且用户的数量没有上限。2020 年 4 月 Fortnite 上 Travis Scott 虚拟演唱会有 1200 万人参与。考虑到 Facebook（脸书）和微信的用户人数，我们完全有理由相信未来的元宇宙的用户数字将是十亿级别。

4. 经济性

元宇宙必须有完整的经济系统，否则的话就无法形成逻辑的闭环。经济系统意味着所有在元宇宙中的经济行为都有客观的价值判断，同时元宇宙中的用户可以主动或者自发地与其他方交易、合作。元宇宙中的创造也必须有相应的交易价值。因此，数字货币和NFT（非同质化通证）将是元宇宙中最基本的基础设施。此外，未来还需考虑元宇宙经济系统与现实世界经济系统的打通问题，这就涉及另外一个问题，即数字货币、NFT（非同质化通证）与法定货币的兑换问题，这些都取决于分布式账本、智能合约、NFT（非同质化通证）、Defi（去中心化金融）等技术的发展、融合以及监管的发展。

5. 互操作性

元宇宙的一个基本属性是"互操作性"。对其通常的理解是，用户在某一个游戏中的装备可以带到另外一个游戏中，譬如用户在A游戏中有一匹马，当用户登录B游戏的时候，可以带着这匹马。这种意义上的"互操作性"从另外一个角度来说，就是虚拟物品在整个元宇宙的唯一性，这个要求决定了NFT（非同质化通证）必然是元宇宙的重要组成部分。

2021年10月28日，著名社交网站Facebook（脸书）正式更名为Meta。自此，元宇宙概念逐渐为公众熟知。2021年年底，各地政府纷纷将元宇宙写入政府文件。上海市将元宇宙写入"十四五"产业规划，此后武汉、安徽、成都将元宇宙写入政府工作报告。

（二）什么是Web3（第三代互联网）

埃隆·马斯克（Elon Musk）曾经在他的Twitter（推特）上贴了图2，也引来了很多圈内以及圈外的人关于Web3（第三代互联网）的讨论。作为BTC（比特币）和Doge（狗狗币）的支持者，马斯克可能是地球上除了特朗普之外最有资格说"Nobody knows Crypto, Web3 and DAO better than me（没有人比我更懂加密货币、第三代互联网和去中心化自治组织了）"的人了。

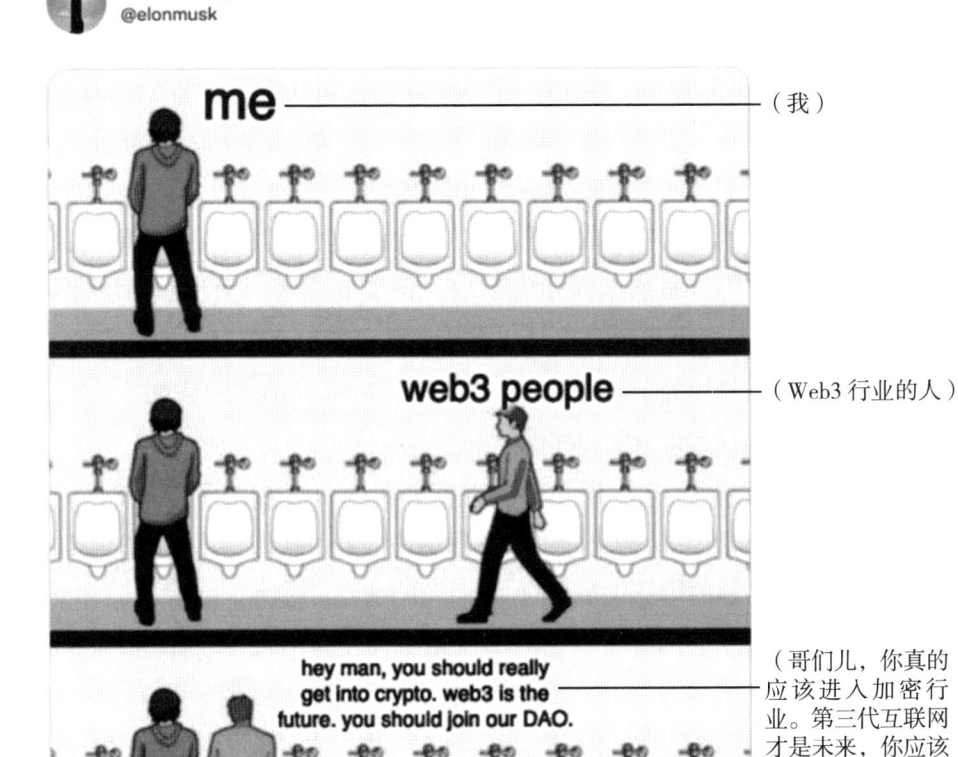

图 2　埃隆·马斯克推特截图

那么，到底什么是 Web3（第三代互联网）呢？要回答这个问题必须先讨论什么是 Web1（第一代互联网）以及 Web2（第二代互联网）。

一般认为，Web1（第一代互联网）是利用 TCP（传输控制协议）、HTTP（超文本传输协议）等数据传输协议的，访问不需要付费的，以门户、搜索引擎、博客为代表的第一代的互联网。

而 Web2（第二代互联网），则是目前大家更加熟悉的以 UGC（用户生成内容）为典型特征的，用户之间可以信息交互的，基于移动设备的以 Google（谷歌）、Facebook（脸书）、Tiktok（抖音）为代表的第二代互联网。从

Web1（第一代互联网）到 Web2（第二代互联网），互联网的本质从"可读写"进化到"可读写 & 可交互"。

Web2（第二代互联网）的诸多公司提供了令人眼花缭乱的服务，但是也带来了很多问题。譬如数据的权属问题，Web2（第二代互联网）的公司无一例外是中心化的，用户的数据都成为 Web2（第二代互联网）公司估值的基础，而个人信息被侵犯的案例比比皆是，用户的数据也可能在一夜之间丢失、被滥用或者化为乌有。虽然中国建立了以《网络安全法》为核心的法律体系，但是 Web2（第二代互联网）的技术基因决定了用户永远会和公司有不对称的博弈并且将持续处于弱势的位置。此外，Web2（第二代互联网）无法实现数字资产的确权和价值的转移。

在 2014 年，Web3（第三代互联网）的概念被系统地提出。简单而言，Web3（第三代互联网）是基于去中心化网络的、有信任的、可验证的机制，是可以实现价值转移的第三代互联网。

从 Web2（第二代互联网）到 Web3（第三代互联网），互联网的本质进一步从"可读写 & 可交互"进化到"可读写 & 可交互 & 可拥有"。

二、元宇宙与 Web3（第三代互联网）的法律风险

元宇宙与 Web3（第三代互联网）紧密相连，而 Web3（第三代互联网）则以区块链为核心，其中涉及 NFT（非同质化通证）、DAO（去中心化自治组织）、智能合约等概念。下文将对 Web3（第三代互联网）、NFT（非同质化通证）、DAO（去中心化自治组织）可能涉及的法律风险进行分析，并对中国法对元宇宙、Web3（第三代互联网）行业的法律法规与政策进行探讨。

（一）Web3（第三代互联网）的法律风险与投资逻辑

1. Web3（第三代互联网）的法律风险

Web3（第三代互联网）与其基础设施区块链技术一样，作为一个颠覆性的创新，在吸引了大量的从业者和投资人的同时，带来了各种各样的法律风险。

由于其本质是基于区块链技术，Web3（第三代互联网）中的数字资产不可避免地会导致复杂的监管风险。在中国，2017 年的九四公告将 ICO（首次代币发行）定性为"一种未经批准非法公开融资的行为"，而 2021 年的 237 号文则进一步明确了"虚拟货币相关业务活动属于非法金融活动"。

新兴的领域、复杂的特性、严格的监管、不成熟的市场和投资人、数字资产的暴涨暴跌，种种因素叠加在一起，使 Web3（第三代互联网）的合规工作尤为复杂。

譬如：

市场上大火的 Defi（去中心化金融），Gamefi（游戏金融）项目的合规性如何？

是金融创新还是金融违法？

NFT（非同质化通证）和虚拟货币的区别是什么？

创始人如何设立海外架构？

海外架构是否可以真正免责？

海外架构和 VIE（可变利益实体）的关系？

应该找传统风险投资基金还是 Web3（第三代互联网）基金融资？

如何设立 Web3（第三代互联网）基金？

如何设立 Web3（第三代互联网）的 FOF（母基金）？

投资人应该如何看待 SAFT（未来代币投资协议）？

创始人应该如何看待 SAFT（未来代币投资协议）？

SAFT（未来代币投资协议）的软肋和铠甲到底是什么？

……诸多的问题都需要讨论。

2. Web3（第三代互联网）的投资逻辑

与传统的风险投资基金评估项目不同，Web3（第三代互联网）的评估并不是评估市场、团队、产品、营收、利润率等指标。Web3（第三代互联网）的评估更多的是关注技术、团队、数字资产经济学、社区以及治理。

Web3（第三代互联网）的投资和传统的风险投资基金、PE（私募股权基金）有典型的区别。传统的风险投资基金和PE（私募股权基金）投资的标的是以股权为核心，实现的方法是优先权安排，退出的路径是IPO（首次公开发行）、并购或者回购、清算等方式。

而这一整套逻辑在Web3（第三代互联网）中并没有被完整地借用。Web3（第三代互联网）投资的标的是包括股权、数字资产在内的复杂权益，而以SPA（股权购买协议）为代表的优先权体系已经被SAFT（未来代币投资协议）所代替。

与股权的天使、A、B、C、D各轮融资以及上市之后的估值一路上涨的路线不同，数字资产的升值在于程序化［BTC（比特币）］、人为销毁（BNB）等带来的通缩预期。虽然股权仍然可以通过回购或者缩股的形式实现通缩，但是和Web3（第三代互联网）的通缩仍然有实质性的区别。

此外，数字资产作为Web3（第三代互联网）投资的标的，与股权相比具有某些类似之处，譬如：

不同设计可能会有特定的类似分红性质的收益，譬如staking（质押），Yield farming（收益耕作），平台等方式获得收益。

数字资产通常还有一定的治理权，这一点在POS（权益证明）以及DAO（去中心化自治组织）中尤为明显。但是DAO（去中心化自治组织）的内部设计相比公司的内部治理则复杂得多。

但是，我们并不能得出数字资产等同于股权的结论，毕竟数字资产还根据其不同的项目而具有不同的使用功能，譬如Punk（朋克）的社交功能、BAYC（无聊猿）的韦伯伦商品功能、ETH（以太坊）的基础设施功能、IPFS（星际文件系统）的存储功能……这些和传统的股权似乎又是泾渭分明。

此外，最重要的是，数字资产的第一性原理在于其是根植于区块链技术而非来自公司的授权。所以，Web3（第三代互联网）与传统的资本市场路径、投资逻辑、风控逻辑风格迥异。

（二）NFT（非同质化通证）法律性质与平台合规要点

NFT 是英文 Non–Fungible Tokens 的缩写，中文的翻译名为"非同质化通证"。

NFT（非同质化通证）具有不可拆分且独一无二的属性，即每个 NFT（非同质化通证）的最小单位为 1，不能拆分为小数。其特性使它可以和现实世界中的一些商品绑定，绑定之后这些商品也具有了独一无二的"编号"，可被追踪。NFT（非同质化通证）最常用的场景是游戏、艺术品收藏、身份认证和门票等。简言之，NFT（非同质化通证）是一种可以代表有形或者无形物品的数字资产，譬如已经出现在市场上的 NFT（非同质化通证）包括代表一幅名画、一段音乐、一段视频、一串代码、一句话、虚拟地产等的数字资产。

每个 NFT（非同质化通证）均与众不同，这是 NFT（非同质化通证）区别于 ECR20 Token 的一个典型特征。正因为如此，普遍认为 NFT（非同质化通证）是解决网络盗版的不二法宝以及通向未来数字资产世界的钥匙。绝大多数的 NFT（非同质化通证）是通过 ERC–721 创建的，正如作为 NFT（非同质化通证）的前身 Crypto Kitties（加密猫）一样。

1. NFT（非同质化通证）与虚拟财产

《民法典》第 127 条规定，"法律对数据、网络虚拟财产的保护有规定的，依照其规定"。尽管法律尚未明确定义网络虚拟财产的范围，也未明确规定 NFT（非同质化通证）属于网络虚拟财产，根据 NFT（非同质化通证）的性质与特征，我们认为其无疑应属于网络虚拟财产。

《民法典》第 267 条规定："私人的合法财产受法律保护，禁止任何组织或者个人侵占、哄抢、破坏。"

此外，根据《最高人民法院、国家发展和改革委员会关于为新时代加快完善社会主义市场经济体制提供司法服务和保障的意见》（法发〔2020〕25号），加强对数字货币、网络虚拟财产、数据等新型权益的保护，充分发挥司法裁判对产权保护的价值引领作用。

因此，NFT（非同质化通证）作为网络虚拟财产，其理应受到《民法典》保护。进一步的推论是在中国法下，尽管监管部门对虚拟货币严格限制，但是从目前的法律法规来看，中国公民可以合法拥有、合法取得 NFT（非同质化通证）。

但是，NFT（非同质化通证）作为网络虚拟财产受保护并不能推理出所有和 NFT（非同质化通证）相关的商业行为都是合法的。NFT（非同质化通证）的发行、NFT（非同质化通证）的交易平台、NFT（非同质化通证）衍生品等 NFT（非同质化通证）的上下游产业链中几乎每个环节都需要根据具体情况而判断相应的法律风险。

2. NFT（非同质化通证）与 ICO（首次代币发行）

九四公告主要对代币（token）进行了规制。从 NFT（非同质化通证）与 FT（同质化通证）的区别上看，九四公告主要对 FT 这类代币进行限制。不过，值得注意的是，在九四公告出台之际，NFT（非同质化通证）尚未流行于市场。市场上有一种说法是，九四公告对 NFT（非同质化通证）没有效力。那么，事实真的如此吗？

NFT（非同质化通证）与 FT（同质化通证）之间并无明显界限，尽管不可分割性是 NFT（非同质化通证）的重要特征，但是真正使 NFT（非同质化通证）区别于 FT（同质化通证）的是其"非同质化"特性。那么如何认定一个 NFT（非同质化通证）是"非同质化"？

从发行规模看，ICO（首次代币发行）动辄几十亿元规模，而 NFT（非同质化通证）则往往处于五位数级别。以 BAYC（无聊猿）为例，其 2021 年 4 月 23 日首次面世就一次性推出 1 万个 NFT（非同质化通证）。而从国内市场看，2021 年 6 月，阿里巴巴与敦煌美术研究所合作，通过鲸探发布敦煌系列 NFT（非同质化通证）艺术品。其中，敦煌飞天和九色鹿皮肤分别限量发行 8000 个。目前，鲸探上 NFT（非同质化通证）艺术品的发行量基本维持在 8000 个至 1 万个级别。国内 NFT（非同质化通证）项目的发行量很明显是遵循了境外项目，那么，是否 8000 个到 1 万个的数量就意味着合规？

譬如一个猴子项目，其毛色、眼睛、发型、衣服、表情均有不同，通过设置不同数量的属性可以根据数学的计算得出不同的结果，那么如果属性足够多，发行量可以到 1 万个，再设置更多的属性，发行量也可以到 10 万个、100 万个、1000 万个甚至更多。那么，在该等情形之下，是否还可以主张因为猴子的属性不同而使每个猴子都不同，即便一个项目有 1000 万只猴子，仍然可以构成"非同质化"？进一步的问题是，是否可以确定 1 万个 NFT（非同质化通证）的发行合规？是否可以确定 1000 个 NFT（非同质化通证）的发行合规？

在监管部门没有发布正式监管意见之前，不能简单地得出"NFT（非同质化通证）不属于 ICO（首次代币发行），不受中国法律监管"的结论。也不能轻易得出 1 万个 NFT（非同质化通证）发行合规，甚至在 1000 个 NFT（非同质化通证）发行是否合规的问题上也不能一概而论。根据《证券法》第 9 条，有下列情形之一的，为公开发行：（1）向不特定对象发行证券；（2）向特定对象发行证券累计超过 200 人，但依法实施员工持股计划的员工人数不计算在内；（3）法律、行政法规规定的其他发行行为。如果一个 NFT（非同质化通证）其搭载的智能合约已经使其具备了证券的基本特征和实质，那么这个时候，必须对前述条款加以考虑，而不能以发行量 1 万个是市场惯例来论述自己的合法性。

根据九四公告，"代币发行融资是指融资主体通过代币的违规发售、流通，向投资者筹集比特币、以太币等所谓'虚拟货币'，本质上是一种未经批准非法公开融资的行为，涉嫌非法发售代币票券、非法发行证券以及非法集资、金融诈骗、传销等违法犯罪活动"。

如果进一步研究九四公告，我们会注意到监管层的态度，"近期，国内通过发行代币形式包括首次代币发行［ICO（首次代币发行）］进行融资的活动大量涌现，投机炒作盛行，涉嫌从事非法金融活动，严重扰乱了经济金融秩序。为贯彻落实全国金融工作会议精神，保护投资者合法权益，防范化解金融风险……"显然，从监管层的角度而言，其监管的核心在于：

（1）发行的方式是否涉及融资；

（2）是否导致投机炒作；

（3）投机炒作情形是否严重；

（4）是否涉嫌从事非法金融；

（5）是否严重扰乱经济金融秩序；

（6）是否侵害投资者合法权益；

（7）是否构成金融风险。

事实上，ICO（首次代币发行）仅属于代币发行的一种，监管层在九四公告之后已经通过各种途径认定 IMO、IEO 以及 IFO 等方式均属于 ICO（首次代币发行）变种，均属于违法行为。鉴于 ICO（首次代币发行）与 NFT（非同质化通证）均发行量较大，具有一定流通性且具有较为明确的价值，实难精准厘清二者之间的界限。因此，目前 NFT（非同质化通证）项目的一个合规隐患是 ICO（首次代币发行）与 NFT（非同质化通证）发行在概念上部分重合，二者并非等同或涵盖关系。

监管机关对新经济一向秉持实质重于形式的态度。在考量 NFT（非同质化通证）发行的合规风险时，仍须根据具体情况具体判断。

一旦监管部门对 NFT（非同质化通证）有清晰定义或者通过对具体项目的处罚而从实质上定义了 NFT（非同质化通证），那么某些激进的 NFT（非同质化通证）项目则可能落入 NT 进而触发九四公告或者 237 号文。

3. NFT（非同质化通证）与证券（security）

在数字资产领域，一个资产是否构成证券至关重要，这决定了该项目是否受到严格的监管。SEC 对于证券的认定事实上已经超越了美国的国境，对全世界各国都有影响，各国在数字资产的监管理念、逻辑和路径上均有趋同的趋势。

一般而言，发售时业已完成的 NFT（非同质化通证）艺术品，构成证券的风险较小，譬如 Beeple 系列作品。根据 SEC 的观点，"Price appreciation resulting solely from external market forces（such as general inflationary trends or the economy) impacting the supply and demand for an underlying asset generally is not considered 'profit' under the Howey test".[在豪威测试下，仅由外部市场力量（如总体通胀趋势或经济）影响基础资产的供需而导致的价格升值通常不被视为"利润"。]

此处须进一步阐释豪威测试（Howey test）的含义。1946年，在SEC v. W. J. Howey Co.案中，美国联邦最高法院确定了一种标准，以判断某一交易是否属于证券发行。此后，这一标准被称为豪威测试。豪威测试主要包括下述4个判定因素：

①资金（money）投入；

②有一项共同事业（common enterprise）；

③该投资具有期待利益（profits）；

④利益的产生源于第三人的努力。

一旦一个项目完全符合前述四点，即通过豪威测试而被认定为证券。区块链中的很多项目都因为通过豪威测试但是不符合证券的监管要求而被SEC处罚。

中国最新修订的《证券法》并没有对什么是"证券"作出明确定义或者规定判断原则。尽管我国并未采取豪威测试这一判断标准，该测试对于NFT（非同质化通证）发行仍具有一定的参考价值。当然，具体到我国社会语境，仍须结合国内既有法律法规对NFT（非同质化通证）的具体性质进行评估与判断。中国监管机构通常会采取实质重于形式的原则就具体事项进行判断。

4. NFT（非同质化通证）与版权

作为一个全新的事物，NFT（非同质化通证）给法律界留下了很多值得探讨的问题。NFT（非同质化通证）的实质到底是什么？NFT（非同质化通证）到底对应什么权利？

在监管层就NFT（非同质化通证）制定正式的法律或者规范之前，前述问题并没有完美的答案，而必须就具体项目具体判断。

如果 NFT（非同质化通证）的铸造基于某个版权，那么 NFT（非同质化通证）所对应的权利应是该版权的某个子集。NFT（非同质化通证）购买者所享有的权利，必须进行权利上的切割与确认，否则可能构成侵权。目前，国内 NFT（非同质化通证）交易平台大多规定，NFT（非同质化通证）的版权归发行人或其他权利人所有，购买者仅拥有 NFT（非同质化通证）的所有权以及有限的转让权。特别地，对于由实体艺术品衍生而来的 NFT（非同质化通证），一般而言，除非合同中存在特殊安排，NFT（非同质化通证）购买者无法获得 NFT（非同质化通证）所对应作品的所有权和其他权利。

以笔者团队提供过咨询意见的某知名演员为例，非常遗憾的是，他不能将影视剧中的经典瞬间铸造成 NFT（非同质化通证），否则可能构成侵权。究其原因，在拍摄影视剧之时，相关方对包括版权在内的各项权利已进行兜底性分配，所以知名演员并不能擅自对其电影中经典瞬间进行商业化使用。

此外，值得注意的是，《民法典》第 1169 条第 1 款规定："教唆、帮助他人实施侵权行为的，应当与行为人承担连带责任。"如果 NFT（非同质化通证）交易平台明知 NFT（非同质化通证）所对应作品的版权存在瑕疵，仍放任其发行，交易平台可能会承担连带侵权责任。

5. NFT（非同质化通证）与《消费者权益保护法》

在中国法下，NFT（非同质化通证）作为数字藏品，更多涉及 2C（to Customer）业务。个人购买 NFT（非同质化通证）艺术品，还受到《消费者权益保护法》的保护。在涉及《消费者权益保护法》时，NFT（非同质化通证）发行人须重点关注欺诈行为的惩罚性赔偿与 7 天无理由退换货的相关问题。

《消费者权益保护法》第 55 条第 1 款规定："经营者提供商品或者服务有欺诈行为的，应当按照消费者的要求增加赔偿其受到的损失，增加赔偿的金额为消费者购买商品的价款或者接受服务的费用的三倍；增加赔偿的金额不足五百元的，为五百元。法律另有规定的，依照其规定。"NFT（非同质化通证）发行人须注重自身行为的合规性，以避免可能的法律纠纷。

根据《消费者权益保护法》与《网络购买商品七日无理由退货暂行办法》，多数 NFT（非同质化通证）艺术品符合 7 日无理由退换货条件，NFT（非同质化通证）发行人可能无法通过权利排除条款免责。

总之，NFT（非同质化通证）发行人亦须关注《消费者权益保护法》下的相应义务，以降低法律风险。可以预见的是，未来会有很多 NFT（非同质化通证）的发行方和平台因为各种原因陷入诉讼，其中就会包括违反《消费者权益保护法》。

（三）DAO（去中心化自治组织）的法律风险：以 Tornado Cash DAO（去中心化自治组织）为例

Web3（第三代互联网）正逐渐进入传统投资者视野，成为新的投资与创业方向。在诸多 Web3（第三代互联网）项目中成立 DAO（去中心化自治组织）组织，成为不可或缺的环节，那么组织、加入以及经营 DAO（去中心化自治组织）的法律边界在哪里？是否因为去中心化而无须考虑现实世界中的复杂监管？

我们注意到，Web3（第三代互联网）的创业人群以大厂背景的工程师为主，甚至包括大学生等年轻人群体。他们一方面拥有对 Web3（第三代互联网）的信仰和追求成功所激发的创业热情，另一方面则缺乏合规的意识和经验。

2022 年 Tornado Cash DAO 关停，据 the Block 报道，2022 年 8 月 10 日，Tornado Cash 的创始人 Alexey Pertsev 在荷兰被捕，该消息已得到其妻子的证实。[①] 这一事件对 Web3（第三代互联网）领域具有里程碑式的意义。

正如 Alexey Pertsev 妻子 Ksenia Malik 所言，"一个人因编写开源代码而被捕，这对我来说是非常意外的"。Web3（第三代互联网）行业的创业者、投

[①] 载 https://www.theblock.co/post/163297/arrested-tornado-cash-developer-is-alexey-pertsev-his-wife-confirms.

资者以及DAO（去中心化自治组织）的builder（建设者）们必须得清楚这一案例背后的含义。

那么，DAO（去中心化自治组织）究竟是什么？Tornado Cash DAO项目具体是什么？该项目为何被关停？Alexey Pertsev为什么被捕？DAO（去中心化自治组织）又有哪些合规问题？这些问题又该如何解决？

1. DAO（去中心化自治组织）是什么

DAO（去中心化自治组织）的核心是Defi（去中心化金融）（Decentralized Finance），其底层技术则是区块链与智能合约。如果需要更改智能合约，必须通过DAO（去中心化自治组织）成员投票进行。

与传统组织相比，DAO（去中心化自治组织）具有下述特征：[1]

（1）由一个核心小组提出组织概念；

（2）组织框架透明；

（3）没有独立控制组织的个人，可以在多个节点对该组织进行验证；

（4）任何DAO（去中心化自治组织）成员均可无障碍地查看公司财务情况，审计公开；

（5）对代码或协议的修改，必须以透明的方式投票决定；

（6）Defi（去中心化金融）、NFT（非同质化通证）及其他实用性工具均可以被纳入DAO（去中心化自治组织）系统之中。

值得注意的是，2022年6月7日，美国参议院Cynthia Lummis（R – WY）与Kirsten Gillibrand（D – NY）提出《负责任金融创新法案》（Lummis – Gillibrand Responsible Financial Innovation Act），其中指出，DAO（去中心化自治组织）需要纳税，并需要接受某一具体司法区域的管辖[2]。这对DAO（去中心化自治组织）来说是一个转折。

---

[1] 载https://economictimes.indiatimes.com/markets/cryptocurrency/dao – explained – types – key – characteristics – flipsides/articleshow/89040222.cms.

[2] 原文：Decentralized Autonomous Organizations （Sec. 204） – decentralized autonomous organizations （DAOs） [1] would be considered business entities for purposes of the tax code and would need to be properly incorporated or organized under the laws of a jurisdiction。

2. Tornado Cash DAO 是什么

Tornado Cash 是全球规模最大的混币器平台。混币是一项隐私功能，它通过在现有用户账户和用户提供的新接收账户之间建立随机映射机制，使用户能够快速有效地将自己的资金与其他用户的资金混合，从而实现资金的匿名性。[1]

Tornado Cash 旨在保护用户隐私，实现资金匿名化，防止他人跟踪自己的资金与投资动态，为用户提供隐私保护。该组织拥有 9300 名成员，SnapShot 数据显示，只有 163 名成员积极参与治理活动。[2]

2022 年 8 月 14 日，Tornado Cash DAO 被关停，该团队一名成员在采访时表示，其原因在于他们"无法反抗美国"。[3]

3. Tornado Cash DAO（去中心化自治组织）为何关停

Tornado Cash 提供实现资金匿名化的服务，这直接与 AML（反洗钱）与 KYC（知道你的客户）义务相背离。Tornado Cash 为犯罪分子的洗钱活动提供了极大便利，一度成为洗钱集散地。美国财政部表示，自 Tornado Cash 2019 年成立以来，帮助洗钱金额已经超过 70 亿美元，其中包括 Lazarus 窃取的价值 4.55 亿美元的虚拟货币。

2020 年 8 月 8 日，OFAC 将 Tornado Cash 纳入 SDN 名单（Specially Designated National List）。被纳入该名单的组织，相关实体与个人会受到全面制裁。此后，USDC 将被列入 SDN 名单的 Tornado Cash 所拥有的全部以太坊地址，列入了"黑名单"之中，因此 Tornado Cash 所持有的 USDC 被无限期冻结[4]，AAVE、DYDX 也陆续将与 Tornado Cash 有关的钱包地址纳入黑名单。至此，

---

[1] 载 https://nxtdocs.jelurida.com/Coin_Shuffling.

[2] 载 https://247wallst.com/investing/2022/08/15/tornado-cash-dao-proposal-seeks-legal-fight-against-us-sanctions/.

[3] 载 https://cryptoslate.com/tornado-cash-contributor-reveals-dao-shut-down-as-it-cant-fight-the-us-need-to-keep-contributors-safe/.

[4] 载 https://cryptoslate.com/circle-blacklists-all-tornado-cash-eth-addresses-effectively-freezing-usdc/.

Tornado Cash DAO 被迫关停。

早在 2020 年，美国金融犯罪执法网络局（FinCEN）就曾对一个虚拟货币混合器的所有者和经营者处以 6000 万美元的罚款，理由是它们违反了《美国银行保密法》（BSA）及相关实施条例。①

然而，由于 Tornado Cash 的去中心化性质，即使其遭受制裁并被迫关停，该协议本身不能被关闭。因此，Tornado Cash 被 OFAC 制裁所引发的核心问题在于：如何有效制裁去中心化运营的应用程序？2022 年 5 月 6 日，OFAC 曾宣布对比特币混合器 Blender.io 予以制裁。不过，Blender.io 以托管方式运营，不同于 Tornado Cash 去中心化、非托管的运营方式。

OFAC 的此项制裁具有里程碑式的意义，这是第一次直接制裁一段代码，而非一个实体。教授加密货币和区块链课程的哥伦比亚商学院兼职教授奥米德·马利坎（Omid Malekan）表示，"（财政部）将 Tornado Cash 协议纳入制裁名单，对加密货币以外领域的影响，实际上比对该领域本身的影响更大"。这意味着，"技术中立"立场遭到动摇，技术本身可能受到制裁，其他智能合约与 DAO（去中心化自治组织）也可能成为制裁对象。②

OFAC 的制裁遭到加密圈的强烈反对，因为这意味着，加密货币交易者的所有交易活动，被永久地记录在区块链上，并受到监管机关的严格监管。③ 一旦不法分子取得该等资金流动信息，大额资金持有人就可能成为犯罪目标。

OFAC 的制裁折射出美国政府的监管趋势：将去中心化组织纳入集中监管之下。这也将成为各国政府的监管方向，以此满足 KYC 与 AML 目标。

4. DAO（去中心化自治组织）如何合规

对于 DAO（去中心化自治组织）的 builder（建设者）们而言，需要重点

---

① 载 https://home.treasury.gov/news/press-releases/jy0916.

② 载 https://www.grid.news/story/technology/2022/08/15/the-us-government-sanctioned-oPE（私募股权基金）n-source-crypto-software-tornado-cash-the-tech-industry-is-watching-nervously/.

③ 载 https://time.com/6205143/tornado-cash-us-crypto-ban/.

关注以下合规风险：

（1）民事上，DAO（去中心化自治组织）不拥有独立法律人格，这将导致一系列风险。一旦被认定为合伙（而这是高概率的，除非另有架构安排），则 builder（建设者）须就其他 builder（建设者）的行为承担无限连带责任。换言之，Web3（第三代互联网）中的 DAO（去中心化自治组织），在绝大多数的司法区域下可能被认定最原始的合伙关系，这对于原本就需要承担较大风险的 Web3（第三代互联网）项目来说，是又一极大风险。

根据我们的观察，目前市场上 DAO（去中心化自治组织）的架构方式大致分为如下几种：

①将 DAO（去中心化自治组织）设立为传统法律实体，如有限责任公司、基金会等法人实体；

②未设立为法律实体且不被视为拥有独立法律人格［在我国，未登记为法人、合伙企业的 DAO（去中心化自治组织）更有可能属于此种情形］，相关责任应属个人责任，继而：

第一，由 DAO（去中心化自治组织）的参与者或开发者直接承担法律责任。即使成员已经退出该组织，也可能因其被记录在链上的行为，而需要对已经退出 DAO（去中心化自治组织）的相关项目法律行为承担责任。

第二，如果 DAO（去中心化自治组织）的法律主体地位不被认可，由于税盾的缺失，DAO（去中心化自治组织）中的所有成员可能需要直接承担纳税义务。

第三，在此种情形下，DAO（去中心化自治组织）亦无法获取资质证照。

未注册为法人、合伙企业的 DAO（去中心化自治组织），相关民事责任与纳税义务较大概率归属于 builder（建设者）个人，同时其无法合规从事区块链信息服务、网络表演服务、游戏等经营活动。建议设立/参与 DAO（去中心化自治组织）之前，务必咨询相关专业人士，对商业、法律、财务等安排作出合理权衡。

（2）刑事上，虽然DAO（去中心化自治组织）具有去中心化特性，DAO（去中心化自治组织）的builder（建设者）仍然须关注到，我国刑法以属地管辖为主，以属人管辖为辅。对于DAO（去中心化自治组织）组织实施的犯罪行为，作为我国公民的builder（建设者），可能被认定为共同犯罪，需要共同承担相关刑事责任。

（3）违法的资金筹集行为可能构成非法发行证券、非法集资、金融诈骗、传销等犯罪。

任何组织都需要资金，DAO（去中心化自治组织）也不例外。最常见的DAO（去中心化自治组织）融资方式，是发行DAO（去中心化自治组织）代币。除此之外，也有DAO（去中心化自治组织）以发行NFT（非同质化通证）、吸收虚拟货币的方式筹集资金。不过，这些方式均存在一定刑事风险：

①发行DAO（去中心化自治组织）代币［ICO（首次代币发行）］。

DAO（去中心化自治组织）代币具有诸多作用，包括：筹集资金；投票权，可以表决DAO（去中心化自治组织）如何分配资源的提案；根据项目收益获得分红等。

不过，如果符合豪威测试，DAO（去中心化自治组织）代币可能被SEC认定为未经注册的证券。此外，发行DAO（去中心化自治组织）代币大概率属于ICO（首次代币发行），根据九四公告、237号文等法律法规和政策要求，ICO（首次代币发行）可能构成非法发行证券、非法集资、金融诈骗、传销等非法金融活动。

②发行NFT（非同质化通证）。

根据《关于防范NFT（非同质化通证）相关金融风险的倡议》，不当的发行NFT（非同质化通证）行为可能构成集资诈骗等犯罪。

根据237号文，不当的发行NFT（非同质化通证）行为可能构成"代币发行融资"行为和变相ICO（首次代币发行）行为，从而构成集资诈骗罪、诈骗罪、传销罪、赌博罪、洗钱罪等犯罪。

③通过吸收虚拟货币筹集资金。

根据《关于修改〈最高人民法院关于审理非法集资刑事案件具体应用法律若干问题的解释〉的决定》，通过吸收虚拟货币筹集资金行为可能构成非法吸收公众存款罪、集资诈骗罪等。

在中国，DAO（去中心化自治组织）以吸收虚拟货币方式筹集资金属于绝对禁止行为。发行DAO（去中心化自治组织）代币、发行NFT（非同质化通证）两种方式仍具有较大合规风险。即使DAO（去中心化自治组织）选择在境外发行DAO（去中心化自治组织）代币与NFT（非同质化通证），仍须考虑到被认定为证券的可能以及在中国法下是否合规的问题。builder（建设者）须对资金筹集方式进行审慎选择。

中国法下的监管历来实质重于形式，DAO（去中心化自治组织）的builder（建设者）们需要对实质合规予以足够关注。AML（反洗钱）与KYC（知道你的客户）也是政府监管的重点。政府监管的核心并不在于资金来源的匿名性，比如匿名捐赠，而在于把非法获取的资金转化为合法资金的过程，即洗钱。DAO（去中心化自治组织）的builder（建设者）们需要对此予以重视，以防止踏上Tornado Cash DAO之路。

除此之外，一个核心问题是：为什么被捕？

业内最关心的问题是，为什么Alexey Pertsev因为编写开源代码而被捕？DAO（去中心化自治组织）的合规边界在哪里？根据网络公开报道，荷兰官员声称，如果开发者"仅仅为了实施犯罪行为之目的"而编写代码，"该行为可能受到刑事处罚"。①

互联网不是法外之地，Web3（第三代互联网）也不是，同样，境外也不是。对于Web3（第三代互联网）从业人员普遍具有的一个错觉"出海就安全"，我们想提醒的是，只有项目整体合规才能保障安全，离岸架构和"肉身"出海并不能。

---

① https://cryptosaurus.tech/tornado-cash-code-may-be-criminal-dutch-authorities-say/.

（四）相关法律法规汇总

相关法律法规见表1。

表1 相关法律法规

法律法规/自律规范	发布 & 实施日期	发文字号或发布部门	效力层级
《中国人民银行、工业和信息化部、中国银行业监督管理委员会等关于防范比特币风险的通知》（以下简称289号文）	2013年12月3日发布并实施	银发〔2013〕289号	部门规范性文件
九四公告	2017年9月4日发布并实施	中国人民银行、中央网络安全和信息化领导小组办公室（已变更）、工业和信息化部	部门规范性文件
《中国银行保险监督管理委员会、中央网络安全和信息化委员会办公室、公安部等关于防范以"虚拟货币""区块链"名义进行非法集资的风险提示》	2018年8月24日发布并实施	中国银行保险监督管理委员会（已变更）、中央网络安全和信息化委员会办公室、公安部、中国人民银行、国家市场监督管理总局	部门工作文件
237号文	2021年9月15日发布并实施	银发〔2021〕237号	部门规范性文件
《最高人民法院关于审理非法集资刑事案件具体应用法律若干问题的解释（2022修正）》	2022年2月23日发布 2022年3月1日实施	法释〔2022〕5号	司法解释

续表

法律法规/自律规范	发布 & 实施日期	发文字号或发布部门	效力层级
《关于防范相关金融风险的倡议》（以下简称《三会倡议》）	2022年4月13日发布并实施	中国互联网金融协会、中国银行业协会、中国证券业协会	行业规定

以上是对元宇宙与Web3（第三代互联网）的概念、法律法规、法律风险的介绍。在目前的国内社会语境下，元宇宙、Web3（第三代互联网）尚属于小众概念。虽然因Facebook（脸书）更名Meta风波，"元宇宙"一词几乎家喻户晓，然而真正了解"元宇宙"概念的人少之又少，对Web3（第三代互联网）更是闻所未闻。对于希望走在时代前沿，做"踏浪人"的新经济律师而言，明晰上述概念，了解法律风险，才是开启新经济之法律大门的金钥匙。

反垄断法律实务

黄 伟 尹 蓓

【业务研判】

在我国，反垄断法是一个比较新的业务领域。反垄断法"经济宪法"的地位，使其与国家宏观经济产业政策密切交织。垄断行为对市场和经济发展影响巨大，《反垄断法》对垄断行为施加的处罚沉重甚至严苛，并且相关法律分析需要借助高度专业的经济、产业、数学、统计等方面知识，具有较高的专业性、复杂度。

同时，由于反垄断法和经济活动具有密切联系，因此无论是大企业还是小企业，无论是消费者还是政府行政机关，都可能与反垄断法发生联系。大企业的并购活动很可能需要进行反垄断申报，并防范滥用市场支配地位等方面的垄断风险，反垄断始终是其合规工作的重要内容。小企业在防范垄断风险之外，有必要学会从反垄断的角度对大企业的行为展开反制。对于消费者，垄断行为可能会损害其合法权益，根据《反垄断法》提起诉讼或进行行政举报是其维护自身合法权益的重要途径。对于行政机关，一方面，确保其行政行为不违反《反垄断法》，不损害市场竞争，是其履行服务经济社会发展职责的基本要求；另一方面，负担反垄断执法职责的行政机关需要自主或应举报对相关涉嫌违反《反垄断法》的行为开展执法调查。因此，反垄断法律服务全面覆盖合规、申报、调查应对、争议解决等较为传统的律师业务领域。

【业务框架】

反垄断法属于竞争法范畴，在我国，竞争法主要是指《反垄断法》和《反不正当竞争法》。本文不讨论《反不正当竞争法》的法律实务问题，仅在此处就两者的区分做简要说明：《反垄断法》侧重于保护宏观层面的市场竞争秩序以及由此保护对消费者利益、技术进步和经济发展带来的有益效果；《反不正当竞争法》更侧重于经营者在市场竞争中的正当权益保护。在任何实施反垄断法的国家和地区，单纯损害竞争者个体利益的行为并不构成垄断行为。因为正常的市场竞争恰恰可能会损害竞争者的利益，而正常的市场竞争正是反垄断所保护的法益。只有对市场竞争造成排除限制的行为才构成垄断行为，通常考虑的角度包括广大消费者的利益是否受损，市场上非常重要的竞争者或众多市场参与者是否都遭受排挤，市场结构如进入门槛是否被提高，一个行业的发展、技术创新是否受到制约等。

我国《反垄断法》所称垄断行为主要有三种：经营者达成垄断协议，经营者滥用市场支配地位，具有或者可能具有排除、限制竞争效果的经营者集中。滥用行政权力排除、限制竞争是一种较为特殊的垄断行为，反垄断执法机构虽有权对其进行调查，但不能如对其他垄断行为一般施加处罚，而仅能向行为实施机关的上级机关提出建议，但行政相对人或利害关系人可以根据《行政诉讼法》的相关规定提起行政诉讼，就相关行政行为请求法院确认违法、撤销或予以无效。

无论是合规、申报，还是调查应对或争议解决，主要是围绕前述行为展开。实务工作根据垄断行为种类不同存在较多差异，但以下事项是律师提供反垄断法律服务时面临的共性问题：

（1）和争议行为相关的行业和市场是什么，涉及什么商品或服务，这些商品或服务的功能特性是什么，其他商品或服务是否能够成为这些商品或服务的较紧密的替代？

（2）和争议行为相关的行业和市场的竞争状况如何，包括竞争者是否数量众多，各个企业的市场份额情况，是否存在准入障碍或准入障碍是否较高等？

（3）实施争议行为的自然人、法人或者其他组织处于何等市场地位，在交易关系中是供应方还是购买方，具体的交易关系是什么？

（4）争议行为的实施背景、商业逻辑是什么？

（5）争议行为对消费者利益、产业的健康良性发展和市场公平竞争造成了什么影响？

【内容梗概】

从事反垄断法律服务，需要了解市场竞争的益处是什么，反垄断法保护市场竞争的逻辑基础何在，保护的途径有哪些，进而清楚垄断行为的认定标准及其产生的法律后果。在此基础上根据客户的需求，在不同的业务场景中提供不同的法律服务。

例如，在经营者集中申报服务中，准确判断客户拟进行的交易是否构成一项需要申报的经营者集中，合理恰当地界定相关市场并开展竞争分析，在交易可能具有排除、限制竞争效果，面临被禁止实施或需要附加限制性条件时，和客户讨论确定减轻竞争影响的方案，避免交易被禁止或接受非常不利于客户的附加条件，并在此过程中根据相关法律规定为客户的利益和反垄断执法机构进行沟通、互动，及时了解反垄断执法机构对交易的关注，针对其关注进行解释说明，应其要求协助客户准备需要提交的材料等。

又如，在反垄断争议解决中，判断客户关注或其受到关注的行为可能属于何种类型的垄断行为，分析现有的证据材料是否能够符合相关垄断行为的证明标准，梳理需要补充什么样的证据材料或者从什么角度反驳对方观点，预判是否需要聘请专家对专业问题进行分析论证等。

本文将集中讨论反垄断保护市场竞争的逻辑基础，并对各类垄断行为的分析认定标准进行介绍。

一、反垄断法律服务的基础问题：为什么以及如何保护市场竞争

（一）为什么保护市场竞争

这个问题可以从两方面回答：一是市场竞争带来什么好处；二是垄断行为带来什么损害。

首先，我们来看市场竞争带来的好处。简单来说，市场竞争能够让资源流动到需要它的地方，使其价值得到充分发挥，即经济学所说的优化资源配置。市场竞争也将促使生产者努力提高效率，降低生产成本，提高产出，即经济学意义上的生产效率得到提高。资源配置效率和生产效率提高可以让消费者就其需求拥有丰富的选择，以更低的价格购买优质的商品和服务，保障消费者福利。而受提高效率目标的驱动，生产者将在技术研发和创新上投入资源，从而促进技术进步，推动社会经济的持续发展。

其次，垄断是竞争的对立面，垄断行为的损害可以简单理解为市场竞争应当获得的好处无法获得。简单地说，垄断行为导致有限的社会资源被浪费，消费者福利受损。例如，生产商本可以将苹果生产成苹果酱供应给广大消费者，但为扩大利润故意串通限制苹果酱产量。一方面，消费者为购买苹果酱不得不支付高价，需求得不到很好的满足；另一方面，果农的苹果销量下降，甚至部分苹果因缺乏销路而腐烂，不得不被丢弃。这种垄断行为不仅没有充分实现苹果对消费者和果农本来的价值，还增加了消费者的支出，造成消费者福利受到损害。

因此，保护市场竞争就是要防止垄断行为损害经济效率，降低社会资源的无谓浪费，促进消费者福利提升，经济技术进步。基于这样的基础逻辑，以保护市场竞争为出发点的反垄断法在包括我国在内的很多国家和地区都被认为是"经济宪法"。《反垄断法》在实施中不以个体在竞争中的利益得失为核心关注。这也就要求律师在分析一项行为是否构成垄断时，要准确理解行为的损害后果，在此基础上根据客户的需要拟定适合的方案，实现客户的诉

求并保护其正当权益。

(二) 如何保护市场竞争

1. 反垄断的行政执法

反垄断的行政执法是指反垄断执法机构根据《反垄断法》对相关行为开展调查。在我国，反垄断执法机构分国家和地方两个层级。国家级反垄断执法机构为国家反垄断局，下设竞争政策协调司、反垄断执法一司、反垄断执法二司共三个司，地方反垄断执法机构为各省、自治区、直辖市的市场监督管理部门等（见图1）。

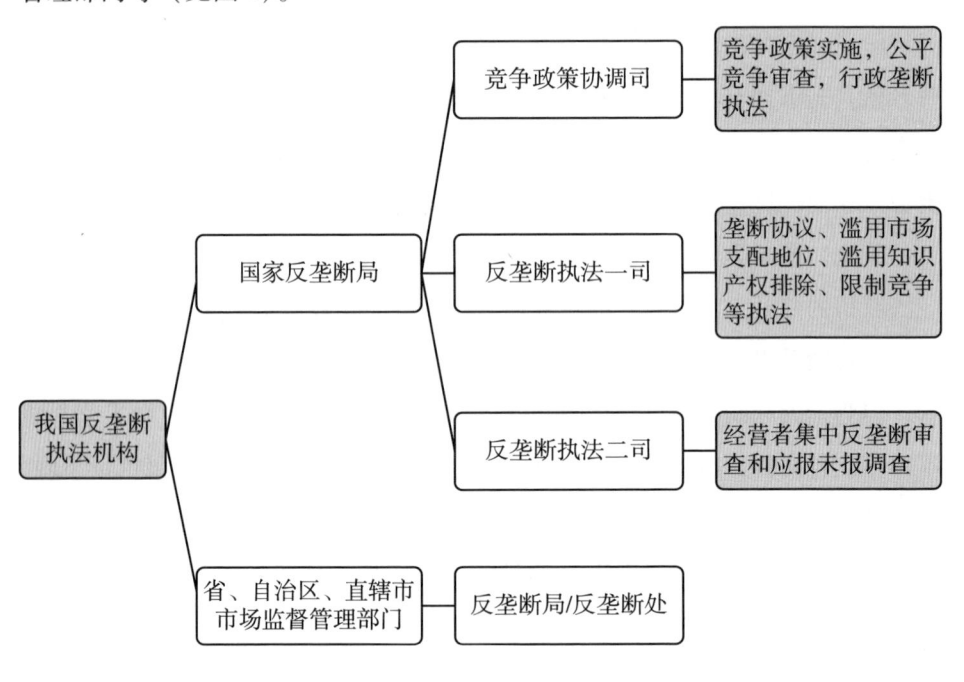

```
我国反垄断执法机构
├── 国家反垄断局
│   ├── 竞争政策协调司 —— 竞争政策实施，公平竞争审查，行政垄断执法
│   ├── 反垄断执法一司 —— 垄断协议、滥用市场支配地位、滥用知识产权排除、限制竞争等执法
│   └── 反垄断执法二司 —— 经营者集中反垄断审查和应报未报调查
└── 省、自治区、直辖市市场监督管理部门 —— 反垄断局/反垄断处
```

图1　我国反垄断执法机构

2. 反垄断的私人诉讼

反垄断的私人诉讼包括反垄断民事诉讼和反垄断行政诉讼。前者是因垄断行为遭受损失的主体在民事诉讼框架下向垄断行为实施者主张民事责任；后者是行政相对人或利害关系人针对行政机关和法律法规授权的具有管理公

共事务职能的组织涉嫌滥用行政权力排除、限制竞争的行为在行政诉讼框架下主张其相关行为违法、撤销或无效。

3. 反垄断的公益诉讼

2022年3月，最高人民检察院表示，将探索推进互联网平台反垄断公益诉讼，对平台"二选一"等破坏市场竞争秩序的行为加强监督，同时，考虑到垄断行为对广大消费者的合法权益造成损害，我国消费者权益保护组织也在持续探索从反垄断的角度提起消费者公益诉讼。

于2022年8月1日实施的新修正的《反垄断法》（后文中如无特别说明，《反垄断法》均指2022年版）第60条第2款进一步明确规定，"经营者实施垄断行为，损害社会公共利益的，设区的市级以上人民检察院可以依法向人民法院提起民事公益诉讼"，从国家立法的层面明确了人民检察院提起反垄断公益诉讼的主体资格。

4. 根据行业特点制定特定领域的反垄断规定和指南，形成"一般规定+特殊行业指南"的市场竞争保护框架

竞争和垄断问题根据行业不同会呈现不同的特点。例如，在知识产权领域，如何评价知识产权的行使超过权利保护的边界排除妨碍市场竞争是最核心的关注；而在互联网平台经济领域，市场界定和市场力量的评估与一般行业存在比较显著的差异。因此，无论是我国还是美国、欧盟，都在一般的反垄断法律规定以外，根据特定行业的特点补充制定特定行业的反垄断规定，以此更好地回应并解决特定行业的具体、特色竞争问题。在我国，除了《反垄断法》外，针对特定行业制定的反垄断规定和指南包括：

（1）《关于汽车业的反垄断指南》；

（2）《关于知识产权领域的反垄断指南》；

（3）《关于平台经济领域的反垄断指南》；

（4）《关于原料药领域的反垄断指南》。

二、分析、认定各类垄断行为

(一) 垄断协议

1. 横向垄断协议

(1) 概念

所谓横向,是指协议各方具有竞争关系,《禁止垄断协议规定》第 8 条明确:"本规定所称具有竞争关系的经营者,包括处于同一相关市场进行竞争的实际经营者和可能进入相关市场进行竞争的潜在经营者。"2024 年 7 月 1 日实施的《最高人民法院关于审理垄断民事纠纷案件适用法律若干问题的解释》(以下简称《2024 版反垄断法司法解释》)第 19 条第 1 款进一步对具有竞争关系的经营者作出解释:"是指在商品生产经营过程中处于同一阶段、提供具有较为紧密替代关系的商品、独立经营决策并承担法律责任的两个以上的实际经营者或者可能进入同一相关市场进行竞争的潜在经营者。"

由此可见,竞争关系包括实际和潜在竞争关系。《2024 版反垄断法司法解释》关于两个以上经营者应当彼此独立的规定,涉及反垄断法中"单一经济实体"的概念,即彼此之间具有控制权或能够施加决定性影响的、参与经济活动的单位、个人或者其他组织的集合。如果两个以上的经营者中,特定的经营者享有对其他经营者的控制权或者能够施加决定性影响,那么即便这些经营者提供的商品相同,其也并不构成具有竞争关系的经营者,这在《2024 版反垄断法司法解释》第 19 条第 2 款中得以明确:"特定经营者取得对其他经营者的控制权或者能够对其他经营者施加决定性影响,或者两个以上经营者被同一第三方控制或者施加决定性影响,应当视为一个经济实体的,不构成前款所称具有竞争关系的经营者。"

中联佳裕科技（潍坊）有限公司与宗某横向垄断协议纠纷案

中联佳裕科技（潍坊）有限公司（以下简称中联潍坊公司）的原始股东为中联佳裕科技（北京）有限公司和宗某。两原始股东在2018年就中联潍坊公司的资产、债权债务、人员及业务分割事宜达成《中联佳裕科技（潍坊）有限公司分割协议》（以下简称《分割协议》），除对股权转让、固定资产分割等事宜进行约定外，对潍坊下属14区县市场及应收款按区域进行了划分，约定双方在3年内互不抢占对方市场，如有违约，需要赔偿对方1000万元。中联潍坊公司向法院提起诉讼，主张《分割协议》中划分市场的内容构成垄断协议，应当无效。被告宗某在答辩中称："涉案分割协议实质上是在股东分家过程中，持有50%股权的股东宗某在退出公司后双方进行的关于公司及股东间各事项的合理安排，是受公司法保护的具有公司分立性质的协议。因此，原被告的身份显著区别于反垄断法规定的'具有竞争关系的经营者'"。

山东省青岛市中级人民法院在一审判决中认定如下：

处于生产或销售同一阶段、提供具有替代关系的产品或者服务，或者具有进入同一产品或者服务市场现实可能性的两个或两个以上的经营者可以认定为具有《反垄断法》第13条第1款规定的竞争关系。涉案《分割协议》签订时，被告虽尚不属于原告具有竞争关系的经营者，但是，被告原系原告的股东及总经理，负责公司经营，具有从事与原告相同业务的经营能力，涉案《分割协议》约定被告可以接收原告员工不超过25人并对应收款及市场归属的区域进行了划分，为履行涉案《分割协议》，被告必然会经营与原告相同的业务，因此，不论是从主观方面，还是客观条件，被告均存在经营与原告相同产品及服务的现时可能性。故本院认为，原、被告之间存在竞争关系，被告的抗辩不成立，本院不予支持。

协议的核心是两个以上的经营者一致的意思表示。一致的意思表示可以表现为书面的协议或者决定，也可以不宣之于纸面而在行为上进行协同。由于没有书面记录，而经营者之间作出一致行为可能有多种解释，因此仅依据经营者之间的行为通常难以断定其相互之间形成了一致的排除、限制竞争的意思表示。《禁止垄断协议规定》和《2024版反垄断法司法解释》提供了若干分析认定协同行为的因素，见表1。

表1 《禁止垄断协议规定》与《2024版反垄断法司法解释》对比

《禁止垄断协议规定》	《2024版反垄断法司法解释》
第六条 认定其他协同行为，应当考虑下列因素： （一）经营者的市场行为是否具有一致性； （二）经营者之间是否进行过意思联络或者信息交流； （三）经营者能否对行为的一致性作出合理解释； （四）相关市场的市场结构、竞争状况、市场变化等情况。	第十八条 人民法院认定反垄断法第十六条规定的其他协同行为，应当综合考虑下列因素： （一）经营者的市场行为是否具有一致性； （二）经营者之间是否进行过意思联络、信息交流或者传递； （三）相关市场的市场结构、竞争状况、市场变化等情况； （四）经营者能否对行为一致性作出合理解释。 原告提供前款第一项和第二项的初步证据，或者第一项和第三项的初步证据，能够证明经营者存在协同行为的可能性较大的，被告应当提供证据或者进行充分说明，对其行为一致性作出合理解释；不能作出合理解释的，人民法院可以认定协同行为成立。 本条所称合理解释，包括经营者系基于市场和竞争状况变化等而独立实施相关行为。

从上述规定可以看出，反垄断执法机构和人民法院认定协同行为的考虑因素基本相同，在所有因素中，行为一致性和意思联络的证据是认定协同行为存在的核心。

综上，横向垄断协议可以进一步定义为：具有实际或潜在竞争关系的能够独立决策的两个以上经营者之间就排除、限制竞争达成的一致意思表示，可以表现为协议，也可以表现为决定或者其他协同行为。横向垄断协议行为既包括达成协议的行为，也包括具体实施协议的行为。

(2)《反垄断法》禁止哪些具体的横向垄断协议

《反垄断法》明确列举了五类横向垄断协议：①固定或者变更商品价格；②限制商品的生产数量或者销售数量；③分割销售市场或者原材料采购市场；④限制购买新技术、新设备或者限制开发新技术、新产品；⑤联合抵制交易。前述五类行为之外，《反垄断法》还规定了兜底条款，授权国务院反垄断执法机构认定其他具体类型的横向垄断协议。

实务中，经营者固定价格、限制商品销售数量的方式多种多样。例如，就固定价格而言，具有竞争关系的经营者可能不是直接约定一个明确的商品价格，而是约定一个价格区间，或者价格变动区间，约定价格计算公式，等等。《禁止垄断协议规定》对各类横向垄断协议的实施方式作出了规定，为律师在提供法律服务中判断相关行为是否可能构成横向垄断协议行为提供了重要帮助和指导（见表2）。

表2 各类横向垄断协议表现形式的表现形式

垄断协议类型	
固定或者变更商品价格	固定或者变更价格水平、价格变动幅度、利润水平或者折扣、手续费等其他费用； 约定采用据以计算价格的标准公式、算法、平台规则等； 限制参与协议的经营者的自主定价权； 通过其他方式固定或者变更价格
限制商品的生产数量或者销售数量	以限制产量、固定产量、停止生产等方式限制商品的生产数量，或者限制特定品种、型号商品的生产数量； 以限制商品投放量等方式限制商品的销售数量，或者限制特定品种、型号商品的销售数量； 通过其他方式限制商品的生产数量或者销售数量
分割销售市场或者原材料采购市场	划分商品销售地域、市场份额、销售对象、销售收入、销售利润或者销售商品的种类、数量、时间； 划分原料、半成品、零部件、相关设备等原材料的采购区域、种类、数量、时间或者供应商； 通过其他方式分割销售市场或者原材料采购市场

续表

垄断协议类型	
限制购买新技术、新设备或者限制开发新技术、新产品	限制购买、使用新技术、新工艺； 限制购买、租赁、使用新设备、新产品； 限制投资、研发新技术、新工艺、新产品； 拒绝使用新技术、新工艺、新设备、新产品； 通过其他方式限制购买新技术、新设备或者限制开发新技术、新产品
联合抵制交易	联合拒绝向特定经营者供应或者销售商品； 联合拒绝采购或者销售特定经营者的商品； 联合限定特定经营者不得与其具有竞争关系的经营者进行交易； 通过其他方式联合抵制交易

（3）横向垄断协议的认定标准

一般认为，横向垄断协议对竞争的排除限制非常显著，以至于只要经营者的行为符合《反垄断法》关于横向垄断协议行为的表现，反垄断执法机构或诉讼中的原告并不需要特意证明经营者的行为具有排除、限制竞争效果，即预先推定了满足行为表现形式横向协议具有排除、限制竞争效果。

（4）横向垄断协议的豁免

《反垄断法》第 20 条规定了对横向垄断协议的豁免制度，同时提出两方面要求：

第一，达成相关协议的经营者能够证明其协议属于下述任一情形：①为改进技术、研究开发新产品的；②为提高产品质量、降低成本、增进效率，统一产品规格、标准或者实行专业化分工的；③为提高中小经营者经营效率，增强中小经营者竞争力的；④为实现节约能源、保护环境、救灾救助等社会公共利益的；⑤因经济不景气，为缓解销售量严重下降或者生产明显过剩的；⑥为保障对外贸易和对外经济合作中的正当利益的；⑦法律和国务院规定的其他情形。经营者不能仅声称其达成的横向垄断协议具有上述目的，而需要提出切实的证据进行证明，如就情形②，应当提供具体的数据证明其生产效率提高与达成涉案协议紧密相关。

第二，经营者需要同时满足以下证明要求，即所达成的协议不会严重限制相关市场的竞争,并且能够使消费者分享由此产生的利益。

由于横向垄断协议对竞争的损害通常比较严重,虽然《反垄断法》没有排除豁免横向垄断协议行为的可能,但实务中经营者很难证明其达成的横向垄断协议不严重损害相关市场的竞争。迄今为止,至少从公开渠道的信息看,还没有任何横向垄断协议被豁免的案例。

(5) 横向垄断协议的宽大制度

①概念

横向垄断协议的宽大制度是一项能够有效降低执法机构发现横向垄断协议并开展调查/降低调查难度的制度,是对愿意主动向反垄断执法机构报告横向垄断协议并提供重要证据,同时停止涉嫌违法行为并配合反垄断执法机构调查的经营者减免其达成实施横向垄断协议的责任,即通常所说的宽大处理。

②申请时间和方式

经营者最迟可以在反垄断执法机构作出行政处罚事先告知前通过口头或者书面方式提出宽大申请。以口头形式申请的,经营者将在反垄断执法机构办公场所进行录音、书面记录并由经营者授权的报告人签名确认;书面形式包括电子邮件、传真或者书面纸质材料等,但经营者需要签名、盖章或者以其他方式确认。

③申请应当提交的材料和证据

国务院反垄断委员会《横向垄断协议案件宽大制度适用指南》第6条和第8条对经营者申请宽大需要提交的材料和证据作出规定。其中第6条是对经营者申请免除处罚应提交的材料和证据的要求,第8条是对经营者申请减轻处罚应提交的材料和证据的要求。经营者申请免除处罚需要提交的材料和证据远较申请减轻处罚要高,无论是申请免罚还是申请减轻处罚,经营者提交的重要证据都必须是反垄断执法机构未掌握的、并对最终认定垄断协议行为具有显著证明效力的证据。

图2归纳了经营者申请免除/减轻处罚时需要提交的材料和证据。其中,浅灰底框内容为减轻处罚申请中需要的材料和证据,深灰色框内容为减轻处罚申请中的重要证据要求。

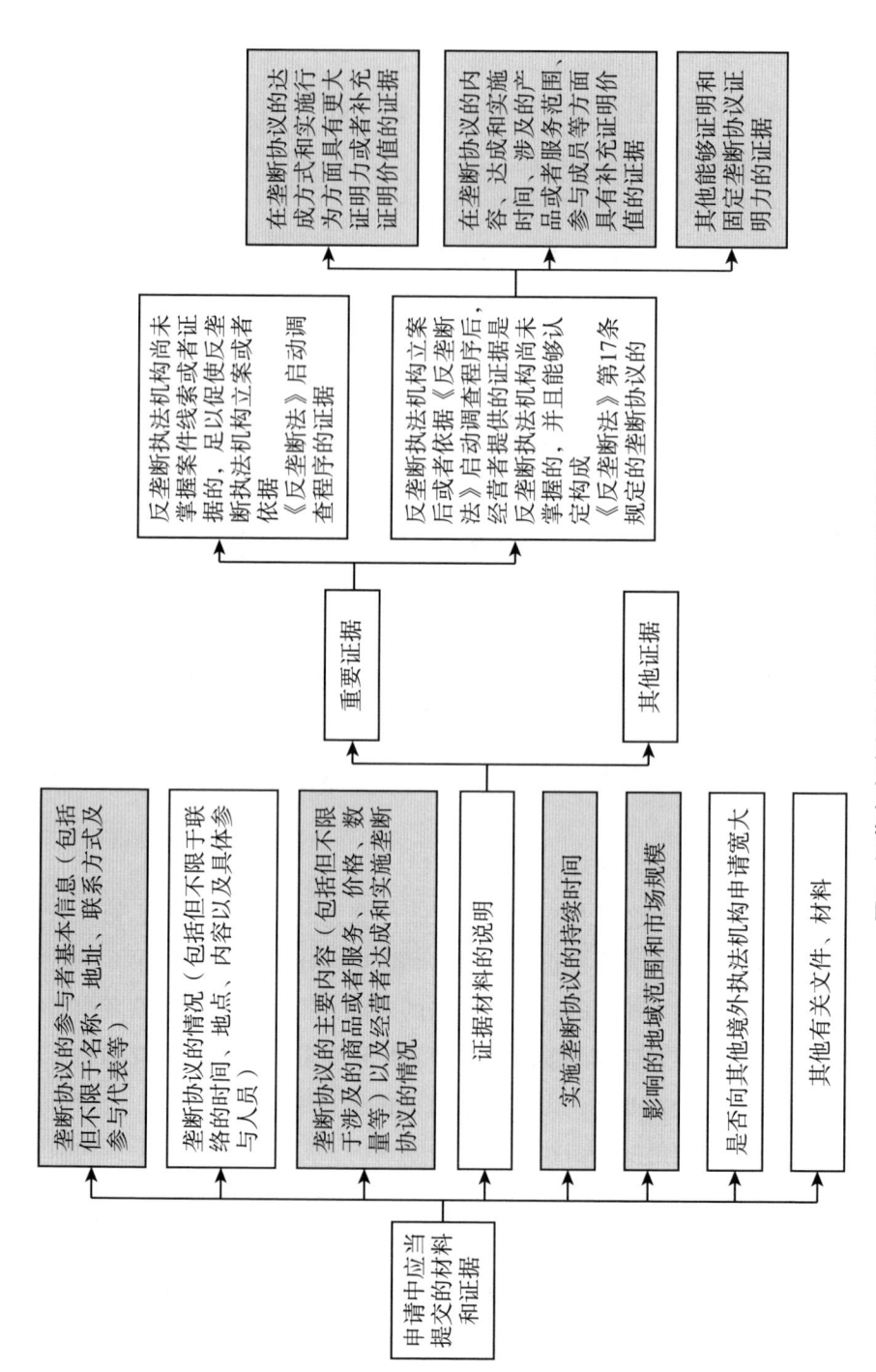

图2 经营者申请免除/减轻处罚时需要提交的材料和证据

申请中应当提交的材料和证据

重要证据：
- 垄断协议的参与者基本信息（包括但不限于名称、地址、联系方式及参与代表等）
- 垄断协议的情况（包括但不限于联络的时间、地点、内容以及具体参与人员）
- 垄断协议的主要内容（包括但不限于涉及的商品或者服务、价格、数量等）以及经营者达成和实施垄断协议的情况
- 证据材料的说明
- 实施垄断协议的持续时间
- 影响的地域范围和市场规模
- 是否向其他境外执法机构申请宽大
- 其他有关文件、材料

重要证据支撑：
- 反垄断执法机构尚未掌握案件线索或者证据的，足以促使反垄断执法机构立案或者启动《反垄断法》调查程序的证据
  - 在垄断协议的达成方式和实施行为方面具有更大证明力或者补充证明价值的证据
- 反垄断执法机构立案后或者依据《反垄断法》启动调查程序后，经营者提供的证据是反垄断执法机构尚未掌握的，并且能够认定构成《反垄断法》第17条规定的垄断协议的
  - 在垄断协议的内容、达成和实施时间、涉及的产品或服务范围、参与成员等方面具有补充证明价值的证据
  - 其他能够证明和固定证明力的证据

其他证据

④登记申请免除处罚的经营者

登记申请免除处罚的经营者,是为了确定申请宽大的顺位。第一个登记的申请免除处罚的经营者,在其履行了国务院反垄断委员会《横向垄断协议案件宽大制度适用指南》第10条规定条件的情况下,可以免除全部罚款或按照不低于80%减轻罚款。原则上,反垄断执法机构在同一案件中最多给予三个经营者宽大。处于第二顺位的申请人获得的处罚减轻额度为30%—50%,处于第三顺位的申请人获得的处罚减轻额度则不高于20%(见图3)。

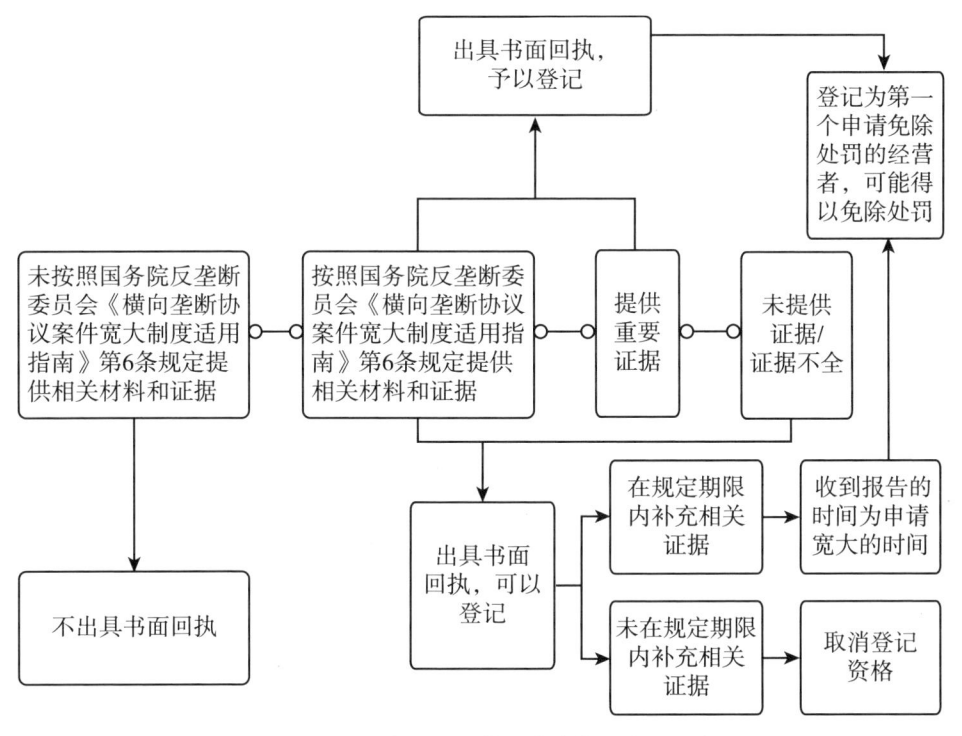

图3 登记为免除处罚的经营者的程序和要求

⑤经营者获得宽大还应当满足的其他条件

除了递交报告并提供证据外,经营者最终获得宽大,还需要满足一些其他要求,具体规定在国务院反垄断委员会《横向垄断协议案件宽大制度适用指南》第10条中:"经营者申请宽大应按照本指南要求提交报告、证据,并且全部满足下列条件,可以获得宽大:(一)申请宽大后立即停止涉嫌违法行为，但执法机构为保证调查工作顺利进行而要求经营者继续实施上述行为的情况除外。经营者已经向境外执法机构申请宽大，并被要求继续实施上述行为的，应当向执法机构报告；（二）迅速、持续、全面、真诚地配合执法机构的调查工作；（三）妥善保存并提供证据和信息，不得隐匿、销毁、转移证据或者提供虚假材料、信息；（四）未经执法机构同意不得对外披露向执法机构申请宽大的情况；（五）不得有其他影响反垄断执法调查的行为。经营者组织、胁迫其他经营者参与达成、实施垄断协议或者妨碍其他经营者停止该违法行为的，执法机构不对其免除处罚，但可以相应给予减轻处罚。"

（6）横向垄断协议中的帮助者问题

具有竞争关系的经营者可能在他人的帮助下就垄断达成合意。该他人可能是行业协会，也可能是其他相关经营者，如经销商的厂商，还可能是这些具有竞争关系的经营者所共同使用的某一服务提供方等。此前我国《反垄断法》仅就行业协会组织达成横向垄断协议的情形进行规定，造成很多经营者帮助达成的横向垄断协议中，帮助者的反垄断责任得不到追究。

《反垄断法》第19条对经营者实质帮助达成横向垄断协议作出规定："经营者不得组织其他经营者达成垄断协议或者为其他经营者达成垄断协议提供实质性帮助。"《禁止垄断协议规定》第18条对组织和实质性帮助达成垄断协议的情形作出进一步明确："反垄断法第十九条规定的经营者组织其他经营者达成垄断协议，包括下列情形：（一）经营者不属于垄断协议的协议方，在垄断协议达成或者实施过程中，对协议的主体范围、主要内容、履行条件等具有决定性或者主导作用；（二）经营者与多个交易相对人签订协议，使具有竞争关系的交易相对人之间通过该经营者进行意思联络或者信息交流，达成本规定第八条至第十三条的垄断协议。（三）通过其他方式组织其他经营者达成垄断协议。反垄断法第十九条规定的经营者为其他经营者达成垄断协议提供实质性帮助，包括提供必要的支持、创造关键性的便利条件，或者其他重要帮助。"

组织或者实质性帮助达成的垄断协议中，轴辐垄断协议是比较典型的一类，但需要注意的是，不应将轴辐垄断协议简单等同于我国《反垄断法》下的组织或实质性帮助达成垄断协议。轴辐垄断协议比较经典的形式是，相对具有一定影响力的经营者（轴心）与其交易相对人（轮辐）达成一系列纵向协议，通过这些纵向协议为彼此具有竞争关系的交易相对人之间完成间接的信息交换，从而使这些作为轮辐的交易相对人能够通过轴心实施固定商品价格、限制销售区域、指定销售对象等行为。实务对轴辐垄断协议属于横向还是纵向垄断协议存在一定争议。目前比较主流的观点是将其认定为横向垄断协议，并推定其违法。

2. 纵向垄断协议

（1）概念

所谓纵向，是指协议各方处于产业链的不同环节，彼此之间是交易相对人关系。纵向垄断协议即为处于产业链不同环节的经营者就排除、限制竞争达成一致的意思表示。

实务中需要关注国务院反垄断委员会《关于汽车业的反垄断指南》对纵向垄断协议达成方式的规定，即"纵向垄断协议可能体现在经销商协议，也可能通过商务政策、通函、资讯、通知等形式达成"。商务政策、通函、通知等通常属于单方行为，其和需要双方作出相应行为的协议相比存在较为明显的区别。从我国的执法实践看，经营者的单方指示行为也被认定构成纵向垄断协议。

"交易相对人"即为经营者供应的商品或服务的转售商。实践中，转售商通常表现为经销商、分销商、零售商等。律师提供法律服务时需要注意的是，虽然实务中有的转售商以某品牌代理的名义开展活动，但严格意义上的代理商并不属于转售商范畴。因此，严格意义上的代理商与经营者之间的纵向约定并不构成纵向垄断协议。《2024版反垄断法司法解释》对此予以了明确，其第23条中规定：

"被诉垄断协议具有下列情形之一，原告依据反垄断法第十八条第一款的规定主张被告应当承担法律责任的，人民法院不予支持：（一）协议属于经营者与相对人之间的代理协议，且代理商不承担任何实质性商业或者经营风险……"

从定义看，代理人是指以被代理人（本人、委托人）的名义，为被代理人从事贸易活动，由被代理人向其支付佣金报酬的主体。由于代理人和被代理人之间并不存在商品销售关系，代理人向第三人销售商品的行为本质上为被代理人的贸易活动，商品的所有权直接由被代理人转移至第三人，在代理人和被代理人之间没有发生商品所有权的转移，因此，代理人在贸易活动中实际并不承担商业或经营风险。

转售商中较为特殊的一类主体为"中间商"，在国务院反垄断委员会《关于汽车业的反垄断指南》中首次出现。该指南对"中间商"的规定为："仅承担中间商角色的经销商销售是指汽车供应商与特定第三人或特定终端客户（如：汽车供应商和经销商的员工、大客户、广告及赞助对象等）直接协商达成销售价，仅通过经销商完成交车、收款、开票等交易环节的销售。在该等交易中，经销商仅承担中间商的角色协助完成交易，与一般意义的经销商有所不同。"

（2）《反垄断法》禁止哪些具体的纵向价格垄断协议

我国《反垄断法》明确禁止三类纵向价格垄断协议：①固定向第三人转售商品的价格；②限定向第三人转售商品的最低价格；③国务院反垄断执法机构认定的其他垄断协议。

经营者固定转售价格和固定最低转售价格的方式多种多样，既有直接固定的方式，也有相对间接的方式如：①固定商品销售的毛利润率；②限定商品转售的折扣力度；③要求提前审批经销商的转售价格；④要求提前审批经销商的促销方案；⑤确定经销商转售价格的参考值、公式等。

除上述间接方式外，律师从事实务工作，还需要关注建议价、指导价和最高限价是否实际固定了转售商的商品销售价格。根据国务院反垄断委员会《关于汽车业的反垄断指南》的规定，如果经销商多数或者全部执行前述三种类型的价格限制，可能导致商品的转售价格或者最低转售价格实际被限定，这种情况下，建议价、指导价和最高限价可能被认定为固定或者变更了商品的转售价格或者最低转售价格。

（3）纵向价格垄断协议的实施

从我国的反垄断执法实践看，纵向价格垄断协议的实施方式根据商业场景的不同往往涉及诸多环节。图4为常见的商业场景中实施纵向价格垄断协议的过程。

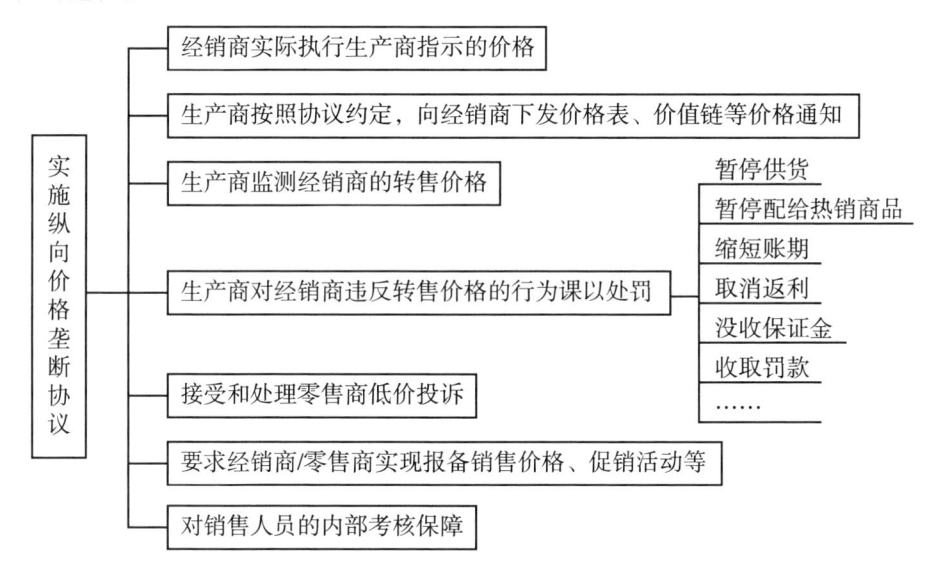

实施纵向价格垄断协议：
- 经销商实际执行生产商指示的价格
- 生产商按照协议约定，向经销商下发价格表、价值链等价格通知
- 生产商监测经销商的转售价格
- 生产商对经销商违反转售价格的行为课以处罚：暂停供货／暂停配给热销商品／缩短账期／取消返利／没收保证金／收取罚款／……
- 接受和处理零售商低价投诉
- 要求经销商/零售商实现报备销售价格、促销活动等
- 对销售人员的内部考核保障

图4　实务中经营者实施纵向价格垄断协议的过程

（4）纵向价格垄断协议的认定标准

中国反垄断执法和司法对纵向价格垄断协议采用的认定标准曾存在一定差异。

反垄断执法中采用的认定标准是：只要涉案企业与交易相对人达成了含有固定转售价格、限定最低转售价格内容的协议，反垄断执法机构就可直接认定其违反《反垄断法》，这和横向垄断协议的认定逻辑基本一致，无须特意证明协议的排除、限制竞争效果。

反垄断司法中采用的认定标准是：原告不仅需要证明涉案企业与交易相对人达成含有固定转售价格、限定最低转售价格内容的协议，还需要证明该

等协议具有排除、限制竞争效果。

《反垄断法》对纵向价格垄断协议的规定作出重大修改，将纵向价格限制协议不具有排除、限制竞争效果的证明责任交由经营者承担，这一修改回应了此前执法和司法认定标准不一致的问题，实际上是采用和执法一致的方法，推定纵向价格限制具有排除、限制竞争效果，但纵向价格垄断协议的实施方可以提供相反证据证明行为没有排除限制竞争或证明符合"安全港"的条件（经营者在相关市场的市场份额低于国务院反垄断执法机构规定的标准，并符合国务院反垄断执法机构规定的其他条件的）。这意味着企业从事纵向价格垄断协议行为的风险仍然很高，律师提供反垄断法律服务时，纵向价格垄断协议显然是风险排查的一项重点关注内容。

（5）纵向非价格限制的反垄断问题

中国目前尚无认定纵向非价格限制单独构成纵向垄断协议的执法案例。但在美敦力案和伊士曼案中，反垄断执法机构均明确指出了限制销售对象、限制销售市场等纵向非价格限制将会加强转售价格维持的反竞争效果。从国务院反垄断委员会《关于汽车业的反垄断指南》《关于平台经济领域的反垄断指南》《关于原料药领域的反垄断指南》来看，反垄断执法机构已经关注到特定种类的纵向非价格限制可能的反竞争效果，并且提出了明确的规制路径。总体来看，在中国可能引起反垄断关注的纵向非价格限制主要包括：①地域限制和客户限制；②独家购买协议；③独家供应协议；④授权经销协议；⑤最惠待遇限制。

（6）纵向限制协议的"安全港"

《反垄断法》第18条第3款就纵向限制协议规定了"安全港"："经营者能够证明其在相关市场的市场份额低于国务院反垄断执法机构规定的标准，并符合国务院反垄断执法机构规定的其他条件的，不予禁止。"截至目前，国务院反垄断执法机构和国家市场监督管理总局尚未确定"安全港"的标准。《禁止垄断协议规定》出台前，国家市场监督管理总局曾在《禁止垄断协议规定（征求意见稿）》中将"安全港"标准确定为：①经营者与交易相对人在相关市场的市场份额低于15%，国务院反垄断执法机构另有规定的从其规定；②无相反证据证明其排除、限制竞争。

假使"安全港"标准按照市场份额来确定，律师提供法律服务时需要注意，市场份额的具体计算可能会涉及复杂的实务问题。包括：市场份额仅计算协议一方还是双方，相关市场如何界定，数据如何获取，等等。

由于前述较为复杂的实务问题，律师在提供反垄断法律服务时，需要意识到实际运用"安全港"规则是比较困难的。进一步考虑《禁止垄断协议规定》明确设定了"无相反证据证明其排除、限制竞争"的要求，而就纵向价格限制，《反垄断法》已经推定其具有排除、限制竞争效果，因此，律师在提供法律服务时，切不能因《反垄断法》设立了"安全港"而轻易认为经营者的纵向限制行为尤其是纵向价格限制行为的风险较低。

（二）滥用市场支配地位

1. 概念

滥用市场支配地位的核心有二：一为滥用，二为市场支配地位。滥用可以简单理解为正当合法使用的对立面，具体可从经营者使用的行为产生的客观效果是否排除、限制竞争的角度进行评估，即当经营者基于其市场支配地位实施的行为较为显著地排除、限制了市场竞争时，经营者即滥用了市场支配地位。换言之，具有排除、限制竞争效果，是成立滥用市场支配地位行为的前提。经营者拥有市场支配地位本身并不在任何意义上违法，但一旦经营者拥有了该等地位，《反垄断法》就赋予了不得滥用该地位的义务。所谓市场支配地位而言，《反垄断法》第22条第3款规定："本法所称市场支配地位，是指经营者在相关市场内具有能够控制商品价格、数量或者其他交易条件，或者能够阻碍、影响其他经营者进入相关市场能力的市场地位。"

2. 相关市场和市场支配地位

（1）相关市场的概念

根据国务院反垄断委员会《关于相关市场界定的指南》规定，相关市场是指经营者在一定时期内就特定商品或者服务进行竞争的商品范围和地域范围。相关商品市场，是根据商品的特性、用途及价格等因素，由需求者认为具有较为紧密替代关系的一组或一类商品所构成的市场。相关地域市场，是指需求者获取具有较为紧密替代关系的商品的地理区域。

（2）界定相关市场的意义

排除、限制竞争是认定垄断行为的核心要件，而如果没有划定竞争的范围，评估市场竞争是否受到排除和限制将不具可行性。例如，就阿里巴巴集团实施的"二选一"行为，如果不划定与"二选一"行为相关的市场是网络零售平台服务市场，而是泛泛地在零售服务市场上或整个市场上进行讨论，就可能忽略其行为对网络零售平台服务供应商和平台商家造成的影响，较为轻易地得出其行为不具有排除、限制竞争效果的结论。

由此可见，界定相关市场的根本目的是分析涉嫌垄断的行为是否排除、限制竞争，并因此成立垄断行为。基于该等目的，当一项限制行为的排除、限制竞争效果非常明显时，界定相关市场的意义就比较有限。例如，通常认为横向垄断协议行为的排除、限制竞争效果非常显著，因此，在横向垄断协议案件中较少对相关市场进行界定。

《关于相关市场界定的指南》

任何竞争行为（包括具有或可能具有排除、限制竞争效果的行为）均发生在一定的市场范围内。界定相关市场就是明确经营者竞争的市场范围。在禁止经营者达成垄断协议、禁止经营者滥用市场支配地位、控制具有或者可能具有排除、限制竞争效果的经营者集中等反垄断执法工作中，均可能涉及相关市场的界定问题。

科学合理地界定相关市场，对识别竞争者和潜在竞争者、判定经营者市场份额和市场集中度、认定经营者的市场地位、分析经营者的行为对市场竞争的影响、判断经营者行为是否违法以及在违法情况下需承担的法律责任等关键问题，具有重要的作用。因此，相关市场的界定通常是对竞争行为进行分析的起点，是反垄断执法工作的重要步骤。

2024 版反垄断法司法解释

原告提供证据足以直接证明下列情形之一的，可以不再对相关市场界定进一步承担举证责任：

（一）被诉垄断协议的经营者具有显著的市场力量；

（二）被诉滥用市场支配地位的经营者具有市场支配地位；

（三）被诉垄断行为具有排除、限制竞争效果。

原告主张被诉垄断行为属于反垄断法第十七条第一项至第五项和第十八条第一款第一项、第二项规定情形的，可以不对相关市场界定提供证据。

（3）市场支配地位的认定

《反垄断法》第 23 条规定："认定经营者具有市场支配地位，应当依据下列因素：（一）该经营者在相关市场的市场份额，以及相关市场的竞争状况；（二）该经营者控制销售市场或者原材料采购市场的能力；（三）该经营者的财力和技术条件；（四）其他经营者对该经营者在交易上的依赖程度；（五）其他经营者进入相关市场的难易程度；（六）与认定该经营者市场支配地位有关的其他因素。"除依据上述因素认定外，《反垄断法》也就推定市场份额作出规定，并明确赋予被推定具有市场支配地位的经营者进行反证的权利见图 5。

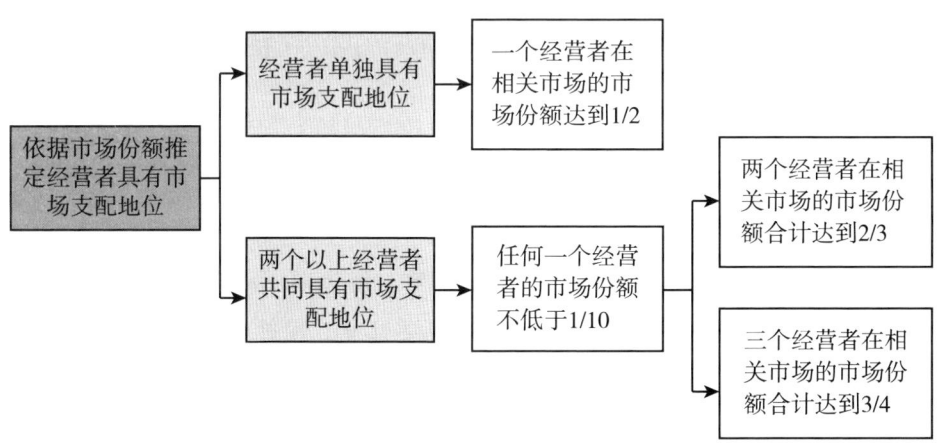

图 5 市场支配地位的推定标准

《反垄断法》关于推定市场支配地位的规定引入了两个以上经营者共同拥有市场支配地位的情形。律师提供法律服务需注意，实践中仅根据市场份额推定两个以上经营者具有共同市场支配地位的情况非常罕见。事实上，共同市场支配地位涉及比较复杂的问题，需要考虑的因素也比较多，这通过《禁止滥用市场支配地位行为规定》第13条的规定可以窥见一斑："认定两个以上的经营者具有市场支配地位，除考虑本规定第七条至第十二条规定的因素外，还应当考虑经营者行为一致性、市场结构、相关市场透明度、相关商品同质化程度等因素。"

实践中，两个以上处于同一相关市场的经营者被认定具有共同市场支配地位的情况更普遍，处于产业链不同环节的经营者被认定具有共同市场支配地位的情况比较少见，理论和实务界就后一种情形中经营者是否可以被认定具有共同市场支配地位争议较大。尽管如此，我国在2023年12月对上海上药第一生化医药有限公司等四家企业作出的反垄断行政处罚决定中，认定了处于上游的武汉汇海医药有限公司、武汉科德医药有限公司和湖北民康制药有限公司与处于下游的上海上药第一生化医药有限公司具有共同市场支配地位，并且滥用了共同市场支配地位。

此外，需要关注的是，我国就涉及互联网平台和知识产权的滥用市场支配地位行为结合两个领域的特点特别规定了认定市场支配地位的考虑因素：

关于平台经济领域的反垄断指南

经营者的市场份额以及相关市场竞争状况。确定平台经济领域经营者市场份额，可以考虑交易金额、交易数量、销售额、活跃用户数、点击量、使用时长或者其他指标在相关市场所占比重，同时考虑该市场份额持续的时间。分析相关市场竞争状况，可以考虑相关平台市场的发展状况、现有竞争者数量和市场份额、平台竞争特点、平台差异程度、规模经济、潜在竞争者情况、创新和技术变化等。

> 经营者控制市场的能力。可以考虑该经营者控制上下游市场或者其他关联市场的能力，阻碍、影响其他经营者进入相关市场的能力，相关平台经营模式、网络效应，以及影响或者决定价格、流量或者其他交易条件的能力等。
>
> 经营者的财力和技术条件。可以考虑该经营者的投资者情况、资产规模、资本来源、盈利能力、融资能力、技术创新和应用能力、拥有的知识产权、掌握和处理相关数据的能力，以及该财力和技术条件能够以何种程度促进该经营者业务扩张或者巩固、维持市场地位等。
>
> 其他经营者对该经营者在交易上的依赖程度。可以考虑其他经营者与该经营者的交易关系、交易量、交易持续时间、锁定效应、用户黏性，以及其他经营者转向其他平台的可能性及转换成本等。
>
> 其他经营者进入相关市场的难易程度。可以考虑市场准入、平台规模效应、资金投入规模、技术壁垒、用户多栖性、用户转换成本、数据获取的难易程度、用户习惯等。
>
> 其他因素。可以考虑基于平台经济特点认定经营者具有市场支配地位的其他因素。

3.《反垄断法》禁止哪些具体的滥用市场支配地位行为

《反垄断法》第22条第1款规定："禁止具有市场支配地位的经营者从事下列滥用市场支配地位的行为：（一）以不公平的高价销售商品或者以不公平的低价购买商品；（二）没有正当理由，以低于成本的价格销售商品；（三）没有正当理由，拒绝与交易相对人进行交易；（四）没有正当理由，限定交易相对人只能与其进行交易或者只能与其指定的经营者进行交易；（五）没有正当理由搭售商品，或者在交易时附加其他不合理的交易条件；（六）没有正当理由，对条件相同的交易相对人在交易价格等交易条件上实行差别待遇；（七）国务院反垄断执法机构认定的其他滥用市场支配地位的行为。"

迄今为止，我国反垄断执法机构仅在对利乐集团的处罚决定中作出过其相关折扣行为构成滥用市场支配地位的忠诚折扣行为的认定。

（1）不公平的高价/低价行为：认定不公平的高价和不公平的低价

《禁止滥用市场支配地位行为规定》第 14 条第 2 款规定："认定'不公平的高价'或者'不公平的低价'，可以考虑下列因素：（一）销售价格或者购买价格是否明显高于或者明显低于其他经营者在相同或者相似市场条件下销售或者购买同种商品或者可比较商品的价格；（二）销售价格或者购买价格是否明显高于或者明显低于同一经营者在其他相同或者相似市场条件区域销售或者购买同种商品或者可比较商品的价格；（三）在成本基本稳定的情况下，是否超过正常幅度提高销售价格或者降低购买价格；（四）销售商品的提价幅度是否明显高于成本增长幅度，或者购买商品的降价幅度是否明显高于交易相对人成本降低幅度；（五）需要考虑的其他相关因素。"

就认定前述考虑因素中的"市场条件相同或者相似"，《禁止滥用市场支配地位行为规定》第 14 条第 4 款进一步规定"应当考虑经营模式、销售渠道、供求状况、监管环境、交易环节、成本结构、交易情况、平台类型等因素"。

综合来看，前述因素主要是通过比较和分析成本与价格的关系来认定价格是否过高或过低。需要关注的是，《禁止滥用市场支配地位行为规定》没有对同种商品和可比较商品做进一步明确。实务中，判断商品是否同种或可比较，通常需要对案件涉及的商品从功能、用途等商品特性角度进行对比，而这与《反垄断法》界定相关市场时从需求者的角度对不同商品的功能、用途等特性进行对比，并以此考察产品之间的可替代的程度的分析方式在很大程度上具有相似性。因此，在实际运用同种商品和可比较商品分析价格是否过高时，相关市场界定的分析方法和结论具有重要的参考意义。

律师提供法律服务时还需要注意的问题是，前述考虑因素仅针对价格是否过高或过低的判断，对价格的公平性问题，无法通过前述考虑因素进行分析。通常而言，定价行为是否公平，主要看定价是否对交易相对人具有剥削性，即其采购价格是否不合理地剥夺了交易相对人生产经营应当获得的合理利润，是否使消费者为商品或服务支付远远超过商品价值的价格，造成消费者福利受损等。《禁止滥用市场支配地位行为规定》第 22 条规定："反垄断执法机构认定本规定第十四条所称的'不公平'和第十五条至第二十条所称的'正当理由'，还应当考虑下列因素：（一）有关行为是否为法律、法规所规定；（二）有关行为对国家安全、网络安全等方面的影响；（三）有关行为对经济运行效率、经济发展的影响；（四）有关行为是否为经营者正常经营及实现正常效益所必需；（五）有关行为对经营者业务发展、未来投资、创新方面的影响；（六）有关行为是否能够使交易相对人或者消费者获益；（七）有关行为对社会公共利益的影响。"

上述应当考虑的因素可归纳为图 6。

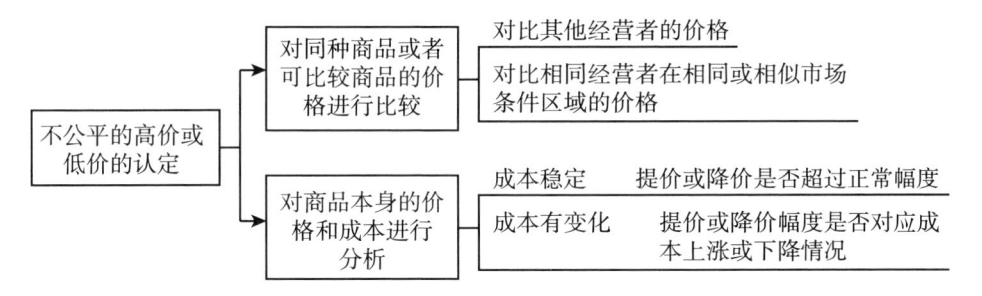

图 6　不公平的高价或低价认定的考虑因素

（2）低于成本价格的销售行为：如何计算成本

根据《禁止滥用市场支配地位行为规定》第 15 条第 2 款规定，认定以低于成本的价格销售商品，应当重点考虑价格是否低于平均可变成本。平均可变成本是指随着生产的商品数量变化而变动的每单位成本。可变成本是相对于固定成本的概念，只有当企业存在业务活动时才发生，如人力、原材料成本等，与机器设备、厂房等固定成本的区别在于后者不会以企业是否生产经营而产生变化。

以平均可变成本为计算的标准，是因为反垄断法的一般原理认为，企业低于成本定价的行为根本上违反企业的经济理性，并将企业实施这样非理性行为的动机理解为以牺牲短期利润来排挤竞争对手，并在竞争对手被排挤出市场后对消费者进行涨价，从而既损害了市场竞争，从长期看也损害消费者利益。在不同的成本理论中，平均可变成本能够揭示企业继续经营的行为是否有利可图，是否可能损失固定成本，因此更有利于判断企业的行为是否在根本上违反了经济理性，从而证明企业实施行为的目的是不是牺牲短期利益以排除限制竞争。

需要关注的是，在以互联网平台为代表的经济领域，低于成本定价的行为有区别于传统经济领域的特点。其中，互联网平台多存在多边业务，通常会以某一业务收获的营利来补贴其他业务，如美团通过盈利状况较好的外卖业务来补贴不盈利的共享单车业务等。因此，在互联网平台经济领域，不能以某一业务的定价本身来衡量其成本，而是要综合考虑平台涉及的多边市场中各个相关市场之间的成本关联情况。

（3）拒绝交易行为：经营者为什么负有义务与交易相对人交易

选择与谁进行交易事关经营者的个体意愿，基于民商事活动尊重意思自治的原则，经营者的交易自主权理应受到保护。因此，在一般情况下，经营者自主决定是否与交易相对人交易并不会违反《反垄断法》。总体上，包括中国在内的主要竞争法法域，在认定经营者的行为是否构成违反《反垄断法》的拒绝交易时都比较谦抑谨慎。

仅当经营者的商品/服务对于维持市场正常的竞争秩序和消费者利益具有重要意义时，经营者才可能负有义务与交易相对人交易。在此情况下，该经营者本身就很可能在相关市场上具有一定的市场力量，而这恰恰是《反垄断法》在滥用市场支配地位框架下规制拒绝交易行为的重要原因所在。换言之，在一般情况下，不具有市场支配地位的经营者即便拒绝与某些交易相对人进行交易，由于相对人还有很多其他的交易对象可选择，市场竞争不会受到很大影响。

必需设施理论是帮助判断经营者的商品/服务是否对竞争秩序和消费者利益具有重要意义的一项经典理论。该理论起源于美国，指当一个垄断者控制了必需设施，在其竞争对手进入相关市场必需使用该设施而经过合理的努力无法复制时，则该垄断者负有与竞争对手交易的义务。我国在《禁止滥用市场支配地位行为规定》中引入了必需设施理论，用以分析相关具有市场支配地位的经营者拒绝交易相对人使用其必需设施的行为是否违反《反垄断法》。

实务中，我国反垄断执法机构尚未在反垄断执法中运用过必需设施理论，司法实践中，浙江省宁波市中级人民法院在科田磁业公司等公司与日立金属的滥用市场支配地位行为纠纷中第一次运用了必需设施理论，认定日立金属持有的相关必需专利构成生产烧结钕铁硼的必需设施，日立金属在相关烧结钕铁硼专利许可市场上具有市场支配地位，因此日立金属的拒绝许可行为构成拒绝交易。

该案二审中，最高人民法院推翻了宁波市中级人民法院的认定，将相关市场界定为烧结钕铁硼材料生产技术市场，包括具有紧密替代性的专利技术和非专利技术。虽然最高人民法院没有直接评价宁波市中级人民法院对必需设施理论的运用，但其相关市场界定已经表明日立金属拥有的相关烧结钕铁硼专利并非不可绕开。如前所述，构成必需设施的商品具有经营者进入相关市场必须使用且通过合理努力而无法复制的特点，这样的特点根据最高人民法院的相关市场界定显然并不存在。因此，最高人民法院的相关市场界定结论事实上否定了宁波市中级人民法院在此案中对必需设施理论的运用。

综合反垄断执法和司法的现实情况看，中国对将相关知识产权认定为必需设施仍然持非常谨慎的态度。当相关行为涉及拒绝交易时，律师需要谨慎评估相关商品或者服务是否真正构成必需设施。

（4）理解限定性交易行为：何为"限定"

首先，限定性交易行为是一种广泛存在于各个商业领域的行为，其表现形式多种多样，但客观效果都是经营者的交易相对人实际丧失了自主选择交易对象的自由。例如，经营者既可以通过签订独家协议这样比较直接的方式对交易相对人的选择范围进行限定，也可以通过提供折扣等给予合作条件优惠的间接方式诱使交易相对人放弃与其他经营者进行交易。

其次，《反垄断法》所禁止的滥用市场支配地位行为中，很大一部分行为的外在表现都是对交易相对人的自主经营决策进行限制，如搭售行为就表现为限制交易相对人自主选择搭卖商品的权利，因此，同样对交易相对人的自主经营决策具有限制效果的限定性交易行为，与其他种类的滥用市场支配地位行为可能存在潜在的竞合。实务中需要根据案件的具体情况个案判断经营者的行为到底构成限定性交易行为还是其他行为。

最后，就交易相对人可以选择的交易对象范围，《禁止滥用市场支配地位行为规定》第 17 条第 1 款规定："禁止具有市场支配地位的经营者没有正当理由，从事下列限定交易行为：（一）限定交易相对人只能与其进行交易；（二）限定交易相对人只能与其指定的经营者进行交易；（三）限定交易相对人不得与特定经营者进行交易。"因此，交易相对人可以选择的交易对象范围既可能被限定为一个特定的主体，也可能被限定为一群范围特定的主体，甚至是除某个特定主体外其他的任何主体。

（5）搭售行为：区分搭卖品与结卖品

《反垄断法》禁止没有正当理由的搭售行为，主要原因是具有市场支配地位的经营者可以将其市场力量从结卖品市场传导到搭卖品市场，排除、限制搭卖品市场的竞争。因此，搭售行为的一项基本前提是，搭卖品和结卖品所处市场不同，彼此独立可分，两者之间不存在竞争。相反，如果分开出售反而会影响商品的完整性和商品正常功能的发挥，则经营者将它们一并向交易相对人出售的行为一般具有合理性。

实践中，搭卖品与结卖品是否彼此独立需要结合交易商品功能、消费者的购买意愿以及当地交易习惯等多方面的因素考察。例如：缺少了 IE 浏览器的 Windows 系统是否能正常运行；消费者是否有意愿单独购买浏览器以及该部分意愿是否能够在市场上形成一定的需求规模；消费者是否习惯于购买 Windows 系统的时候也购买浏览器等。从根本上看，判断搭卖品和结卖品是否彼此独立与特定地域的社会交易观念密切相关，而由于社会交易观念可能随时代发展产生变化，关于搭卖品和结卖品是否相互独立的结论可能并非一成不变。

（6）差别待遇行为：确定交易相对人所处条件是否相同

《反垄断法》禁止的差别待遇行为，以交易相对人所处条件相同为前提。《禁止滥用市场支配地位行为规定》第 19 条第 2 款规定："条件相同是指交易相对人之间在交易安全、交易成本、规模和能力、信用状况、所处交易环节、交易持续时间等方面不存在实质性影响交易的差别……"此外,《关于平台经济领域的反垄断指南》也对分析平台经济领域的差别待遇行为提供了若干判断交易相对人条件是否实质相同应当考虑的因素。

司法实务中,相关法院主要从交易发生的时间、行业惯例、交易方式、交易成本等角度分析不同的交易相对人所处条件是否实质相同。南京市中级人民法院在王某宇诉中国电信股份有限公司徐州分公司垄断纠纷案中指出:"所谓条件相同的交易相对人,法律并无明确的解释,一般应是指在同一时期与经营者进行交易或准备进行交易且自身情况及需求亦基本一致的相对人。"在童某诉中国移动通信集团上海有限公司滥用市场支配地位案[①]中,就中国移动对后付费用户和预付费用户按照不同资费标准提供服务的行为,上海市高级人民法院在判决书中指出,除中国移动外,中国联通、中国电信等运营商均提供多种不同资费标准的服务供用户选择,且后付费用户和预付费用户本身在付费方式、付费时间、付费标准等方面均存在不同,并不属于条件相同的交易相对人。

反垄断执法领域,涉及差别待遇的执法案例主要是徐州烟草公司案和赤峰盐业公司案。在徐州烟草公司案中,应对反垄断执法机构的调查,徐州烟草公司主张,其差别对待行为针对的金鹰公司和欢乐买公司不是条件相同的交易相对人,金鹰公司是当事人划定的 KA 类城镇烟酒店大型客户,欢乐买公司则是 KA 类城镇商场大型客户,不能因为两者都属于 KA 类客户就认定其为条件相同的交易相对人。反垄断执法机构认定徐州烟草公司的理由不成立,指出,金鹰公司和欢乐买公司所处的销售环节相同,两者属于同类客户,并且根据徐州烟草公司和金鹰公司、欢乐买公司的合同看,金鹰公司和欢乐买公司承担的合同权利与合同义务并无不同。

4. 滥用市场支配地位行为中的正当理由抗辩

仅在经营者基于其市场支配地位实施的行为没有正当理由时,该行为才会成立违反《反垄断法》的滥用行为(不公平的高价和不公平的低价行为除

---

① 上海市高级人民法院民事判决书,(2014)沪高民三(知)终字第105号。

外)。允许经营者为其行为提出正当理由抗辩,是考虑到保护市场公平竞争秩序并非《反垄断法》的唯一立法目标。除该目标外,《反垄断法》还致力于提高经济运行效率、维护消费者利益和社会公共利益。因此,当经营者的行为在损害市场竞争同时,也具有促进经济效率和消费者利益等方面的正当理由,那么《反垄断法》并不认定该行为违法。

具体到不同种类的滥用市场支配地位行为,经营者提出的正当理由可能不尽相同。以下是根据《禁止滥用市场支配地位行为规定》梳理的不同种类的滥用市场支配地位行为的正当理由(见图7)。

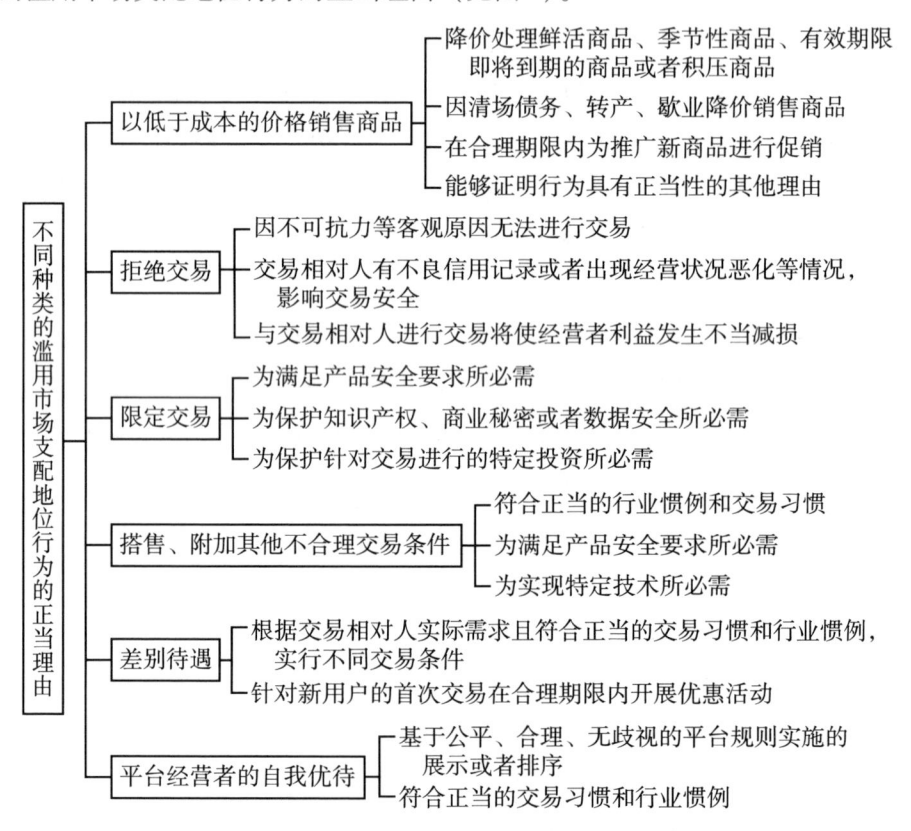

不同种类的滥用市场支配地位行为的正当理由:

- 以低于成本的价格销售商品
  - 降价处理鲜活商品、季节性商品、有效期限即将到期的商品或者积压商品
  - 因清偿债务、转产、歇业降价销售商品
  - 在合理期限内为推广新商品进行促销
  - 能够证明行为具有正当性的其他理由

- 拒绝交易
  - 因不可抗力等客观原因无法进行交易
  - 交易相对人有不良信用记录或者出现经营状况恶化等情况,影响交易安全
  - 与交易相对人进行交易将使经营者利益发生不当减损

- 限定交易
  - 为满足产品安全要求所必需
  - 为保护知识产权、商业秘密或者数据安全所必需
  - 为保护针对交易进行的特定投资所必需

- 搭售、附加其他不合理交易条件
  - 符合正当的行业惯例和交易习惯
  - 为满足产品安全要求所必需
  - 为实现特定技术所必需

- 差别待遇
  - 根据交易相对人实际需求且符合正当的交易习惯和行业惯例,实行不同交易条件
  - 针对新用户的首次交易在合理期限内开展优惠活动

- 平台经营者的自我优待
  - 基于公平、合理、无歧视的平台规则实施的展示或者排序
  - 符合正当的交易习惯和行业惯例

图7 不同种类的滥用市场支配地位行为的正当理由

需要关注的是,以上《禁止滥用市场支配地位行为规定》远未就各类行为可能的正当理由做穷尽式列举。实践中,只要经营者能够证明其实施行为

的理由带来保护竞争所意图实现的效果，该理由都具有成为正当理由的潜在可能性，但完成前述证明标准的难度比较高。根据《禁止滥用市场支配地位行为规定》第 22 条的规定，反垄断执法机构认定经营者提出的正当理由是否成立，还应当考虑相关因素，见表 3。

表 3 反垄断执法机构认定经营者提出的正当理由时的考虑因素

理由	考虑因素
以低于成本价格销售商品	（1）降价处理鲜活商品、季节性商品、有效期限即将到期的商品或者积压商品的； （2）因清偿债务、转产、歇业降价销售商品的； （3）在合理期限内为推广新商品进行促销的； （4）能够证明行为具有正当性的其他理由
拒绝与交易相对人进行交易	（1）因不可抗力等客观原因无法进行交易； （2）交易相对人有不良信用记录或者出现经营状况恶化等情况，影响交易安全； （3）与交易相对人进行交易将使经营者利益发生不当减损； （4）交易相对人明确表示或者实际不遵守公平、合理、无歧视的平台规则； （5）能够证明行为具有正当性的其他理由
限定交易	（1）为满足产品安全要求所必需； （2）为保护知识产权、商业秘密或者数据安全所必需； （3）为保护针对交易进行的特定投资所必需； （4）为维护平台合理的经营模式所必需； （5）能够证明行为具有正当性的其他理由
搭售商品或者在交易中附加其他不合理交易条件	（1）符合正当的行业惯例和交易习惯； （2）为满足产品安全要求所必需； （3）为实现特定技术所必需； （4）为保护交易相对人和消费者利益所必需； （5）能够证明行为具有正当性的其他理由
对条件相同的交易相对人在交易条件上实行差别待遇	（1）根据交易相对人实际需求且符合正当的交易习惯和行业惯例，实行不同交易条件； （2）针对新用户的首次交易在合理期限内开展的优惠活动； （3）基于公平、合理、无歧视的平台规则实施的随机性交易； （4）能够证明行为具有正当性的其他理由

（1）有关行为会否为法律、法规所规定；（2）有关行为对国家安全、网络安全等方面的影响；（3）有关行为对经济运行效率、经济发展的影响；（4）有关行为对经营者正常经营及实现正常效益所必需；（5）有关行为对经营者业务发展、未来投资、创新方面的影响；（6）有关行为是否能够使交易相对人或者消费者获益；（7）有关行为对社会公共利益的影响。

（三）具有排除、限制竞争效果的经营者集中

1. 概念

《反垄断法》明确规定了三种经营者集中的情形：（1）经营者合并；（2）经营者通过取得股权或者资产的方式取得对其他经营者的控制权；（3）经营者通过合同等方式取得对其他经营者的控制权或者能够对其他经营者施加决定性影响。

《经营者集中审查规定》对经营者集中的规定与前述《反垄断法》规定的情形一致，同时，《关于经营者集中申报的指导意见》明确，两个以上经营者共同控制新设合营企业的情形也构成经营者集中。

由此可见，当前法律规范没有对经营者集中作出定义。欧盟是采用经营者集中概念的最为重要的竞争法法域，根据欧盟的规定，经营者集中的关键在于一个经营者持续地取得对另一经营者的控制权。换言之，当一项交易导致对交易一方的控制权发生持久的变化时，该交易构成经营者集中。我国反垄断法受到欧盟竞争法的重要影响，欧盟对经营者集中的规定，实际在我国的反垄断实务中得到采用。

根据前述规定，无论是一个经营者对另一经营者的控制权从单独变为共同、从直接变成间接、从事实上变为法律上，还是前述所有变化的相反情况或者导致共同控制的经营者持股结构发生变化，导致控制权发生变化的交易即构成经营者集中。

2. 控制权

控制权是经营者集中概念的核心。经营者集中将控制权发生变化作为核心的原因是，只有特定经营者的控制权发生持久的变化，相关市场的结构才

可能发生实质变化。例如，当 A 经营者对 B 经营者不具有控制权时，无论 A 经营者是否与 B 经营者竞争，它们都独立地在相关市场中依据自己的意志开展运营。在此情况下，A 经营者的市场力量无法作用于 B 经营者，无法发生市场力量的叠加、增强，反之亦然。此时无论是 A 经营者还是 B 经营者，由于其市场力量不会在相关市场中发生变化，因此均无法对相关市场的结构作出改变。

和控制权紧密相关的另一概念为施加决定性影响。通常在对控制权进行定义的国家和法域会将控制权定义为一个经营者能够对另一经营者施加决定性影响的能力或者可能性。我国《反垄断法》关于经营者集中的规定同时涉及控制权和施加决定性影响两个概念，实务中，一般会将经营者能够对其他经营者施加决定性影响等同于对其他经营者具有控制权。

对于施加决定性影响，我国《反垄断法》没有明确定义，实务中主要是看一个经营者是否具有决定或否决其他经营者的生产经营活动或者重大经营决策的可能性，即并非任何经营者之间的相互影响都具有决定性，《反垄断法》关注的决定性影响主要还是看该影响是否可能影响到其他经营者的市场竞争行为。

《经营者集中审查规定》第 5 条第 1 款规定："判断经营者是否取得对其他经营者的控制权或者能够对其他经营者施加决定性影响，应当考虑下列因素：（一）交易的目的和未来的计划；（二）交易前后其他经营者的股权结构及其变化；（三）其他经营者股东（大）会等权力机构的表决事项及其表决机制，以及其历史出席率和表决情况；（四）其他经营者董事会等决策或者管理机构的组成及其表决机制，以及其历史出席率和表决情况；（五）其他经营者高级管理人员的任免等；（六）其他经营者股东、董事之间的关系，是否存在委托行使投票权、一致行动人等；（七）该经营者与其他经营者是否存在重大商业关系、合作协议等；（八）其他应当考虑的因素。"

3. 参与集中的经营者

在相关交易构成一项经营者集中时，紧接而来的问题是确定参与集中的经营者，这直接关系到一项经营者集中是否达到申报门槛，以及谁是申报义务人。只有参与集中的经营者达到申报门槛的要求，一项集中才需要由申报义务人向反垄断执法机构申报。在我国，参与集中的经营者根据集中的具体情形予以确定，具体总结见图 8。

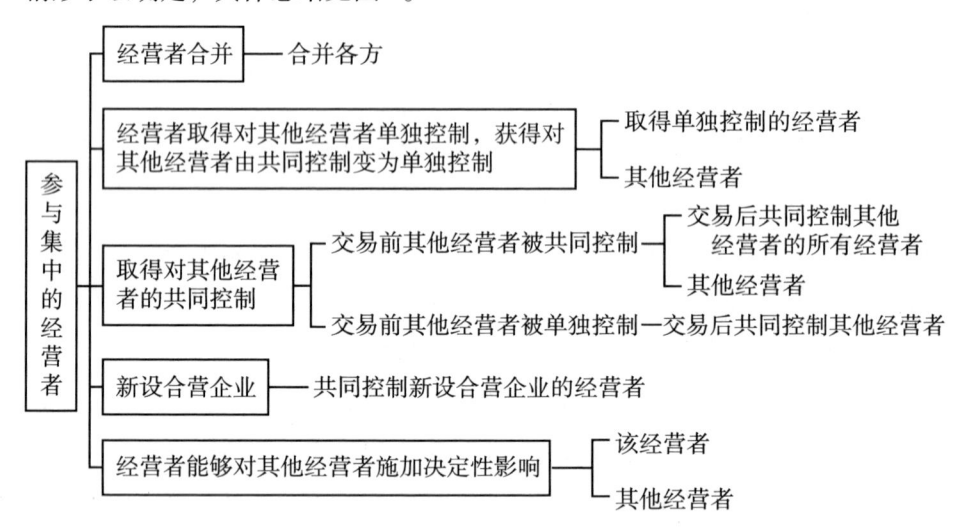

```
                    ┌─ 经营者合并 ─── 合并各方
                    │
                    │                                              ┌─ 取得单独控制的经营者
                    ├─ 经营者取得对其他经营者单独控制，获得对 ──┤
                    │   其他经营者由共同控制变为单独控制           └─ 其他经营者
参与                │
集中                │                    ┌─ 交易前其他经营者被共同控制 ──┬─ 交易后共同控制其他
的                  ├─ 取得对其他经         │                                │   经营者的所有经营者
经营者              │   营者的共同控制     │                                └─ 其他经营者
                    │                    └─ 交易前其他经营者被单独控制 ─ 交易后共同控制其他经营者
                    │
                    ├─ 新设合营企业 ─── 共同控制新设合营企业的经营者
                    │
                    │                                              ┌─ 该经营者
                    └─ 经营者能够对其他经营者施加决定性影响 ──┤
                                                                   └─ 其他经营者
```

图 8　不同集中情形下的参与集中的经营者

4. 申报：申报门槛、简易程序、普通程序以及免于申报

（1）申报门槛

我国经营者集中反垄断申报门槛根据参与集中的经营者的营业额确定。根据国务院《关于经营者集中申报标准的规定》第 3 条第 1 款的规定："经营者集中达到下列标准之一的，经营者应当事先向国务院反垄断执法机构申报，未申报的不得实施集中：（一）参与集中的所有经营者上一会计年度在全球范围内的营业额合计超过 120 亿元人民币，并且其中至少两个经营者上一会计年度在中国境内的营业额均超过 8 亿元人民币；（二）参与集中的所有经营者上一会计年度在中国境内的营业额合计超过 40 亿元人民币，并且其中至少两个经营者上一会计年度在中国境内的营业额均超过 8 亿元人民币。"该申报门槛适用于所有行业，金融行业的营业额计算方法会有所不同，需根据金融业经营者集中申报营业额计算规定执行。

具体到计算参与集中的经营者的营业额,区分取得控制权的经营者和目标经营者,计算方法存在一定差异:

对于取得控制权的经营者,在计算营业额时需要将和该经营者具有直接或间接控制关系的所有经营者的营业额加总,去除相互具有控制关系的经营者之间的营业额,即剔除关联交易产生的营业额。

对于目标经营者,如果其仅是出让方的组成部分,而在经营者取得该组成部分时出让方不再对该组成部分具有控制权或者不能施加决定性影响的,则目标经营者的营业额仅包括该组成部分的营业额。

法律实务中,上一会计年度的时间性要求对特定情况下参与集中的经营者的营业额计算至关重要。前述特定情形主要关注的是,参与集中的经营者在上一会计年度以及本年度集中前丧失对相关子公司的控制权。一般认为,如果参与集中的经营者在上一会计年度已经丧失了对子公司的控制权,则该子公司的营业额并不计算在内,但如果是在本年度集中以前丧失对子公司的控制权,则严格根据法律规定,该子公司的营业额仍然计算在内。

需要关注的是,当一项经营者集中具有或者可能具有排除、限制竞争效果时,即便该集中没有达到申报门槛,国务院反垄断执法机构仍然可以要求经营者申报,此时如申报义务人未进行申报,会触发国务院反垄断执法机构的调查,并根据以下《反垄断法》第58条承担责任:"经营者违反本法规定实施集中,且具有或者可能具有排除、限制竞争效果的,由国务院反垄断执法机构责令停止实施集中、限期处分股份或者资产、限期转让营业以及采取其他必要措施恢复到集中前的状态,处上一年度销售额百分之十以下的罚款;不具有排除、限制竞争效果的,处五百万元以下的罚款。"

(2) 申报程序

我国的经营者集中反垄断申报程序分为简易程序和普通程序。简易程序适用于简易案件,要求参与集中的经营者提供的信息相对较少,普通程序适用于简易案件以外达到申报标准的案件,要求参与集中的经营者提供的信息更多。《经营者集中审查规定》对认定何等集中构成简易案件规定了市场份额标准，同时也规定了虽符合简易案件市场份额的标准，但不视为简易案件的具体情形（见图9）。

简易案件的市场份额标准：
- 在同一相关市场，参与集中的经营者所占的市场份额之和小于15%
- 在上下游市场，参与集中的经营者所占的份额均小于25%
- 不在同一相关市场也不存在上下游关系的参与集中的经营者，在与交易有关的每个市场所占的份额均小于25%
- 参与集中的经营者在中国境外设立合营企业，合营企业不在中国境内从事经济活动
- 参与集中的经营者收购境外企业股权或资产，该境外企业不在中国境内从事经济活动
- 由两个以上经营者共同控制的合营企业，通过集中被其中一个或一个以上经营者控制

（a）简易案件的市场份额标准

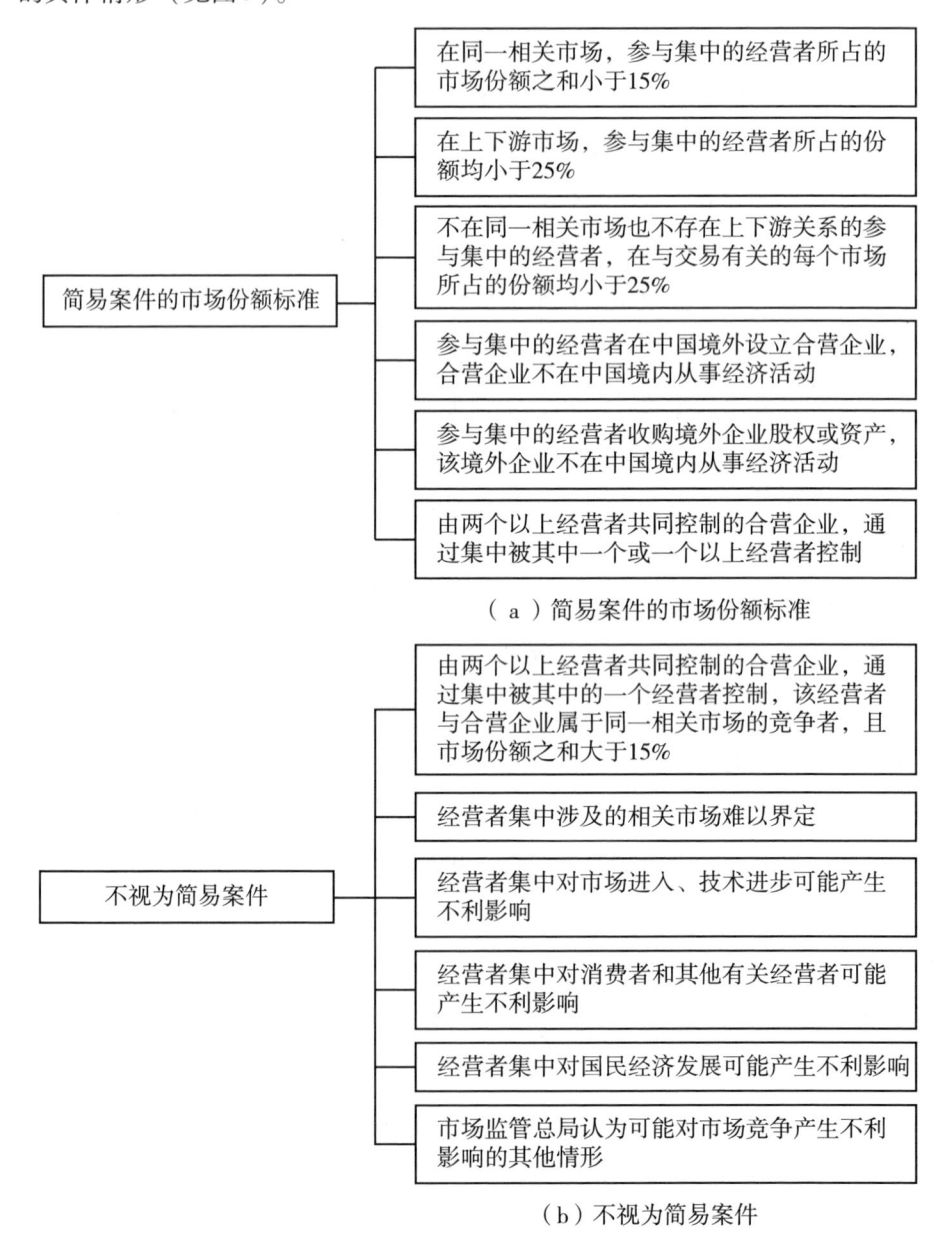

不视为简易案件：
- 由两个以上经营者共同控制的合营企业，通过集中被其中的一个经营者控制，该经营者与合营企业属于同一相关市场的竞争者，且市场份额之和大于15%
- 经营者集中涉及的相关市场难以界定
- 经营者集中对市场进入、技术进步可能产生不利影响
- 经营者集中对消费者和其他有关经营者可能产生不利影响
- 经营者集中对国民经济发展可能产生不利影响
- 市场监管总局认为可能对市场竞争产生不利影响的其他情形

（b）不视为简易案件

图9　简易案件的市场份额标准和不视为简易案件的情形

从上述简易案件的市场份额标准看，简易案件主要是不大可能对市场竞争产生负面影响的集中。由于其产生负面竞争影响的可能性较小，对其审查的速度相比普通案件要快。实践中，以简易案件申报的集中一般都在立案后1个月甚至更短时间内通过反垄断审批。

一项集中按照简易案件进行申报，需要在反垄断执法机构的官方网站上进行为期10天的公示，在此期间，任何单位和个人均可对该集中是否应当被认定为简易案件提出书面建议。

如果一项集中按照普通程序申报，则根据《反垄断法》的规定，反垄断执法机构需要在180日内完成审查。但是，实务中不乏案件实际超过前述审查时限。一方面，反垄断执法机构在收到申报材料后一般不会立即立案，正式立案后审查时限才会起算，至于何时正式立案，法律没有严格的法定时限限制；另一方面，一些可能具有排除、限制竞争效果的集中的经营者与反垄断执法机构反复就降低竞争影响的限制性条件进行协商，有的时候，参与集中的经营者可能会通过撤回申报的策略来赢得更多时间与反垄断执法机构就限制性条件进行协商，避免因未能在180日内提出令反垄断执法机构满意的限制性条件而遭受集中被禁止的不利后果。此外，《反垄断法》也从立法层面就中止审查期限的情形作出规定，这就使得反垄断执法机构对一项集中的审查时限因审查期限中止而实际上大于180日，见图10。

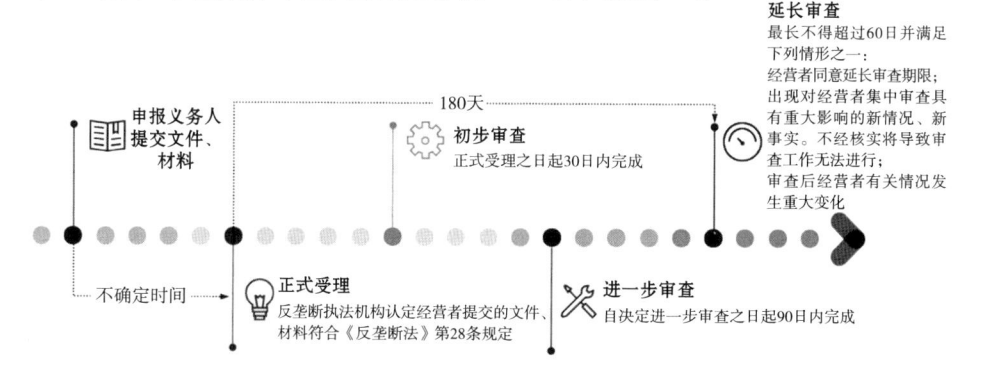

图10　经营者集中审查的普通程序

（3）免于申报

《反垄断法》第27条规定了豁免申报的情形，分别是"（一）参与集中的一个经营者拥有其他每个经营者百分之五十以上有表决权的股份或者资产的；（二）参与集中的每个经营者百分之五十以上有表决权的股份或者资产被同一个未参与集中的经营者拥有的"。

5. 应当申报而未申报的相关问题

（1）应当何时申报

根据《关于经营者集中申报的指导意见》的规定，申报义务人应当在集中协议签署后，集中实施前进行申报。因此，实务中判断经营者有没有依法履行申报义务的关键问题是，如何判断经营者实施了集中。

《经营者集中审查规定》第8条第3款对判断是否实施集中作出了规定："是否实施集中的判断因素包括但不限于是否完成市场主体登记或者权利变更登记、委派高级管理人员、实际参与经营决策和管理、与其他经营者交换敏感信息、实质性整合业务等。"可见，只要一个经营者实际已经能够对其他经营者实现控制或者施加决定性影响，即构成实施集中。

（2）对应报未报案件的调查

如果一项集中应当申报而未申报，则在有初步事实和证据证明存在违法实施集中的嫌疑时，反垄断执法机构即应当立案并书面通知被调查的经营者，通常为负有申报义务的参与集中的经营者。被调查的经营者需要提交的材料以及反垄断执法机构的调查程序见图11、图12。

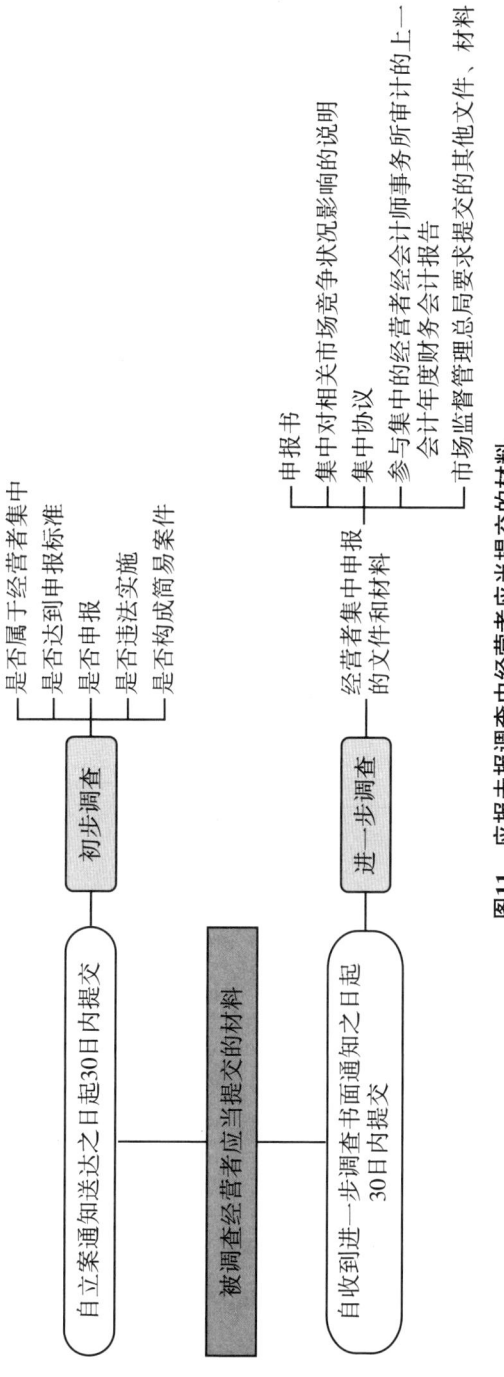

图11 应申报调查中经营者应当提交的材料

```
                                            ┌─ 被调查的经营者：停止违法行为
                            ┌─ 属于 ─┤
                            │        └─ 执法机构：书面通知进一步调查
对应报未报案件的调查 ─ 初步调查 ─┤
 于收到被调查经营者的材料之日起30日内完成
 被调查的交易是否属于违法实施经营者集中
                            │
                            └─ 不属于 ─ 作出不实施进一步调查的决定并书面通知被调查的经营者
```

对被调查的交易是否具有或者可能具有排除、限制竞争效果进行评估，自收到被调查经营者提交的符合要求的文件、材料之日起120日内完成

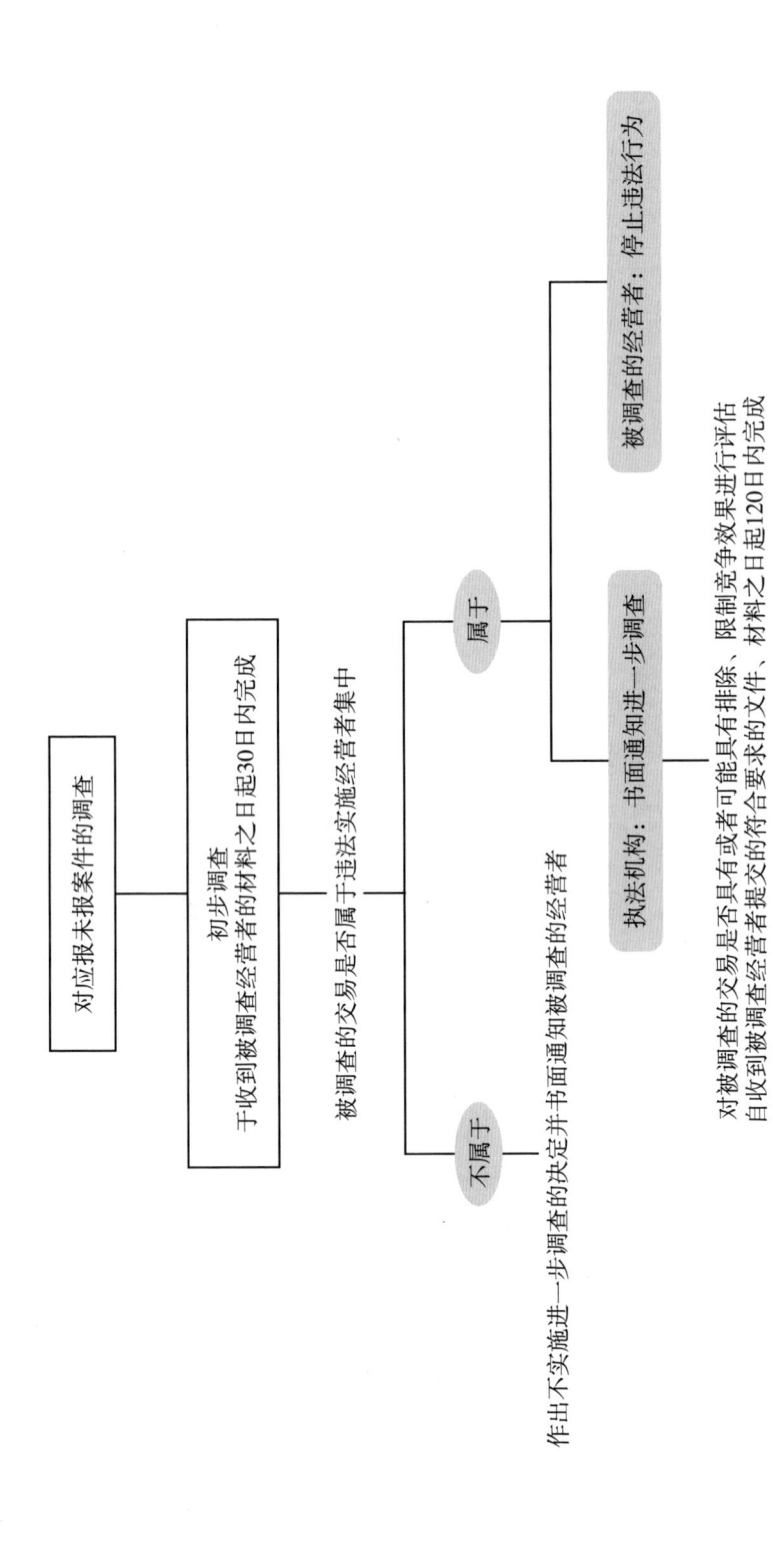

图12 反垄断执法机构对应报未报案件进行调查的程序

6. 审查标准

《反垄断法》第 34 条规定："经营者集中具有或者可能具有排除、限制竞争效果的，国务院反垄断执法机构应当作出禁止经营者集中的决定。但是，经营者能够证明该集中对竞争产生的有利影响明显大于不利影响，或者符合社会公共利益的，国务院反垄断执法机构可以作出对经营者集中不予禁止的决定。"

因此，经营者集中的审查标准是，集中具有或者可能具有排除、限制竞争效果。具体的考虑因素包括：参与集中的经营者在相关市场的市场份额及其对市场的控制力，相关市场的市场集中度，经营者集中对市场进入、技术进步的影响，经营者集中对消费者和其他有关经营者的影响，经营者集中对国民经济发展的影响，国务院反垄断执法机构认为应当考虑的影响市场竞争的其他因素。《经营者集中审查规定》进一步对前述审查标准和考虑的因素作出细化规定。

首先，就评估的总体方法而言，《经营者集中审查规定》第 32 条明确："评估经营者集中的竞争影响，可以考察相关经营者单独或者共同排除、限制竞争的能力、动机及可能性。集中涉及上下游市场或者关联市场的，可以考察相关经营者利用在一个或者多个市场的控制力，排除、限制其他市场竞争的能力、动机及可能性。"就排除、限制竞争的能力判断，实务中比较关注的是参与集中的经营者所具有的市场力量情况。市场力量越强，受到的竞争约束就越弱，排除、限制竞争的能力也就越强。而就动机的判断，因为涉及经营者主观状态的评估，实务中并无统一的标准。但从反垄断执法机构对集中案件的审查情况看，多从经营者的历史行为、相关行为是否能够最大化经营者的利润等角度进行分析。

其次，就具体审查的考虑因素，《经营者集中审查规定》列明了以下分析考虑因素的方法和角度，见图 13。

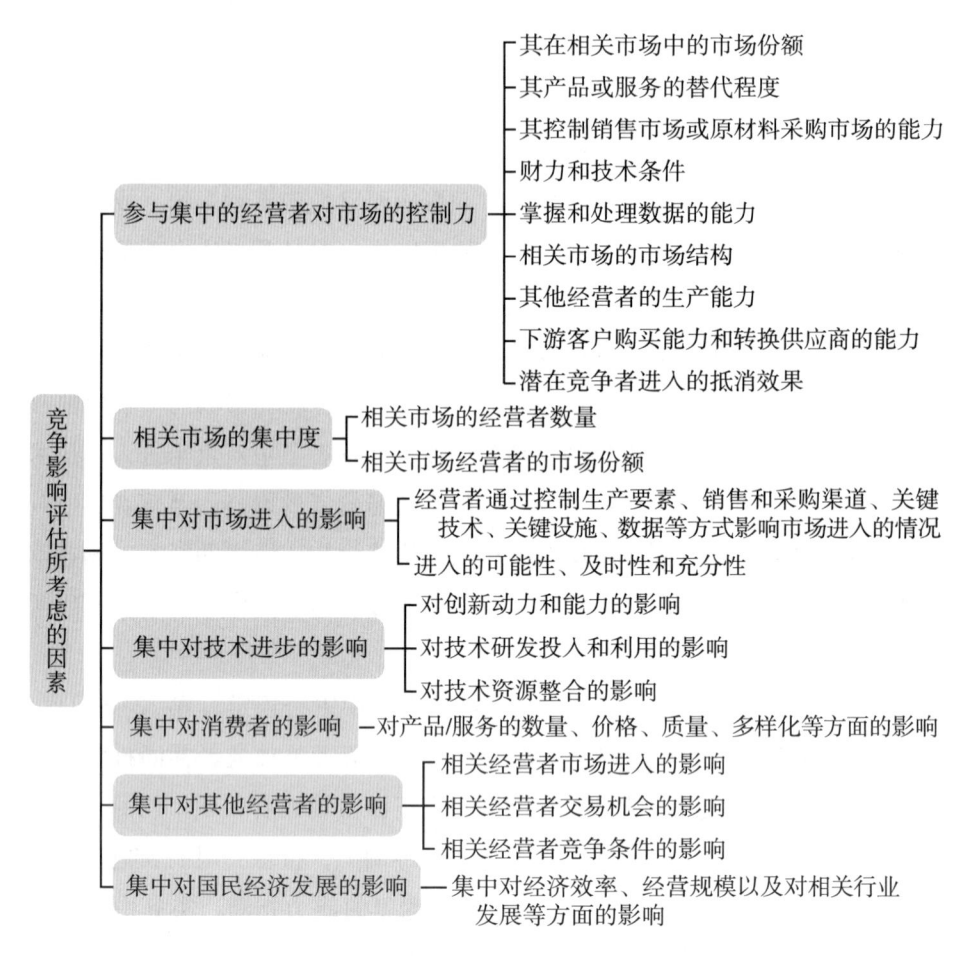

```
                                            ┌─ 其在相关市场中的市场份额
                                            ├─ 其产品或服务的替代程度
                                            ├─ 其控制销售市场或原材料采购市场的能力
                                            ├─ 财力和技术条件
         ┌─ 参与集中的经营者对市场的控制力 ─┼─ 掌握和处理数据的能力
         │                                  ├─ 相关市场的市场结构
         │                                  ├─ 其他经营者的生产能力
         │                                  ├─ 下游客户购买能力和转换供应商的能力
         │                                  └─ 潜在竞争者进入的抵消效果
         │
         │                                  ┌─ 相关市场的经营者数量
         ├─ 相关市场的集中度 ────────────────┤
竞        │                                  └─ 相关市场经营者的市场份额
争        │
影        │                                  ┌─ 经营者通过控制生产要素、销售和采购渠道、关键
响        ├─ 集中对市场进入的影响 ──────────┤   技术、关键设施、数据等方式影响市场进入的情况
评        │                                  └─ 进入的可能性、及时性和充分性
估        │
所        │                                  ┌─ 对创新动力和能力的影响
考        ├─ 集中对技术进步的影响 ──────────┼─ 对技术研发投入和利用的影响
虑        │                                  └─ 对技术资源整合的影响
的        │
因        ├─ 集中对消费者的影响 ──────────── 对产品/服务的数量、价格、质量、多样化等方面的影响
素        │
         │                                  ┌─ 相关经营者市场进入的影响
         ├─ 集中对其他经营者的影响 ────────┼─ 相关经营者交易机会的影响
         │                                  └─ 相关经营者竞争条件的影响
         │
         └─ 集中对国民经济发展的影响 ────── 集中对经济效率、经营规模以及对相关行业
                                            发展等方面的影响
```

图 13　竞争影响评估所考虑的因素之细化

7. 附加限制性条件

对于具有或可能具有排除、限制竞争效果的经营者集中，可以通过附加限制性条件的方式降低其排除、限制竞争效果，从而不对其予以禁止，同时使得其发挥有益竞争的效果，实现保护竞争和其他反垄断法立法目标的平衡。因此，律师对拟实施的经营者集中可能产生的排除、限制竞争效果具有较为准确的判断，并能够预先设计限制性条件以解决反垄断执法机构可能的关注，是一项集中能够尽快获得审批的重要保障。

从类型上看，限制性条件可分为结构性条件和行为性条件。结构性条件是指将参与集中的经营者的有形资产、知识产权等无形资产或者相关权益予以剥离的条件；而行为性条件则往往要求参与集中的经营者为或不为特定行为，如开放网络或平台、许可关键技术、终止排他协议等。对一项具有或可能具有排除、限制竞争效果的集中，既可以单纯适用结构或行为条件，也可以同时适用结构和行为条件。

当一项集中涉及剥离的结构性救济时，《反垄断法》对剥离业务的买方应满足的条件作出了具体规定，同时，也对参与集中的经营者施加了相应义务以保持剥离业务的持续性、竞争性和可销售性（见图14）。

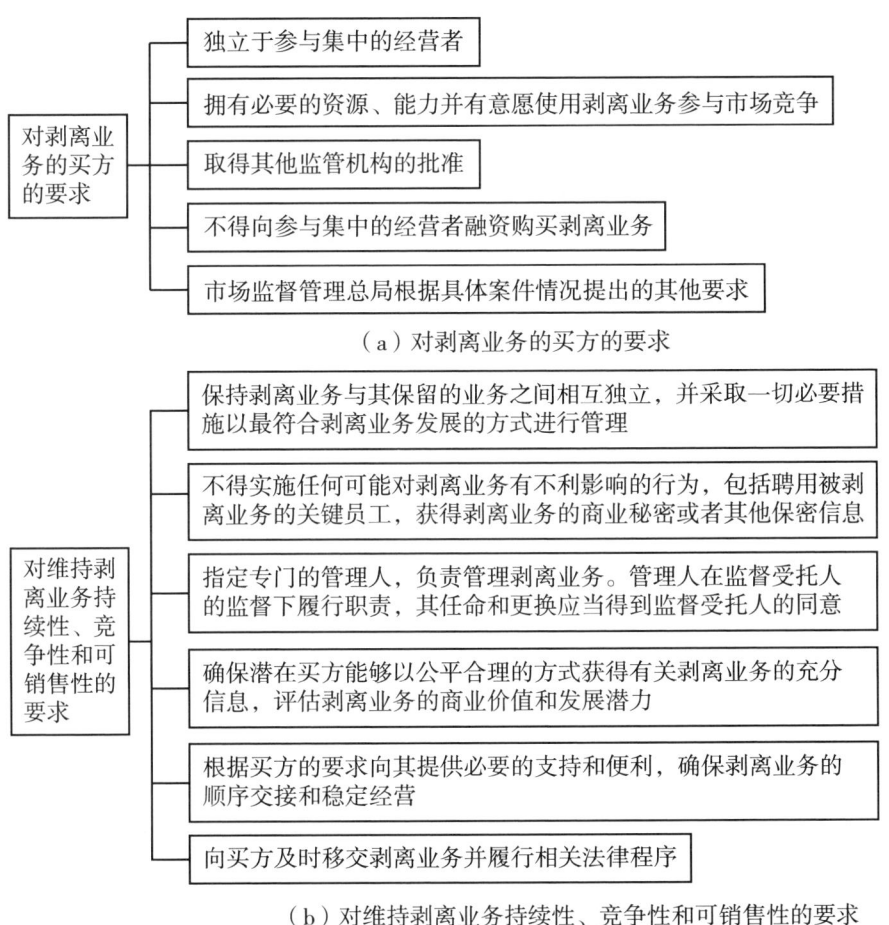

对剥离业务的买方的要求：
- 独立于参与集中的经营者
- 拥有必要的资源、能力并有意愿使用剥离业务参与市场竞争
- 取得其他监管机构的批准
- 不得向参与集中的经营者融资购买剥离业务
- 市场监督管理总局根据具体案件情况提出的其他要求

（a）对剥离业务的买方的要求

对维持剥离业务持续性、竞争性和可销售性的要求：
- 保持剥离业务与其保留的业务之间相互独立，并采取一切必要措施以最符合剥离业务发展的方式进行管理
- 不得实施任何可能对剥离业务有不利影响的行为，包括聘用被剥离业务的关键员工，获得剥离业务的商业秘密或者其他保密信息
- 指定专门的管理人，负责管理剥离业务。管理人在监督受托人的监督下履行职责，其任命和更换应当得到监督受托人的同意
- 确保潜在买方能够以公平合理的方式获得有关剥离业务的充分信息，评估剥离业务的商业价值和发展潜力
- 根据买方的要求向其提供必要的支持和便利，确保剥离业务的顺序交接和稳定经营
- 向买方及时移交剥离业务并履行相关法律程序

（b）对维持剥离业务持续性、竞争性和可销售性的要求

图14 结构性救济中对剥离业务的买方和剥离业务的具体要求

实务中，一项经营者集中的具体的限制性条件应由申报方提出。反垄断执法机构则负责评估申报方提出的限制性条件是否足以解决其对拟实施集中所产生的竞争关注。无论如何，提出解决方案的义务不由反垄断执法机构承担。如申报方提出的方案不能解决反垄断执法机构的关注，则根据《反垄断法》的规定，该经营者集中将被禁止。

需要关注的是，当一项经营者集中进入对限制性条件的确定时，往往会涉及多方主体，如相关的行业协会、竞争对手、参与集中的经营者的上下游交易相对人等。这些主体会积极表达其对经营者集中产生影响的关注以争取、保护自身的权益。律师提供经营者集中申报法律服务，需要学会鉴别相关主体关注背后的利益诉求，充分与反垄断执法机构进行积极的沟通，有理有据地表明观点，争取反垄断执法机构的理解和认同，尽力推进限制性条件的确定，从而维护委托人的合法权益。

8. 限制性条件的监督和实施

负有履行限制性条件义务的经营者应当严格履行义务并向反垄断执法机构报告其履行情况。除此之外，反垄断执法机构通过自己监督或委托他人进行监督的方式对义务人履行限制性条件的情况进行监督。在反垄断执法机构委托他人监督的情况下，该监督受托人人选应由义务人向反垄断执法机构提议，由反垄断执法机构进行评估和确定。根据《经营者集中审查规定》第45条第1款的规定，监督受托人需要符合一系列的要求，包括：（1）诚实守信、合规经营；（2）有担任受托人的意愿；（3）独立于义务人和剥离业务的买方；（4）具有履行受托人职责的专业团队，团队成员应当具有对限制性条件进行监督所需的专业知识、技能及相关经验；（5）能够提出可行的工作方案；（6）过去5年未在担任受托人过程中受到处罚；（7）市场监督管理总局提出的其他要求。

（四）滥用行政权力排除、限制竞争

1. 概念

滥用行政权力排除、限制竞争，简称行政垄断行为，其具有的两个核心要件分别是行政权力滥用和排除、限制竞争。就行政权力滥用而言，首先需要解决的问题是滥用行政权力的主体，其次则是采用什么标准判断行政权力是否被滥用。根据《反垄断法》的规定，滥用行政权力的主体是行政机关和法律、法规授权的具有管理公共事务职能的组织。实践中，对于行政机关的判断比较简单，但判断相关组织是否具有法律、法规授权，以及其在该等授权下是否具有管理公共事务职能，则涉及更为复杂的问题。

例如，广东粤超体育发展股份有限公司与广东省足球协会、广州珠超联赛体育经营管理有限公司垄断纠纷中，最高人民法院就认定，虽然《体育法》规定全国单项体育赛事由该项运动的全国性协会负责管理，但不能就此简单推定广东省足球协会具有足球赛事公共事务管理职能。由于广东省足球协会本身不是法律、法规授权的具有管理公共事务职能的组织，因此其并不构成滥用行政权力的主体。

就权力滥用而言，行政法下的滥用通常强调"法无授权""目的非法"，行政机关作出的法律行为没有法律依据即构成非法行政，行政机关依法行使职权的行为服务于非法的目的也不合法。实践中，人民法院对行政权力是否滥用的理解通常考虑相关行政行为是否符合法律法规的要求，要求被诉行政主体提供其行为所依据的法律、法规和规范性文件，证明其行为符合法定程序的要求。

需要注意的是，滥用行政权力的行为需要对市场竞争具有排除、限制，才会被《反垄断法》禁止，否则，就只构成其他行政违法行为。

2.《反垄断法》禁止的几类行政垄断行为

《反垄断法》禁止的行政垄断行为概括内容见图15。

行为类型	法律条文
行政性限定交易行为	《反垄断法》第39条 行政机关和法律、法规授权的具有管理公共事务职能的组织不得滥用行政权力，限定或者变相限定单位或者个人经营、购买、使用其指定的经营者提供的商品
妨碍市场准入行为	《反垄断法》第40条 行政机关和法律、法规授权的具有管理公共事务职能的组织不得滥用行政权力，通过与经营者签订合作协议、备忘录等方式，妨碍其他经营者进入相关市场或者对其他经营者实行不平等待遇，排除、限制竞争
地方保护行为	《反垄断法》第41条、第43条 行政机关和法律、法规授权的具有管理公共事务职能的组织不得滥用行政权力从事妨碍商品在地区之间自由流通的行为 行政机关和法律、法规授权的具有管理公共事务职能的组织不得滥用行政权力采取与本地经营者不平等待遇等方式，排斥、限制、强制或者变相强制外地经营者在本地投资或者设立分支机构
招投标限制	《反垄断法》第42条 行政机关和法律、法规授权的具有管理公共事务职能的组织不得滥用行政权力，以设定歧视性资质要求、评审标准或者不依法发布信息等方式，排斥或者限制经营者参加招标投标以及其他经营活动
强制经营者实施垄断行为	《反垄断法》第44条 行政机关和法律、法规授权的具有管理公共事务职能的组织不得滥用行政权力，强制或者变相强制经营者从事本法规定的垄断行为
妨碍竞争的抽象行政行为	《反垄断法》第45条 行政机关和法律、法规授权的具有管理公共事务职能的组织不得滥用行政权力，制定含有排除、限制竞争内容的规定

图15 《反垄断法》禁止的行政垄断行为

3. 公平竞争审查制度

2016年6月1日，国务院《关于在市场体系建设中建立公平竞争审查制度的意见》正式发布，从事前防范的角度对行政垄断行为予以规制。

2022年修正的《反垄断法》明确将公平竞争审查制度确立为行政机关和法律、法规授权的具有公共事务管理职能的组织所应当履行的职责，因此，政策措施的制定出台未进行公平竞争审查，将违反法定程序，构成滥用行政权力。

公平竞争审查制度的审查对象为行政机关和法律、法规授权的具有管理公共事务职能的组织制定的市场准入、产业发展、招商引资、招标投标、政府采购、经营行为规范、资质标准等涉及市场主体经济活动的规章、规范性文件和其他政策措施。就审查的标准而言，《公平竞争审查制度实施细则》从市场准入和退出标准、商品和要素自由流动标准、影响生产经营成本标准、影响生产经营行为标准四个方面作出细化规定。

实务中，律师既可以依据公平竞争审查制度的要求对行政主体未能开展公平竞争审查的行为发起相关的举报和投诉，也可以从不作为角度主张行政主体滥用了行政权力。

资产管理业务的法律结构与法律问题

黄再再　黄晓佳

引言

资产管理业务的基础法律关系属于信托法律关系。在资产管理产品中，受托人是核心主体，托管人是重要的辅助主体。受托人就资产管理产品所承担的管理责任是资产管理业务最根本的基础，但是，因其具有高度的专业性和复杂性，并且缺乏具体的、可供执行的明确规则，容易引发争议。托管安排属于资产管理产品交易结构的一部分，托管的关键在于独立性。在资产管理业务中，资产管理产品的设立、销售与对外投资均涉及多方面的法律问题，需要结合实务案例予以分析与研究。

根据中国人民银行、原中国银行保险监督管理委员会、中国证券监督管理委员会、国家外汇管理局联合发布的《关于规范金融机构资产管理业务的指导意见》（银发〔2018〕106号，以下简称资管新规）的规定，资产管理业务是指银行、信托、证券、基金、期货、保险资产管理机构、金融资产投资公司等金融机构接受投资者委托，对受托的投资者财产进行投资和管理的金融服务；资产管理产品包括但不限于人民币或外币形式的银行非保本理财产品，资金信托，证券公司、证券公司子公司、基金管理公司、基金管理子公司、期货公司、期货公司子公司、保险资产管理机构、金融资产投资公司发行的资产管理产品等。同时，资管新规规定，私募投资基金适用私募投资基金专门法律、行政法规，私募投资基金专门法律、行政法规中没有明确规定的适用资管新规。私募投资基金也是资产管理产品的种类之一。

从资产管理业务的法律结构来看（见图1），受托人系核心主体，资产管理产品的法律结构围绕受托人而展开。受托人接受投资者委托，对受托的投资者财产进行投资和管理，为委托人利益履行诚实信用、勤勉尽责义务，并收取相应的管理费用。

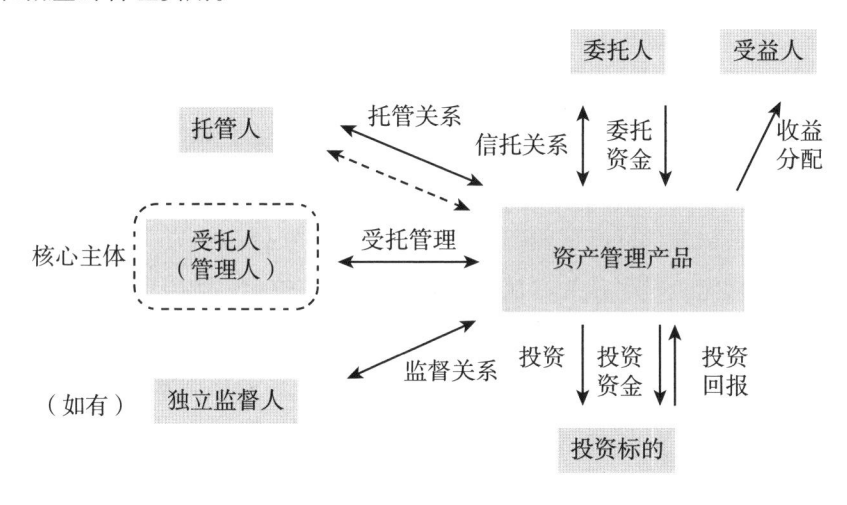

图1 资产管理业务法律结构

一、资产管理业务的基础法律关系

就资产管理业务法律关系的性质，存在三种观点：

其一，信托法律关系说。根据《信托法》第2条的规定，信托是指委托人基于对受托人的信任，将其财产权委托给受托人，由受托人按委托人的意愿以自己的名义，为受益人的利益或者特定目的，进行管理或者处分的行为。从资产管理产品的操作实践来看，资产管理产品系委托人（投资者）基于对受托人的信任，向受托人发起设立的资产管理产品进行投资，受托人按照委托人（投资者）的意愿以受托人的名义对投资资金进行管理或者处分，体现出了较为明显的信托特征。

其二，根据金融机构性质分别认定法律关系性质说，即信托投资公司、证券投资基金管理公司等机构从事的营业性信托活动构成信托法律关系，其他金融机构开展的资产管理业务构成委托法律关系。

根据《民法典》第919条的规定，委托合同是委托人和受托人约定，由受托人处理委托人事务的合同。因此，委托法律关系是委托人将特定事务委托给受托人处理，受托人按照委托人的指示处理委托人事务，相关法律后果由委托人承担的法律关系。在委托法律关系中，受托人按照委托人的意愿与指示从事活动，委托人或者受托人可以随时解除委托合同。

其三，证券发行法律关系说。根据《证券法》第2条第3款的规定，资产管理产品发行、交易的管理办法由国务院依照《证券法》的原则规定。基于此，有观点认为，资产管理产品发行构成证券发行法律关系，适用《证券法》的相关规定。笔者认为，从资管新规的规定来看，资产管理产品按照募集方式的不同，可以分为公募产品和私募产品。其中，资管新规就公募资产管理产品的规定与《证券法》《证券投资基金法》的原则基本保持了一致。就私募资产管理产品而言，投资者在投资后可以获得相应的受益权份额，私募资产管理产品的受益权份额具有个别性，不同私募资产管理产品的受益权份额所包含的权益具有明显的差异，不宜作为证券来看待。由此，私募资产管理产品与证券发行存在差异。

近年来，从司法机关的态度来看，司法机关逐步确定资产管理业务的基础法律关系属于信托法律关系。需要注意的是，《信托法》第25条规定："受托人应当遵守信托文件的规定，为受益人的最大利益处理信托事务。受托人管理信托财产，必须恪尽职守，履行诚实、信用、谨慎、有效管理的义务。"可以认为，资管新规中受托管理资产管理产品的金融机构应当履行的"诚实信用、勤勉尽责"义务[①]的法律来源即为《信托法》对信托受托人职责的规定。

---

① 根据资管新规第2条的规定，在资产管理业务中，金融机构为委托人利益履行诚实信用、勤勉尽责义务并收取相应的管理费用，委托人自担投资风险并获得收益。

《全国法院民商事审判工作会议纪要》第 88 条对"营业信托纠纷的认定"规定:"信托公司根据法律法规以及金融监督管理部门的监管规定,以取得信托报酬为目的接受委托人的委托,以受托人身份处理信托事务的经营行为,属于营业信托。由此产生的信托当事人之间的纠纷,为营业信托纠纷。根据《关于规范金融机构资产管理业务的指导意见》的规定,其他金融机构开展的资产管理业务构成信托关系的,当事人之间的纠纷适用信托法及其他有关规定处理。"由此来看,法院采取了基于法律关系的实质进行认定的方式,不仅将信托公司设立信托认定为信托法律关系,而且其他金融机构根据资管新规的规定开展的资产管理业务构成信托法律关系的情况下,也按照信托法律关系处理。需要注意的是,2023 年 9 月 1 日起施行的《私募投资基金监督管理条例》(国务院令第 762 号)第 1 条中,也将《信托法》作为制定该条例的法律依据。因此,私募投资基金也属于信托法律关系,需要适用《信托法》。

在最高人民法院民事审判第二庭编著的《〈全国法院民商事审判工作会议纪要〉理解与适用》[①] 中,最高人民法院民事审判第二庭法官指出,资管新规已经将功能监管和行为监管作为资产管理业务的重要监管方式,从司法层面来看,需要统一适用法律、切实改变对各类金融活动不能确切适用上位法依据的现实状况,实现纠纷的依法、公正处理。因此,在营业信托纠纷的界定方面,除了传统的信托公司、基金管理公司等实际经营信托业务的机构开展的营业信托之外,对于其他金融机构开展的资产管理业务,构成信托关系的,也应按照《信托法》的原则和具体规定确定当事人之间的权利义务关系。

从《信托法》的规定来看,信托财产具有独立性,主要体现为:信托财产与委托人未设立信托的其他财产相区别;信托财产与属于受托人所有的财产相区别,不得归入受托人的固有财产或者成为固有财产的一部分;受托人

---

① 最高人民法院民事审判第二庭编著:《〈全国法院民商事审判工作会议纪要〉理解与适用》,人民法院出版社 2019 年版,第 464－469 页。

管理运用、处分信托财产所产生的债权，不得与其固有财产产生的债务相抵销；受托人管理运用、处分不同委托人的信托财产所产生的债权债务，不得相互抵销等。将资产管理业务的基础法律关系确定为信托法律关系，有利于从法律角度确认资产管理产品财产的独立性，从而保护投资者的利益。在《全国法院民商事审判工作会议纪要》第95条第1款中，基于信托财产的独立性，对信托财产诉讼保全就作出了有利于投资者的规定："信托财产在信托存续期间独立于委托人、受托人、受益人各自的固有财产。委托人将其财产委托给受托人进行管理，在信托依法设立后，该信托财产即独立于委托人未设立信托的其他固有财产。受托人因承诺信托而取得的信托财产，以及通过对信托财产的管理、运用、处分等方式取得的财产，均独立于受托人的固有财产。受益人对信托财产享有的权利表现为信托受益权，信托财产并非受益人的责任财产。因此，当事人因其与委托人、受托人或者受益人之间的纠纷申请对存管银行或者信托公司专门账户中的信托资金采取保全措施的，除符合《信托法》第17条规定的情形外，人民法院不应当准许。已经采取保全措施的，存管银行或者信托公司能够提供证据证明该账户为信托账户的，应当立即解除保全措施。对信托公司管理的其他信托财产的保全，也应当根据前述规则办理。"将资产管理业务的基础法律关系确定为信托法律关系的，上述关于信托财产免于当事人与委托人、受托人或者受益人之间纠纷相关的保全可以同样适用于资产管理产品。

二、资产管理产品中受托人与托管人的责任

在资产管理产品中，受托人是核心主体，托管人是重要的辅助主体。受托人与托管人的责任范围认定是资产管理产品中最为重要的问题。

（一）受托人管理责任及其履行

受托人凭借其专业知识、行业经验和管理能力，接受投资者委托，对受托的投资者财产进行投资和管理。受托人就资产管理产品承担的管理责任是资产管理业务最根本的基础。

1. 受托人管理责任的核心——信义义务

在论及受托人责任时，以信义义务为核心。信义义务有两个基本来源，即合同约定和法律规定。其中，根据《信托法》第 25 条的规定，受托人的法定义务包含"为受益人的最大利益处理信托事务"和"恪尽职守，履行诚实、信用、谨慎、有效管理的义务"。上述法定义务一般归纳为受托人的忠实义务（duty of loyalty，即受托人在执行信托事务的过程中必须全部为了受益人的利益）与谨慎（善管注意）义务（受托人应尽"善良管理人的注意义务"）。①

传统信托（民事信托）主要属于财产转移法（the law of conveyance），受托人主要责任是对信托财产进行保管、利用和分配，不涉及受托人积极地以信托财产进行投资，受托人的义务主要侧重于其保守的一面。资产管理业务则是金融机构等专业机构从事的金融活动，受托人的信义义务体现出不同于传统信托的特征：

其一，对受托人形成约束的不仅包括法律和行政法规，还包括金融监管部门发布的监管规定和行业自律组织发布的行业准则。

其二，受托人作为专业机构，仅以"与处理自己事务同样的技能和注意"为其管理责任的标准是不够的，而是应当体现出专业水准。也就是说，在资产管理业务中认定受托人管理责任标准时，需要考虑受托人系专业机构，从而将同类型的专业机构应当具有的专业性的、客观的注意义务作为判断标准。例如，在受让债权时，专业机构应当知道债权转让对债务人生效的前提是通知债务人，并基于此合理设计交易结构。再如，受托人在投资后应当对投资标的进行跟踪管理，投资标的出现风险的，受托人有义务及时采取应对措施。

其三，受托人最重要的职责是对产品财产进行投资运用，并通过投资运用获得收益，这也是资产管理产品受托人收取管理费与业绩报酬的合理性基

---

① 参见赵廉慧：《信托法解释论》，中国法制出版社 2015 年版，第 309 - 344 页。

础。在投资运用时，无论多么专业的投资专家都可能会因投资失败而带来损失。因此，在资产管理业务中讨论受托人的责任标准时，并非要求受托人像财产保管人一样避免任何风险，而是需要尊重受托人的裁量权，对受托人基于专业判断而采取的投资行为予以合理保护。只要受托人尽到合理的谨慎义务，即使造成投资者财产损失也不应为此承担责任，法院或仲裁机构对受托人行使裁量权的行为应当克制干涉冲动。有学者将传统信托与商业信托作出了区分，并认为商业信托更接近于公司等其他商业组织，适当的风险激励正是商业信托的生存之道。因此，商业信托受托人的决策可以适用类似于公司董事的商业判断规则。①

其四，在资产管理业务中分析受托人的责任时，需要结合"适当的投资者"和"勤勉的受托人"两个角度来考虑。资产管理业务的重要基石之一为投资者适当性。适当投资者具备相应的风险识别能力和风险承担能力，对所投资的资产管理产品并非一无所知。因此，在资产管理业务中，受托人的管理责任需要充分尊重受托人与委托人之间的约定。

近年来，在打破刚性兑付之后，投资者基于"产品发生损失，受托人即有责任"的逻辑，与受托人发生争议的概率直线上升。根据上海金融法院的统计，在私募基金领域中，已经有超过 2/3 的纠纷来自私募基金的内部，即发生在投资者、管理人、托管人、投资顾问、销售机构之间，其中，绝大部分又为投资者诉管理人、基金合伙企业、销售机构等主体的纠纷。② 从现实情况来看，在资产管理业务实践中，受托人的信义义务往往缺乏具体的、可供执行的明确规则。因此，一旦投资者与受托人发生争议，双方的矛盾往往体现得较为激烈，并且缺乏解决矛盾的"共识"平台。

2. 受托人管理责任的认定标准

以实践中的部分典型司法案例为基础进行分析，笔者注意到，法院对资

---

① 参见李宇：《商业信托法》，法律出版社 2021 年版，第 861－902 页。
② 参见上海金融法院：《私募基金纠纷法律风险防范报告》，第 3 页。该报告为上海金融法院金融纠纷法律风险防范系列报告（2021）之一。

产管理产品受托人管理责任标准的认定存在以下特征：

（1）合同约定系认定受托人管理责任的重要标准，受托人履行合同义务可以作为适当履行信义义务的重要依据。

在此裁判逻辑下，法院主要以意思自治的逻辑来衡量受托人的信义义务。例如，在湖北银行股份有限公司与四川信托有限公司、中国农业发展银行根河市支行合同纠纷二审案［湖北省高级人民法院，（2017）鄂民终2301号］中，根据《信托合同》的约定，四川信托有限公司（以下简称四川信托）按照约定的具体运用方向，管理、运用信托财产（向满洲里实业公司发放信托贷款）即视为四川信托已经履行了恪尽职守、诚实、信用、谨慎、有效管理的义务。法院在查证信托财产的运用方式符合合同约定后即认定四川信托已适格履行了符合合同约定的忠诚、勤勉义务。在陕西神木农村商业银行股份有限公司与华融国际信托有限责任公司营业信托纠纷二审案［北京市高级人民法院，（2020）京民终155号］中，法院就原告关于受托人违反信义义务的主张，首先依据相关材料认定受托人在信托管理过程中已履行了其作为信托受托人应履行的合同义务，并在未就信义义务应当包含的内容进行具体分析的情况下，直接认定了原告未能证明华融国际信托有限责任公司违反"恪尽职守，履行诚实、信用、谨慎、有效管理义务"。在北京华美宏信投资管理公司与山东省国际信托有限公司信托纠纷再审案［最高人民法院，（2021）最高法民申2203号］中，最高人民法院就原告关于受托人违反信义义务的主张，仅分析和认定了山东省国际信托有限公司不存在违约行为，同样直接认为投资人未能证明山东省国际信托有限公司存在违反诚实、信用、谨慎、有效管理义务的行为。

但是，在资产管理产品中，法律文件一般由受托人拟订，受托人作为专业机构，具有专业优势。因此，资产管理产品法律文件往往倾向于考虑受托人的利益，对受托人义务的约定较为原则、笼统，并且，往往通过向委托人提示风险或增加受托人免责约定来减轻受托人的管理责任。因此，涉及具体案件时，以合同约定为受托人信义义务的基本依据往往容易引发极大的争议。

（2）除法律和行政法规外，受托人在开展资产管理业务中应当遵守的金融监管部门发布的监管规定和行业自律组织发布的行业准则可以作为判断其信义义务的依据。

《信托法》中关于受托人义务的规定具有抽象的特征，而金融监管部门发布的监管规定和行业自律组织发布的行业准则就受托人义务作出了更为明确的规定。例如，资管新规、《商业银行理财业务监督管理办法》（中国银行保险监督管理委员会令2018年第6号）、《证券期货经营机构私募资产管理业务管理办法》（中国证券监督管理委员会令第203号）、《保险资产管理产品管理暂行办法》（中国银行保险监督管理委员会令2020年第5号）等对受托人从事资产管理业务需要遵守的基本规则作出了系统的规定。由于这些规范性文件的法律位阶通常较低，其是否应被直接视为受托人法定义务的渊源存在一定争议。

部分案件中，法院通过援引受托人存在违反监管规定、受到监管部门行政处罚或被监管部门采取监管措施的事实，认定受托人在资产管理业务中存在过错，违反了相关法定义务。例如，刘某与联储证券有限责任公司营业信托纠纷二审案［上海金融法院，（2021）沪74民终395号］中，基于监管部门出具的《行政监管措施决定书》认定受托人存在"部分资管计划信息披露不及时、销售不规范、份额种类划分不当、合同条款缺失、资管业务内部控制不到位、部分资管计划投资比例超标"具体违规行为，法院认定受托人在管理涉案资管计划的过程中存在一定过错，并进一步认定受托人违反了《证券投资基金法》第9条第1款、第2款所规定的关于基金管理人审慎经营的相关法定义务。

部分案件中，法院直接将金融监管部门的规范性文件视为受托人法定义务的渊源。例如，甘孜州农村信用联社股份有限公司与四川科亨矿业（集团）有限公司等合同纠纷二审案［最高人民法院，（2017）最高法民终880号］中，最高人民法院认为，"合同法、信托法以及金融监管部门有关规范性文件规定了委托合同或信托合同受托人应承担的法定履职和尽职义务，即使当事人之间所签订的合同中未作约定，如受托人违反该法定履职或尽职义务并因其过失给委托人造成损失的，也应根据其过错情形承担相应的民事责任。"严某家与上海钜派投资集团有限公司等其他合同纠纷二审案［上海金融法院，（2021）沪74民终1112号］等系列案中，法院引用了基金业协会自律规则《私募投资基金管理人内部控制指引》关于私募基金管理人内部风控机制的要求，说明受托人在案涉基金运作过程中未能专业、独立、尽责地履行管理人义务，并进一步认为其违规行为与投资者的损失存在相当因果关系，应当承担相应的赔偿责任。

资管新规发布之后，最高人民法院在光大兴陇信托有限责任公司与北京北大高科技产业投资有限公司借款合同纠纷二审案［最高人民法院，（2015）民二终字第401号］、南昌农村商业银行股份有限公司与内蒙古银行股份有限公司合同纠纷二审案［最高人民法院，（2016）最高法民终215号］等案件的判决中也明确地引用了资管新规和其他监管规定作为认定受托人责任的依据。这意味着受托人管理责任中的法定义务的依据并不仅限于法律和行政法规，而是可以通过金融监管部门发布的监管规定和行业自律组织发布的行业准则等文件中更为具体的要求得到进一步的延伸和扩展。

从资产管理行业的情况来看，近年来行业自律组织发布的行业准则越来越多，而且部分行业准则系按照"业内良好实践"的标准制定，在行业内推广适用，如中国信托业协会发布的《信托公司受托责任尽职指引》等。在认定资产管理产品受托人管理责任时，行业准则中所体现的"业内良好实践"标准可以作为认定同类型专业机构需要达到的注意义务的参照标准。

（3）当事人关于受托人权利义务的约定可以在一定程度上限缩受托人的信义义务的具体内涵，但是，受托人的法定义务仍应当优先于合同义务。

通过合同的约定减轻受托人管理责任，在通道业务中体现得尤为明显。根据《关于规范银信类业务的通知》（银监发〔2017〕55号）、《全国法院民商事审判工作会议纪要》对通道业务的定义，在通道业务中，委托人自行决定资产的管理、运用和处分，并自行承担资产的风险管理责任和相应风险损失，受托人仅提供必要的事务协助或者服务。因此，从受托人管理责任角度来看，通道业务实质上已偏离了资产管理业务项下信托关系的核心。

《全国法院民商事审判工作会议纪要》特别区分了主动管理信托和通道业务中受托人的责任：在主动管理信托中，重点审查受托人在"受人之托，忠人之事"的财产管理过程中，是否恪尽职守，履行了谨慎、有效管理等法定或者约定义务；在通道业务中，主要依据信托文件的约定确定各方的权利义务。例如，在北川羌族自治县农村信用合作联社与山东省国际信托股份有限公司、天风证券股份有限公司等合同纠纷二审案［最高人民法院，（2018）最高法民终1209号］中，案涉《资产管理合同》约定，合同项下委托资产将投资于山东省国际信托股份有限公司作为受托人成立的单一事务管理信托，法院根据合同的约定认可了受托人不负有事前审查和尽职调查的义务，因此不存在违背信义义务的问题。又如，在吉林省建苑设计集团有限公司与四川信托有限公司信托纠纷二审案［四川省高级人民法院，（2017）川民终680号］中，法院认为被动管理型信托仍然属于信托法律关系，并且，法院依据信托合同的约定认为委托人应当自行判断并承担项目风险，从而认定受托人不存在违反信义义务的行为。

但是，这并不意味着受托人可以通过合同的约定排除法定义务的承担。在部分典型案例中，法院明确指出，受托人的法定义务是法律规定其必须承担的义务，是认定其义务的"底线"标准，应当优先于合同义务。例如，在孙某聪与中融国际信托有限公司营业信托纠纷二审案［北京市第二中级人民法院，（2020）京02民终7486号］中，法院强调，受托人在行使信托合同约定的自行变现信托财产等合同权利时，还应当遵守《信托法》的相关规定，履行受托人的法定义务，不能滥用合同权利损害委托人利益。在吴某与华澳国际信托有限公司财产损害赔偿纠纷二审案［上海金融法院，（2020）沪74民终29号］中，法院明确指出，信托公司在通道类信托业务中虽仅负责事务性管理，但仍应秉持审慎原则开展经营，承担必要的注意义务，因此，基于信托公司违反法定的注意义务，判定其承担相应赔偿责任。此类案件无疑为从事通道业务的资产管理产品受托人敲响了警钟。

(4) 在认定受托人的信义义务时强调受托人作为专业机构的高度谨慎和注意义务。

大多数情况下，法院较少就受托人基于信义义务在资产管理产品相关案件的具体语境下应体现出的行为边界进行明确认定，但是，法院普遍认可资产管理产品受托人作为专业机构，应当具有更高的注意义务。例如，在邓某君与联储证券有限责任公司营业信托纠纷民事一审案［上海市浦东新区人民法院，（2019）沪 0115 民初 13879 号］、刘某与联储证券有限责任公司营业信托纠纷民事一审案［上海市浦东新区人民法院，（2019）沪 0115 民初 22337 号］、胡某汉与联储证券有限责任公司委托理财合同纠纷民事一审案［上海市浦东新区人民法院，（2021）沪 0115 民初 8792 号］等系列案件中，上海市浦东新区人民法院均强调了受托人作为专业金融投资机构，在涉案资产管理计划的风险控制上应当尽到专业审慎的注意义务。在刘某奎与广东粤财信托有限公司营业信托纠纷二审案［广东省广州市中级人民法院，（2021）粤 01 民终 416 号］中，法院指出，证券市场中风险与收益并存，受托人的主要义务是在合理判断风险的前提下为委托人争取尽量高的收益；在合同当事人均未在投资标的中剔除可能被暂停上市的股票的情况下，裁判者应当尊重商事主体的自主决策权利，不能一概认为受托人投资了有暂停上市风险且最终被强制退市的股票就一定违反了信义义务，而应具体考察受托人的投资行为在当时有无合理性，是否违反了忠实义务和在符合审慎原则的基础上尽到了一个专业投资者应当尽到的注意义务。

需要注意的是，从法院的观点来看，一般认为，在资产管理产品中，对受托人作为专业机构所施加的较高标准的信义义务并非单独创设的新义务，而是在法律规定和合同约定的抽象义务的基础上进行延伸，要求达到专业和高于一般诚信注意义务的程度。例如，在孙某聪与中融国际信托有限公司营业信托纠纷二审案［北京市第二中级人民法院，（2020）京 02 民终 7486 号］中，就信托公司终止信托计划的行为是否违反信义义务，法院在合同约定的基础上，进一步综合考虑了信托公司履行受托人义务的情况及交易风险，分析认定信托公司的处置行为符合一般商业逻辑，从而认为受托人没有违反信义义务。

3. 资产管理产品受托人管理责任的认定规则

在就资产管理产品受托人管理责任的认定标准进行分析的基础上，下面进一步分析司法实践中就资产管理产品受托人管理责任的认定规则。

随着受托人在资产管理业务中履行管理责任的情况越来越多地被投资者用作寻求民事救济的依据，在资产管理业务纠纷中，认定受托人管理责任的边界变得十分重要。根据产品类型、专业化要求、合同约定等因素的不同，受托人在各个具体场景下的管理责任存在较大的差异。例如，在深圳市博鼎华象投资合伙企业与红土创新基金管理有限公司合同纠纷二审案［广东省深圳市中级人民法院，（2020）粤03民终22461号］中，法院指出，从管理人信义义务的角度判断管理人是否违反管理职责或者背信，关键看不同产品类型下，投资人与管理人之间的信息优势、专业技能的悬殊程度，以及由此产生的信赖强度。因为产品类别不同、投资人不同、结构不同，对管理人的信义义务（勤勉义务）特别是注意义务要求也不相同。在中国华电集团资本控股有限公司与长安国际信托股份有限公司信托纠纷二审案［最高人民法院，（2018）最高法民终780号］中，法院进一步考虑了投资者的类型，对不同类型投资者的区分对待予以说明，指出商事信托是高风险、高收益的商事行为，遵循"卖者尽责、买者自负"原则。在判断受托人履行义务情况时，应当将机构投资者与自然人投资者相区分。可以认为专业投资者与受托人处于平等地位，平等予以保护。

资产管理业务中受托人管理责任较多，难以一一论述。本文仅以信息披露义务为例进行分析。

（1）受托人需要承担的信息披露义务结合法律和监管规定的规定、合同约定和专业机构注意义务予以认定。

根据《信托法》第33条的规定，受托人必须保存处理信托事务的完整记录，并应当每年定期将信托财产的管理运用、处分及收支情况，报告委托人和受益人。根据《信托法》第 20 条的规定，委托人有权了解其信托财产的管理运用、处分及收支情况，并有权要求受托人作出说明；同时，委托人有权查阅、抄录或者复制与其信托财产有关的信托账目以及处理信托事务的其他文件。金融监管部门发布的监管规定中对信息披露也有许多针对性的规定。例如，《信托公司集合资金信托计划管理办法》（中国银行业监督管理委员会令 2009 年第 1 号）第 34 条规定："信托公司应当依照法律法规的规定和信托计划文件的约定按时披露信息，并保证所披露信息的真实性、准确性和完整性。"第 38 条规定："信托计划发生下列情形之一的，信托公司应当在获知有关情况后 3 个工作日内向受益人披露，并自披露之日起 7 个工作日内向受益人书面提出信托公司采取的应对措施：（一）信托财产可能遭受重大损失；（二）信托资金使用方的财务状况严重恶化；（三）信托计划的担保方不能继续提供有效的担保。"《私募投资基金监督管理暂行办法》（中国证券监督管理委员会令第 105 号）第 24 条规定，私募基金管理人、私募基金托管人应当按照合同约定，如实向投资者披露基金投资、资产负债、投资收益分配、基金承担的费用和业绩报酬、可能存在的利益冲突情况以及可能影响投资者合法权益的其他重大信息，不得隐瞒或者提供虚假信息。法律和监管规定可以作为认定受托人信息披露义务的依据。

除法律和监管规定之外，信息披露义务往往也是受托人的基本合同义务。并且，在合同中往往对信息披露的内容、时间、频率、方式等作出明确的约定。受托人需要遵守合同中与信息披露相关的约定。

在合同就信息披露义务约定不明确的情况下，受托人对信息披露义务的履行需要达到专业机构的高度谨慎和注意义务的要求。在彭某与中信信托有限责任公司营业信托纠纷二审案［北京市第三中级人民法院，（2018）京 03 民终 13862 号］中，在信托合同未明确约定在信托单位净值直接跌破平仓线以及平仓完成后受托人有义务通知受益人的情况下，法院从受益人在触及预警线及平仓完成后有考虑追加增强资金的权利的角度出发，推导出在此情况下受托人应当相应地及时通知受益人，以保障受益人的权利。

（2）信息披露方式需要适当，否则可能构成信息披露违约。

一般而言，资产管理产品受托人可以通过在营业场所存放备查文件、网站公告、电子邮件、电话或传真、邮寄信函等多种方式实现对委托人或受益人的信息披露，具体方式可以在信托文件中进行约定。并且，为保证受托人的操作便利，信托文件中往往约定受托人可以任选其中一种或多种方式进行披露。

但是，实践中，不适当的信息披露方式仍将导致委托人与受托人对是否履行信息披露义务发生争议。例如，在王某云与山东省国际信托股份有限公司等信托纠纷二审案［山东省济南市中级人民法院，（2020）鲁 01 民终 543号］中，根据信托合同的约定，受托人进行信息披露的方式包括在受托人网站上公告、电子邮件、电话和信函，其中，受托人应当每月向委托人和受益人寄送单位净值披露的书面材料。但是，本案中，由于委托人未按信托文件要求如实、完整填写联系电话、电子邮箱、通信地址等联系方式，导致山东省国际信托股份有限公司未能以邮寄方式通知其本人，只能以网站公告的方式进行信息披露。对于受托人的网站披露行为，法院认为，受托人山东省国际信托股份有限公司提供的网页截图没有发布时间，证据来源于山东省国际信托股份有限公司网站，山东省国际信托股份有限公司可以任意修改其网站上发布的内容，证据本身的真实性存疑；并且，法院认为山东省国际信托股份有限公司在签订信托文件时没有强制要求个人投资者如实填写联系方式，没有尽到恪尽职守、有效管理的义务，因此，存在未依约履行信息披露义务的行为。在谭某峥与中信信托有限责任公司营业信托纠纷二审案［北京市第三中级人民法院，（2018）京 03 民终 13860 号］中，法院也对受托人提供的在其网站上进行信息披露的网页截图的真实性提出了怀疑。而在陈某超与厦门国际信托有限公司、北京大隐鹏锐投资咨询有限公司营业信托纠纷案［福建省厦门市中级人民法院，（2019）闽 02 民初 186 号］中，同样针对网站披露的方式，法院作出了相反的认定，认为本案中委托人在信托计划存续期间并未对受托人的信息披露义务提出过异议,结合受托人提供的网页截图,能够推定其已依约在其网站履行了信息披露义务。

从上述案例来看,受托人在履行信息披露义务时需要注意以下事项:其一,在订立产品合同时,应当根据拟采取的信息披露方式的实际操作,要求投资者如实、完整填写联系电话、电子邮箱、通信地址等联系方式;其二,建议同时采取多种信息披露方式,以便投资者及时获取相关信息;其三,如拟对某些信息披露事项采取网站公布的方式进行信息披露的,建议向投资者明确说明,并提供账号、密码,确保投资者能够通过网站及时获取披露信息;其四,应当做到信息披露留痕,及时保留履行信息披露义务的证据。在《全国法院民商事审判工作会议纪要》第94条中,也规定了资产管理产品的委托人以受托人未履行勤勉尽责、公平对待客户等义务损害其合法权益为由,请求受托人承担损害赔偿责任的,应当由受托人举证证明其已经履行了义务。因此,受托人保存能够证明其履行义务的证据尤为重要。

(3)投资者的权利需要受到限制,信息披露限于合理范围。

受托人应当进行信息披露的范围主要是与信托财产的管理运用、处分及收支情况有关的信息,具体可以根据相关合同约定进行确定。例如,WANGYING与国民信托有限公司营业信托纠纷二审案[北京市高级人民法院,(2019)京民终1600号]中,针对投资者WANGYING关于信息披露的诉讼请求,法院明确指出,依据《信托法》的规定,委托人只能行使与其信托财产有关的知情权,不能扩大成为对全体投资人的所有信托财产的所有信息要求知情。法院综合考察了本案中受托人根据《信托合同》约定的信息披露途径进行披露的情况,认定现有的材料可以反映受托人对信托财产进行管理、运用及收支的情况,已能满足WANGYING作为委托人的知情权,并进一步指出委托人所要求披露的信托计划成立前形成的文件,不属于受托人应当向委托人披露的内容,亦不属于《信托法》和《信托合同》中规定的"处理信托事务的其他文件"的范围。

需要注意的是,如前所述,在《信托合同》中对应当披露的信息约定不明，根据相关法律法规亦无法确定某些具体信息是否属于应当披露的范围时，受托人对信息披露义务的履行需要达到专业机构的高度谨慎和注意义务的要求。这意味着受托人应基于专业判断和产品实际情况自主决定是否披露相关信息。在李某伟与新华信托股份有限公司营业信托纠纷二审案［最高人民法院，（2018）最高法民终173号］中，委托人主张信托公司应当及时将所投资的项目公司签订重大补充协议、阴阳合同、取得土地使用权证延迟、开盘延迟、竣工延迟等重大事项向受益人披露，否则构成违约；而信托公司在获知相关风险情况时，已及时采取了向交易对手方反映、要求澄清、与交易对手进行谈判以及向监管部门进行投诉等多项措施，最终法院认定信托公司并未怠于履行职责。本案中，法院在明确信托公司并不存在对项目主动管理不充分的违约行为，由于其并未直接管理项目开发建设可能未能及时得知前述信息的基础上，指出《信托合同》并未列明可能对受益人权益产生重大影响的具体事项时，信托公司可以根据专业判断来决定需要披露的临时事项，其未对前述事项进行临时披露并不当然构成违约。

（4）认定受托人承担违反信息披露义务的损失赔偿责任时需要证明受托人行为与投资者损失之间存在因果关系。

根据《信托法》第22条第1款的规定，受托人违反信托目的处分信托财产或者因违背管理职责、处理信托事务不当致使信托财产受到损失的，委托人有权申请人民法院撤销该处分行为，并有权要求受托人恢复信托财产的原状或者予以赔偿。根据这一规定，受托人违背管理职责致使信托财产受到损失的，委托人有权要求受托人恢复原状或予以赔偿，也就是说，受托人承担责任是以损害填补为原则的。

实践中，受托人的信息披露义务履行与否可能并不会对信托财产的管理、处分产生直接的影响。因此，即便受托人存在违反信息披露义务的行为，由于受托人行为与信托财产的损失之间缺乏关联，投资者往往难以主张受托人就此对信托财产的损失承担赔偿责任。在王某云与山东省国际信托股份有限公司等信托纠纷二审案［山东省济南市中级人民法院，（2020）鲁01民终

543号]中,法院认为受托人虽然有违反风险提示义务及信息披露义务的行为,但是,在基金单位净值尚在警戒线以上的阶段,发生的损失系正常市场风险,该阶段无其他证据证明违反上述义务对信托财产造成了损失。

从司法案例来看,法院在认定受托人承担违反信息披露义务的损失赔偿责任时通常分为以下两步:一是认定受托人是否存在违反信息披露义务的行为;二是判断信托财产的损失与受托人违反信息披露义务的行为之间是否存在因果关系,并据此认定受托人是否承担赔偿责任。这一过程在彭某与中信信托有限责任公司营业信托纠纷二审案[北京市第三中级人民法院,(2018)京03民终13862号]中较为典型。本案中,受托人同时存在两种信息披露违约行为,一是存在违反风险提示义务和信息披露义务的行为,二是存在信托单位净值触及预警线及平仓后未履行通知义务的行为。法院根据信托财产净值的不同变化阶段进行划分,在分别分析不同阶段中信托单位净值的损失与受托人的违约行为之间的因果关系后,据此核算了受托人对受益人的实际损失所应当承担的赔偿责任。

(二)托管人的职责及其履行

就资产管理产品的托管,资管新规第14条规定,资管新规发布后,金融机构发行的资产管理产品资产应当由具有托管资质的第三方机构独立托管,法律、行政法规另有规定的除外;独立托管有名无实的,由金融监督管理部门进行纠正和处罚。同时,资管新规第12条第1款规定,金融机构应当向投资者主动、真实、准确、完整、及时披露资产管理产品托管安排等内容。由此来看,在资产管理产品中,托管安排属于资产管理产品交易结构的一部分,托管需要由具有托管资质的第三方机构进行,其核心在于独立性。

但是,资管新规对托管人的职责未做明确规定。笔者注意到,对托管人的职责,以下法律、行政法规和部门规章作出了规定:

《证券投资基金法》第36条规定:"基金托管人应当履行下列职责:(一)安全保管基金财产;(二)按照规定开设基金财产的资金账户和证券账户;(三)对所托管的不同基金财产分别设置账户,确保基金财产的完整与独立;(四)保存基金托管业务活动的记录、账册、报表和其他相关资料;(五)按照基金合同的约定,根据基金管理人的投资指令,及时办理清算、交割事宜;(六)办理与基金托管业务活动有关的信息披露事项;(七)对基金财务会计报告、中期和年度基金报告出具意见;(八)复核、审查基金管理人计算的基金资产净值和基金份额申购、赎回价格;(九)按照规定召集基金份额持有人大会;(十)按照规定监督基金管理人的投资运作;(十一)国务院证券监督管理机构规定的其他职责。"

《私募投资基金监督管理条例》第16条规定:"私募基金财产进行托管的,私募基金托管人应当依法履行职责。私募基金托管人应当依法建立托管业务和其他业务的隔离机制,保证私募基金财产的独立和安全。"

《商业银行理财业务监督管理办法》第51条第1款规定:"从事理财产品托管业务的机构应当履行下列职责,确保实现实质性独立托管:(一)安全保管理财产品财产;(二)为每只理财产品开设独立的托管账户,不同托管账户中的资产应当相互独立;(三)按照托管协议约定和理财产品发行银行的投资指令,及时办理清算、交割事宜;(四)建立与理财产品发行银行的对账机制,复核、审查理财产品资金头寸、资产账目、资产净值、认购和赎回价格等数据,及时核查认购、赎回以及投资资金的支付和到账情况;(五)监督理财产品投资运作,发现理财产品违反法律、行政法规、规章规定或合同约定进行投资的,应当拒绝执行,及时通知理财产品发行银行并报告银行业监督管理机构;(六)办理与理财产品托管业务活动相关的信息披露事项,包括披露理财产品托管协议、对理财产品信息披露文件中的理财产品财务会计报告等出具意见,以及在公募理财产品半年度和年度报告中出具理财托管机构报告等;(七)理财托管业务活动的记录、账册、报表和其他相关资料保存15年以上;(八)对理财产品投资信息和相关资料承担保密责任,除法律、行政法规、规章规定、审计要求或者合同约定外,不得向任何机构或者个人提供相关信息和资料;(九)国务院银行业监督管理机构规定的其他职责。"

《保险资产管理产品管理暂行办法》第 16 条规定："托管人应当履行下列职责：（一）忠实履行托管职责，妥善保管产品财产；（二）根据不同产品，分别设置专门账户，保证产品财产独立和安全完整；（三）根据保险资产管理机构指令，及时办理资金划转和清算交割；（四）复核、审查保险资产管理机构计算的产品财产价值；（五）了解并获取产品管理运营的有关信息，办理出具托管报告等与托管业务活动有关的信息披露事项；（六）监督保险资产管理机构的投资运作，对托管产品财产的投资范围、投资品种等进行监督，发现保险资产管理机构的投资或者清算指令违反法律、行政法规、银保监会规定或者产品合同约定的，应当拒绝执行，并及时向银保监会报告；（七）保存产品托管业务活动的记录、账册、报表和其他相关资料；（八）主动接受投资者和银保监会的监督，对产品投资信息和相关资料承担保密责任，除法律、行政法规、规章规定或者审计要求、合同约定外，不得向任何机构或者个人提供相关信息和资料；（九）法律、行政法规、银保监会规定以及产品合同约定的其他职责。"

《证券期货经营机构私募资产管理业务管理办法》第 14 条第 2 款规定："托管人应当履行下列职责：（一）安全保管资产管理计划财产；（二）按照规定开设资产管理计划的托管账户，不同托管账户中的财产应当相互独立；（三）按照资产管理合同约定，根据管理人的投资指令，及时办理清算、交割事宜；（四）建立与管理人的对账机制，复核、审查管理人计算的资产管理计划资产净值和资产管理计划参与、退出价格；（五）监督管理人的投资运作，发现管理人的投资或清算指令违反法律、行政法规、中国证监会的规定或者资产管理合同约定的，应当拒绝执行，并向中国证监会相关派出机构报告；（六）办理与资产管理计划托管业务活动有关的信息披露事项；（七）对资产管理计划财务会计报告、年度报告出具意见；（八）保存资产管理计划托管业务活动的记录、账册、报表和其他相关资料；（九）对资产管理计划投资信息和相关资料承担保密责任，除法律、行政法规、规章规定或者审计要求、合同约定外，不得向任何机构或者个人提供相关信息和资料；（十）法律、行政法规和中国证监会规定的其他职责。"

总结上述法律、行政法规和部门规章的规定，托管人在资产管理产品中的职责主要包括以下方面的内容：

其一，保管。保管资产管理产品的财产是托管人的基本职责。托管人应当根据法律法规规定和托管合同约定，独立、安全地保管被托管的财产。对所托管的不同财产分别设置账户，确保财产的完整与独立。

因资产管理产品财产的类型不同，托管人在保管的过程中所采用的方式也不相同。下面根据资产管理产品财产的不同类型，对托管人履行保管职责分别予以分析：

（1）资产管理产品财产为货币资金，托管人为商业银行的，托管人应当为产品设立专门账户，将货币资金存放于该账户中；托管人为非银行的，可以选择商业银行作为资金存管银行，开立专门账户，用于货币资金的归集、存放与支付。在此种情况下，受托人实际上享有货币资金相关权利。

（2）资产管理产品财产为股票、债券等有价证券，公开募集证券投资基金份额、衍生品的，托管人开立证券账户、基金账户、衍生品账户予以保管。在此种情况下，一般而言，账户持有人名称为资产管理产品本身或者受托人。

（3）资产管理产品财产涉及公司股权或者合伙企业份额的，受托人登记为股东或者合伙人，托管人可以保管相关权利凭证。

（4）资产管理产品财产涉及不动产物权的，受托人登记为物权的权利人，托管人可以保管相关权利凭证。《民法典》第209条第1款规定，不动产物权的设立、变更、转让和消灭，经依法登记，发生效力；第210条第1款规定，不动产登记，由不动产所在地的登记机构办理。资产管理产品财产涉及不动产物权的，受托人作为权利人依法进行不动产的物权登记。此种情况下，托管人可以保管相关权利凭证。

（5）资产管理产品财产涉及动产物权的，可以交付至受托人，由受托人享有动产物权；如果托管合同中有约定的，也可以交付至托管人，由托管人予以保管。《民法典》第224条规定，除法律另有规定外，动产物权的设立和转让，自交付时发生效力。从实践情况来看，资产管理产品财产涉及动产物权的情形较少发生。

（6）资产管理产品财产涉及债权的，受托人系债权人，托管人保管债权相关法律文件。笔者注意到，就债权的保管也存在部分托管人采用根据受托人指令协助受托人监督投资资金本金及投资收益回流情况的方式实现对该债权的保管。

（7）资产管理产品财产涉及收益权或者其他权利的，一般而言，受托人是收益权或者其他权利的权利人，托管人保管与收益权或者其他权利相关的法律文件。

其二，会计处理与财务处理。在会计处理与财务处理方面，托管人的职责主要包括以下内容：

（1）会计核算（估值）服务。根据托管合同约定的会计核算办法和资产估值方式，按照相关会计准则的规定对托管资产单独建账，进行会计核算（估值）、账务核对、会计报告编制或者审核等。并且，复核、审查产品资金头寸、资产账目、资产净值、认购和赎回价格等数据，及时核查认购、赎回以及资金的支付和到账情况。

（2）资金清算服务。根据托管合同约定，执行托管账户的资金划拨、办理托管资产的资金清算等事宜。

（3）交易结算服务。根据投资标的市场交易结算规则、托管合同约定和受托人的投资指令，办理托管资产的结算、交割等事宜。

与此相适应，托管人还需要承担保存相关资料的职责，需要保存的资料包括与托管业务活动相关的记录、账册、报表和其他相关资料。

其三，监督。托管人需要承担监督受托人投资运作的职责。主要监督事项包括对受托人以资产管理产品财产进行投资的投资范围、投资品种、投资比例、收益计算及分配等进行监督。托管人发现受托人的投资或者清算指令违反法律、行政法规、监管规定或者产品合同约定的，应当拒绝执行。同时，托管人需要对受托人出具的产品报告或者受托管理报告出具意见。

其四，资产管理产品事务管理。托管人按照托管合同的约定，对资产管理产品特定事务进行管理。例如，在特定情形下召集份额持有人（受益人）大会等。此种管理的权利主要来自法律规定和托管合同的约定，系对受托人受托管理职责的补充。

其五，信息披露与报告。托管人应当办理与托管业务活动有关的信息披露事项，将托管合同履行情况和托管资产的情况向相关当事人履行披露和报告义务。

笔者认为，在托管人上述五大职责中，保管、信息披露与报告属于事务性操作，较为简单。真正体现托管人专业能力和托管人作用的是会计处理与财务处理、监督和资产管理产品事务管理三项职责，这三项职责也是托管人"独立性"本质特征的体现。

三、资产管理业务中的部分法律问题

在资产管理业务中，资产管理产品的设立、销售和对外投资均涉及多方面的法律问题。自2020年以来，资管新规、《全国法院民商事审判工作会议纪要》、《民法典》及其司法解释等产生了"化学反应"，对资产管理业务产生了极大的影响。

下面笔者从典型司法实务案例着手，就资产管理业务中的部分法律问题进行分析。

（一）刚性兑付相关法律问题

案例［（2019）湘01民初3659号、（2020）湘民终1598号］

2016年，高速财务公司与信托公司签订4份《信托合同》，约定高速财务公司向信托公司认购某集合资金信托计划总计4亿元。该信托计划的总期限为60个月，高速财务公司根据约定享有信托利益并自行承担信托计划可能存在的投资风险。2017年5月5日，高速财务公司将4亿元信托资金转入信托公司账户。

2019年，双方签订《信托受益权转让协议》及《补充协议》，将原受益

人高速财务公司依据前述《信托合同》所享有的4亿元信托资金所对应的信托受益权及相关一切衍生权利转让给信托公司。其中,《信托受益权转让协议》中约定信托受益权转让日为2019年5月4日,转让价款=标的信托受益权对应的信托资金×(1+6.5%/年×转让方实际持有信托受益权的天数/365)-转让方已获得分配的信托利益。《补充协议》进一步约定,《信托受益权转让协议》项下受益权转让日变更为2020年5月4日;2019年5月4日之前的转让价款按原协议的标准执行,2019年5月4日后的转让价款为标的信托受益权对应的信托资金本金和信托收益之和,自2019年5月5日起,信托资金收益率按7.5%/年执行,按季支付。在《信托受益权转让协议》及《补充协议》签订后,信托公司未按照《信托受益权转让协议》及《补充协议》的约定向高速财务公司支付信托资金本金及收益。

2019年12月,高速财务公司向一审法院起诉信托公司,请求判令信托公司支付《信托受益权转让协议》及《补充协议》项下的信托受益权转让价款本金、信托资金收益等。2020年7月,一审法院判决信托公司向高速财务公司支付信托受益权转让价款本金4亿元及信托资金收益等。

2020年9月,信托公司提起上诉。2020年12月,二审法院作出判决,以保本保收益或刚性兑付的约定条款无效为由,认定《信托受益权转让协议》及《补充协议》无效,驳回高速财务公司要求信托公司支付信托受益权转让价款本金及信托资金收益等诉讼请求。

二审法院认定《信托受益权转让协议》及《补充协议》无效的主要理由如下:

第一,从《信托受益权转让协议》及《补充协议》约定的转让价款的计算方式等内容来看,高速财务公司可以获得其原投入的信托资金本金+固定比例的溢价款,其所获得的是固定的收益回报,其收益情况不受涉案信托计划的实际盈亏情况影响。并且,信托公司承继全部标的信托受益权及相应的权利和义务,高速财务公司不再承担《信托合同》项下任何权利义务和风险。由此可见,《信托受益权转让协议》及《补充协议》改变了《信托合同》确立的权利义务关系，将产生委托人从受托人处得到本息固定回报、保证本金不受损失的结果，其法律关系是名为信托受益权转让，实为保本保收益的承诺安排，违反了《信托法》第 34 条"受托人以信托财产为限向受益人承担支付信托利益的义务"的规定，应属无效。

第二，根据《全国法院民商事审判工作会议纪要》第 92 条的规定，合同中含有保证本息固定回报、保证本金不受损失等保底或者刚兑的条款无效。《信托受益权转让协议》及《补充协议》的约定显然是保本保收益的约定，属于刚性兑付的约定，故该两协议应认定无效。

刚性兑付，是指资产管理产品受托人（管理人）按照合同约定分配给投资者相应的本金和预期收益，当出现不能如期兑付或兑付困难的情况时，发行资产管理产品的金融机构需要进行兜底处理，保障投资者的本金和预期收益不受损失。简而言之，刚性兑付是资产管理产品受托人保本保收益的承诺。

《信托公司管理办法》第 34 条规定："信托公司开展信托业务，不得有下列行为……（三）承诺信托财产不受损失或者保证最低收益……"资管新规第 6 条第 2 款规定："金融机构应当加强投资者教育，不断提高投资者的金融知识水平和风险意识，向投资者传递'卖者尽责、买者自负'的理念，打破刚性兑付。"资管新规第 19 条规定："经金融管理部门认定，存在以下行为的视为刚性兑付：（一）资产管理产品的发行人或者管理人违反真实公允确定净值原则，对产品进行保本保收益。（二）采取滚动发行等方式，使得资产管理产品的本金、收益、风险在不同投资者之间发生转移，实现产品保本保收益。（三）资产管理产品不能如期兑付或者兑付困难时，发行或者管理该产品的金融机构自行筹集资金偿付或者委托其他机构代为偿付。（四）金融管理部门认定的其他情形……"由此可见，金融监管机构监管文件对资产管理产品刚性兑付持禁止态度。

在本案之前，资产管理产品中约定刚性兑付的，相关协议在司法审判实践中一般被认定为有效，其依据主要为原《合同法》的规定。原《合同法》第 52 条规定："有下列情形之一的，合同无效……（五）违反法律、行政法规的强制性规定。"最高人民法院于1999年12月19日发布的《关于适用〈中华人民共和国合同法〉若干问题的解释（一）》（法释〔1999〕19号）第4条规定："合同法实施以后，人民法院确认合同无效，应当以全国人大及其常委会制定的法律和国务院制定的行政法规为依据，不得以地方性法规、行政规章为依据。"根据上述规定，人民法院确认合同无效时需要以法律和行政法规的强制性规定为依据，不得以地方性法规、行政规章为依据。因此，一般认为，资产管理产品中约定刚性兑付仅违反了金融监管机构的部门规章和政策，不属于原《合同法》第52条规定的"违反法律、行政法规的强制性规定"而导致合同无效的情形。

《全国法院民商事审判工作会议纪要》基于"注意处理好民商事审判与行政监管的关系"的原则，在第92条中已经对保底或刚兑条款无效明确作出了规定："信托公司、商业银行等金融机构作为资产管理产品的受托人与受益人订立的含有保证本息固定回报、保证本金不受损失等保底或者刚兑条款的合同，人民法院应当认定该条款无效。受益人请求受托人对其损失承担与其过错相适应的赔偿责任的，人民法院依法予以支持。实践中，保底或者刚兑条款通常不在资产管理产品合同中明确约定，而是以'抽屉协议'或者其他方式约定，不管形式如何，均应认定无效。"根据最高人民法院民事审判第二庭编著的《〈全国法院民商事审判工作会议纪要〉理解与适用》[①]对上述条文的解读，《信托法》第34条规定："受托人以信托财产为限向受益人承担支付信托利益的义务。"该条规定可以说是财产独立原则的一种延伸。当信托合同中约定了刚性兑付，信托公司对投资人作出的本金及收益的承诺，如果是以其固有财产对产品可能的风险进行兜底，这种做法便违反了信托财产独立原则，不符合受托人应隔离自有财产与信托财产的要求。并且从法益衡量的角度来看，首先，刚性兑付使风险停留在金融体系内部，将本应由投资者自行承担的资产损失风险转嫁至作为受托人的金融机构承担，如果此种

[①] 最高人民法院民事审判第二庭编著：《〈全国法院民商事审判工作会议纪要〉理解与适用》，人民法院出版社2019年版，第483-485页。

风险累积，在各类风险尤其是信用风险集中爆发后，个别金融机构可能因不能刚性兑付而引发系统性风险。当刚性兑付无法维持时，投资者会争相赎回其投资，引起市场恐慌。特别是当金融机构本身是具有系统重要性的金融机构时，个别崩溃更容易引起物理性和心理性的连锁反应。其次，刚性兑付不利于资源配置和直接融资服务实体经济，偏离了资管产品"受人之托，代人理财"的本质，抬高了无风险收益率水平，干扰了资金价格，不仅影响发挥市场在资源配置中的决定性作用，而且弱化了市场纪律。基于上述理由，信托公司、商业银行等金融机构作为资产管理产品的受托人为受益人提供含有保证本息固定回报、保证本金不受损失等保底或者刚兑条款的，人民法院应当认定该条款无效。

需要注意的是，认定保底或刚兑条款无效后，并不意味着受托人无须承担责任。根据《民法典》第157条的规定，民事法律行为无效后，有过错的一方应当赔偿对方由此所受到的损失；各方都有过错的，应当各自承担相应的责任。据此，在认定保底或刚兑条款无效后，受托人需要对投资者的损失承担与受托人的过错相适应的赔偿责任。一般而言，受托人属于金融机构，具有较强的专业能力，理应熟悉和遵守监管规定。因此，在受托人与投资者签订保底或刚兑条款的情况下，受托人是主要过错方，需要承担较大的责任。

从本案来看，虽然法院认定刚性兑付承诺无效，但是刚兑条款无效并不意味着受托人无须承担任何责任。如果信托计划到期后高速财务公司无法实现信托利益，信托公司仍然需要承担与其过错相适应的损失赔偿责任。

（二）通道业务相关法律问题

案例［案号：（2018）沪0115民初80151号、（2020）沪74民终29号］

2013年6月，上海寅浔与信托公司签订《单一资金信托合同》，约定该信托为指定管理单一资金信托，委托人上海寅浔指定将信托资金由信托公司管理，用于向浙江联众发放贷款。信托公司只提供事务管理服务，信托财产若有损失均由委托人/受益人自行承担。2013年6月至8月，上海寅浔以"浙江联众杭州保障房投资基金项目"为名向社会公众募集资金，募集资金投资于联众单一资金信托项目。吴某认购100万元。

其后,信托公司与浙江联众签订《流动资金贷款合同》,信托公司根据《单一资金信托合同》约定将上海寅浔交付的信托资金(包含吴某的投资款)向浙江联众发放贷款。

涉案信托进行期间,信托公司内部曾于2013年12月出具《项目风险排查报告》,载明:"……项目的资金用途经运营部确认无异常,用款符合合同约定。企业还款意愿良好,还未到本息兑付时间……浙江联众公司经营状况良好,工程建设进展顺利,财务状况稳定……辽阳红美置业作为本项目担保方,目前运营情况正常。作为第一还款来源,融资人的主营业务正常运营,第一还款来源未出现重大不利变化;且担保人还款能力也较强,也能较好地保障信托计划本息的安全。项目风险判断:浙江联众财务状况良好,由其建设的多项目保障营收稳定;保证人辽阳红美的现金流充足,项目去化速度令人满意,担保意愿正常,担保实力佳。该项目为单一被动管理类信托项目,项目风险可控,本次检查未发现重大风险事项。"

经法院查明,上海寅浔和浙江联众实际上均受案外主体陈某某等人的控制,陈某某等人策划了以浙江联众为融资主体的信托融资方案,伪造了浙江联众承建"杭州保障房项目"的合同。后陈某某等人被法院以集资诈骗罪、非法吸收公众存款罪判处承担刑事责任。由于上海寅浔和浙江联众公司均受陈某某等人的控制,吴某所投资金被转移而无法收回。

2018年11月,吴某向一审法院起诉信托公司,要求信托公司承担财产损害赔偿责任。2019年10月,一审法院判决信托公司对吴某通过追赃程序追索不成的损失在20万元的范围内承担补充赔偿责任。吴某与信托公司向二审法院提起上诉。2020年6月,二审法院作出判决,维持一审判决。

二审法院认定信托公司应当对吴某承担侵权损害赔偿责任的理由如下:

首先,信托公司与上海寅浔之间的单一资金信托属于通道业务。尽管资管新规第22条规定"金融机构不得为其他金融机构的资产管理产品提供规避投资范围、杠杆约束等监管要求的通道服务",但由于上述业务开展于2013

年，根据"新老划断"原则，系争单一资金信托合约非属违规业务，委托人和受托人之间的权利义务关系，仍应当依据信托文件的约定加以确定。

其次，根据本案信托合同约定，信托公司依据委托人的指令履行后续管理义务，不对借款人和信托资金运用的项目做实质性尽职调查和审核，只提供事务管理服务。因此，信托公司在系争信托产品运行过程中确实无义务对项目开展尽职调查。但是，本案特殊之处在于信托存续期间，信托公司在不负有尽职调查之合同义务的情况下，应委托人要求出具了《项目风险排查报告》，从事后查实的结果看，《项目风险排查报告》内容明显虚假。被动管理型信托业务中，信托公司虽主要依据信托合同约定履行相应义务，但其在以自身名义独立从事信托管理事务时，仍应尽到合理注意义务。本案中，虽然信托公司系依据委托人指令履行后续管理义务，自身并无主动调查的义务，但并不代表其可以在未经调查的情况下出具没有任何事实依据的《项目风险排查报告》。信托公司作为专业的金融机构，在明知委托资金系属私募募集资金的情况下，更应当审慎回应委托人提出的明显不合理的要求。信托公司出具的《项目风险排查报告》虽为内部资料，但被犯罪分子利用。根据《信托法》的相关规定，在信托设立后，受托人对信托财产所投项目的尽职调查、信托存续期间的事务管理等负有全面管理的责任，因此，吴某等投资者从上海寅浔处看到《项目风险排查报告》，有理由相信系争产品受到了信托公司的监管和核查。因此，信托公司出具虚假调查报告的行为客观上起到了蒙骗投资者的作用，对吴某等投资者投资被骗受损负有一定责任。

在《全国法院民商事审判工作会议纪要》第93条的规定中，最高人民法院对通道业务的特征进行了概括，指出通道业务的核心特征为三个方面：一是委托人自主决定信托设立、信托财产运用对象、信托财产管理运用处分方式等事宜；二是委托人自行承担信托资产的风险管理责任和相应风险损失；三是受托人仅提供必要的事务协助或者服务，不承担主动管理职责。

由于通道类信托在业务模式上偏离了信托业"受人之托，代人理财"的传统模式，权利义务设置上也有别于传统信托法律关系的基本结构，其合法合规性一直存在争议。资管新规第 22 条第 1 款规定："金融机构不得为其他金融机构的资产管理产品提供规避投资范围、杠杆约束等监管要求的通道服务。"2018 年 8 月 17 日，原中国银行保险监督管理委员会信托监督管理部发布《关于加强规范资产管理业务过渡期内信托监管工作的通知》（信托函〔2018〕37 号），该通知第 2 条规定："……对事务管理类信托业务要区别对待、严把信托目的、信托资产来源及用途的合法合规性，严控为委托人监管套利、违法违规提供便利的事务管理类信托业务，支持信托公司开展符合监管要求、资金投向实体经济的事务管理类信托业务……"从监管规定来看，监管机构对事务管理类信托采取了区别监管的态度。

在本案之前，通道业务中各方责任的分配主要依据合同的约定，委托人和受托人根据合同确定各自的权利和义务。例如，在湖北银行股份有限公司与四川信托有限公司、中国农业发展银行根河市支行合同纠纷二审案〔湖北省高级人民法院，（2017）鄂民终 2301 号〕中，涉案信托合同约定，信托公司按照委托人的指示向融资方发放信托贷款，即视为信托公司已履行了恪尽职守、诚实、信用、谨慎、有效管理的义务。基于此，武汉市中级人民法院、湖北省高级人民法院认定委托人基于《信托贷款合同》认为信托公司未进行完善的贷前审查、贷后管理，违反管理人义务的主张不成立。在河北临西农村商业银行股份有限公司与恒丰银行股份有限公司、中信证券股份有限公司营业信托纠纷〔山东省高级人民法院，（2020）鲁民终 3001 号〕中，山东省高级人民法院认为涉案业务应当认定为通道业务，应依据信托文件的约定确定各方的权利义务，而不是依据《信托法》确定各方的权利义务。

本案是在通道业务中未以违约责任而是以侵权责任认定受托人承担损害赔偿责任的案例，体现了法院对通道业务中受托人责任的态度发生了重大的变化。

在通道业务中，以违约责任认定受托人责任与以侵权责任认定受托人责任存在重大区别：

其一，违约责任的认定需要遵守合同相对性原则，侵权责任不需要遵守相对性原则。

违约责任的基础是各方所签署的合同，合同原则上仅对签约各方具有约束力，对第三方无约束力，此为合同相对性原则。《民法典》第465条第2款对合同相对性原则作出了明确的规定："依法成立的合同，仅对当事人具有法律约束力，但是法律另有规定的除外。"因此，在通道业务中，以违约责任认定受托人责任的，受托人仅对合同的相对方（委托人）在合同约定的范围内承担责任，而不需要对合同之外的第三方承担责任。

侵权责任则不需要遵守相对性原则，只要侵害他人民事权益造成损害的，被侵权人就可以要求侵权人承担侵权责任。也就是说，在通道业务中，如果信托合同当事人之外的第三方认为信托公司的行为侵犯其财产权益，也可以要求信托公司承担侵权赔偿责任。因此，受托人不仅需要履行诚实信用、勤勉尽责的义务，也需要承担不侵害第三方权益的责任。第三方认为受托人未履行诚实信用、勤勉尽责义务导致其财产权益受损的，可以要求受托人承担侵权责任。

其二，违约责任依据合同认定，侵权责任原则上依据过错认定。

根据《民法典》第577条的规定，当事人一方不履行合同义务或者履行合同义务不符合约定的，应当承担违约责任。由此来看，合同当事人一旦发生违约情形，就需要承担违约责任。

根据《民法典》第1165条第1款的规定，行为人因过错侵害他人民事权益造成损害的，应当承担侵权责任。由此来看，在侵权责任的认定上，原则上以过错作为认定责任的基础。有多大的过错，就承担多大的责任。

根据全国人大常委会法制工作委员会民法室组织编写的《中华人民共和国民法典侵权责任编释义》[①]对《民法典》第1165条第1款的解读，过错是确定行为人是否承担侵权责任的核心要件，也是人民法院审理侵权案件的主要考虑因素。过错包括故意与过失。发展到现在，对过失的认定主要依据客

---

① 黄薇主编：《中华人民共和国民法典侵权责任编释义》，法律出版社2020年版，第5—8页。

观标准进行判断，即行为人是否违反了法律、行政法规明确规定的义务、合理人的注意义务或专业人员的注意义务等。合理人的注意义务主要是针对一般人的过失判断标准，即多数人在特定情况下应当达到的注意程度。而对于许多有特殊技能和知识的专业人员，其行为标准就应当比一般人的行为标准高一些，要求行为人的行为符合自己领域内公认的活动标准。判断某一专业人员是否有过失，就要看其是否履行了本领域内一个合格专业人员的注意义务。资产管理业务中，受托人属于专业的金融机构，因此，对受托人过错责任的判断与认定，一般需要采用专业人员的注意义务标准，受托人和受托人的从业人员需要履行本领域内一个合格专业人员的注意义务。本案中，法院在裁判中阐明了信托公司在通道类信托业务中虽仅负责事务性管理，但仍应秉持审慎原则开展经营，并履行必要的注意义务的观点，由此来看，本案法院亦倾向于以专业人员的注意义务标准认定信托公司的过错责任。

游戏行业法律实务

李昀锴　孙　彦[①]

【业务研判】

游戏产业在我国已逐渐成为文娱产业的必不可少的组成部分,《2023年中国游戏产业报告》显示,2023年中国游戏市场实际销售收入2965.13亿元,中国游戏用户规模保持稳定增长,用户规模达6.68亿人。我国的游戏产业正在发挥资源和用户优势,推陈出新,通过技术驱动、产业融合和文化创新等方式加快产业发展步伐,整个行业呈现出欣欣向荣的态势。

随着游戏行业的发展,其相关法律服务需求也日益增长并具有独特的行业特色。如何为游戏公司提供有针对性的法律服务,是能否获得游戏行业法律服务机会的前提,可以预见的是,游戏行业的法律服务将成为律师的主要业务增长点之一。

【业务框架】

游戏法是行业人士创造出的新概念,是指围绕游戏授权、游戏开发、游戏出版、游戏运营等业务领域的有关合同、知识产权、劳动关系、融资、税务、侵权、行政规制乃至刑事责任的法律规范与判例构成的相关法律规范集合。从这个角度而言,我们可以将游戏法视为规范游戏产业的与法律相关的

[①] 李昀锴撰稿,孙彦审校。

规范及惯例，尤其是合同及知识产权领域的法律、法规及商业惯例的集合。在为游戏行业提供日常法律服务过程中，可能会涉及以下问题：（1）版权交易及权利审查；（2）游戏委托开发；（3）游戏出版及发行；（4）游戏推广及运营；（5）用户个人隐私收集及管理；（6）商标及不正当竞争；（7）游戏侵权救济。

当前，除了上述日常法律服务的问题外，游戏行业与其他行业一样，也会涉及公司设立、股权投资、并购上市等其他法律服务。本文将列举为游戏行业提供日常服务可能存在的法律问题、法律风险及应对思路，简要说明服务过程中涉及的各项问题的商业逻辑和法律原理，使读者对相应的日常服务形成基本认识。

【内容梗概】

本文以举例方式讨论游戏行业日常法律服务过程中可能面临的法律问题，在问题的研究及处理过程中了解游戏行业的商业逻辑、必须具备的基本思维方式。本文包括以下主题：（1）游戏运营商应如何保护玩家的虚拟财产法律应对实务；（2）游戏"买量推广"应关注的法律问题及风险；（3）用户外挂使用纠纷中，游戏运营商的应对法律实务。

一、游戏运营商应如何保护玩家的虚拟财产

随着游戏产业的迅速发展，用户往往会在游戏账号内进行高额的金钱投入，其装备道具、人物角色、皮肤等权益价值逐渐提高，因游戏虚拟财产的归属、交易等引发的法律问题也与日俱增。然而在我国当前的法律规定下，游戏虚拟财产的特征范围、权利归属、权利行使等问题仍是空白，游戏运营商应采取何种措施保护玩家的虚拟财产还待明确，在实践中还有不少争议。

1. 游戏虚拟财产的权利归属

网络虚拟财产是当今社会中一种新型的财产形式，一般包括网络游戏中的虚拟财产（如账号、角色、装备、道具、皮肤等）、网络社区中的虚拟财产（如账号、代币、积分、用户级别）及其他的网络虚拟财产（如QQ号、微信号、电子邮箱、网店账号）等。

（1）相关法律规定

作为新生事物，网络虚拟财产关系到广大人民群众的普遍利益，对此我国《民法典》在立法时予以充分关注，并在第127条明确规定"法律对数据、网络虚拟财产的保护有规定的，依照其规定"。但该条规定属于引致规范，仅对网络虚拟财产的保护进行了原则性规定，虚拟财产的权利归属、权利行使等问题仍处于模糊不清。没有规定不代表没有争议，实际上在司法实践中与虚拟财产相关的纠纷正与日俱增。最高人民法院在《关于修改〈民事案件案由规定〉的决定》（法〔2020〕346号）第58条规定，"在第三级案由'346. 网络侵权责任纠纷'项下：增加'（1）网络侵害虚拟财产纠纷'"，可见该类纠纷已经成为实践中的常见问题。特别是在网络游戏领域，游戏内的虚拟财产对于游戏运营商和玩家都有很高的经济价值及经济效用，如何在两者之间进行权益分配及平衡往往会引起很大争议。

（2）学者观点

目前学界对网络虚拟财产的法律性质进行了诸多研究，提出了"债权说""物权说""虚拟财产权说"等各种学说。有的观点认为，游戏虚拟财产

是游戏开发者研发出的智力成果，应该属于游戏开发者拥有的知识产权，玩家仅依据游戏服务合同对游戏虚拟财产享有一定程度的使用权。有的观点认为，游戏虚拟财产是游戏玩家付出了精力、时间等劳动性投入或是直接通过货币购买取得，自然拥有对该数据的所有权，应赋予玩家类似于物权的权利并加以保护。但不论哪种观点，其分歧主要在于玩家应当对游戏虚拟财产享有何种性质的权益，而在玩家对游戏虚拟财产享有合法权益这一点上并无分歧。

（3）实务分析

我们认为，网络游戏作为综合性作品，网络游戏中的角色、装备、皮肤均为网络游戏作品内的构成元素。只有开发者经过美术设计、数值策划和代码开发等完成创作并发行运营后，玩家才可以通过游戏获取相应的角色、装备的使用权。游戏虚拟财产依附于游戏程序而存在，本质上是玩家使用游戏产生的数据，无法独立存在也无法独立发挥财产价值。玩家基于与开发者签署的许可使用合同获得的游戏虚拟财产，仅为玩家在特定期限和条件下获得的游戏许可使用权，是开发者提供的服务内容。虽然玩家在使用游戏时付出了时间、精力或者金钱，但其在使用过程中并未创设新的内容，游戏依然是游戏开发者早已设定好的程序。因此，游戏虚拟财产本质上是开发者将其作品使用权许可玩家使用的结果，是由网络游戏开发者创作而成，玩家仅能依据合同享有相应的权益。

（4）产业实践

相较于学界对游戏虚拟财产的各类学说讨论，实务中对游戏虚拟财产性质的认定非常统一。例如，《腾讯游戏许可及服务协议》第4.8条约定："您充分理解并同意：游戏虚拟道具及其他游戏增值服务等均是腾讯游戏服务的一部分，腾讯在此许可您依本协议而获得其使用权……"《网易游戏使用许可及服务协议》第6条第1款约定："游戏虚拟物品（或简称'虚拟物品'）包括但不限于游戏角色、资源、道具（包括但不限于游戏中的武器、坐骑、宠物、装备等）等，其所有权归网易公司，用户只能在合乎法律规定的情况下，根据游戏规则进行使用。"《米哈游游戏使用许可及服务协议》第 5 条第 1 款约定："游戏虚拟物品（或简称'虚拟物品'）包括但不限于游戏角色、资源、道具（包括但不限于游戏中的武器、坐骑、宠物、装备等）等，其所有权归米哈游，用户只能在合乎法律规定的情况下，根据游戏规则在游戏内进行使用。"

（5）司法观点

在司法实践中，法院出于尊重行业实践的考虑，认可当前相关游戏虚拟财产的约定情况。例如：广州互联网法院法官曾在《网络游戏虚拟财产被盗后游戏运营商的责任界定——崔某与某计算机系统有限公司网络服务合同纠纷案》一文指出，"网络游戏账号和装备具有虚拟财产属性，法律应予以保护。在立法尚无关于虚拟财产保护具体规定的情况下，司法实践对于涉网游虚拟财产纠纷应遵循游戏用户与运营商之间的合同约定来界定双方权利义务与责任"。全国人大常委会法工委相关专家曾在研讨会中表示，"虚拟财产的归属，游戏运营商与游戏玩家在格式合同中关于游戏账号、游戏道具等虚拟财产归属的约定，在不违反格式条款法律规则和消费者权益保护制度的前提下，原则上应当予以尊重"。

2. 玩家对游戏虚拟财产享有的权能

虽然理论上尚有争议，但不论玩家对游戏虚拟财产享有何种性质的权利，其均应获得法律保护，游戏运营商应按照用户协议提供服务，不得无合理依据损害玩家的权益。在实践中，对游戏运营商的义务要求主要体现在以下两个方面：

第一，游戏运营商无正当理由不得封禁玩家账号或冻结其游戏虚拟财产。如前所述，游戏运营商向玩家提供网络游戏服务，双方是游戏服务合同关系。游戏运营商负有保障游戏运行、提供技术支持、妥善保管玩家信息的义务；玩家负有遵守游戏操作规则、公平进行游戏、支付服务费用、不侵犯网络游戏知识产权的义务。在服务协议中，游戏运营商一般约定如玩家存在使用外挂或利用游戏漏洞等违规行为，运营商有权采取冻结账户、删除装备、注销账户等处罚措施，相关措施最容易导致与玩家的纠纷。在司法实践中，法院认可运营商相关协议的效力，但运营商应承担举证责任证明其行为具有足够的事实依据，否则可能承担侵权责任。例如，徐某与深圳冰川网络股份有限公司网络服务合同纠纷案中，法院认为因被告未能举证证实原告在使用涉案账户进行游戏的过程中存在使用外挂、辅助挂机脚本等第三方软件的作弊行为，应承担举证不能的不利后果，故被告对涉案账户作出封禁处罚缺乏事实依据。

第二，游戏终止运营后应退还玩家未使用的游戏货币。《网络游戏管理暂行办法》（已失效，下同）第 22 条第 1 款规定："……网络游戏用户尚未使用的网络游戏虚拟货币及尚未失效的游戏服务，应当按用户购买时的比例，以法定货币退还用户或者用户接受的其他方式进行退换。"虽然该办法已经在 2019 年 7 月被废止，但因目前文化和旅游部仍未出台新规定，故目前该办法仍是法院裁判的重要参考。需要注意的是，《网络游戏管理暂行办法》规定的退还仅限于玩家使用人民币直接兑换的虚拟货币（如网易游戏战网点、腾讯游戏 Q 币等），而不是玩家游戏账号内的虚拟道具、装备、皮肤等。例如，江西贪玩信息技术有限公司与王某网络侵权责任纠纷中，二审法院就有明确的论述："一般情况下，一款网络游戏终止或者用户注销时，虚拟财产即消灭，王某创建的账号、角色及获得的虚拟装备就不再具有经济利益。""但王某剩余的金币系其充值所获，游戏终止运营后，网络游戏用户尚未使用的网络游戏虚拟货币，应当按用户购买时的比例，以法定货币退还用户或用户接受的其他方式进行退换。"在此基础上，法院认定运营商仅提供"无偿引导玩家将剩余充值金币等价值无损转至其平台推荐的其他游戏"一种退换方式，未给予玩家选择以法定货币退换或以其他方式进行退换的权利，侵犯了玩家的合法权益。另外，《网络游戏管理办法（草案征求意见稿）》[①] 第 36 条也规定，网络游戏用户尚未使用的网络游戏币及尚未失效的游戏服务，网络游戏运营单位应当按用户购买时的比例，以法定货币退还用户或者用户

---

① 国家新闻出版署 2023 年 12 月 22 日发布《关于公开征求〈网络游戏管理办法（草案征求意见稿）〉意见的通知》，向社会公开征求意见，意见反馈截止时间为 2024 年 1 月 22 日。

接受的其他方式进行退换。

3. 玩家对游戏虚拟财产的交易

玩家在游戏内的金钱、时间投入，使游戏虚拟财产的价值也水涨船高，随之诞生了巨大的游戏虚拟财产转让及交易的需求。有需求就有服务，目前基本上网络游戏均设置了游戏内的装备交易系统，很多游戏也会提供游戏外的官方交易平台，如网易藏宝阁、搜狐畅游畅易阁等。此外还存在很多第三方交易平台，如交易猫、5173等。

目前行业实践中，游戏运营商往往不会允许玩家完全自由地进行虚拟财产的交易，而是存在较为严格的协议限制。比如：网易公司在《网易游戏使用许可及服务协议》第24条第2款约定下列行为为牟取不正当利益行为："……（4）充当游戏账号、虚拟物品交易中介收取费用获利；（5）在非网易公司提供或认可的交易平台上交易用户账号或虚拟物品获利；（6）将游戏内获得的虚拟物品用于出售获利而不注重本身角色实力的提升，角色多个技能、修炼、装备、召唤兽水平与角色等级相差较大的……"《腾讯游戏许可及服务协议》第6.5条第1款约定下列行为为违法违规行为："……（7）进行游戏账号交易、账号共享等影响账号安全的行为；（8）未经腾讯许可，擅自与其他用户进行游戏虚拟道具及其他游戏增值服务等交易……"甚至在实践中，腾讯公司曾以DD373平台提供DNF（《地下城与勇士》）游戏相关虚拟财产构成不正当竞争而起诉。

实际上，上述规定不能仅解读为游戏运营商对玩家权利的限制，这也是落实《网络安全法》《未成年人保护法》的必要措施。例如，《未成年人保护法》第75条第2款规定："国家建立统一的未成年人网络游戏电子身份认证系统。网络游戏服务提供者应当要求未成年人以真实身份信息注册并登录网络游戏。"《网络游戏管理办法（草案征求意见稿）》第41条也规定："网络游戏出版经营单位应当通过统一的未成年人网络游戏电子身份认证系统等必要手段验证未成年人用户真实身份信息。"如果允许相关账户自由交易，将使相关网络实名制、未成年人保护的规定形同虚设，因此游戏运营商具有对其进行管控的义务。

根据我们的业务经验，如果游戏运营商在玩家注册时对用户协议内的相关条款履行了合理提示义务（如对条款加粗标注、标红强调等，并经过用户主动勾选同意等），法院则一般倾向于认可约定的效力。如果玩家违反用户协议的规定，则运营商采取的封号等处罚措施不构成侵权。例如，孙某与广州网易计算机系统有限公司网络侵权责任纠纷中，法院认为："网易公司作为案涉网络游戏的运营管理者，对该游戏内的用户行为具有监督管理的权利和义务。网易公司为此与用户签订的《服务条款》《玩家守则》未违反法律规定，属于有效条款。其在游戏客服专区发布了'藏宝阁异常交易保护'公告，明确告知用户藏宝阁建立有完善的交易监控审核机制，将会对交易异常行为（包括但不限于在藏宝阁中以过高/低的价格交易）采取相应措施。该公告未违反法律规定及《服务条款》《玩家守则》的约定，用户应予以遵守。"因此，在审查案件事实后，法院认定广州网易计算机系统有限公司对涉案游戏账号采取的限制性措施具有合理性。

4. 玩家游戏虚拟财产丢失的责任

在实践中，由于玩家在游戏内虚拟财产的价值较高，往往成为很多灰产的目标。在玩家遭遇密码泄露、充值诈骗、账号被盗事件等导致游戏内虚拟财产丢失时，玩家除了采取报警措施之外，也会选择起诉游戏运营商要求恢复虚拟财产、赔偿损失。对于玩家与游戏运营商之间该类纠纷，法院在处理中通常会根据虚拟财产丢失的实际原因确认各方应当承担的责任。

根据用户协议及《网络安全法》等相关法律规定，游戏运营商应确保游戏持续运行，妥善保存玩家的账户信息及隐私信息，确保其提供的服务不存在明显瑕疵。因此，如果游戏运营商未履行前述义务导致游戏内虚拟财产的丢失，其应承担相应的法律责任。但如果游戏虚拟财产的丢失是玩家自己的行为导致（如玩家私自使用来源不明的外挂、玩家擅自将账号进行线下交易等），则相关后果应由玩家自行承担。

例如，蒋某与某某网络科技公司的侵权责任纠纷案中，无锡市惠山区人民法院认为:"蒋某在事发后通过游戏内置客服、电话、邮件等方式联络网络科技公司均未果。网络科技公司亦自认其部分流转数据仅能保存7天。蒋某在事发后数日内不能与某网络科技公司联络,已足以造成难以挽回的损失。即便处于休假期间,网络科技公司作为专业的游戏运营商,未能对此期间游戏管理作出妥善安排,未建立通畅有效的沟通联络渠道,负有过错。从蒋某在事发后通过内置客服联络网络科技公司之时起,公司即应知晓有关情况,而公司未及时反馈处理流程,采取必要措施,应当与侵权人承担连带责任。"

随着互联网技术的发展,网络虚拟财产所占社会财富的比重也不断增加,如何规范相关法律法规,平衡玩家与游戏运营商之间的权利义务,既是时代趋势,也是民众所需。我们希望相关立法者对网络虚拟财产的立法保护不再拘泥于学理论争,而应更尊重行业现状,出台更具指导性的细则。

二、游戏"买量推广"应关注的法律问题及风险

"买量推广"即"效果广告投放",是指游戏运营商通过媒体平台向其潜在用户投放宣传素材,以期待直接获得用户转化的广告方式。在游戏行业,应用商店等传统渠道天生具备较高的关注度,可以为游戏产品带来有效曝光以及巨大流量,一般游戏运营商更倾向于通过应用商店等渠道进行推广。而自2015年起效果广告投放模式在广州逐渐兴起,因其目标用户精准、数据来源精确、成本回报清晰,能够帮助中小运营商避开渠道高额分成,获得更好的运营效果,越来越多的运营商采取了"买量推广"的模式。至此,游戏行业进入了"大买量时代"。2015年之后,无论是国内市场还是海外市场,在游戏品质符合市场标准的情况下,游戏发行的竞争实质上演变成了买量的竞争。

目前,游戏行业的买量市场经过发展及沉淀,已经进入一个非常成熟的阶段。现在买量市场的呈现出以下主要特征:(1)流量增长见顶,人口红利逐渐消失,买量效果逐渐减少;(2)市场头部化愈发明显,大型知名互联网公司加入导致竞争更加激烈;(3)买量广告CPA价格居高不下,成本投入显

著加大；（4）推广竞争核心逐步转向为广告素材的竞争；（5）受版号政策的影响，目前买量的游戏主要为已经运营多年的游戏，较少出现新游戏。

虽然受制于前述各项因素，App Growing 发布的《2021 年全球手游买量白皮书》显示，2021 年的全球手游广告投放数量均呈现明显上涨趋势，手机游戏产品更新迅速，投放力度强，"买量推广"依然是手游运营商的重点获客方式。在目前的买量大趋势下，流量运营正在从粗放的信息流投放转入更加精细内容营销，更多的营销手段受到重视。

"买量推广"虽然为游戏运营商带来了直接用户转化效果，但随着整个市场的发展也出现了诸多问题，如内容违规、推广素材侵权、虚假刷量、虚假宣传等层出不穷，很多厂商为了获得流量甚至出现了严重的侵权行为或不正当竞争行为，其投放行为伴随着明显的法律风险。对此，在买量推广合同及其履行过程中，游戏运营商还需关注可能存在的主要法律风险，做好预先的合规防范措施，既要做到有效宣传，也应避免引起不必要的责任与争议。

1. 无版号运营的法律问题

根据《网络出版服务管理规定》的规定，游戏版号是游戏合规运营的强制要求，在行业实践中也成为游戏合规的生命线。近年来虽然游戏市场整体蓬勃发展，版号获批数量却不断缩减，获得审批通过的时间也在不断延长。特别是 2021 年 7 月至 2022 年 4 月，国家新闻出版署 9 个月未发布任何游戏版号。现今由于主管部门机构改革、监管政策调整等因素影响，2018—2020 年国家新闻出版署下发的游戏版号数量分别为 2064 个、1570 个、1405 个。2021 年的游戏版号更是创下新低，国产与进口网络游戏版号累计发放数量仅为 755 个。

虽然版号数量受到了严格限制，但监管机关、分发渠道、买量渠道都对游戏版号提出了更为严格的要求。例如，2021 年上半年巨量星图等渠道先后宣布禁止无版号游戏进行短视频买量；2021 年 6 月京东公告称禁止销售没有版号的付费游戏，并下架了 87 款游戏。受限于版号政策，2021 年 7 月之后，游戏运营商的买量数量出现了大幅度的提升。这是因为没有新的游戏发行，游戏运营商只能专注于已经发行产品的长线运营，试图通过买量投放，实现引流拉新、召回老玩家的目的。

但上述投放策略主要影响的是规模较大的游戏运营商。对于中小游戏运营商而言，当前的版号监管政策，阻断了其未获得版号游戏的变现路径。为使游戏可以"合规"运营，各游戏运营商"套版号"的情形屡见不鲜，实践中有以下模式：

（1）由新游戏套用旧游戏的版号。实践中，部分游戏运营商原有的游戏获得版号审批，但该游戏未能正式运营或已经终止运营，此时游戏运营商会考虑到其开发的新游戏在题材、玩法上与旧游戏存在相似部分而借用旧游戏的版号及名字，将旧游戏通过"版本升级"方式更换为其拟发行的新游戏。

（2）私下转让游戏版号。由于版号审批要求严格，获得版号审批的游戏在各游戏运营商间并不均匀分布，这催生了私下版号交易的需求。考虑到版号直接买卖具有明显违法性，版号交易可能体现为股权方式或授权方式。股权方式是游戏运营商直接收购拥有游戏版号的"壳公司"，该公司一般已经取得网络文化经营许可证、增值电信业务经营许可证（ICP 证书）、软件著作权、游戏版号、游戏备案等；授权方式则是买方与卖方签订独家授权协议或者联合运营协议方式，买方以"版号游戏"运营商的身份出现，在该游戏运营时替换为其需要发行的新游戏。

《网络游戏管理办法（草案征求意见稿）》第 14 条规定，"任何单位、个人不得以任何形式转借、出租、买卖、套用《网络出版服务许可证》、网络游戏批准文号、出版物号"。此外，根据《关于移动游戏出版服务管理的通知》等规定，已经获得版号的网络游戏变更作品内容或者更新资料片的，视为新作品应重新申请版号；已经获得版号的网络游戏变更游戏出版服务单位、游戏名称或主要运营机构，应提交有关变更材料，经省级出版行政主管部门审核后报国家新闻出版署办理变更手续。因此，套用其他游戏的版号的，应视为游戏内容发生根本变化，应当重新申请版号；如运营机构已经发生变化，应当办理变更手续。按照《网络出版服务管理规定》第 51 条规定，如未按照上述要求办理的，出版行政主管部门、市场监督管理部门有权依照法定职权予以取缔，要求删除全部相关网络出版物，没收违法所得和从事违法出版活动的主要设备、专用工具，违法经营额 1 万元以上的，并处违法经营额 5 倍以上 10 倍以下的罚款，违法经营额不足 1 万元的，可以处 5 万元以下的罚款。

  对于无版号、套版号、"马甲包"等违规情形，实践中主管部门一直在加强执法力度。例如，2020 年 10 月，国家新闻出版署公布版号撤销公告，其中由顶联科技运营的游戏《英灵学徒》，因与已停运游戏《罪恶之城》内容相似，存在套取版号的问题，主管部门已撤销该游戏的申报，并对顶联科技进行了暂停版号申请 6 个月的处罚；2021 年 8 月，文化和旅游部公布了 5 起游戏公司未落实未成年人防沉迷措施的典型案例中，便查处上海某信息技术有限公司旗下网络游戏《武圣传奇》在未依法审批的情况下，直接套用其运营的另一款网络游戏《御天传奇》的版号进行运营，我们发现实践中执法部门甚至主动巡查相关游戏情况，例如，在第 2220210073 号处罚决定书中，上海市宝山区文化和旅游局对上海万氪网络科技有限公司经营的互联网站"咕噜噜"进行远程勘验时发现，网站中登载了游戏程序《怒剑江湖》供用户下载。执法人员通过扫描网页端二维码下载网络游戏《怒剑江湖》，发现当事人在网络游戏《怒剑江湖》内提供充值服务，并通过充值"元宝"购买游戏内道具获取收益。在当事人提供的网络游戏《怒剑江湖》中发现标注的出版物号为 ISBN 978－7－7979－7458－5，批准文号为：新广出审〔2017〕3987 号。执法人员通过国家新闻出版署网站查询该批准文号，其中显示的游戏名称为《九灵神域》，与当事人提供的网络游戏《怒剑江湖》的名称不一致。执法人员对相关页面进行了截图取证，对该游戏运营商给予没收违法所得、罚款的行政处罚。

  因此，目前主管机关一直在压实游戏版号监管责任，并更加主动地进行核查，如发现相关无版号运营行为将直接要求停止运营、没收违法所得并进行相应的行政处罚。故在当前的版号强监管政策之下，游戏运营商不应抱有侥幸心理，应把取得版号作为游戏运营的首要前提。如果在未取得版号的情况下直接"偷跑"，不仅可能无法实现预期的商业利益，甚至还会面临巨额的罚款，最终"偷鸡不成蚀把米"。

2. 虚假宣传的法律问题

"买量推广"属于典型的广告行为，其宣传内容需要符合《广告法》的相关规定，包括但不限于广告内容真实、广告数据合法、不存在违规用语等。由于买量市场竞争日趋激烈，为了获得更好的推广效果，各运营方均会围绕自己的游戏特性及玩法制定精细化的买量方法。但贴靠热点、夸张宣传的广告可以在短期内起到特别好的引流效果，依然受到个别游戏运营商的青睐，相关游戏的虚假宣传广告盛极一时。"一刀999"的传奇类广告、"拯救花裤衩"游戏广告、"领红包买豪车"网赚游戏广告，"吞噬鲲进化"山海经类游戏广告出现在各种主流买量渠道，被称为游戏行业虚假广告的"四大天王"。很多用户被广告吸引下载后发现实际的游戏与宣传内容完全无关。

对于该等虚假宣传广告，游戏玩家日趋不满，社会各界也越来越关注，其法律风险在逐步提高。例如，2020年3月，中国消费者协会发布了《网络游戏经营者应切实保护消费者合法权益》的通知，该通知第1条就提到，网络游戏经营者销售给消费者的人物形象、道具及其功能、特效等应当和上线推销时的宣传展示一致，不能以消费者购买后的实际为准。又如2021年6月，伽马数据发布了《游戏消费者权益保障调查报告》。游戏产品的虚假宣传引发消费者不满，超七成用户认为要打击这一现象。而在黑猫投诉平台上，与游戏红包虚假宣传相关的投诉数量累计已逾千余条，大多是因游戏运营商在对活动进行推广时采用了夸张性的素材，用户下载后发现游戏运营商的承诺福利不存在，构成虚假宣传及欺诈消费者。

因此，在该行业实践背景下，需要游戏运营商在宣传素材上线前进行统一的合规审查，确保素材内容中不存在明显的虚假内容。根据我们的业务经验，实践中常见的虚假游戏广告情形有以下几种，应在合规审查时予以特别关注：（1）游戏类型、游戏特性、游戏玩法与宣传内容不符合，如"拯救花裤衩"的广告宣传为生存类、解密类游戏，玩家实际进入游戏发现其为刷宝类游戏；（2）游戏宣传人物形象、故事情节不存在，如有的游戏使用《黑神话：悟空》作为推广广告，但相关人物、画面在实际游戏中没有出现；（3）游戏所获荣誉或统计数据不真实，如宣传"1亿玩家都在玩的手游""耗资×亿开发"等，游戏运营商无法提供经第三方认可的统计依据；（4）游戏提供的福利、优惠不存在，如很多网赚类游戏宣传"免费送 VIP""下载就送 666 元红包""可以提现到微信钱包"等，实际上游戏内的福利并不存在或者设置了不可能达成的实现条件，用户实际拿到的福利或奖励与宣传完全不对应。

司法实践中，执法机关也对游戏虚假宣传行为非常关注并且发布了相关典型执法案例。例如某游戏运营商在 UC 浏览器对游戏进行视频推广时，对视频标题、内容进行了夸大性虚假宣传，具体表现为标题及视频中提及的"SSR 天天登录免费拿、视频中可直接抽到五星关羽/张飞，拿顶级武将"内容。经上海市嘉定区市场监督管理局核实，游戏中上述福利需要通过充值消费才能获得，而非简单登录即可获取，故上述广告宣传为虚假广告。对此，上海市嘉定区市场监督管理局作出责令停止发布违法广告、在相应范围内消除影响并罚款人民币 44 万元整的行政处罚决定。

3. 游戏素材著作权侵权问题

如前所述，随着游戏买量市场的发展，其竞争日趋白热化。为了获得更好的宣传效果，游戏运营商逐渐开始将营销策略向内容侧倾斜。但对于具体如何做内容营销，目前大部分游戏运营商都处于"知道必须要做，但不知道怎么做"的阶段。由于第三方游戏可能存在大量潜在用户，个别游戏运营商为了在头部渠道获得流量，出现了违法使用第三方游戏素材的情况。例如，2020 年 8 月《黑神话：悟空》的实机演示视频发布，因其顶尖的画面、丰富的细节、沉浸式的战斗体验获得极高的关注度，被誉为"国产之光"。但紧接着就出现多个游戏运营商使用《黑神话：悟空》演示视频"二次创作"为买量素材投放或者将其游戏命名为《黑神话》，该等使用行为未经《黑神话：悟空》制作方授权，实际上已经涉嫌著作权侵权。

在司法实践中，得益于知识产权保护力度的加强，被侵权方会采取更加主动的方式维权，因游戏素材侵权产生的纠纷已屡见不鲜。例如，北京大神圈文化科技有限公司与广州网易计算机系统有限公司侵害著作权及不正当竞争纠纷案中，原告北京大神圈文化科技有限公司（以下简称大神圈公司）主张其获得授权改编完成《微微一笑很倾城》（以下简称《微》）游戏，而被告网易公司等出品了《新倩女幽魂》（以下简称《新倩》）端游及手游，其中大量使用了《微》小说中的人物名称、情节、场景描述等。另外广州网易公司等在《新倩》端游官网中发布了资料片《一笑倾城 CG》《全新婚礼一条龙》《落霞峰美景》，在多个视频网站上传《落霞云归》，其中也使用了《微》小说中的内容。大神圈公司认为广州网易公司等的行为侵害了其享有的《微》小说改编游戏的改编权、信息网络传播权。

对前述纠纷，北京知识产权法院经审理后认为，《微》小说原作者顾漫对于男女主角白衣琴师和红衣刀客形象、男女主角相遇、"夫妻 PK 大赛"、送发簪等情节的特定设计均体现了对于人物形象、场景设计的独特选择，具有较高的独创性，故《微》小说中的人物关系及具体的情节及场景属于《著作权法》所保护的表达。而第 2684 号公证书显示，涉案视频中的男女主角及其宠物形象、男女主角初识、侠侣比武大赛、送发簪等情节，均与《微》小说的上述内容存在对应关系。虽然不可否认，涉案视频中女主角的武器、宠物、情景设计与《微》小说中的内容在细节上存在一定差异，但由于其包含了《微》小说中的主要人物形象及场景设计，部分情节上的细微差异并不影响整体内容上的一致性，二者之间已经构成实质性相似。因此，法院认定被告公司的行为构成改编权和信息网络传播权的侵权，并最终判令被告共同在《倩女幽魂》手游官网等刊登声明，消除影响，承担经济损失 50 万元的赔偿责任。

4. 游戏推广的商标侵权、不正当竞争问题

对于游戏运营商而言，直接使用他人享有著作权的游戏素材、视频、人物等毕竟存在较为明显的法律风险，目前各种投放渠道也在加强对该类推广

行为的管理力度，故直接使用他人素材的行为有所减少。但是为了贴靠热点获取流量，游戏运营商也会另辟蹊径"创意性"地升级其宣传推广方案，将他人游戏、商标名称作为游戏图标、游戏名称、推广关键词，以间接吸引相关流量。但该等宣传方式虽然可以在短时间内带来不少流量，但从法律上而言，其行为本身依然存在商标侵权、不正当竞争的风险，司法实践中已经产生了较多类似案件。

例如，北京市工商行政管理局海淀分局曾在 2017 年针对《口袋海贼王》和《街机海贼王》游戏涉嫌侵犯"海贼王"商标事宜作出了京工商海处字〔2017〕第 774 号行政处罚书，明确北京乐汇天下科技有限公司（以下简称乐汇天下公司）于 2013 年 6 月至 2014 年 7 月底分别在 360 手机助手、百度、豌豆荚、联想应用商店等手机软件运营平台上，使用了"口袋海贼王"和"街机海贼王"作为游戏软件名称并提供下载安装使用。且在《口袋海贼王》和《街机海贼王》游戏界面及宣传页面使用了标识含有"口袋海贼王"和"街机海贼王"的图标。上述两款游戏消费者均通过下载软件客户端进行手机在线使用，并且通过购买虚拟货币进行充值消费，乐汇天下公司共计收取游戏分成款 2937 万元，处罚乐汇天下公司承担人民币 2937 万元的罚款。又如在（2020）粤 73 民终 971 号案中，广州知识产权法院即认为被告的游戏推广宣传构成对《梦幻西游》的商标侵权及不正当竞争，具体表现为：（1）被告在宣传被控侵权游戏并提供下载时，在网页顶端的下载图标左侧使用的"梦幻西游单机版"字样具有标注游戏名称的作用，是商标性使用，其行为侵害了原告公司的商标权。（2）被告网页所称"梦幻西游原班人马打造，重现经典西游""官方正版，超高爆率""经典西游的手游版，玩了一下确实是正版……"等内容均非事实，上述文字属于虚假宣传。涉案游戏的游戏角色及游戏画面截图，与被控侵权游戏内容均不相同，该页面的内容与游戏的实际内容无关。上述图案亦属于虚假宣传。因此综合前述侵权情形，广州知识产权法院判令被告就该等商标侵权、不正当竞争行为赔偿原告经济损失人民币 50 万元。

5. 数据造假引起的法律问题

游戏"买量推广"本质上是通过广告投放的形式精准地购买用户，对于广告主及广告发布者而言，是否可以精准向用户产生投放效果是双方最为重视的考核指标，行业实践中各方约定的标准可以是用户点击数、用户安装数、用户注册数、用户留存数等。由于商业利益巨大，这种考核标准反而催生了部分广告发布者采用灰色途径刷量的作弊手段，导致广告主的巨额投入有去无回。在游戏买量模式多年的发展过程中，数据造假与其相伴相生，始终无法根除。业务实践中，多数数据造假是广告经营者的故意违法行为产生的，如广告发布者通过流量劫持产生的虚假刷量现象，或者广告经营者使用注册的用户均为虚假身份，或者广告经营者通过群控软件统一控制上万部手机，每部手机反复从应用商店下载点击、安装、注册来推广游戏。

虽然行业中数据造假现象普遍存在，但在司法实践中很难证明广告发布者存在数据造假问题，原因主要是发现数据造假存在滞后性，在产生诉讼时广告主作为证据提交的数据真实性得不到法院认可，且数据造假缺乏具有公信力的核实标准。司法实践中，人民法院也在探索相关数据造假的证明方式，试图通过鉴定或者第三方核对方式进行查实。例如，在（2019）京01民终4462号民事判决书中，网易公司与三步公司合作推广网易新闻 App，计费方式是每 CPA 2 元。但合作期结束后，网易公司通过反作弊系统进行数据抽查，发现三步公司提供的新增用户数据至少有 80% 存在恶意刷量的情况，对此双方产生争议并由网易公司起诉至北京市海淀区人民法院。为了查明相关刷量情况，海淀区人民法院主持双方到网易公司服务器上提取了 2015 年 10 月 1 日至 12 月 31 日三步公司履行涉案合同约定的推广义务产生的数据（包括设备类型、用户 ID、IMEI、MAC、开始时间、结束时间、网络类型、IP、运营商、渠道、日期），并将数据交由电信终端产业协会协助调查其中的 TAC 码与对应的手机型号是否真实。该协会回函称，其将法院提供的 825,747 条数据记录与全球移动通信系统协会 IMEI 数据库进行了对照分析，结果为：TAC 存在且与型号相符的记录为 14,365 条，TAC 存在但与型号不符的记录为

70,005 条，TAC 不存在的记录为 741,071 条，TAC 空白的记录为 306 条，即除相符记录之外，有 98.26% 的数据存在刷量嫌疑。最终法院判令网易公司仅需支付约 1.4 万个数据对应金额，按照每 CPA 2 元的价格计算，支付费用从 165 万元调整为 28,730 元。

因此，对于实践中可能频繁发生的数据造假问题，根据我们的业务经验，实践中对于数据造假问题可以考虑以下举证方式：（1）约定数据核查的途径或方式。买量推广合同中各方应事先作出约定，如"以××方的数据为准""以第三方提供的××统计系统后台数据为准"，建立判断数据真实性的标准。（2）电话回访确认用户真实性。目前多数数据造假使用的用户手机号并非真实使用并持有，可以通过电话方式与其进行确认。例如，（2018）沪01民终487号案中，原告当庭拨打508个电话号码，仅有3个电话的接听者回答自己注册过推广App，这成为指明被告刷量的有力证据，法院也根据这个比例进行了裁判。（3）手机号与硬件终端匹配。手机注册App时需要手机短信验证码，如果同一个用户的手机号一天在多个不同型号的手机注册，也可视为其行为与正常用户存在明显的差别，将其相关注册行为均作为异常数据。（4）TAC码与机型进行匹配，也就是前面所提的网易案中使用的鉴别方式，目前在司法实践中使用该等证明方式的案件也在逐步增加。（5）通过用户行为判断。造假用户的行为与正常用户行为将产生明显区别，可以通过用户行为辅助证明相关手机号对应的用户数据不真实。

6. 其他宣传内容的《广告法》问题

除虚假宣传条款外，游戏"买量推广"也需遵循《广告法》对于广告内容的其他一般规定，关注推广内容是否存在引证内容不真实的情形，是否存在违规用语，是否存在贬低其他生产经营者的商品或者服务的情形，是否存在《广告法》明文禁止的内容，注意相关素材的创新尺度，否则可能依然会有引发相关行政处罚的法律风险。

根据我们的观察，目前在买量市场中存在以下典型违法情形需要予以关注：

（1）推广素材含有色情、赌博等违法内容。色情、赌博内容为执法机关在实践中重点关注的问题，其本身法律风险很高，如游戏内容明确涉及色情、赌博，除涉及一般行政责任之外，情形严重的可能构成犯罪，因此对于该等推广内容应予以特别关注。例如，杭文广新罚字〔2018〕第 40 号行政处罚书中，2018 年 8 月，执法人员通过登录杭州哈狗网络科技有限公司主域名为 hidog.com 的网站，通过华为 p20 pro 手机下载并安装安卓版手机游戏"哈狗游戏"。执法人员对"哈狗游戏"进行在线试玩和充值，"哈狗游戏"内含网络游戏"哈三花"，执法人员对"哈三花"进行试玩，发现该款游戏与原文化部发布的宣扬赌博的游戏产品"炸金花"玩法相同，该网络游戏涉嫌含有原《网络游戏管理暂行办法》第 9 条禁止内容。当事人的行为涉嫌违反了原文化部《网络游戏管理暂行办法》的第 9 条第 7 项规定，扰乱了正常的网络游戏市场经营秩序，杭州市文化市场行政执法总队对其违法行为处罚款人民币 10,000 元整。

（2）推广素材含有恐怖、暴力等不良影响内容。很多游戏题材可能具有恐怖或暴力元素，该等元素作为游戏内容符合法律规定，但是如果需要将相关元素作为广告内容可能会存在争议。例如，《生化危城》游戏行政处罚案中，上海市徐汇区市场监督管理局查明，该游戏运营商在腾讯新闻 App 上发布"成都地铁惊现丧尸，大部分人类被感染，你能守住安全区吗"的广告宣传语。此广告语发布在腾讯新闻 App 的"要闻"板块，投放于成都区域，以"成都地铁"作为广告用语，且出现"丧尸""人类被感染"等恐怖、暴露用词。主管机关认为该广告内容违反了《广告法》第 9 条第 8 项的规定，给予运营商罚款人民币 20 万元的行政处罚。

又如，（绍虞）文综罚字〔2021〕12 号行政处罚书中，执法人员现场会同绍兴市上虞区特色小镇投资建设有限公司网络游戏审读员登录游戏《黎明航线》进行查看，因游戏系统复杂、游戏账号不够高级等问题，现场未能找到游戏违规相关证据。但根据《中共浙江省委宣传部协查函》的内容描述，绍兴上虞恒趣网络科技有限公司运营的网络游戏《黎明航线》涉嫌擅自增加违规内容，存在海盗玩法，具有不良导向。据此，该公司运营的网络游戏《黎明航线》涉嫌含有《网络出版服务管理规定》禁止的内容，违反了《网络出版服务管理规定》第 24 条之规定，对其处以人民币 3000 元的罚款。

（3）向未成年人推送游戏推广内容。国家新闻出版署《关于防止未成年人沉迷网络游戏的通知》及教育部等六部门《关于联合开展未成年人网络环境专项治理行动的通知》规定，游戏广告应当以显著方式标注适合的年龄段，并对控制游戏时长、频次作出合理提示或者警示，不得含有诱导、怂恿、暗示用户过度游戏的内容。《未成年人保护法》第 74 条第 3 款规定："以未成年人为服务对象的在线教育网络产品和服务，不得插入网络游戏链接，不得推送广告等与教学无关的信息。"上海市市场监督管理局开展广告监管领域"护苗助老"系列整治行动，重拳打击损害未成年人利益违法广告行为，对于未成年人的"买量推广"行为是主管部门的执法要点，其法律风险非常高。

例如，乐文综罚字〔2021〕58 号行政处罚书中，乐清市文化和广电旅游体育局在与北京时间进行核对后，执法人员打开"精品乐清麻将"应用并使用未成年人身份实名认证该应用，发现在 22 时之后仍然可以进行网络游戏。该行为违反了《未成年人保护法》第 75 条第 4 款"网络游戏服务提供者不得在每日二十二时至次日八时向未成年人提供网络游戏服务"的规定。又如，玉市监处〔2021〕593 号行政处罚书中，玉环哈狗网络科技有限公司在玉环头闻微信公众号于 2020 年 11 月 21 日发布《玉环这条"狗"火了！麻将玩的很溜！超 3000 元大礼包还独宠一人》、于 2020 年 11 月 26 日发布《来就送 50 万！玉环哪个土豪在发"疯"！》，两则游戏广告均未以显著方式标注适合的年龄段、对控制游戏时长、频次作出合理提示或者警示，且存在游戏内虚拟道具"银锭"可兑换成玉环大酒店住宿券、自助餐券、瑜伽课程、蟹本屋现金券实物的内容，玉环市市场监督管理局认为构成违法广告，对其进行了罚款的行政处罚。

（4）推广素材明显损害国家利益。国旗、国徽等元素属于《广告法》明令禁止的内容，但是个别运营商缺乏相应的政治敏锐性，随意使用明显违法的推广素材，涉嫌损害国家利益。例如，《等我去喊人》游戏行政处罚案件中，上海市市场监督管理局查明，该游戏运营商通过巨量引擎广告投放平台账号上传含有"蓝方士兵不断进攻，至红方城堡下时，两名头顶标注为中华人民共和国国旗的红方士兵迎战；红方战败后，蓝方士兵将红方城堡上的中华人民共和国国旗降旗并悬挂蓝色旗帜"等视频内容和《等我去喊人》游戏下载引导页面的广告内容。主管机关认为该广告内容违反了《广告法》第9条第4项的规定，对运营商处以罚款人民币80万元的行政处罚。

近年来，网络游戏合规正在由较为单一的行业准入方面的合规逐步发展为多领域的合规。随着游戏产品和业务模式的不断创新，越来越多地和其他行政监管领域如《广告法》、《个人信息保护法》、《消费者权益保护法》、网络直播管理规定等产生交集。对此，游戏运营商在"买量推广"的时候应当建立相应广告发布规则，明确参照国家法律及行业规范，列明投放广告内容的审核流程。同时，运营商也应当尽到合理的注意义务，建立广告违规投诉流程及处理机制，及时识别用户对推广内容的反馈、投诉及建议，从买量投放的各方面进行合规管理，以有效降低相关法律风险。

三、用户外挂使用纠纷中，游戏运营商应如何应对

1. 外挂概况及法律风险

近年来，我国游戏产业保持着蓬勃发展的势头，正吸引着越来越多的从业者入场，游戏行业整体气象欣欣向荣。但在行业发展的同时，游戏黑产也在同步变化，严重侵蚀游戏运营商的合法权益。特别是游戏外挂已形成了较为成熟的产业链条，越是热门的游戏，就越会产生屡禁不止的外挂。游戏外挂不仅影响游戏玩家的游戏环境公平性，更会严重侵害游戏运营商的商业利益。根据腾讯云发布的《2021游戏安全白皮书》统计，外挂基本上已成为所有类型的网络游戏需要面对的首要安全问题。

针对游戏外挂的问题，早在2003年国务院新闻出版总署等部门就发布了

《关于开展对"私服"、"外挂"专项治理的通知》予以规范。但该文件仅评价外挂为非法互联网出版活动，并未从技术层面对外挂进行明确界定。目前主流意见认为，"外挂"本质上是未经授权通过第三方技术手段介入游戏，篡改原本的游戏设定和规则，使用户获得不正当优势的作弊软件或程序。

从端游时代、页游时代，一直到现在的手游时代，外挂始终与游戏相伴相生，其功能及类型也在不断完善。根据外挂的功能特征及技术原理，目前的外挂可分为以下几类：

第一，辅助外挂。这类外挂本身是采用按键精灵等模拟器，根据游戏界面的操作逻辑，执行相应的键盘鼠标按键输入顺序，模拟游戏者的操作过程，从而实现自动化挂机操作。该类外挂主要帮助玩家更为方便快捷地进行游戏，包括模拟鼠标键盘进行重复点击、自动补给以辅助练级、改变游戏显示界面等。该外挂一般不发送任何数据给服务器，也不干涉或影响客户端与服务器之间的数据产生及传输，其对游戏产生的影响较小。

第二，修改内存型外挂。该类外挂依托于官方游戏，其技术原理为动态修改游戏业务逻辑，其往往会向游戏进程中注入第三方恶意模块，通过修改代码的逻辑、修改内存中的数值等手段达到修改游戏地理位置、人物奔跑加速、破解收费道具、修改游戏币数量和增加血量等目的。此类外挂会改变游戏的基本限制，极大地破坏游戏平衡性，直接影响其他用户的游戏体验。

第三，破解型游戏外挂。该类外挂包括二次打包及脱机外挂两种类型。二次打包外挂基于对官方 App 的修改，属于静态修改代码逻辑。二次打包外挂通过逆向分析游戏逻辑，修改游戏赖以生存的核心功能，比如去除游戏中的广告代码、破解单机游戏的收费逻辑、插入盗号代码等。而脱机外挂则是通过破解网络游戏客户端程序和通信协议，截获客户端与服务器端通信协议数据包，修改并注入内容制作出可模拟客户端登录游戏，实现练级操作序列化、自动化等功能的外挂程序。脱机外挂不仅会破坏游戏的平衡性，更会加速消耗游戏生命，将对游戏运营商产生最大的不利影响。

由于外挂行为所具有的社会危害性，其已经成为游戏运营商安全管理的首要问题，外挂的开发者、提供者也将面临明显的法律风险。从刑事角度看，开发、提供游戏外挂的行为，可能与网络游戏的计算机软件著作权相关，也可能对计算机信息系统以及经营者市场经营秩序构成影响，分别可能构成《刑法》规定的侵犯著作权罪、破坏计算机信息系统罪以及非法经营罪三种罪名。从民事角度看，外挂开发者、提供者明知游戏用户协议禁止使用非法外挂，其依然利用外挂程序帮助玩家取得非法游戏优势或组织代打代练以获得经济利益，破坏了游戏本身的平衡性及正常的游戏环境，直接影响游戏运营商的合法权益，构成不正当竞争。

因此，对于游戏外挂的开发、制作、提供行为，游戏运营商可以通过刑事、民事等多种方式维权，以达到督促外挂开发者、制作者、提供者停止侵权、赔偿损失的目的，但是由于取证难、维权周期较长，相关维权方式属于运营商需要慎重采取的最终手段。但从合规管理角度看，一般用户的外挂使用行为更应为游戏运营商特别关注。这是因为用户的外挂使用行为更为普遍，只有对用户外挂使用进行有效管理，才能避免情况蔓延，避免对游戏环境及平衡性的负面影响，以防微杜渐。

但在业务实践中，由于网络的远程性、虚拟性，很多时候游戏运营商可能无法掌握用户使用外挂的直接证据。而且外挂形式多样、更新频繁，对其检测识别的技术方法及手段也并不统一，用户是否存在外挂使用行为往往存在争议，甚至因为账号封停的问题可能需要与用户对簿公堂。在该类纠纷中，双方的争议焦点往往在于使用外挂行为是否存在、游戏运营商是否可以提供有效的客观证据。因此，游戏运营商如何有效地组织、管理证据将对其能否胜诉产生直接影响。实务中，需要有针对性地研究法院裁判的关注点，以做到有备无患。

2. 游戏外挂使用行为的举证应对思路

如前所述，在游戏用户使用外挂的案件中，争议的关键点会集中于游戏运营商是否可以证明用户的外挂使用行为，如无法证明，游戏运营商可能将面临败诉风险。为此，根据相关司法实践，我们认为针对用户的外挂使用行为，可以从以下方面进行举证及答辩：

（1）提供完整的用户行为后台数据，对相关数据进行有效解释。

游戏运营商作为游戏的提供者，掌握并存储所有的游戏数据，在相关纠纷中将承担主要的举证责任。在与用户的相关纠纷中，游戏运营商有义务向法院提供该用户的相关后台数据，并有针对性地说明用户数据的异常性。考虑到用户在产生纠纷时往往会否认相关数据的真实性，游戏运营商可以先通过《用户协议》等方式对该等数据的举证方式进行特别约定，如"您知悉并同意，由于外挂具有隐蔽性或用完后即消失等特点，公司有权根据您的游戏数据和表现异常判断您有无使用非法外挂等行为"。如有必要，在诉讼过程中，游戏运营商可以申请对后台数据进行公证，或者申请法院对相关数据进行勘验，以证明其真实性。

例如，（2020）粤0192民初4109号案中，腾讯公司提交了（2018）深盐证字第5713号《公证书》，显示用户账号在20×××01:06:02出现了16条道具获取的流水、同日01:17:22出现了16条道具获取的流水、同日01:18:06出现了16条道具获取的流水、同日01:22:12出现了20条道具获取的流水、同日01:25:59出现了20条道具获取的流水、同日01:26:45出现了20条道具获取的流水，且以上多次获取道具来自"英雄招募"活动中的"英雄单次招募"。腾讯公司认为用户的上述后台数据的异常情况，并非玩家手动操作可以实现，而必然是借助外挂等第三方程序才能够实现，即机器行为，用户使用外挂等非法第三方程序后，在"英雄单次招募"时，一次获取了多个小军令宝盒和多份道具，远远超过正常情况下能获取的数量，足以证明涉案账号存在显著异常，有使用外挂等行为。法院经审查后认为腾讯公司的主张有具体的后台统计数据予以佐证，予以采信。

但需要游戏运营商关注的是，法官并非数据专家，无法仅凭后台数据判断用户是否存在异常，游戏运营商在提供数据的同时应向法院解释其数据统计的具体内容、方式、来源，表明其何种程度上不属于玩家的正常行为。

又如，（2019）粤0192民初30150号案中，游戏运营方提供案涉《外挂监测记录》形式上包含 logtime（登录时间）、datatype（数据类型）、ip 地址、checkwg（韦根程序编码）、appchannel（应用程序通道）、server（服务器）、devicemodel（设备型号）、mac_addr（mac 地址）、role_id（角色 id）、type（类型）等数据。其中，游戏角色使用加速外挂的时间点与被告作出"暂时冻结玩法"惩罚措施的时间相吻合，应用程序通道、设备型号与原告有关使用华为手机的陈述一致。法院认为《外挂监测记录》能够真实反映原告的游戏行为、与待证事实相关联、来源和形式符合法律规定，可以作为认定原告使用外挂程序事实的根据。

（2）可以提供用户的举报记录证明外挂使用。

游戏外挂的使用可能直接影响游戏的平衡性，也影响其他用户的游戏体验，为此很多游戏运营商均会在游戏内设置明确的举报渠道，鼓励用户对外挂使用行为进行举报，相关用户举报可以视为第三方独立证据，其证明力相对较高，可由游戏运营商结合后台数据证明外挂使用情况。

例如，（2020）粤 0192 民初 30594 号案中，天宸公司提供证据证明 2020 年 3 月 28 日收到玩家实名举报涉案账号使用加速外挂，举报人提供了涉案账号游戏视频作为证据，天宸公司调取了后台检测数据，发现涉案账号角色攻击速度远低于正常值；2020 年 4 月 3 日，天宸公司再次收到玩家实名举报，举报人提供了涉案账号游戏视频作为证据，证明其攻击不抬手、攻击速度过快等。天宸公司核实了后台检测数据，发现有据可查的攻击速度的加速记录达到 3900 余条。此外，涉案账号多次在游戏中宣扬使用加速外挂，且在公告前已经有过至少三次因使用加速外挂被封禁的记录。法院审理后认为，天宸公司提供的其他玩家举报视频、游戏服务器中储存的检测数据调取视频、苏州仙峰网络科技有限公司出具的情况说明、举报视频与正常视频的对比视频、游戏服务器中 2020 年 3 月 10 日至 4 月 2 日的检测数据等证据，足以证明用户存在不正当操作、数据异常、使用外挂，据此驳回了原告的诉讼请求。

（3）与正常用户数据进行比对。

法国犯罪学家、法医学先驱埃德蒙·洛卡德提出过著名的洛卡德物质交换定律——"凡有接触，必留痕迹"。对于外挂使用亦是如此，用户的行为均会通过数据方式体现在运营商服务器后台，关键是如何利用这些数据说明用户的外挂使用问题。在个别案件中，为了证明用户数据存在明显异常，运营商在举证时会将其行为数据与其他随机抽取的用户数据进行比对，如该用户无法对其进行合理解释，则法院有很大可能支持运营方的意见。

例如，（2020）粤0192民初27520号案中，游戏运营商主张2020年4月27日至29日，原告涉案5个角色ID在完成《梦幻西游》互通版押镖任务过程中被检测到使用辅助软件，其与手动点击的最大区别就在于通过辅助软件会多次重复精准点击同一像素坐标。原告在2020年4月27日至29日，同时使用4个手机操控5个角色ID进行押镖任务，其中242次出现2个或3个角色在同一时间点同时点击游戏界面的情况，明显超出手动操作可以实现的范围。同时，原告押镖任务数据显示，原告涉案5个角色在押镖任务中点击道具界面使用红色合成旗时，均是精准点击固定坐标，具有使用押镖辅助软件的典型特征。而正常玩家手动点击道具界面，点击到相同坐标的概率极低。被告随机调取的5位互通版玩家押镖任务数据显示，其在点击道具界面时击中相同坐标的次数最多为3次。原告精准点击的情况显然已经超出正常人能实现的范围，明显属于通过辅助软件操作的结果。对此法院经审查后认为，游戏运营商提供的数据对比内容翔实，可以说明原告的行为存在明显异常，认定原告存在外挂使用行为。

又如，（2018）苏0102民初3336号案中，腾讯公司提供了公证书证明调取的数据检测页面显示游戏账号72×××77在2018年2月18日DNF游戏程序里存在"全王新版"的运行程序以及使用"任务助手"的配置文件。同时腾讯公司对DNF玩家游戏行为异常数据库的查询情况，实时快速查询结果显示涉案游戏账号72×××77在2018年2月15—28日游戏"倍攻倍数"的数据值在27—96不等。正常游戏玩家在未作弊的情况下，玩家实际的伤害与客户端采集的数值之比通常是 1—10 的范围内。通过对案涉账号不同策略的检测，查询到倍攻倍数值数据异常，远超过正常数值范围。法院经审查后认为腾讯公司提供的证据可以互相印证，认可了用户存在外挂使用行为。

（4）通过设置反省任务等方式引导用户自认。

在业务实践中，很多游戏运营商对外挂行为的处罚设置了不同的违规等级，在用户初次使用外挂时往往只冻结账号几天，只有在用户多次出现违规使用的情况下才会选择永久封禁。考虑到对外挂使用的举证困难，部分游戏运营商会在游戏内设置外挂使用反省任务，用户可以通过反省任务方式减少账号被冻结的时间，该等方式可以视为用户自认其存在外挂使用行为，如产生纠纷可以很大程度上减轻运营方的举证压力。

例如，（2019）粤 0192 民初 24378 号案中，网易公司通过《大话西游 2》游戏服务器端设置的计算机外挂行为监测系统监测到刘某忠电脑进程中有"简单游"外挂软件，对用户的账户采取了暂时隔离的处罚。之后，用户领取"反省任务"后被解除了上述处罚。之后用户因相关道具被扣除事项与网易公司产生争议起诉至法院，法院认为用户通过点击选择自愿完成"反省任务"解除了暂时隔离处罚，并被扣除游戏币和部分游戏道具，网易公司的相关行为具有事实依据，据此驳回了原告的诉讼请求。

（5）结合用户的其他公开记录证明其外挂使用行为。

社交生态是网络游戏生态的一个重要组成部分，很多用户正是因为网络游戏的社交属性才沉溺其中。而个别用户在使用外挂后会主动在游戏内向其他用户进行炫耀或介绍，如游戏运营商可以掌握该等证据，能够从侧面证明用户的外挂使用行为。甚至在个别情况下，游戏运营商可以通过其工作人员以普通用户名义与潜在违规用户进行沟通，通过钓鱼取证方式了解其使用的外挂软件及获取途径。

例如，（2019）粤 0192 民初 30160 号案中，网易公司举证证明用户存在多次外挂言论：2019 年 8 月 1 日，用户在游戏聊天频道中发布"机器人程序我写的""不用樱饼了""做了处理，查挂查不出的""程序早就有了"等外挂言论，表明其此前就在游戏"魂十"副本中使用外挂；2019年8月7日，用户在游戏聊天频道中发布"安心睡觉，一晚上打够一百只""无人值守""程序护肝""代码我写的"的言论，表明其在"超鬼王"游戏玩法中使用外挂；2019年9月22日，用户在聊天频道中发布"发码给你""爬塔也能全自动""是啊，前面也是被大数据查了""没现场证据""以后怎么都查不出了""准备着弄AI玩游戏""也不要小看我的技术""最近处理过了，三天过去，无事发生"的言论，证实其十分清楚自己使用外挂被数据监测查到。法院结合网易公司提供的其他证据认定该用户存在外挂使用行为。

（6）采用相关外挂软件进行情景复现。

目前多数游戏运营商均会在系统内设置外挂监测软件，对于用户的使用行为进行监测及处理。但外挂检测软件往往也是通过数据记录等方式识别用户的使用行为，除此之外并不留存其他使用证据。我们注意到，在很多案件的处理过程中，游戏运营商为了证明其监测软件的证明效力，会通过重新使用相关外挂软件的方式，说明相关后台数据可以复现，证明用户确有使用该外挂软件的事实。

例如，（2018）粤0305民初字13451号案中，腾讯公司提供公证书载明：2018-03-04，9:50的涉案游戏数据值与前后时间显示的代码"500139×××359115353"不同，代码显示为"4068139×××359112171861571"。腾讯公司在公证过程中，用其他游戏账号使用了游戏外挂进行了测试，触发后台游戏数据，代码亦显示为"40681×××12171861571"，均有代码串"40681×××12171861571"。而原告的游戏账号在20×××01至20×××28的数据代码串显示为"5001×××5353"没有出现"40681×××12171861571"的代码串。腾讯公司称，代码正常显示为代码5001，代码显示40681即为外挂方案，而腾讯公司通过其他账户使用了游戏外挂即对实现子弹数量的配置进行篡改的外挂，后台数据得出和原告于2018年3月4日9：50使用外挂程序一样的数据，据此可证明原告当时使用了外挂程序。法院对该证据予以采信并驳回了原告的诉讼请求。

（7）通过游戏外行为举证用户使用外挂。

业务实践中，个别用户除使用外挂为自己的游戏账号获得不当优势外，还会主动通过外挂使用赚取其他收益，开展道具倒卖、代练代打等服务。该等证据也可以成为其使用外挂的侧面证据，证明游戏运营商的处罚措施合理合法。

例如，（2017）粤0305民初19474—19475号案中，腾讯公司举证原告有淘宝店，利用"天涯明月刀"游戏从事代刷积分、售卖道具、赠送点券业务，亦有私自进行游戏虚拟货币交易，并提交了《淘宝店铺公证书》《充值记录》《后台数据公证书》《拍卖行物品/道具价格公证书》作为证据。在《淘宝店铺公证书》的内容有：（1）名为"瓦儿天赏"的淘宝店铺在经营"天涯明月刀"游戏的相关业务，包括天赏积分代刷、代购道具等业务，标明了代刷积分的不同价格。（2）该店铺宣称经营已超过一年，并有"代购寻实力打包商人长期合作、需要买J的可直接购买道具挂拍卖行，道具换J更方便"等内容。（3）店铺的支付宝账户为627×××@qq.com瓦儿小铺，标注唯一QQ号为77×××24。《充值记录》载明原告用其QQ号77×××24进行过充值。对此，法院认定用户存在明显的违规行为，对其诉讼请求未予支持。

以上只是概述了游戏行业日常服务中会涉及的一些典型法律问题。在考虑该等行业问题时，律师需要理解这些法律问题背后的业务逻辑，了解实践中如何操作、同行业其他企业是如何应对管理该等法律风险的，只有了解业务情况，才能更好地为客户公司提供有针对性的解决方案。游戏行业的法律服务目标是为客户提供风险可控及成本适当的管理策略，而不是详尽地为其消除一切风险。只有明白了该等服务原则，才能与客户共同成长。